B E 3

GU00976373

Über dieses Buch Nach dem 1946 erschienenen ›Gefängnistagebuch‹ aus der Inhaftierung unter dem nationalsozialistischen Regime veröffentlichte die bekannte und engagierte Schriftstellerin nach vielen Romanen, Erzählungen und Jugendbüchern erst wieder 1970 persönliche Aufzeichnungen unter dem Titel ›Baustelle‹. An diese »Art Tagebuch« aus den Jahren 1967–70 schließen sich unmittelbar die Tagebuch-Notizen ›Grenzübergänge‹ an, Erkundungen aus anderen Ländern, Erfahrungen mit Menschen verschiedenster Herkunft und Positionen aus einer erlebnisreichen Zeit von 1970–72.

Grenzübergänge – das bedeutet Reisen nach Polen mit den Stationen Warschau und Auschwitz und in die Sowjetunion nach Moskau, Leningrad, Kiew und Georgien. Grenzübergänge bedeutet aber auch Abbau der konventionellen Schranken zwischen den Menschen, um Menschen zu verstehen und Menschliches sichtbar zu machen. Gerade um diese Grenz-Übergänge geht es Luise Rinser bei ihren Erkundungsfahrten in Ost und West. Der überzeugten Christin und engagierten Sozialistin gelingt es durch ihre Fähigkeit zu unvoreingenommenen Gesprächen, die Menschen aufzuschließen und dadurch Zeitströmungen transparent zu machen. Ob Luise Rinser in Polen und in der Sowjetunion Parteifunktionären, Schriftstellerkollegen oder Priestern verschiedener Konfessionen begegnet oder hier im Westen mit jungen Mädchen über Sexualität, Drogen oder die Probleme der radikalen Linken voller Freimut diskutiert, immer dringt sie durch die trennenden Mißverständnisse hindurch, um die Wahrheit zu finden.

Die Autorin Luise Rinser wurde 1911 in Pitzling/Oberbayern geboren. Sie studierte Psychologie und Pädagogik und war von 1935 bis 1939 als Lehrerin tätig. 1940 erschien ihr erster Roman ›Die gläsernen Ringe‹. In den folgenden Jahren durfte sie ihren Beruf nicht mehr ausüben, 1944 wurde sie wegen Wehrkraftzersetzung verhaftet. Die Erlebnisse dieser Zeit schildert sie in ihrem ›Gefängnistagebuch‹ (1946); ihre Autobiographie ›Den Wolf umarmen‹ erschien 1981. Luise Rinser lebt heute als freie Schriftstellerin in Rocca di Papa bei Rom. 1979 erhielt sie die Roswitha-Gedenkmedaille der Stadt Bad Gandersheim, 1987 den Heinrich Mann-Preis der Akademie der Künste der DDR.

Im Fischer Taschenbuch Verlag liegen folgende Titel von Luise Rinser vor: ›Abenteuer der Tugend‹ (Bd. 1027), ›Baustelle. Eine Art Tagebuch‹ (Bd. 1820), ›Ein Bündel weißer Narzissen‹ (Bd. 1612), ›Bruder Feuer‹ (Bd. 2124), ›Daniela‹ (Bd. 1116), ›Gefängnistagebuch‹ (Bd. 1327), ›Die gläsernen Ringe‹ (Bd. 393), ›Grenzübergänge. Tagebuch-Notizen‹ (Bd. 2043), ›Hochebene‹ (Bd. 532), ›Ich bin Tobias‹ (Bd. 1551), ›Jan Lobel aus Warschau‹ (Bd. 5134), ›Kriegsspielzeug. Tagebuch 1972–1978‹ (Bd. 2247), ›Mein Lesebuch‹ (Bd. 2207), ›Mirjam‹ (Bd. 5180), ›Mit wem reden. Versuch einer Antwort auf Fragen junger Menschen‹ (Bd. 5379), ›Mitte des Lebens‹ (Bd. 256), ›Nordkoreanisches Reisetagebuch‹ (Bd. 4233), ›Der schwarze Esel‹ (Bd. 1741), ›Septembertag‹ (Bd. 1695), ›Der Sündenbock‹ (Bd. 469), ›Unterentwickeltes Land Frau‹ (Bd. 3799), ›Die vollkommene Freude‹ (Bd. 1235), ›Winterfrühling. Aufzeichnungen 1979–1982‹ (Bd. 5797), ›Den Wolf umarmen‹ (Bd. 5866); *außerdem:* ›Luise Rinser. Materialien zu Leben und Werk‹, herausgegeben von Hans-Rüdiger Schwab (Bd. 5973).

LUISE RINSER

GRENZÜBERGÄNGE

TAGEBUCH-NOTIZEN

FISCHER TASCHENBUCH VERLAG

82.–84. Tausend: Februar 1988

Ungekürzte Ausgabe
Veröffentlicht im Fischer Taschenbuch Verlag GmbH,
Frankfurt am Main, Dezember 1977

Lizenzausgabe mit freundlicher Genehmigung des
S. Fischer Verlags GmbH, Frankfurt am Main
© S. Fischer Verlag GmbH, Frankfurt am Main 1972
Umschlagentwurf: Jan Buchholz / Reni Hinsch
Druck und Bindung: Clausen & Bosse, Leck
Printed in Germany
ISBN 3-596-22043-2

POLEN

Juni 1970. Erster Tag in Polen. Orbis-Hotel Europa. Ich will Ansichtskarten kaufen. In einer Ecke der Halle ein kleiner Laden, die Verkäuferin eine alte Frau. Den Typ kenne ich vom Berlin der dreißiger Jahre: das ist eine Oberschlesierin, vielleicht jüdisch, krauses schwarzgefärbtes Haar, große traurige Augen mit schweren Tränensäcken und schweren Lidern. Ich kann nicht polnisch, ich spreche sie englisch an, sie antwortet englisch. Dann sage ich auf Deutsch: »Sie sprechen sicher deutsch.« Da klappt ein Visier herunter, und sie antwortet in Berliner Deutsch: »Nein, ich spreche kein Wort Deutsch.« Ich sage: »Ich verstehe. Aber ich war keine Faschistin, im Gegenteil, mir haben sie meinen Mann erschossen und mich eingesperrt. Seien Sie nicht allen Deutschen böse, es gab bei uns den Widerstand, in dem viele starben.« Sie wendet sich ab und macht sich am Regal zu schaffen. Dann dreht sie sich mir wieder zu und sagt leise und furchtbar müde: »Ach, lassen Sie mich doch in Ruhe.« Ihr Blick ist jetzt ohne Haß.

Teresa führt mich in ein kleines Warschauer Café. Es scheint alt zu sein, aus dem 18. Jahrhundert, aber es ist neu gebaut, wie alle Gebäude der Innenstadt Stein für Stein wieder aufgebaut nach den alten Plänen, welche die Zerstörung durch den Krieg (das heißt durch uns Deutsche) überdauert haben. Wie haben das die Polen gemacht, daß sie auch den Vorkriegsgeist wieder mit einbauten? Hier ist man weit vom Schuß und aus der Zeit gefallen. Kleine Marmortischchen, stille Paare, alte und junge, am Klavier eine alte Frau, grauhaarig und aus dem vorigen Jahrhundert, sie gibt sicher vormittags Stunden an unbegabte Kinder und jetzt, nachmittags, spielt sie im Caféhaus, sie spielt, ohne auszusetzen, Stück für Stück, es sind Walzer, Polkas, Mazurken, alles klingt ein bißchen nach Chopin, ist aber wohl improvisiert, sie spielt so vor sich hin, ganz für sich allein, sie spielt sich aus dem Caféhaus hinaus und aus der Zeit hinweg, lange Wege zurück in schönere Zeiten ohne Marx und Gomulka, mit »Herr Graf« und »Frau Gräfin« und klavierübenden Comtessen, und je weiter sie zurückspielt, um so schöner wird es, nun lächelt sie, aber jetzt stößt sie plötzlich auf eine Mauer, der Weg zurück ist versperrt, mit einem harten Zurückwerfen des Kopfes entschließt sie sich zur Rückkehr in die Gegenwart, die ihr längst grau vertraut ist und sie dennoch immer wieder überrascht wie nie gesehen. Sie macht eine winzige Pause und blickt um sich. Ihre Augen streifen mich, ich klatsche ihr lautlos zu, sie lächelt ein wenig, dann stürzt sie sich wieder ins Spiel, mit einem etwas danebengegriffenen Akkord, sie hat ihn genommen wie einen Rettungsring, den nächstbesten, und schon schwimmt sie wieder, schon hat sie das Element wieder, in dem allein sie überleben kann.

In Warschau, später in Krakau, in allen Städten Schulklassen mit ihren Lehrern und Lehrerinnen auf Schulausflug am Ende des Schuljahrs. Wohlanständige Jugend; deutsche Bürger könnten sich keine bravere wünschen als diese marxistisch erzogene. Niemand entfernt sich von der Truppe, nicht einmal in Blicken oder in spöttischem Lächeln oder aufsässigen Gesten. Alle hören den Erklärungen zu, und es scheint, als interessiere sie das wirklich. Schulausflüge sind kein Vergnügen, sondern kulturelle Aufgaben, deren Erfüllung nationale Pflicht ist. Was man dabei lernt, ist: POLEN. Was hat man sonst als dies: Polen voll von stolzen und demütigenden Erinnerungen und kleinen, aber zähen Hoffnungen. In den Kirchen bekreuzigen sie sich und machen tiefe Kniebeugen. Wie ernst diese Jugend ist. Ich verfolge mehrere solche Gruppen. Keine Lausbüberei, keine! Das ist herzbeklemmend. Jede Klasse wird fotografiert: die erste Reihe mit gekreuzten Beinen auf dem Boden, die zweite knieend, die dritte stehend, in der vierten stehen die Größeren. Links ein Lehrer, rechts eine Lehrerin. Alle Augen auf die Kamera geheftet. Kein Lächeln wird gefordert, keines gegeben. Klick. Noch einmal klick. Erst auf Befehl löst sich die steife Gruppe auf. In dreißig Jahren, was werden sie sagen, wenn sie sich so wiedersehen?

Warschau. Ich frühstücke im Hotelzimmer. Es gibt Kaffee, der an Wien erinnert. Der Preis ist im Zimmerpreis einbegriffen. Man bekommt genügend Milch, aber sehr wenig Kaffee. Er reicht gerade für eine Tasse. Am nächsten Tag ist das Kaffeekännchen voll, es gibt fast drei Tassen. Am dritten ist es etwas weniger, aber immerhin genug für zwei Tassen. Am vierten Tag reicht der Kaffee nicht einmal für eine einzige Tasse. Jetzt rufe ich den Kellner und bringe eine Beschwerde vor. Er sagt bekümmert, dafür sei nicht er zuständig, ich müsse den Oberkellner fragen. Ich gehe zu ihm. Er zeigt sich ebenfalls bekümmert, ja leicht erzürnt, aber nicht darüber, daß ich zu wenig Kaffee bekomme, sondern daß ich zuerst zu viel bekam. Er rügt den Zimmerkellner. Ich verstehe nicht, was er sagt, jetzt spricht er nicht englisch, sondern polnisch. Der Kellner ist zerknirscht. Der Ober wendet sich wieder zu mir: »Es war ein Fehler. Im Zimmerpreis ist nur eine Tasse einbegriffen.« Ich sage: »Es ist auch ein Fehler, daß ich zu wenig bekam, es war ja nicht einmal eine. Aber Fehler hin, Fehler her, ich möchte zwei Tassen.« Der Ober sagt, das geht nicht. Ich sage, ich bezahle extra. Nein, das geht nicht. Warum nicht? Weil es zu schwierig ist, da muß man ja die ganze Rechnung ändern. Wieso, man kann doch eine Zusatzrechnung schreiben, nicht? Das geht nicht, und außerdem zahlen ja nicht Sie, Pani Rinser, sondern der Verlag. Gut, sage ich, der Verlag wird auch noch ein paar Zloty mehr für mich bezahlen; aber wenn nicht, dann zahle ich eben selber, also? Der Ober ist beunruhigt. Das ist nun ein Problem außer der Reihe. Das übersteigt seine Zuständigkeit. Er geht seufzend ans Telefon, er spricht mit einer höheren Instanz. Diese ist offenbar nicht kompetent, sie verweist ihn anderswohin, höher hinauf. Auch dort ist man nicht zuständig für solche Extrasachen. Ich denke an Karl Valentins Buchbindermeister Wanninger und muß lachen. Der Ober nimmt das übel, und ich kann ihm den Grund meines Lachens nicht erklären. Er spricht jetzt mit einer merklich hohen Instanz, denn er spricht leiser und sehr höflich, es wird der Direktor von ›Orbis‹ sein. Aber auch der verweist noch höher, sehr hoch, so hoch, daß mein Ober eine kleine Verbeugung macht vor dem Telefon, vielleicht spricht er mit Gomulka ... Dieser Hohe setzt nun ein Räderwerk in Bewegung. Das ganze Hotel scheint zu knarren, unwillig, aber wirksam, denn schließlich nickt mein Ober, resigniert, aber erleichtert. Sein Nicken ist das letzte, das unterste von einem Dutzend Nicken. Es wurde von oben nach unten durchgenickt. Ich werde ab morgen (erst ab morgen) meine zweite Tasse Kaffee haben. Die Verhandlung hat zwanzig Minuten gedauert.

Als B. eine Woche später die Hotelrechnung für den Pax-Verlag abholt, ist darauf kein zusätzlicher Kaffee verrechnet. Höflichkeit? Oder ein Fehler in der auf die Spitze getriebenen Perfektion der Planwirtschaft?

Besuch bei einer alten Dame in Polen. Wir schreiben uns seit Jahren. Ich weiß dennoch nicht viel von ihr. Ich weiß nur, daß sie meine Bücher in Deutsch liest, daß sie sich darüber Gedanken macht, aber nur über das, was sie interessiert, nämlich das Religiöse darin, und ich weiß, daß sie eine schlimme Erfahrung hinter sich hat mit ihrem Mann, der

sie verlassen hat. Er war Deutscher, er heiratete die reiche polnische Gutsbesitzerin, und er lief davon, als die Russen kamen. Über Politik schrieb sie mir nie ein Wort, sooft ich sie auch vorsichtig um Auskünfte bat – um solche, die jede Zensur hätten passieren dürfen. Ich konnte mir nicht denken, daß eine Polin und intelligente Frau sich überhaupt nicht für Politik interessiere. Nun bin ich neugierig, sie zu sehen, und direkt zu erfahren, wie denn eine alte konservativ katholische Polin den Kommunismus in ihr Leben einordne.
Es zeigt sich, daß sie ihn gar nicht einordnet, sie läßt ihn außerhalb, es gibt ihn einfach nicht!
Sie wohnt in einem unzerstörten Haus, im vierten Stock. Kein Aufzug. An der Wohnungstür vier verschiedene Namen. Ein Mädchen öffnet. Es spricht ein wenig deutsch. »Die Baronin kommt gleich.« Die Baronin? Und ein polnisches Dienstmädchen? Es ist kein Dienstmädchen, es ist eine der Mitmieterinnen der Baronin. Die Wohnung gehört einem Kollektiv. Die Baronin hat ein einziges Zimmer, aber sie hat das größte und schönste. Wieso? Sie ist alleinstehend und nicht berufstätig, sie ist eine Nicht-Kommunistin, eine von den verhaßten ehemaligen Großgrundbesitzern, und hatte sie nicht auch noch zu allem hin einen Deutschen geheiratet?
Ich muß einen Augenblick warten. Ein langer enger Korridor, ein Schlauch, der sich hinten zu einem Zimmer erweitert, das aber nur eine Art Durchgang ist, durch den zu gehen sich nicht lohnt, ich kenne diese Räume aus Berlin, da gab es die ›Berliner Zimmer‹, zu nichts gut, nur sehr ungemütlich und platzraubend. Hinten ist eine Küche, ich höre den Rumor von Blechgeschirr, ich rieche gekochte Kartoffeln und Seifenlauge, vielleicht kocht wer Wäsche aus. Ich höre auch Gelächter. Frauenstimmen. Dann kommt die Baronin. Eine alte Dame. Alt? Zwischen sechzig und achtzig, aber wo? Es ist gleichgültig. Es ist auch gleichgültig, ob sie schön oder nicht schön ist. Fragt man bei einem Louis-seize-Sessel danach, ob er schön ist? Er hat seinen Wert in seinem Stil. Die alte Dame ist stilrein. Eine stilreine aristokratische Guts-

besitzerin polnischen Geblüts und deutsch-französischer Erziehung. Man hat sie schon als ganz kleines Mädchen gelehrt, wie man die Füßchen zierlich setzt, wie man die Tasse anmutig hält, wie man zurückhaltend lächelt, was man schön und gut findet, was nicht, und wie man gerade so in der Mitte zwischen Autorität und christlicher Brüderlichkeit mit den Arbeitern und Angestellten redet und sich so Beliebtheit verschafft. Da nun aber diese Baronin von Natur aus Herz hat und Wärme und Grazie, ist etwas recht Rares entstanden: eine Dame, so vollkommen durchstilisiert wie ein klassisches Moskauer Ballett oder wie der große Blumenstrauß von Breughel dem Älteren.

Da ich aber gerade von der ebenfalls, aber so ganz andersartig durchstilisierten Teresa komme, der Intellektuellen und Hochpolitischen, die mit Schwung auf Deutsch ganz ungeniert Scheiße sagt, fühle ich mich bei der Baronin wie eine Schauspielerin, die das falsche Kostüm anhat und außerdem die falsche Rolle spielen soll. Ich wollte in einem Stück von Brecht spielen, finde mich aber in einem, zu dem Goethe das Exposé schrieb, das Tschechow ausgearbeitet hat, zu dem Fontane die Bühnenbilder skizzierte und bei dem Serghei Bondarciuk versucht hat, ein Kammerspiel zu inszenieren, so naturalistisch und zugleich hochstilisiert im kleinen, wie er's mit ›Krieg und Frieden‹ im großen gemacht hat – kurzum: ich fühle mich seltsam fremd. Mir tun vor lauter Lächeln und höflichem Kopfschiefhalten Hals und Gesicht weh. Auch die Beine habe ich so stilisiert hingestellt, daß sie ganz steif werden.

Dann geht die Baronin hinaus, um in der Gemeinschaftsküche Tee zu bereiten. Jetzt wage ich zögernd mich zu bewegen und mich umzusehen. Ich tu es mit dem Gefühl, indezent zu sein. An den Wänden viele Bilder. Öl und Aquarell. Portraits. Auch zwei Bischöfe darunter. Alles Familie, wie ich nachher höre. Es ist wie eine schlecht gehängte Gemäldegalerie. An den überaus hohen Fenstern grün-gold-rosa Damastvorhänge, die gerade eben noch zusammenhalten.

Ein Sturmstoß, die Fenster aufdrückend, müßte sie zerfetzen wie Seidenpapier. Das kleine Sofa, auf dem ich sitze, ist so mit Kissen und Deckchen behängt und belegt, daß man die Polsterung nicht mehr sieht. Ich hebe ein Deckchen hoch: der Chintz darunter ist dünn wie Zunder, über die eine Hälfte mit den großen Löchern ist eine Pferdedecke gelegt. Auf dem Fußboden Perser, aber an manchen Stellen bis aufs farblose Fadenskelett abgetreten.

Vor dem halbblinden Spiegel eine Kelchvase mit einer gelben Rose. Rosen sind sehr teuer in Polen; ich habe der Dame ein paar mitgebracht, daher weiß ich es; die meinen hat sie in drei Vasen verteilt und auf Konsölchen gestellt. Auf einem ovalen Tischchen eine große Silberplatte mit vielen winzig kleinen Brötchen aufs appetitlichste belegt: eine Reihe rot, eine Reihe gelb, eine grün, eine weiß, eine rot-grün gesprenkelt, eine weiß-grün und so fort, und alles aus ein paar Grundstoffen: Tomate, Gurke, Petersilie, Ei und Käse. Dies alles auf altem Silber. Eindruck des Festlichen, des Überflusses sogar, der Kultur.

Dann wieder die Baronin. Ein Mädchen trägt ihr die silberne Teekanne nach, eine ältere Frau eine andere Silberplatte mit Kuchen. Die Frauen sind Arbeiterinnen, die eben schichtfrei haben. Sie sehen nicht aus wie selbstbewußte Proletarierinnen. Sie sehen aus wie polnische Dienstmädchen bei Berliner Reichen. Sie haben etwas Demütiges in ihrem Blick und in ihrer Art zu gehen. Es rührt mich und macht mich verlegen. Die alte Dame sagt, sie haben die Brötchen belegt, das habe sie ihnen beigebracht, auch wie man den Tisch deckt, wie man aus nichts hübsche Kleider macht (sie kann nicht nähen, natürlich nicht, aber entwerfen), wie man gutes Polnisch spricht und wie man sich nett benimmt. Sie fühlt sich für sie verantwortlich, wie sie sich früher verantwortlich fühlte für ihre Arbeiterinnen auf dem Gut. Und die Frauen lieben sie. Die Baronin verkörpert für sie eine andere, eine so schöne, eine nie mehr kommende Zeit.

Die Baronin und ich reden über dies und das, aber nicht über

Politik. Und nur darüber möchte ich reden. Schließlich frage ich sie rundheraus, wie sie denn zum Kommunismus stehe. Sie sagt: »Aber sollen wir uns diese wenigen Stunden trüben mit Politik? Politik ist überall häßlich. Ich kümmere mich nicht darum. Politik kommt und geht, einmal so, einmal so, immer ist Streit, und den Menschen geht es nie besser. Meinen Arbeitern ging es sehr gut. Wissen Sie, wir leben hier UNSER Leben. Politik ist weit weg.«

Ich sage nichts. Sie erzählt von ihrem Gutshof. Es hört sich an wie ein Kapitel aus einem Keyserling-Roman. Schön. Schön und fern.

Als ich nachher Teresa wiedersehe, kommt sie mir ein klein bißchen sehr jung vor.

Auf dem Weg nach Posznan in einer kleinen Stadt. Da in Posznan die internationale Industriemesse ist und alle Hotels belegt sind, hat B. vorsorglich von Warschau aus hier in der Provinz drei Einzelzimmer besorgt.

Ein einziges Hotel in der Stadt, schmalbrüstig dreistöckig zwischen ähnlichen Häusern am Markt, in der Mitte des Platzes das Rathaus. Ein abweisender Ort, ein abweisendes Hotel, ein Anti-Hotel. Drei Zimmer? Es wurden nur zwei bestellt. B. streitet, mit Recht, er hat selbst telefoniert. Telefoniert oder nicht: Was es nicht gibt, gibt es nicht. Es gibt höchstens zwei Einzelzimmer. Basta. Das ältere Fräulein am Empfang (ein Schiebefenster in einem Verschlag wie ein Schalter in einem ganz alten ländlichen Postamt) spricht fließend deutsch. Ich mische mich ein: ob denn wirklich alles besetzt sei. Alles ... das heißt: wenn die Herrschaften (sie sagt so!) bis acht Uhr warten wollen, dann wird vielleicht Zimmer 6 frei. Wir warten. Eine Weile später behauptet das Fräulein plötzlich aus heiterm Himmel, wir hätten gar nicht zwei Zimmer bestellt, sondern nur zwei Betten, und die stehen auf Nummer 5: ein Doppelzimmer. Wir erörtern das Problem. Es ist so schwierig wie das in der Geschichte von der Überfahrt mit Ziege, Kohlkopf und Wolf, wen kann man bei wem lassen, wenn nur je zwei übergesetzt werden können ... B. und der Fahrer zusammen, das geht. Aber ich? B. und ich zusammen, ginge auch, warum nicht, aber das erlaubt die Hotelmoral nicht. Der Fahrer und ich, geht auch nicht. Geht alles nicht. Eine Stunde später (man lernt Geduld hier) spricht B. mit dem Fräulein und tut, was er längst hätte tun sollen: er schiebt ihr etwas zu und entfernt sich wortlos. Fünf Minuten später erklärt das Fräulein, es gebe doch drei Zimmer, ein Doppelzimmer und ein einzelnes. Es war aber kein Gast, kein Telefonanruf gekommen, es hatte sich überhaupt nichts ereignet.

Mein Zimmerchen geht auf den tristen Marktplatz. Es ist kahler als alle kahlen Zimmer, die ich je sah. Auf dem Tisch ein leergegessenes Marmeladeglas, im Aschenbecher Zigarettenstummel und Pflaumenkerne und zerfetzte Eisenbahnfahrkarten. Am Waschbecken kein Handtuch, die Lampe darüber birnenlos. Die Nachttischlampe läßt sich anknipsen, aber nicht mehr ausmachen. Das Bett war am Morgen vielleicht frisch überzogen worden, aber inzwischen hat jemand darauf, nicht darin gelegen, man sieht auf der Decke den Körpereindruck. Das Zimmer riecht durchdringend nach Chlor. So roch es in meiner Gefängniszelle. Eine Klingel gibt es nicht. B. sorgt dafür, daß ich frische Wäsche bekomme und ein Handtuch, überziehen muß ich selber, nun gut. Dann gehen wir aus dem Haus. Die Männer wollen etwas trinken. Es gibt eine Spelunke, in die mich die beiden nicht hineingehen lassen wollen, ich gehe dennoch mit. Der Raum ist dicht voll; alle sind betrunken; nur Männer. Einer torkelt auf mich zu und spricht polnisch mit mir und will mich küssen. B. geniert sich ungemein für sein Vaterland, mir macht's nichts aus, ich versuche, mit dem Mann zu reden, aber er ist so betrunken, daß er nichts hört, obgleich er Deutsch versteht, wir sind ja nah an der Grenze, fast alle verstehen und reden Deutsch.

Hernach gehen wir essen. Ein riesiges Speisehaus, voll von jungen Menschen, Männern und Mädchen. Es gibt keine höheren Schulen am Ort, das sind lauter junge Arbeiter, höchstens Fachschüler. Sympathische Jugend, klare Gesichter, keine Pärchen, sondern lauter Gruppen. Kein Flirt, sondern Diskussion. Was wird da besprochen? B. sagt, er könne nichts verstehen, sie sprächen zu leise. Das ist nicht wahr, B. will nicht übersetzen. Der Fahrer hört gespannt zu, das gefällt B. aus dem einen oder dem andern Grund nicht.

Ich erinnere mich an Warschau, als ich mit Pater X. in der Hotelhalle saß und bemerkte, daß ein Herr allzu oft und allzu nah an uns vorüberging, und ich, westlich deformiert, aufgeregt flüsterte: »Ein Spitzel!« Pater X. sagte trocken: »Sie meinen den dort? Den kenne ich gut, er ist bei allen derartigen Gelegenheiten. Das ist sein Beruf. Es ist gut, wenn er da ist, denn wo er ist, da ist kein andrer von der Sorte, seien Sie ganz ruhig, wir können weiterreden.« Bisweilen also ist man im Haus des Menschenfressers, unter seiner Fußsohle, in seiner Achselhöhle am allersichersten. Ich frage B., ob es bei dem Gespräch der Arbeiter um etwas Bestimmtes gehe. Er sagt: »Haben Sie nicht selber zwölf Jahre unter einer Diktatur gelebt?« Das habe ich. Ich sage: »Den Arbeitern geht es nicht gut in Polen, ich weiß.« B. sagt: »Erwarten Sie nicht, daß ich Ihnen Material liefere.« Das genügt mir fürs erste.

Wir gehen spät schlafen. Noch später klopft es an meiner Tür. Wer ist da? »Bitte öffnen Sie«, sagt eine Männerstimme. Ich denke: »Geheime Staatspolizei.« Ich öffne einen Spalt weit: ein hagerer, alter, schwarz und schlechtgekleideter Mann, ein Nachtgespenst fürwahr. Was will es? Es fragt in schlesischem Deutsch, wohin ich die gebrauchte Bettwäsche gelegt habe. Ist das ein Grund, mich zu wecken? Nein, es ist ein Vorwand. Als ich die Tür wieder schließen will, schiebt der Alte nach Räuber- und Bettlerart den Fuß zwischen Tür und Rahmen. Ob ich Deutsche sei? Ich sage, ich wolle schlafen. Er sagt, ob ich Dollars habe. Frei heraus fragt er das. Ich antworte guten Gewissens, daß ich keine habe.

Aber, sagt er, Ausländer haben immer Dollars oder Deutsche Mark, und ich sei Deutsche, also. Ja, aber Deutsche in Italien, ich habe keine Mark. Was für Geld denn? Ich sage geduldig: Lire. Wie das aussehe? Ich zeige ihm meinen einzigen Zehntausend-Lire-Schein und sage ihm, daß er nicht viel wert sei. Er will ihn haben. Ich sage, ich brauche ihn bei der Rückkehr. Er sagt, ich müsse doch anderes Geld haben. Ich habe kein anderes, und jetzt, bitte, nehmen Sie Ihren Fuß weg. Er tut es und sagt ergeben: Also keine Dollars, alle Ausländer sonst geben mir einen Dollar! Mann, sage ich, ich habe keinen, ich habe außer den zehntausend Lire, die man nicht wechselt an polnischen Banken, kein Geld, ich bin Gast des Pax-Verlags. Ja dann, sagt er, bleibt aber stehen. Ich sage: Wer sind Sie denn? Er sagt: Ich bin der Nachtportier; auf der Bank wechselt man den Dollar offiziell in 70 Zloty, aber inoffiziell in 150, denken Sie! Das stimmt, B. bestätigt es mir am Morgen danach, man kann auf ein und derselben Bank an ein und demselben Schalter von ein und demselben Beamten einmal den offiziellen und einmal den inoffiziellen Kurs bekommen. Versteh das, wer kann. Ich sage dem Alten, ich sei überrascht, daß das in einem sozialistischen Land so sei. Er schaut mich schwermütig an: Ach Frau, Sozialismus hin, Sozialismus her, wir sind arm, ich bin siebzig, habe Kinder und Enkel, alle arbeiten und alle verdienen viel zu wenig, was tun, was tun, wir können keine Revolution machen, wer denn, wie denn ... Aber vielleicht doch einmal, wer weiß, wenn's sein muß. Haben Sie wirklich keine deutsche Mark?? Mann, ich gäbe sie Ihnen, hätte ich eine! Er geht. B., dem ich's am Morgen erzähle, tut entrüstet. Ich sage: Es ist gut, daß ich etwas von der polnischen Wirklichkeit sehe, wozu sich schämen? Für mich war das Nachtgespräch eine Antwort auf meine Fragen an Sie von gestern abend!

Krakau. Lange, lange Autofahrt von Warschau nach Süden. Kaum Privatautos auf der recht mäßigen Straße, auch nicht viel Lastverkehr, aber viele Pferdewägelchen, hübsch anzusehen, wenn's einem gelingt, sich nichts Politisches dabei zu denken. Endlose Ebene, armes Land, streckenweise weithin Brachland, da und dort ein Mann, der mit einem Ochsen und dem Handpflug arbeitet, da und dort jemand, der ein oder zwei Kühe weidet auf einer mageren Wiese. Ab und zu ein verschlafenes Dorf, aber erst weiter im Süden; Dörfer mit kleinen armen Häusern, wie ich sie von früher her kenne, aus dem schlesischen Gebirge. Das alles sieht nach schlecht funktionierender Privatwirtschaft aus. Wo sind die blühenden Kolchosen?? B. sagt, daß nur mehr ein Fünftel der Landwirtschaft verstaatlicht oder vergesellschaftet sei. Nur mehr – das heißt, es war vordem anders. Und warum wurde es anders? B. sagt: »Wir Polen.« Es scheint der Anfang einer längeren Erklärung zu sein, aber es folgt nichts. Später lerne ich verstehen, daß es eine ausreichende Erklärung für alles ist, zu sagen: »Wir Polen.« Es kommt auf den Tonfall an.

Wir sind Stunde um Stunde gefahren, da kommt der trostlosen Ebene von Süden her Bewegung entgegen: Hügelchen, Hügel, ein Stück romantischer Felslandschaft, und dann der Berg mit dem Wawel, dem Krakauer Schloß.

Krakau unversehrt vom Krieg und von der neuen Zeit. Alles ganz und gar k. k.-österreichisch. Wer, aus dem harten Warschau kommend, Krakau betritt, gleitet sanft aus der Zeit hinaus in einen freundlichen Traum. Er wird mir vorerst aber noch gestört, ich wache noch einmal jäh auf: ich will gleich den Veit-Stoß-Altar in der Marienkirche sehen. Ich sehe ihn, aber undeutlich, denn es schiebt sich mir eine Szene dazwischen, die ich jetzt lieber nicht gesehen hätte. Warum mußte ich gerade an diesem Tag zu dieser Stunde in diese Kirche kommen. Wäre ich Faschistin gewesen ... Aber so! Eine Tomba ist aufgebaut und blumengeschmückt wie bei einer Totenmesse. Es IST eine Totenmesse: für die Opfer des

Faschismus. Ein Gedenktag. Es müßten einige Millionen Särge dastehen. Ich sage einige, statt einer bestimmten Zahl, die man kennt, denn es gibt viele Deutsche, die entrüstet rufen: »Was? Sechs Millionen? Da sieht man die Feindpropaganda, es waren nur drei Millionen . . .«

B. zieht mich schließlich aus der Kirche. Draußen wartet Teresa, die aus Warschau uns nachgeflogen ist. Draußen wartet das Leben mit grausamer Heiterkeit. Draußen ist auch der Blumenmarkt. Hier gibts Blumen, Blumen, fast wie daheim in Italien. Auch der Blumenmarkt hat seine harte Geschichte. Man kann sie auch komisch finden. Oder sie für eine Parabel halten. Der Sachverhalt ist ganz einfach: während der Stalinzeit wurde auch die Blumenzucht verstaatlicht, es durfte nur mehr wenige Blumengärten geben, alles Land oder vielmehr alle Arbeitskraft mußte in nutzbringendem Ackerbau angewandt werden. Weg also mit den privaten Blumenfrauen. Weg mit den Blumenständen und -körben vom Markt. Befehl. Am nächsten Tag sind die Blumenfrauen da wie immer. Polizeiliche Belehrung. Am nächsten Tag: die Frauen und die Blumen sind wieder da. Man droht ihnen, man läßt sie Strafe zahlen, man ermittelt die Rädelsführerinnen, man sperrt sie ein, verjagt die andern. Vergeblich, sie züchten irgendwo im geheimen ihre Blumen, sie kommen im Morgengrauen, lassen sich nieder auf dem seit Jahrhunderten angestammten Platz. Man kauft ihnen ihre Blumen ab. Jetzt gerade. Der Kampf dauerte Jahre, ich glaube sechs. Dann ließ man sie in Ruhe, vermutlich unter Chruschtschows Tauwetter, das auch auf Polen übergriff. Die gewaltlose Revolution, hier hat sie sich ereignet. Man muß aber einen langen Atem zu so was haben.

B. und Teresa führen mich in ein Restaurant zum Abendessen. Für den, der aus Warschau kommt, hat es etwas Surreales, es stammt aus einem Film, zwischen den Kriegen gedreht. Man steigt eine schöne alte Innentreppe empor. Vom Treppenhaus tritt man gleich in die Speisezimmer, deren in jedem Stockwerk zwei sind, wenn ich mich recht erinnere.

Auf einem breiten Treppenabsatz im ersten Stock steht ein Klavier, ein Mann spielt, im Frack oder Smoking, ich weiß nicht mehr – für die Etikette des Restaurants ist das sicher von Bedeutung –, ein andrer geigt, sie spielen Walzer, was sonst, sie spielen gut. Die Wände der Räume scheinen mir mit Damast bespannt, jedenfalls in der Erinnerung, es wird wohl so sein. Die Kellner – ein Hoch auf diese Kellner, es sind Traumkellner –, sie sind so, wie ich mir immer Wiener Kellner vorstellte, bis ich nach Wien kam. Die Krakauer Kellner sprechen österreichisches Deutsch seit Kindheit, Polnisch, weil sie müssen, Französisch, weil es zur guten Kellnererziehung gehört, Englisch für die allzeit überallhin reisenden alten reichen Amerikanerinnen (für die das nahe Auschwitz eine Attraktion besitzt) und Russisch für etwaige sowjetische Funktionäre. Ich probiere es auch mit Italienisch, sieh da, einer spricht's, was Wunder, Venedig war einmal österreichisch. Diese Kellner sind diskrete Herren, denen es Vergnügen macht, andern einen schönen Abend zu bereiten. Sie haben ZEIT! Sie stehen nicht lauernd und bedrängend dicht neben einem, sondern in angemessenem Abstand, nah genug, um zu sehen oder zu fühlen, wenn der Gast sie wünscht, aber weit genug entfernt, um nicht den Eindruck zu machen, als eile es. Braucht man sie, so gleiten sie, ehe man sie ruft, still herbei, geben auf Wunsch Ratschläge, servieren vorbildlich und vergeben sich nichts dabei, wenn sie den Gast wie einen König behandeln, nicht wie einen Funktionär. Hier haben in der Tat Könige, Fürsten, Prinzen, Herzöge und wer weiß ich gegessen. Bisweilen möchte man Monarchist werden.

B., Teresa und ich haben in den Tagen zuvor genug gescheit geredet, genug harte politische Diskussionen geführt, jetzt wollen wir nicht mehr. Wir spielen Reisende ohne politisches Gepäck. Wir essen und trinken, soviel wir an Spesen dem Verlag zumuten können. Rings um das Restaurant ist Polen,

das Polen von 1970, und rings um Polen sind die Ostblock-
länder, und in der Luft liegt Unruhe. Die riesigen nahen
Stahlwerke täuschen uns nicht über die wahren Verhältnisse
hinweg.

Tschenstochau. Wallfahrtsort wie eh und je, vielleicht mehr denn je. Auf dem großen Kirchplatz Reihen kleiner Verkaufsbuden mit Devotionalien, an der Straße Läden
auch mit Devotionalien. Selbst das gutwilligste Auge findet
hier fast nur Abscheuliches. Katholischer Kitsch mit soziali-
stischem Realismus gemischt ergibt Unerträgliches. Der Pax-
Verlag versucht, die Lage zu bessern, aber über die alte Beu-
roner Kunst kommt er nicht hinaus, ja nicht einmal ganz
dazu hin.
Es ist schon ein schlagender Anachronismus, dieses polnische
Lourdes inmitten eines Landes, das zumindest in der Staats-
führung marxistisch ist. Die Inhaber der Buden haben Li-
zenzen, aber es kommen immer wieder, von der Armut getrieben, Leute vom Land, ohne Lizenz (denn die kostet), und
bieten an der Befestigungsmauer der Kirche ihr Selbstgeba-
steltes dar: Spielwaren, Deckchen, Körbchen, Devotionalien
aus Stroh und aus Holz. Und wie reagieren die Lizenzierten
auf die kleinen Konkurrenten? Gar nicht. Und die Polizei?
Die kommt von Zeit zu Zeit. Aber sie kommt immer zu
spät. Wohin sind denn die Lizenzlosen verschwunden? Sie
werden immer gewarnt, vielleicht von der Polizei selber.
In der Befestigungsmauer gibt's eine kleine Pforte zum
Unterbau der Kirche. Die Kirche samt Kloster war immer
Schutzfestung. An die Kirche angebaut eine Terrasse.
Von hier aus spricht der große Kardinal zu seinem Volk,
Wyszyinski, der Gegenspieler Gomulkas, sein Freund-Feind.
B. sagt: »Seine Plattform ist viel größer als die des Staats-
chefs.« Er hätte sagen sollen: »Seine Wirkung ist viel
größer . . .«

Auf dem Kirchvorplatz sind, im Freien, viele Beichtstühle aufgestellt. Hier drängen sich die Wallfahrer. Die Kirche ist ganz voll. Lauter Bauern und Arbeiter, Männer und Frauen, Junge und Alte. Es ist halb zwölf. Der Bischof von Breslau zelebriert die Messe, mit ihm kamen die Breslauer Theologiestudenten. Das Volk kniet. Meine Begleiter verhalten sich unterschiedlich. Teresa, Journalistin, modern bis ins Mark, registriert kühl, ohne Ab- und ohne Zuneigung. Ein einheimischer Intellektueller steht unnatürlich steif da, gewappnet gegen den Einfluß des Orts, der sicher seine Kindheit bestimmt hat. Einmal ertappe ich ihn dabei, wie er ein Kreuz schlägt, vielleicht tut er's ganz automatisch, weil's alle tun und weil er's früher tat. B., ehemaliger Jesuitenschüler, ist unruhig, er strebt fort, als drohe ihm hier Gefahr, aber er bleibt doch, und sein Blick kehrt immer wieder zur Madonna zurück, vielleicht hat er Heimweh, aber der uralte Strom, der auch durch ihn fließt, ist tief unter die Erde verwiesen und überlagert von der Pflicht zu marxistischem Denken und zumindest indifferentem Verhalten an so einem Ort. Ich darf denken, was ich will, und lasse mich faszinieren.

Schlag zwölf (die Messe, wohlberechnet in der Länge, ist soeben zu Ende, aber der Bischof steht noch am Altar) tritt eine Stille ein, die etwas ankündigt. Alle Blicke sind auf den Altar gerichtet, auf das Bild der Schwarzen Madonna. Man hält den Atem an. Ganz, ganz langsam beginnt der goldene Vorhang von oben über das Bild herabzurollen. Zögernd werden nacheinander Haar, Stirn, Antlitz, Hals, Brust der Madonna den Blicken entzogen. Dieses Verhüllen hat magische Wirkung: das Bild selbst entzieht sich, die Madonna tritt, nach gewährter Audienz, zurück ins unzugängliche Geheimnis, in die Wolken. Es ist das Sich-Entziehen einer Göttin. Ein Sich-Entfernen mit barmherziger Langsamkeit: sie gibt eine letzte und noch eine und eine allerletzte Gelegenheit zu Bitte und Gewährung. Als sei die Madonna nach der Verhüllung nicht mehr erreichbar, sammelt das Volk seine Gebetskraft zu einem letzten Ansturm. Nützt die Gelegenheit, strengt euch aufs alleräußerste an, betet bis zum Zerreißen, gleich ist die Stunde der Gnade vorüber ...

Jetzt ist das Bild verhüllt. Noch ist der Raum aufgeladen. Langsam löst sich die Spannung. Leise Traurigkeit überzieht die Gesichter: man hat nicht stark genug gebetet, man ist selber schuld, wenn das Gebet nicht erhört wird ... Macht nichts, ein andermal kommt man wieder, die Madonna kommt auch wieder, sie läßt ihr polnisches Volk nicht im Stich. NIEMALS. Tschenstochau wirkt auf mich viel viel stärker als Lourdes. Das machen die Umstände.

Ich habe einen polnischen ›Reiseführer‹, anhand dessen der Fremde sich schöne Ausflüge aussuchen kann, zum Beispiel die Route: Katowice – Krzeszowice – Ten Czynek (Burgruine) – Chrzanow (Industriestadt) – Oswiecim (Museum des Martyriums der Völker) – Poabka (Stausee) – Andrychow (altertümliche Häuser, moderne Baumwolltextilwerke können besichtigt werden) ... Unter anderem also Oswiecim – AUSCHWITZ. Eine Wort-Collage, die einen Text ergibt. Er ist von Sophokles und heißt: »Ungeheuer ist viel. Doch nichts / Ungeheuerer als der Mensch.« Denn er vergißt. Zweieinhalb Jahrzehnte lang war mir Auschwitz gegenwärtig, aber es war mir kein geographischer Ort und auch nicht eigentlich ein historisches Datum, es lag vielmehr auf einer metaphysischen Landkarte und bezeichnete ›das Böse‹.

Jetzt sehe ich einen ganz gewöhnlichen Wegweiser, auf dem steht: Auschwitz. Aber zum Bösen kann man doch nicht hinfahren auf einer gewöhnlichen Straße in einem gewöhnlichen Auto. Die Ebenen verschieben sich mir. Ich bekomme Herzschmerzen, Magenweh, der Hals wird mir eng. Ich will nicht weiterfahren, bitte nicht. Aber ich bin ja schon in Auschwitz, immer bin ich schon da. Ich rede mir gut zu: »Was regst du dich denn auf, du hast ja längst den Film gesehen, den die Russen oder Amerikaner machten gleich nach der

Befreiung, du weißt das doch alles, und du selber warst ja Opfer, nicht Täter ...« Ja schon. Ich als Individuum war nicht schuld an Auschwitz, aber ich bin ja auch Teil eines Volkes, Teil der Menschheit, die das tat oder zuließ, die hinschaute oder wegsah, gleichviel. Immer bin ich mit im Spiel. Mein kleines Böses war insgeheim beteiligt am großen Bösen namens Auschwitz. »Ich begehre nicht schuldig dran zu sein.« Ja, aber ›Kollektivschuld‹ ist keine moralische und keine politische Qualität, sondern eine anthropologische und eine theologische. Das denke ich nicht während der Fahrt, das FÜHLE ich. Ich fühle es als Scham. Ich schäme mich meines Volks, ich schäme mich des Menschen. Noch ehe ich in Auschwitz bin, bin ich schon verzweifelt. Was nachher kommt, ist leichter zu ertragen, weil die örtliche Wirklichkeit ablenkt. Sie erzeugt eine andere Reaktion – die des kalten Befremdens: ›so‹ also ist das, ›so‹ war das, so bürokratisch, so funktionell, so nüchtern. Dafür scheint das Wort ›böse‹ nicht zu passen. Hernach weiß ich, daß es für nichts anderes paßt. Wir haben es bis Auschwitz falsch angewendet. Die Hölle ist kalt und funktionell.

Wir fahren in den Ort ein. Der Bahnhof. Ein Bahnhof wie tausend andere. Es dürfte ihn nicht mehr geben, weil es ihn nie hätte geben dürfen. Hier kamen Züge an aus allen Himmelsrichtungen. Auschwitz lag sehr praktisch. Im Lager gibt es eine Landkarte, die zeigt, WIE praktisch: von allen für die Aktion wichtigen Punkten Europas lag es gleich weit entfernt. Die Landkarte zeigt Auschwitz wie die Spinne im Netz. Aus dem Norden kamen Polen und Juden. Aus dem Süden Ukrainer, Zigeuner und Juden. Aus dem Westen Kommunisten, Homosexuelle und Juden. Aus dem Osten Russen und Juden.

Männer, Frauen, Kinder. Viele Kinder.

Die Leute kamen mit allerlei Hausrat an. Man hatte ihnen (wie barmherzig man doch war) gesagt, daß man sie umsiedle, sie fänden anderswo Arbeit und eine neue Heimat. Manche haben es geglaubt. Ihr Hausrat hat alle überlebt:

Haufen von zerbeulten Blechtöpfen, rostigem Eßgeschirr, Kindernachttöpfen.

Vom Bahnhof aus zogen die Leute ins Lager ein. Da ging es korrekt zu: erst wurde jeder registriert wie auf dem Standesamt und der Polizei, dann fotografiert, von vorn, im Profil von links, von rechts. Die Registratur überlebte. An den Korridorwänden hängen unzählige Fotos samt Daten: Geburtstag, Ankunft im Lager, Sterbetag. Zwischen Ankunft und Sterbetag lagen bisweilen ein paar Monate, nicht mehr, meist nur ein paar Wochen.

Gesellschaft wird immer strukturiert, auch die aus der Gesellschaft gefallene Gesellschaft von Auschwitz. Es gab nicht nur die Hierarchie der Mörder, sondern auch die der Opfer. Die unterste Stufe der Mörder war zugleich die oberste der Opfer: die Häftlinge konnten Kapo werden und als solche quälen und töten helfen. Das brachte bisweilen einigen für einige Zeit einige Vorteile. In Wirklichkeit war es die schrecklichste, die zynischste, die das Opfer am tiefsten entwürdigende Art des Mordes: Juden, zum Kapo befördert, mußten helfen, Juden in die Gaskammer zu treiben, ihre Leichen in die Öfen zu schieben, die Asche wegzuschaffen. Bis sie selber vergast wurden, wobei andere Juden zuschauen und helfen mußten, bis auch sie . . . und so fort.

Die Vernichtung ging rationell vor sich: antreten zum Appell, Auswahl derer, die nicht mehr arbeitsfähig waren, auskleiden, hinein in den ›Duschraum‹, Türen hermetisch zu, von außen Gashähne auf, nach einer bestimmten Zeit Türen auf, Leichen heraus, auf Fließband gelegt, in den Verbrennungsofen, der Ofen auf die nötige Temperatur gebracht, Nachschub bis Vorrat aufgebraucht, Asche erkalten lassen, wegfahren.

Das Sterben war das Schlimmste nicht. Es gab Ärgeres: die Strafzellen. Ein Kämmerchen, so niedrig, daß man nur kauern konnte, und so eng, daß vier Leute aneinandergepreßt kauern mußten, und eintreten mußten sie durch eine Öffnung am Boden, ein Hundetürchen. Wer da hineinkriechen mußte, tat es, von Stiefelstößen befördert. Luft erhielten die Zellen durch ein kleines Loch in der Wand. Man erstickte nicht ganz, nur fast.

Es gab auch das normale Schreckliche: die Schlafpritschen ohne Decken unterm löcherigen Dach, durch das es regnete. Von unten kamen die Ratten. Oft lagen Leichen zwischen den Schlafenden, das rochen die Ratten.

Auschwitz ist von den Deutschen in aller Hast zerstört worden, als die Alliierten ankamen. Es gelang nicht mehr ganz. Was stehenblieb, ist heute Museum. Man wird hindurchgeführt. Der Führer spricht Polnisch und Deutsch. Er stammt aus Auschwitz, war Kind, als das alles geschah. Er sagt mir, im Ort habe man nichts gewußt. Warum sagt er das? Es ist doch nicht wahr. Oder ist es wahr? Noch schrecklicher.

Wir müssen zuerst einen Film anschauen, jenen, den ich schon kenne, den die Alliierten gedreht haben 1945 bei der Befreiung. Man sieht die Häftlinge, die Überlebenden, herauskommen. Sie kommen auf einen zu und schauen einen an mit hohlen Augen. Ich starre sie an. Sie ziehen immer weiter, haben die Leinwand schon hinter sich und ziehen in mich ein. Ich halte das nicht aus. Aber ich zwinge mich zum Bleiben, bis zum Schluß. Draußen werde ich ohnmächtig, B. fängt mich auf.

Dann geht die Führung weiter: saubergefegte Straßen, saubergeputzte Zellen und Schlafpritschen, hinter sauberen Glasscheiben sauber aufgehäuft das zerbeulte Koch- und Eßgeschirr, die Kindernachttöpfe, die Schuhe, die Kinderschühchen, die glaslosen Stahlbrillen, das abgeschnittene Frauenhaar, blond, schwarz, rot, braun, grau, viel grau.

»Das ist nur der Rest«, sagt der Führer. »Die Haare kamen nach Bayern, in eine Textilfabrik bei Ingolstadt, da machte man Steifleinen draus.«

Damals trugen wir in Deutschland Leichenhaar unter unsern Mantelkragen, wir wuschen uns mit Seife aus Leichenfett,

hatten Lampenschirme aus Menschenhaut und trugen
Schmuck aus den ausgeschlagenen Goldzähnen der Leichen.

Ein Zwischenspiel: neben mir geht ein Mann, der aussieht
wie ein Jude und immerfort sagt: »Schrecklich, schrecklich.«
Ich erkundige mich schließlich teilnehmend danach, woher er
komme. »Aus Griechenland«, sagt er. Ich stelle Vermutungen an. Dann frage ich: »Aus dem heutigen Griechenland?«
Ja, eben hergefahren zu einem Kongreß nach Prag, und diese
kleine Exkursion hierher. Ich frage unsicher: »Sie kommen
direkt hierher? Und Sie sagen, das sei schrecklich. Was wollen Sie damit sagen?« Nun, daß es schrecklich ist. Ich frage:
»Und was heute in Ihrem Lande geschieht?« Er fährt auf:
»Was geschieht in meinem Land? Worauf spielen Sie an?«
Ich sage: »Auf die Folterungen und Todesurteile in Ihrem
militärdiktatorischen Land.« Er: »Was?? Alles Lüge, alles
Feindpropaganda. Diese Verräter Melina und Theodorakis
LÜGEN!!« Ich sage laut: »Auch Auschwitz war Feindpropaganda. Auschwitz gab es nicht. Lauter Lüge!«
Nun wollen die anderen wissen, worum es gehe. Es sind
meist Amerikaner, Männer und Frauen, dazu ein Deutscher
aus Essen und ein Ägypter aus Kairo, ich verwahre seine
Adresse, sie kamen alle von einem Kongreß für Rohölfor-
schung, der in Prag war. Ich gebe Auskunft. Ob ich Deutsche
sei, ob ich Antifaschistin war. Ich sage es ihnen. Auf einmal
ist aus der zufälligen Ansammlung von Touristen eine
Gruppe von Menschen geworden, die sich brüderlich verbunden fühlt. Antifaschisten. Der Grieche macht sich davon.
Ich habe am Lagereingang einen Strauß dunkelroter Levko-
jen gekauft. Den Strauß habe ich mitgeschleppt und vergessen, er liegt mir welk im Arm, der Tag ist so heiß. Schließlich lege ich ihn dort nieder, wo es mich ruft: an dem Schrein
mit den Resten von Kinderspielzeug. Einige weinen jetzt.
Ich nicht mehr.
Am Ende der Führung sehen wir den Platz, wo die Lämmer
den Wolf totschlugen. Oder wurde der Lagerkommandant

Höss aufgehängt? Ich weiß nicht mehr. Ich kann mir ihn vorstellen, baumelnd und die Zunge heraushängend, und die geretteten Lämmer, zu Wölfen geworden, tanzen um ihn. Vorher ließ man ihn seine Lager-Memoiren schreiben, sie sind präzises Dokument.

Hernach fahren B. und ich hinüber nach Birkenau. Liebliches Wort: Birken-Au. Eine Sumpflandschaft, weithin, niedrig darüber ein Bleihimmel ohne Sonne. Ein schwüler Nachmittag. Bahngeleise, die irgendwo enden zwischen Brennesseln und Weidengebüsch. Das Gebüsch wächst auf zerborstenen Ziegeln und gesprengtem Zement. Hier war die Laderampe, hier wurden die Ankommenden sogleich in die Todesbaracken und die Gaskammern und Öfen gebracht. Einige Baracken stehen noch längs der endlosen Straße. Ich gehe mit B. auf ihr bis zum Mahnmal. Ich war in Jerusalem, ich bin auf der Via Crucis gegangen, auf der Jesus ging, das Kreuz tragend. Hier ist er tausendmal gegangen.

Es ist ganz still. Es gibt da nur einen einzigen Laut, der nicht aufhört, ein dumpfes kurzes u-u-u-u-u- . . . Er kommt aus dem Boden, aus einem Schilftümpel, aber aus welchem? Es gibt viele hier. Ich beuge mich über einen, er ist so sonderbar grau. B. gibt mir einen Stecken. »Stochern Sie hinein!« Ich tu es. Da steigt Graues auf, ganz leicht, schwimmt eine Weile, geht langsam wieder auf Grund. »Dein aschenes Haar Sulamith.« Die Asche der Vergasten und Verbrannten. Man füllte die Sümpfe damit auf. Ich lasse den Stecken entsetzt fallen. Das u-u-u- geht weiter. Eine Unke irgendwo. Sie wird nie aufhören zu rufen.

Auf meinem Schreibtisch liegt ein Stück Ziegelstein, es stammt vom Krematorium Birkenau.

Stuttgart, November 1970. Ich habe einen Vortrag über Polen gehalten vor einem kleinen geladenen Kreis. Ich gab meine Eindrücke wieder und brachte Fakten. Zwei Herren, beide Polenkenner, bestätigten meine Erfahrungen und Vermutungen. Der eine ist der ehemalige Oberbürgermeister von Stuttgart, Spezialist für Polenfragen, der andere hat sein halbes Leben in Polen gelebt. Es ist uns selbstverständlich, Polen unter dem Gesichtspunkt des Politischen zu sehen. Im Polen von heute hat eben alles politische Bedeutung. Nach der Diskussion kommt eine ältere Dame auf mich zu und flüstert mir diskret ins Ohr: »Ich bin sehr enttäuscht von Ihnen. Warum um Himmels willen mußten Sie so politisch reden?!« – »Wie hätte ich denn reden sollen?« »Anders eben, unpolitisch.«

Das ist einer jener Aussprüche aus dem Mund meiner deutschen Mitfrauen, die mich auf die Palme bringen. Unausrottbar der falsche Begriff der Politik. Politik ist harte Männersache, die Frau hat sich davor zu schützen, Politisieren ist häßlich und unweiblich, Politik ist ein unvermeidbares, aber abscheuliches Randgebiet des Menschlichen, Politik ist ein schmutziges Geschäft.

Und was tun Sie, gnädige Frau, es weniger schmutzig zu machen?

Wien, Juni 1970. Ein Zwischentag. Ein Tag zwischen Warschau und Klagenfurt, ein Tag zwischen zwei Schriftsteller-Kongressen. Ein Sonntag. Ein Sonntag in Wien. Ein heißer Wiener Sonntag. Ich will ihn, so heiß wie er ist und so wienerisch wie er ist, ganz allein auskosten. Nichts reden. Die Stadt reden lassen.

Wien ist schlecht gelaunt wie immer. Der Taxifahrer: »A schens Weda sogns is? Z'haas is's. Des is jo a Hundstogshitz. Des ko jo net sche bleim. Sicha wird a Weda kuma auf d'Nocht. Vü z'haas is's.«

Die andern Wiener sind auf dem Land. Oder sonstwo. Wien ist gern ohne Wiener, es ist sich selber genug. Ich verstehe das. Später schläft es ein. Ich gehe ungestört darin herum und verliere mich zwischen Vergangenheiten. Ich bin eine Figur in einem alten Buch über Wien.

Auf der ersten Seite ist der Stephansdom in Totalansicht, ein Stahlstich auf himmelblauem Papier. Auf der zweiten Seite ein Detail: der steinerne Augustinus unter der Kanzel. Ich nenne ihn den Wiener Voltaire zweiten Ranges. Welcher böse Wiener ist da so bös portraitiert worden? Ein Herr, der sich in blasphemischer Absicht mit dem Bischofsornat maskiert hat. Die Stola hat er geradezu verächtlich schlampig umgeworfen. Das I.H.S. auf der Mitra wirkt provozierend wie der Stern auf der Jakobinermütze. Der Herr schaut aus einer Art Fenster, das Buch respektlos als Fensterbank benutzend. Was er in der rechten beringten Hand hält, ergründe ich nie. Der linke Arm ist abgewinkelt aufgestützt. Mit zwei ebenfalls beringten Fingern hält er lässig sein Kinn und verschiebt dabei höchst naturalistisch die Falten seines Gesichts.

Es macht ihm, hochmütig wie er ist, nichts aus, daß er dabei älter und häßlicher wird als er ist. Der Mund war einmal brutal genußsüchtig, jetzt ist er brutal skeptisch. Die Augen, tiefliegend und schmal, sind voll schiefen Spottes. So schaut er wahrhaft unverschämt in den Kirchenraum. Der Stephansdom kann sich das leisten: der Skeptiker und Lästerer wird vom Gewicht der dogmenschweren Kanzel ganz schön kleingehalten, schier erdrückt.

Auf der nächsten Seite ist die Dominikanerkirche. Ich kann sie nie betreten ohne Angst, mir könne geschehen, was Reinhold Schneider hier geschah, als er seinen ›Winter in Wien‹ lebte: hier hat ihn Gott verlassen. Hier begann Schneiders Agonie. Sie dauerte bis zu dem Morgen, an dem er, wieder in Freiburg, auf der Straße stürzte und danach starb. Da war es aber Ostermorgen.

Ich blättere um: die Reitschule. Nein, selbst wenn geöffnet wäre, ginge ich nicht hinein. Ich liebe Pferde und Stallgeruch, aber ich mag nicht, wenn Pferde, dressiert, auf den Hinterbeinen gehen und die dicken Bäuche zeigen. Wer findet das schön?

Nächste Seite: das Demel. Hier müßte ich einen Reifrock tragen, und ein Kavalier in Silber und Himmelblau müßte mir einen Veilchenstrauß in einer gezackten Spitzenserviette überreichen. Im Demel ist's kühl und fast leer. Es riecht nach starkem Kaffee und frischem Mandelgebäck. Die Platten der Tischchen sind marmorkalt, die Bedienerinnen sind mittleren Alters und leicht mürrisch. Es ereignet sich nichts als daß sich nichts ereignet, man sitzt eben da, und obgleich alles ganz simpel wirklich ist, kommt mir dies Dasitzen im völlig Ereignislosen ungewöhnlich vor und unwirklich.

Wieder draußen auf der Straße. Jetzt ist es sehr heiß. Die Mittagseiten im Buch überschlage ich. Sie sind geweißt von der Sonne. Aber am späteren Nachmittag blättere ich die Seiten mit dem Volksgarten auf. Da blühen alle Junirosen. Zwischen Rosen und Laub sieht man eine Musikkapelle Wienerisches spielen. Diese Buchseiten sind leicht parfümiert, sie riechen ein wenig wie die silberne Rose im ›Rosenkavalier‹. Auf Laub und Rosen und Musik liegt feiner alter Staub. Ich setze mich auf eine Bank und werde nach und nach zu parfümiertem Seidenpapier, zuletzt habe ich kein spezifisches Gewicht mehr. Auf der Bank rechts sitzt eine ältere Dame, leicht bucklig und in Lila, auf der Bank links ein alter Herr, weiß-grau-schwarz gestreift, er kann niemand andrer sein als der Baron Greifenklau, er sitzt schon seit hundertfünfzig Jahren so da, die Gichthände sehr fein um den goldnen Knauf des Spazierstocks gelegt, ganz aufrecht, grundsätzlich unzufrieden und unsterblich. Wir drei haben nichts miteinander zu tun. Wir sitzen nur da und rühren uns nicht.

Später blättert ein Windhauch die Seite um. Jetzt kommen Leute ins Bild, lauter Paare, die Herren im Abendanzug, die Damen in Theaterrobe. Sie gehen rund um ein langes Beet mit roten leicht verstaubten Buschrosen. Immer rundum. Ein Ringelspiel. Von fern spielt die Musik dazu. Die Damen fächeln sich mit Theaterprogrammen ein wenig Volksgartenluft zu. Hernach werden sie ins Burgtheater nebenan gehen. Das macht man sonntags so.

Zwischen Abendroben und Rosen schiebt sich unversehens eine Störung ins Bild: ein junges Paar in Hippie-Aufmachung. Die beiden, langhaarig, halsketten- und stirnreifbeladen, leise klirrend und klingelnd, gehen Hand in Hand auf dem Rasenstreifen, den man nicht betreten darf, weil es auf einer Tafel steht. Die beiden gehen über den Rasen und zu den Beeten mit den Hochstammrosen und riechen an allen Rosen, einer nach der andern und ernsthaft, als seien sie vereidigte Rosenduftprüfer.

Der Baron Greifenklau meldet als erster das Ungehörige dieses Tuns, er hebt den Zeigefinger, aber niemand ruft ihn auf, etwas zu sagen. Dann steht die leicht bucklige Dame in Lila auf, schnellt den Arm vor und sticht in Richtung Hippies. Daraufhin kommt nach und nach das Ringelspiel zum Stehen. Die feinen Paare erstarren in ihrer Position, alle Gesichter dem Paar zugewendet. Die Lila-Dame, nicht zum

Ringelspiel gehörend, zieht ein weißes Tüchlein aus dem Beutel und signalisiert Befehle: »Vielleicht gehts ausse aus de Rosn! Kennts es net lesn? Es datz jo ois, eich ghert da Volksgortn, eich ghert de Stodt, eich ghert de Wölt.« Sie spricht allen aus dem Herzen. Der Baron Greifenklau drückt die Volksmeinung präzise aus: »Jo, so is. Ham nix glernt hint und vurn, le'm vom Papa sein Göld, fohrn mi'm Papa sein Mercedes, oba Apo is ma, d'Revoluzjon wü ma, und wann nocha d'Kommunistn kemman und dem Papa sei Zeig wegnehman, was nocha, frog i!« Das Wort Kommunisten hat Effektivität: es zieht den Ringelspiel-Mechanismus wieder auf, aber er funktioniert jetzt gestört: die Paare gehen nicht mehr rundum, sie bewegen sich langsam und konzentriert auf das Hippiepaar zu. Ein Belagerungsheer rückt vor. Die Belagerten merken nichts davon. Sie schlüpfen langhaarig und leise klirrend zwischen den Rosenstämmchen hindurch. Schließlich haben sie genug gerochen. Sie schütteln die Haare und kommen auf den Kiesweg heraus. Da sehen sie sich einer feindlichen Phalanx gegenüber. Aber sie verstehen nicht. Sie lächeln den Feinden freundlich zu. Das Mädchen sagt: »So etwas Schönes, diese Rosen. Und der Duft!« Dann gehen sie Hand in Hand fort, aus dem Volksgarten hinaus.
Den feinen Leuten hat es die Sprache verschlagen. Ein Herr findet sie wieder. »Vielleicht woans Ausländer. Ham scho' so an Akzent ghobt. No jo.« Das Belagerungsheer löst sich auf. Man ist erleichtert, nicht bös sein zu müssen, aber ein wenig enttäuscht, es nicht sein zu dürfen.
Die Leute sind jetzt fort, im Burgtheater. Zurück bleiben die Bucklige, der Baron Greifenklau und ich, und dazu kommt jetzt eine neue Figur, ein Männlein.
»Jo wos woa denn, Herr Baron?« fragt es.
Der Baron raunzt: »Jetzt kummans daher, Se, wo's z'spot is. Sie solltn bessa aufbassn!«
Das Männlein erwidert: »Jo wos woa denn ibahaupt?«
»Gammla woans! In d'Rosn eineganga sans«, sagt der Baron.

»Jo wos!! Und wos hams'n dan in de Rosn?«
»No – eine'ganga sans halt«, wiederholt die Bucklige.
»Jo scho'. Oba wos's dan ham?«
»Tan? Tuan hettns a no wos solln!«
»Jo wos woa nocha?«
»No, langt des net? Derfn de eine geh, wann durtn steht, das
ma NET eini'deaf? Jo wo kumma ma den do hi, wann jeda
eine'gangat wo a net eini'deaf??«
Das Männlein seufzt. »Jojo, is woah, wo kummat ma do
hi!...« Es geht. Ich gehe auch. Zurück bleiben für immer der
Baron Greifenklau und die lila Bucklige auf einer blaugrünen
Buchseite mit abendfeuchten Stockflecken.

Gehört: ein Ort an der Ostseite des Apennin, gegen das Meer zu gelegen, weigert sich, Fremdenort zu werden, er baut kein Hotel, keine Pension, kein Kurhaus und
erlaubt keinem Einwohner, zahlende Gäste aufzunehmen.
Beschluß der ganzen Bürgerschaft. Verbindlich für alle. Ein
Fremder, ein gerissener Geschäftsmann, versuchte eine Täuschung: er wollte unter dem Namen eines (bestechlichen
oder einfältigen) Einwohners ein Haus bauen, ein Privat-
haus, so groß, daß man es hernach, stünde es erst einmal,
leicht zu einer Hotelpension würde umwandeln können.
Aber die Ausmaße und die Art des geplanten Hauses machten stutzig. Man kam dem Manöver auf die Spur. Der Plan
wurde nicht genehmigt. Der Verräter am Ortsgeist war reuig
und versprach, nie mehr derlei zu versuchen. Er sowohl wie
der ortsfremde Geschäftemacher hüteten sich, gegen das Verbot Einspruch zu erheben. Sie hätten einen Kampf riskiert,
in dem sie auf jeden Fall verloren hätten. Man fragte die
Leute jenes Orts, ob sie es sich denn finanziell leisten können, auf die Einnahmen aus dem Tourismus zu verzichten,
sie schienen doch nicht wohlhabend. Sie seien eher arm, aber
inmitten einer Welt, die dem Geld verfallen sei und dabei

nicht glücklich werde, sondern vielmehr immer unglücklicher, wollten sie sich reinhalten. »Entweder Gott oder der Mammon.« Sie wählten Gott. Ich konnte nicht erfahren, ob es sich um späte Nachfahren der Waldenser oder einer andern Gruppe der religiösen Armutsbewegung des frühen Mittelalters handelt. Solche gibt es immer noch, und Assisi liegt nahe. Hätte ich genug Lebenszeit, ginge ich allen Spuren franziskanischen Geistes nach.

Ich kehre aus Labyrinthen, in denen Verwirrungen und Ängste (meist politischer Natur) hausen, in das zurück, was ich gern als ›meine Welt‹ bezeichnen möchte. Ich schlage meine Augen auf und sehe: mein Arbeitszimmer, meinen Schreibtisch, meine Bücher, einen Stoß beschriebenen und einen Stoß unbeschriebenen Papiers. Der Hafen, in den ich mich rette. Aber vergeblich. Das ist ja gar nicht ›meine Welt‹, es ist nur ein Ausschnitt aus meiner Welt, und ich bedarf vorläufig seiner noch, ich meine noch irgendwo zu Hause sein zu müssen, ich fürchte sonst das Leben nicht ertragen zu können. Aber dieser vertraute notwendige Ausschnitt wird immer brüchiger und durchlässiger, er schützt mich kaum mehr, und wenn er mich einmal abschirmt, so büße ich das bald mit dem schlechten Gewissen des Deserteurs, der weiß, daß er eine gute Sache verriet. Nein – das ist schon kein echtes Zuhause mehr, das ist ein Nachtasyl geworden. Das Zuhause, das ist abgewandert aus dem Raum in die Zeit: wenn ich mit einem geliebten Menschen oder einem kleinen Kreis von Menschen zusammen bin und plötzlich mein Ich sich aufgehoben fühlt und einverleibt der Welt (»wo zwei in meinem Namen versammelt sind, da bin ich mitten unter ihnen«) – was das bedeutet, weiß ich mit allen Fasern, und wenn das WIR sich ereignet, dann bin ich geborgen. Freilich dauert die Geborgenheit nicht. Sie ist jene Geborgenheit, die man etwa auf einem

Brückenpfeiler finden kann, der noch keine Brücke trägt, man sieht das beim Bau der Autobahn. Von einem Pfeiler zum andern springend, kann man sich retten, aber ein Zuhause ergibt es nicht. Ich im Sprung, ich bin mir meine Brücke, eine andere gibt es nicht. Unbequem, riskant, unabänderlich. Ich hatte nie irgendeine Sicherheit. Aber das machte nichts aus. Meine Vitalität garantierte mir alle Sicherheiten, die ich brauchte. Aber wie ist das im Älterwerden? Wird das Pfeilerspringen nicht immer schwieriger? Aber vielleicht nützt das lebenslange Training? Und vielleicht wird man immer schwereloser, vielleicht wachsen einem Flügel? Üben, üben: freiwillige Verzichte, ehe man sie, als aufgezwungene, ruhmlos leisten muß. Den unbequemsten Ort als Zuhause wählen, damit die Abschiede leichter werden. Man hilft sich, wie man kann.

Im TV gesehen: auf einem Stuhl sitzt ein junger Mann. Elektrische Drähte, an verschiedenen Stellen seines Körpers befestigt, verbinden ihn mit dem Stuhl, der wiederum mit einem Apparat verbunden ist, welcher Elektrizität weiterleitet. Ein ›elektrischer Stuhl‹ also. Er steht nicht in einem USA-Gefängnis, sondern in einem Zimmer des psychologischen Instituts der Universität Mailand. Neben dem Stuhl steht eine Frau, Professor für Psychologie, und am Elektrizitätsspender einer ihrer Studenten. Sie sagt ihm, er soll am Schalter des Apparats drehen und dabei beobachten, wie die Versuchsperson auf den Strom reagiere. Der Student dreht, der Mann auf dem Stuhl zuckt. Der Student schickt mehr Strom durch, der Mann zuckt stärker. Noch mehr Strom, der Mann windet sich. Noch mehr, er zeigt Schmerzen. So immer weiter, bis die Versuchsperson aufschreit und zu sterben scheint. Jetzt gibt die Professorin das Zeichen zum Aufhören und nimmt den Studenten in ein Nebenzimmer. Dort fragt sie ihn, was er sich gedacht habe bei dem Versuch. »Nichts«, sagt er, »ich habe beobachtet, wie ich es sollte.« – »Hatten Sie nicht Sorge, der Mann könne Schaden nehmen?« – »Nein, dafür sind doch Sie und das Institut verantwortlich.« – »Hatten Sie nicht ein wenig Mitgefühl mit dem Mann, dem die Sache doch offenbar weh tat?« – »Aber es war ein wissenschaftliches Experiment.«

»Ja«, sagt die Professorin, »es war ein Experiment, aber die Versuchsperson waren Sie!«

Verblüffung. »Wieso das?«

»Wir wollten wissen, ob Sie einem Befehl blind gehorchen ohne ein Gefühl für Eigenverantwortung und ohne Gefühl für den Schmerz eines Mitmenschen. Sie hätten vielleicht das Experiment fortgeführt bis zum Tod des Mannes. Gott sei Dank war die vermeintliche Versuchsperson ein Schauspieler, der die Reaktionen nur mimte. Er war nicht an den Strom angeschlossen.«

Sie sagte, daß rund achtzig von hundert Testpersonen so reagieren wie diese. Das heißt also, daß vier Fünftel skrupellos Befehle ausführen, die eine echte oder angemaßte Autorität ausgibt. Nicht nur KZ-Schergen, nicht nur Bombenauslöser, sondern Zivilpersonen, Intellektuelle, und oh! Angehörige der jungen Generation. Aber unter den Studentinnen waren viele, die sich weigerten.

Bei der heutigen Post der Brief einer alten Frau, die mich bittet, ihr eine Arbeit zu verschaffen: eine unerfüllbare Bitte, die Frau lebt achtzehnhundert Kilometer von mir entfernt. Sie ist ganz allein und ein, wie sie schreibt, »von Schicksalsschlägen und Minderwertigkeitsgefühlen ganz zermürbtes Menschenkind«. Das Wort ›Menschenkind‹ ist herzbewegend: eine alte Frau nennt sich Kind. Menschenkind. Ein erschreckend tiefsinniges Wort. Ein Kind gehört zu einer Familie, man darf es nicht aussetzen, man muß es einbeziehen, an die Hand nehmen, es lieben, ihm beim Erwachsenwerden helfen. Ein Kind hat einen Namen, bei dem es genannt wird und an dem es erkannt wird. Menschenkind aus der Menschenfamilie. Jedes Kind gehört zu dieser Familie. Es gibt kein Kind, das nicht ein Menschenkind dieser Familie wäre, ein Kind jenes Ganzen, das selber einen Namen trägt, bei dem es gerufen wird. Zu Gericht gerufen, zum Urteilsspruch darüber, ob es seine Kinder gequält, ausgesetzt, gefressen hat oder ob es sie kannte und er-kannte.

Diese alte Frau, dieses Menschenkind, ist alleingelassen worden. Wer ist ihr Nächster? Je älter ich werde, um so dringlicher rücken mir solche Fragen auf den Leib. Einander leben helfen. ›Lebenshilfe geben‹, ein arges Schmähwort der Literaten. Was soll's. Werden mir Kritiker und gescheite Kollegen beistehen, wenn es um die geistige Existenz geht: im Tod? Das Leid meiner Mitmenschen geht mich mehr an als Literaturkritik, als Erfolg oder Mißerfolg. Kunst ist nicht der höchste Wert.

Heinrich Böll sagte neulich zu mir: »Sie haben in Ihrem Tagebuch etwas über mich geschrieben, was nicht stimmt.« Was denn? »Daß ich nicht eitel bin. Das stimmt nicht. Ich bin eitel; ich hoffe jedenfalls sehr, daß ich es bin.« Der Böll, der ist ein kluger Fuchs (neben vielem anderen). Der weiß, warum er nicht für gänzlich uneitel gelten will. Das wurde mir gestern klar, als mir ein anderer Autor sagte: »Eitelkeit ist eine Eigenschaft für junge Leute und für Mittelmäßige, oder für solche, die, wie ich, den Jahrmarkt der Eitelkeit durchlebt und längst verlassen haben.« Das klang, für den Augenblick, überzeugend und schön. Jetzt aber halte ich mir die beiden Aussprüche und die beiden Aussprecher gegeneinander.

Ehrgeiz, was ist das? Auch so ein Wort, von dem man meint, man wisse genau, was es bezeichne, weil man meint, die Wortbedeutung zu kennen: Ehr-Geiz; man geizt nach Ehre;

man will geehrt werden, will die Ehre geizig für sich haben, will sie nicht mit anderen teilen; ein Ehrgeiziger ist ein Unbeliebter unter seinesgleichen; Ehrgeizige sind aber brauchbar in der Politik und in der Industrie, dort sind sie (falls sie gescheit und geschickt sind) die großen Macher.

Wenn die sexuelle Lust eine List der Natur ist, die Fortpflanzung der Arten zu garantieren, so ist Ehrgeiz die List des Geistes, Fortschritt zu garantieren. (›Geist‹ hier wertmäßig ambivalent verstanden.)

Es gibt einen Ehrgeiz, der nicht nur dem Ehrgeizigen dient, vielleicht überhaupt nicht ihm, sondern der Gesellschaft und einer Sache. Auf jeden Fall ist Ehrgeiz eine soziale Eigenschaft: man kann nicht für sich allein, im Hinblick nur auf sich selber ehrgeizig sein; man braucht dazu die anderen. Wer ehrgeizig ist, schätzt das Urteil anderer, also sie selber. Er will nicht die einsame Leistung, er will sich an anderen messen. Wenn er sich anstrengt andere zu übertreffen, anerkennt er die anderen und ihre Leistung.

Ich kenne wenige Leute, die nicht ehrgeizig sind: von Natur Triebschwache, Passive, Kranke oder von Kindheit an tief Entmutigte, die den Wettlauf gar nicht erst antreten und sich in ihrer Schwäche häuslich einrichten und vom sicheren Ort aus die Leistung anderer bewundern oder verachten. Es gibt auch die Schein-Unehrgeizigen, denen schwer auf die Schliche zu kommen ist. Von einer Ordensoberin wurde mir einmal gesagt, sie habe den einzigen Ehrgeiz, die Demütigste in ihrem Kloster zu sein. Auch außerhalb solch subtiler Spiritualität gibt es den maskierten Ehrgeiz: wenn jemand derart ehrgeizig ist, daß ihm nur der alleroberste Platz, der erste Preis, die in sich beste Leistung und ›das Absolute‹ genügt, und der, sich seiner Grenzen schmerzhaft bewußt werdend und tief enttäuscht, alle zweitrangigen Erfolge verschmäht und gar keine mehr will.

Bei X. liegt der Fall anders, wie mir scheint. Er ist nicht erfolglos, durchaus nicht, er lag immer in der vorderen Linie bei allen Rennen und war oft Sieger.

Es gibt immer noch Leute, die auf ihn setzen. Aber er mag nicht mehr. Warum? Einmal sagt er, ihn interessieren die Meinungen und Urteile anderer Leute überhaupt nicht mehr, sie sind ihm Wurst. Vermutlich erscheint es ihm jetzt unnötig, sich anzustrengen, um bei den also Verachteten etwas zu gelten; sie sind, so meint er, für ihn und seine Leistung nicht zuständig.

Bei X. ist das Abhandenkommen des Ehrgeizes nicht Frucht der Altersweisheit, sondern des puren Hochmuts und der unvermerkt wie ein Blutkrebs in ihm gewachsenen Menschenverachtung. Seine Erklärung, den Ehrgeiz weit hinter und unter sich gelassen zu haben, ist nichts anderes als seine Austrittserklärung aus der Gesellschaft. Das aber bedeutet: sich abtrennen vom Lebensbaum.

Wenn der kluge Böll sich wehrt, von mir als nicht ehrgeizig bezeichnet zu werden, so wehrt er sich gegen die Möglichkeit, Leser könnten auf die Vermutung kommen, er sei, vom Erfolg hochmütig geworden, nicht mehr brüderlich in die Schar der Menschlich-Allzumenschlichen gemischt.

Es muß aber doch eine legale Übersteigerung des Ehrgeizes geben. Wie ist es damit: wenn einer, älter geworden, die Relativität jeden Erfolgs erfahren hat und nun weiß, daß jede Leistung sowohl klein wie groß ist, oder vielmehr, daß wir den Maßstab dafür gar nicht haben und also nur willkürlich urteilen – und der darum den Ehrgeiz ablegt? Das ist schon viel, aber es führt doch wohl nur zu einer skeptischen Bescheidenheit, zu freundlicher Anerkennung der Leistungen anderer und zu äußerster Vorsicht in Werturteilen. Mir genügt das nicht. Ich meine, man müsse ›ehrgeizig‹ sein und das Beste aus seinem Talent machen, aber immer im Hinblick auf das Ganze und Eigentliche. Was ist das? Ich kann's nicht kleiner nennen: es ist die Menschheit, in der ich für diesen Augenblick unersetzlich wichtig bin an meinem Platz und zugleich ein Stäubchen, leicht hinwegzublasen, eines von Milliarden. Dies Zusammen-Schauen ist zu lernen. Leicht gesagt. Um es wirklich denken und leben zu können, ohne jeden netten Selbstbetrug, dazu bedarf es einer langen und harten Lehrzeit. Wenn ich ein Buch schreibe, zum Beispiel, und es wird gut, so ist das im Ganzen genau so viel, als wenn ein anderer es geschrieben hätte. Daß ich es war, die es schrieb, ist nichts als die Erfüllung der mir zugeteilten Aufgabe im Ganzen, und kein Grund zur Aufregung. Bei jungen Leuten treffe ich diese Ansicht, weil müheloser erworben, öfters. Neulich sagte mir mein Sohn Stephan: »Natürlich will ich gute Filme machen, aber die Hauptsache ist, daß überhaupt gute Filme gemacht werden.« Ihm glaube ich diesen Satz, denn er bewies schon, daß er meint, was er sagt. Uns Älteren fehlt das Bewußtsein von der Wichtigkeit der kollektiven Leistung. Bei uns eingefleischten Asozialen (›Künstler‹!) gilt der individuelle Erfolg immer noch als der einzig erstrebenswerte. Ob die Autoren-Teams und die jungen Verleger-Kollektive darin wirklich Neues schaffen, ist abzuwarten.

1970. Weißes Mädchen, schwarzer Mann. Dies ist nun der zweite Fall des Scheiterns einer Ehe zwischen Weiß und Schwarz, von dem ich erfahre. Dieser zweite Fall, harmloser bis jetzt und vielleicht heilbar, erinnert mich an den früheren. Eine Studentin, sehr hellhäutig, fast weißhaarig vor Blondheit, eine Lichtgestalt, verliebte sich (ihre erste Liebe) in einen negroiden Inder, und dann, als dieser in seine Heimat zurückkehrte ohne sie mitzunehmen, in einen Senegalesen, der aber eine französische Mutter hatte und europäisch aussah, wenngleich er schwarz war. Nachdem er bei einem Flugzeugunglück umgekommen war, verlobte sie sich sehr bald darauf mit einem Sudanesen, der ganz schwarz war, ein echter Afrikaner, schön und hochintelligent. Er studierte Soziologie und Politologie und wollte dann nach Afrika zurückkehren und politische Karriere machen. Ich warnte das Mädchen vor der Heirat, nicht weil ich rassische Vorurteile hätte, sondern weil mir klar war, daß der Mann, wenn er in Afrika Politik machen will, keine weiße Frau haben kann. Der Sudan ist nicht Senegal, und nicht jeder ist ein Politiker und Dichter wie Senghor und kann sich eine weiße Frau erlauben. Aber das Mädchen heiratete ihn. Ich hörte lange nichts mehr und vergaß den Fall. Und plötzlich kam wieder ein Brief, und dann Brief um Brief, aber immer ohne Absender, aus immer anderen Orten, mit anderen Poststempeln. Da ich die früheren Briefe nicht mehr besaß, wußte ich die Adresse nicht, und im übrigen hatte mir das Mädchen, vielmehr jetzt die junge Frau, schon damals verboten, ihr zu antworten, ihr Mann dürfe nichts von diesen Briefen wissen.

Im ersten dieser späteren Briefe stand, daß der Mann, der Mohammedaner war, christlich werden wolle, und zwar evangelisch, weil für ihn ›evangelisch‹ bedeute: das wahre Evangelium haben. Im zweiten Brief stand, der Mann wolle, daß die Frau ebenfalls evangelisch würde, und sie, katholisch getauft, aber ganz areligiös, solle sich noch einmal taufen lassen. Im dritten Brief der Bericht von der Taufe: nachts, in der Osternacht, in einem Fluß, ganz nackt, und vom eigenen Mann getauft. Die junge Frau war, so schrieb sie mir, fasziniert und erlebte die Zeremonie als ›echte Initiation‹. Einige Zeit später wollte der Mann mit ihr Eucharistie feiern, und zwar ›evangelisch‹ mit Brot und Wein und einem Lamm. Das Lamm mußte die Frau schlachten. Sie wollte nicht, aber der Mann schaute sie nur an, und da tat sie es. Als sie das Lamm erstochen hatte, fiel sie in Ohnmacht. Sie lag im Blut des Lammes. Der Mann tanzte und sang und nahm sie. Das sei, so sagte er, die wahre Kommunion mit der Schöpfung. Die junge Frau mit ihrer Negrophilie blieb fasziniert. Sie erlebte in den Umarmungen, »aber auch sonst neben dem Mann«, wie sie schrieb, Bewußtseinserweiterungen wie beim Genuß von LSD, das sie früher einmal ausprobiert hatte. Jedoch seien die ›Räusche‹, die sie mit ihrem Mann erlebte, ungleich stärker und vergingen nicht. Es gab da kein Auslöschen, keine Angst, kein Wiedererwachen, keine Ernüchterung, sondern eine Kontinuität, ein Glückszustand auf mittlerer Ebene, so als gehe man auf einem Grat im Gebirge in ganz dünner Luft und wisse, daß man nicht abstürzen könne. Der Zustand hatte nur leichte Schwankungen, einen welligen Rhythmus etwa wie Tag und Nacht, aber mit langsamen angenehmen Übergängen. Die Frau schrieb, sie studiere tagsüber weiter Medizin, sie hospitiere in der Klinik, mache keine Fehler, sei ganz konzentriert, fühle sich wohl, nur ›fremd‹: eine Afrikanerin, die in die europäische Kultur von heute hineingestoßen wurde. Kraft ihrer natürlichen Intelligenz erfasse sie alles leicht, mache die Prüfungen gut, aber alles ›gehe sie nichts an‹, sie sei nicht dabei, sie sei ›in Afrika‹. Einige Monate später schrieb sie, nun werde sie bald mit ihrem Mann nach Afrika gehen. Ich muß sagen, es befremdete mich etwas, daß sie immer nur sagte ›Afrika‹ und nie eine nähere Angabe machte. Nur am Anfang hatte sie einmal von ihrem künftigen Mann als einem Sudanesen gesprochen.

Dann hörte ich wieder lange nichts und vergaß zum andern Mal. Der Fall war mir immer als etwas Verschleiertes nur halb im Bewußtsein. Jetzt schrieb sie: sie sei mit ihrem Mann nach Paris geflogen, und sie wollten von dort nach Afrika weiterfliegen. Am Tag vor dem Weiterflug habe ihr Mann gesagt, sie wollten in die Umgebung von Paris fahren. Das taten sie. Es waren dort viele Föhrenwälder. Auch ein Schloß sei in der Nähe gewesen. Sie seien sehr lange durch die Wälder gegangen, Hand in Hand, und seien sehr glücklich gewesen. Ihr Mann habe eine seltsame Feierlichkeit gezeigt. Sie habe gedacht, er sei so, weil er sich innerlich auf die Heimreise vorbereite. Aber dann habe sie das Gefühl gehabt, sie seien schon in Afrika. Nach und nach war sie dessen ganz sicher. Sie seien auf eine Lichtung gekommen. Ihr Mann habe gesagt, sie wollten ein Feuer machen. Sie schichteten Föhrenzweige und Äste aufeinander. Dann zündete er das Holz an. Er bat sie, sich dicht ans Feuer zu stellen. Sie tat es. Er tanzte um sie, und er sang. (Daß er sang, war ihre Rettung: so wurde er von Passanten gehört.) Sie war sehr glücklich. Sie wußte, daß sie jetzt ›angekommen‹ waren, alle beide. Dann sah sie noch, daß Leute gelaufen kamen. Das sah sie zugleich mit dem aufblitzenden Messer in der Hand ihres Mannes. Dann fühlte sie nur mehr eine große Hitze. Als sie zu sich kam, fand sie sich in einer Klinik. Sie hatte Brandwunden und eine Stichwunde am Arm. Sie erinnerte sich lange nicht daran, was gewesen war. Von ihrem Mann hat sie bis jetzt nichts gehört. Sie schreibt, trüge sie nicht seinen Namen im Paß, könnte sie gar nicht glauben, daß das Ganze etwas Wirkliches gewesen sei. Sie meinte lange, es müsse ein Drogenrausch besonderer Art gewesen sein.

Ich weiß nicht, was ich davon zu halten habe. Die Handschrift der Frau ist die eines normalen Menschen. Die Gedanken und der Ausdruck sind klar und vernünftig. Hat hier eine ›Dichterin‹ phantasiert? Wollte sich ein Mädchen interessant machen? Hat es seine Wunschträume aufgeschrieben? Oder ist, was sie erzählt, eine Drogenerfahrung? Ist sie in immer neuen Räuschen lucid-schöpferisch? Ich habe aber in der Literatur über Drogen nichts dergleichen gefunden. Wäre nun nicht dieser neue Fall mit gewissen Parallelen, so würde ich den früheren Fall als nicht einzuordnen beiseite legen. Aber so?

Heute, viele Monate später, denke ich so: Vielleicht hat der Mann die Frau wirklich sehr geliebt. Er wußte, daß er sie in Afrika nicht brauchen konnte. Er wollte nach Afrika. Er wollte aber auch sie. Vor allem wollte er sie nicht verlassen und nicht enttäuschen. Er wollte, daß sie in IHREM Afrika ankomme. Die Lösung: ihr Tod. Er mißlang. Leute kamen dazwischen. Wo ist er? Vermutlich in Afrika, in SEINEM Afrika, das von dem ihren so verschieden ist.

1970. Condition humaine. Am Flugplatz Köln begrüßt mich Herr X., Wirtschaftsexperte, CDU, katholisch, einem berühmten Familienclan zugehörig. Wir fliegen zusammen. Ich rede gern mit ihm, er ist sehr gescheit und hat Charme. Ich erzähle von meiner Polenreise und von meinem Besuch bei Brandt, ich komme eben aus Bonn. Herr X. fragt: »Was hat denn SIE (er betont das Sie und drückt damit kopfschüttelnde Verwunderung aus) an Brandt beeindruckt?!« Ich sage: »Ich habe verstanden, daß Brandt nicht nur auf den Nicht-Krieg zielt, sondern auf Frieden. Das ist nicht eine andere Quantität, also nicht nur ein Mehr an Kriegsvermeidung, sondern eine andere Qualität. Friede als der radikal andere Zustand, die radikal andere Einstellung zu Politik.« Herr X. schaut mich mitleidig an. Ich kenne den Blick. Der Vaterblick auf den jungen Sohn, der noch ›Ideale‹ hat, Utopien nachläuft ... der Arme. Herr X. sagt: »Friede? Na schön. Brandt will Frieden. Er hat sicher gute Absichten. Aber auch eine gute Portion Naivität. Er ist überhaupt zu gut für diese Welt.« Er lacht. Er ist voller freundlicher Nachsicht für solche Leute wie Brandt und mich. Ich schaue ihn an auf eine Art, die ihn dazu bewegt, hinzuzufügen: »Schauen Sie, wenn Brandt meint, ohne Krieg auskommen zu können, so vergißt er ganz einfach, daß Krieg zu den conditions humaines gehört.« »So?« sage ich, »wollen Sie damit sagen, daß es IMMER Kriege geben wird, ja geben MUSS?« Er nickt leicht schwermütig. Ich sage: »Natürlich gibt es immer Spannungen zwischen Menschen. D'accord. Aber es ist doch ein Unterschied, ob man die Aggressionen der einzelnen zum Krieg aufputscht oder ob man sie im Gespräch zu mindern und zu lösen versucht.« Ich denke, Herr X. müßte mir beistimmen. Aber er sagt: »Nein, ich meine Krieg. Krieg mit Waffengewalt. Schauen Sie: wir haben zur Zeit keinen Krieg. Was tut die Jugend? Sie schlägt Polizisten tot und andere Jugendliche. Condition humaine.« Auf dieses Argument lasse ich mich jetzt nicht ein, das ist ein allzu brisantes Thema. Ich greife auf sein früheres zurück: »Aber«, sage ich,

»Sie sind doch Christ? Hat nicht Jesus vom Frieden gesprochen? Vom Frieden auf dieser unsrer Erde? Jesus war auch ein Utopist, nicht wahr?« Herr X. sagt: »Jesus hat gesagt, ich bin gekommen, das Schwert zu bringen, nicht den Frieden.« Ich sage: »Herr X., Sie machen jetzt in Demagogie. Sie wissen so viel von Theologie, daß Sie auch wissen, daß Sie falsch interpretieren. Oder haben Sie soeben das dumme Buch des Carmichael gelesen, in dem Jesus zum politischen Rebellen gemacht wird, der eine kleine bewaffnete Schar bei sich hatte, um die römische Besatzungsmacht zu stürzen? Sie haben jedenfalls einen Begriff von Christentum, der mir absurd scheint.« Ich könnte mich jetzt weiter auf Theologisches einlassen, aber etwas in mir, nicht zu unterdrücken, sagt zu meinem eigenen Schrecken eiskalt: »Herr X., es gibt Leute, die sich Christen nennen und die zugleich ein enormes Interesse an Geschäften haben. Das Waffengeschäft ist einträglich. Es soll Familien geben in Deutschland, die christlich sind und viel viel Geld mit Waffenproduktion verdienen. Ich würde da von Schizophrenie sprechen, mindestens und freundlicherweise.«

Herr X. steht nicht auf, er nimmt auch das Florett nicht, er sagt nachsichtig, aber deutlich gelangweilt: »Ja, solche Leute gibt es. Aber das ist nicht der Kern des Problems.«

Ich will den Kern nicht erklärt bekommen, ich schweige kalt. Nach einer Weile sagt Herr X., wohlerzogen das Gespräch auf Harmloses bringend: »Ich finde unsere Zeit fabelhaft interessant. Ich bin in erster Linie ein neugieriger Mensch. Ich lebe gern.« Wieder spricht etwas aus mir, ich kann's nicht aufhalten, Herr X. und ich haben uns schon zu tief in ein Dornengestrüpp verheddert, ich sage: »Ich bin in erster Linie ein mitleidender Mensch. Darum fällt mir das Leben heute schwer.« Herr X. zuckt die Achseln. Der Fluch auf einem, der in eine Clique hineingeboren ist, aus der es kein Entrinnen gibt.

Ein exzellentes Beispiel für Verlogenheit und ihre Entlarvung. Im TV eine Reportage über die Säuglingssterblichkeit in Italien: jährlich sterben hier zwanzigtausend Säuglinge in den ersten sechs Lebensmonaten. Italien steht damit in Europa an vorhöchster Stelle. Die Ursache? Vielleicht ist Italien ein armes Land? Nein, es ist bereits ein Wohlstandsland.

Ein Journalist, bekannt für seinen Mut, hat das TV-Gespräch arrangiert. Ihm assistieren zwei praktische Ärzte, zwei Universitätsprofessoren und eine Jugendfürsorgerin. Seine Gegner sind drei Professoren der Medizin. Als Ursachen der Säuglingssterblichkeit nennt der Journalist: Mangel an Verantwortungsbewußtsein der Ärzte, das Fehlen der nötigen Einrichtungen in Kliniken, besonders in Privatkliniken (keine Brutapparate, zum Beispiel), und das Fehlen von Personal zum Bedienen der Apparate, wo sie vorhanden sind. Er belegt seine Aussagen mit Filmen, in denen Frauen berichten, wie man ihnen die Aufnahme in Kliniken verweigerte, sie an andere verwies, wie sie auch dort keinen Platz fanden, wie ihr Neugeborenes starb, weil kein Arzt da war und keine entsprechende Einrichtung. Man sieht im Film eine Klinik bei Neapel, in der ein Arzt vor einem Brutapparat steht und erklärt, dieser sei nicht nur veraltet, sondern könne nicht funktionieren, weil niemand da sei, der ihn zu bedienen wisse.

Der Professor aus Rom, von der anderen Seite, erklärt zornig, das sei doch nicht bezeichnend, er wolle gleich anhand anderer, seiner, Filme zeigen, wie hoch entwickelt gerade die Gynäkologie in Italien sei. Er läßt drei Filme abrollen, wo in großartig eingerichteten Sälen Frauen, jede von drei oder vier Ärzten betreut und von Computern kontrolliert, freudig und glücklich ihre gesunden Kinder gebären. Er sagt, es sei einzig die Schuld der Frauen, wenn ihre Neugeborenen sterben, da sie meist viel zu spät in die Kliniken kommen und da viele von ihnen überhaupt vorziehen, zu Hause zu entbinden. Ich verstehe nicht, wieso dieser Mann sich nicht schämt, so zu lügen. Er weiß es doch, daß es in Italien zwar einige Musterkliniken gibt, daß aber das ganze Land in puncto Hygiene im argen liegt. Wie kann er es wagen, uns, die wir doch den wahren Zustand kennen, so ein Potemkinsches Dorf vorzuführen? Es war peinlich. Dazu kam, daß er ein sehr schöner, sehr glatter Mann war, so ganz der Typ des arrivierten Frauenarztes, siegessicher, reich, berühmt und zynisch.

Aber er war nur in den ersten zwei Dritteln des Abends so sicher. Dann ging ihm langsam die Luft aus. Angesichts der Filme, die der Reporter vorführte, und angesichts der Aussagen vieler Frauen, die man hilflos hatte liegenlassen, mußte er schließlich zugeben, daß vieles im argen sei. Zuletzt brach sein zynisches Auftrumpfen ganz zusammen. Es war der lautlose Zusammenbruch einer Papierkulisse.

Es ist ein großes Erlebnis dabeizusein, wenn es einem Wahrhaftigen gelingt, ohne Aggression, durch einfaches Vorführen von Fakten, mehr noch durch die Leidenschaft des Klären- und Helfenwollens, einen Unwahrhaftigen zu bekehren. Der Professor wahrte gerade dadurch, daß er seine Niederlage zugab, sein Gesicht. Der Reporter hütete sich, seinen Sieg zu genießen, denn ihm war es einzig um die Wahrheit gegangen.

Als mir gestern eine Frau vorjammerte, daß sie immer nur Haushaltarbeit habe und daß das ein ungerechtes und hartes Schicksal sei, fiel mir ein, was mir L. D. vor Jahren erzählte: er hatte einen Besuch im Benediktinerinnenkloster auf Frauenchiemsee gemacht und war auch in die Waschküche gekommen; da stand eine schon sehr alte Schwester am Waschkessel (sie hatten noch keine Waschmaschine damals). L. D. fragte sie, wie lange sie diese Arbeit schon mache. Fast fünfzig Jahre lang. Und ob sie ihr nicht jetzt zu schwer sei. O nein. Wie sie denn das ausgehalten habe, ein

halbes Jahrhundert – ein ganzes Leben! – hier unten zu stehen im Wäschedampf, mit den Händen im Wasser ... »Ich bin der glücklichste Mensch der Welt«, sagte sie.
Sie heißt (sie hieß, sie ist tot) Schwester Felicitas; sie war eine Verwandte von mir.

Gespräch mit einem Siebzehnjährigen beim Vorübergehen an einem Münchner Porno-Kino. Er sagt: »Blöd.« Was ist blöd? »Diese ganze Getue mit dem Sex. Ich find's peinlich und unappetitlich.« Ich wage die Frage, ob er denn schon ausprobiert habe, wie das ist, was man so ›Sex‹ nennt. Er ist entrüstet: »Ich? Ich habe eine Freundin, aber wir wollen erst heiraten, und dann ... Und dann aber nicht so wie die da. Ich habe genug gesehen bei uns daheim. Meine Eltern haben auch gemeint, sie müßten mitmachen. Einmal gaben sie eine Sexparty, natürlich ohne mich, aber ich hab' doch einiges mitgekriegt. Zum Kotzen.« Aber findest du sexuelle Beziehungen überhaupt schlecht? »Nein. Das kann jeder halten, wie er will. Ich will eben nicht. Ich verabscheue nur das Getue. Denen macht es doch eigentlich gar keine Freude. Irgendwie sind sie mir vorgekommen wie Besessene, so als wollten sie eigentlich gar nicht und müßten's doch tun. Und so kommt mir die ganze Sexwelle vor: man will nicht, man muß.« Meinst du mit diesem Muß, sie seien triebbesessen? »Nein, eben nicht, wenn sie wenigstens das wären. Ich meine, sie – das ist schwer zu erklären.«
Wir versuchen gemeinsam eine Analyse. Ich sage, er tue der Generation der Sexualisten bitter unrecht, wenn er sie verabscheut und verurteilt, denn: während sie scheinbar eine neue grenzenlose Freiheit sich nahm, tat sie gehorsam eine befohlene Arbeit, eine Auf-Arbeit des in spießig puritanisch militaristischen Generationen angehäuften Wusts sexueller Verdrängungen, denen der Doktor Freud, selber Puritaner und tabu-besetzt, Vorschub leistete, indem er das Sexuelle

desintegrierte, aus dem Lebensganzen riß – aber auch er mit Notwendigkeit so handelnd. Ich bin ähnlicher Meinung wie der Siebzehnjährige: die Sexualisten freuen sich nicht ihrer Sexualität, sie sind keine Orgiasten, keine Dionysiker, sondern Schulkinder, die methodisch arbeiten, nach Lehrbüchern, Lehrfilmen, Lehrpuppen, vom Verstand geleitet, und etwas leisten wollend. (Wie oft . . .?) Und auch jene, die ein Riesengeschäft für sich herausschlagen dabei, gehorchen dem Gesetz der Geschichte: sie verbreiten und beschleunigen die Krise und damit ihr Ende.

Es ist nicht so, als sei eines Tages der Vulkan, auf dem wir, sexgehemmt, sehr lang geschlafen hatten, explodiert und wir seien in die Luft geschleudert worden, daß uns Sehen und Hören verging in einem wahren Hexensabbat. Ich sehe das anders: der Engel, der die Geschichte unserer Zeit zu machen hat, wies uns auf eine Aufgabe hin, die wir lange vernachlässigt hatten und die aufs neue in Angriff genommen werden sollte: das Bewußtmachen unseres Verhältnisses zur Sexualität. Wir gehorchten, so gut und so schlecht wir konnten. Wir meinten uns gewaltig zu befreien aus eigener Kraft, aber der Engel überwachte die befohlene Befreiung, die kollektive Schicksalsaufgabe, die Katharsis, die Generalreinigung, die geschehen mußte, damit die Entwicklung weitergehen konnte.

Ihr sauberen Jugendlichen, sage ich zu meinem Begleiter, sollt barmherzig sein mit der älteren Generation, mit den Zeit-Opfern, den Sündenböcken, die mit allem Sex-Unrat beladen wurden, damit ihr Jungen eine neue Moral finden könnt.

Meinen Hund streichelnd, nehme ich Abschied von ihm. Eines Tages werde ich ihn verlieren. Ich erlebe seinen Tod voraus und alle Tode rings um mich. Die Tode der Kurzlebigen: der Rosensträucher, der Mimosenbäume, der Bachstelzen am Wasser, der Eidechsen, der weißen Tauben, der Kaninchen Attilios, selbst der anonymen Hühner und der streunenden Katzen. Und den Tod meiner Freunde, die mir im Alter voraus sind, den Tod aller Menschen, die jetzt noch leben. Dabei erfaßt mich eine schmerzhafte Liebe zu allen, zu allem, und eine arge Reue, daß ich sie nicht genug geliebt habe bisher, daß ich nicht jedes Geschöpf erkannt habe, wie es erkannt sein will; daß ich nicht zärtlich genug war zu meinen Bäumen und meinen Freunden und jeglichem Geschöpf, das mir begegnete. Noch kann ich das Versäumte einholen. Eines Tages wäre es zu spät, und die große Chance wäre vertan. ›Das Gericht‹ wird darin bestehen, daß man mit furchtbarem Erschrecken und in äußerster Schärfe sieht, was man hätte tun sollen und nicht getan hat. Wenn schon in einem Augenblick, in dem man noch einiges gutmachen kann, die Reue so quält – wie erst dann, wenn's unwiderruflich zu spät ist.

Man sollte nicht nur Bücher schreiben, Bilder malen, Häuser bauen, Politik machen, sondern lieben, so viel man nur kann. Daß wir Lieben nie als Lebensleistung anerkennen mögen? Und vermutlich zählt wirklich nur das.

Der Brief eines deutschen Aristokraten. Er korrigiert den Titel meines Fernsehfilms. Er darf nicht heißen ›Kardinal Graf von Galen‹. Warum nicht? Weil, so erklärt der Graf, der Kardinalsrang dem eines Prinzen entspricht und also den Grafentitel aufhebt. Wer hätte das gedacht . . .
Einmal sagte ich zu einem Bischof »Exzellenz«, nicht wissend, daß er auch Kardinal war. Sein Sekretär wies mich streng zurecht: »Eminenz müssen Sie sagen.«
G., selber einen hohen Beamtentitel tragend, erzählt mir, er habe zu seinem Arzt gesagt »Dottore«, da habe dieser ihn von oben bis unten gemessen, und scharf gesagt: »Professore, prego.«

Als ich noch zur Schule ging, machten meine Freundin und ich uns den Spaß, alle unsre Lehrer mit einem Titel anzusprechen, der einen Grad unter dem ihnen zustehenden lag. Aus einem Oberstudienrat wurde ein Studienrat, aus einem Studienrat ein Studienassessor und so fort. Alle waren beleidigt und korrigierten uns.

Und ich? Als mich neulich eine junge Reporterin ahnungslos fragte, ob ein Buch von mir schon in eine Fremdsprache übersetzt sei, sagte ich ärgerlich: »Was denken Sie? Alle meine Bücher sind übersetzt, und viele in viele Sprachen.« Wirklich: wir alle haben noch Kinderschuhe an. Ich war recht betroffen darüber, daß ein junges Mädchen mich in meiner verschwunden geglaubten Eitelkeit hatte treffen können. Noch viel zu lernen . . .

Hety A., liberale Holländerin der Herkunft nach, Italienerin und Gräfin durch Heirat, Antifaschistin, erzählt: Während des Krieges war die große Brücke von Ariccia das Ziel der amerikanischen Bomber. Hetys Luftschutzbunker war eine Grotte im Sandsteinhügel hinter ihrem Haus, das dicht an der Brücke lag und liegt. Es blieb fast unbeschädigt. Eines Nachts großer Bombenfall. Hety in der Grotte ganz allein, die Grotte verschlossen mit einer provisorischen Tür, drinnen stockdunkel. Plötzlich wird die Tür eingedrückt, und jemand stürzt in die Grotte. Hety sieht undeutlich, daß es ein junger Bursche ist. Der Bursche sieht Hety, er flüstert: »Darf ich hierbleiben?« Er ist in Uniform, ein deutscher Soldat. Hety antwortet in fließendem Deutsch: »Natürlich.« Die Bomben fallen. Der Soldat, er ist sehr jung, kauert sich auf den Boden und legt seinen Kopf in Hetys Schoß. Hety fragt: »Wie alt sind Sie?« Neunzehn ist er. Sie streicht ihm übers Haar. Plötzlich fragt er: »Was für ein Datum haben wir?« Es ist der 21. Februar. »Ach, dann habe ich ja heute Geburtstag!« Erneuter Bombenfall. In der Stille der Pause beginnt der Junge von seinen früheren Geburtstagen zu erzählen, von zu Hause, von Eltern und Großeltern. Seine Erzählung wird immer wieder unterbrochen von Explosionen. Schließlich ist der Angriff vorüber, der Junge bedankt sich und verschwindet im Dunkeln.

1943, Ariccia von den Deutschen besetzt. Plötzlich kommen Leute gelaufen: »Contessa, helfen Sie uns, die Deutschen wollen unsre Möbel forttragen und uns aus den Häusern weisen.« Hety, sicher hocherhobenen Haupts, ich kann sie mir gut vorstellen, begibt sich unverzüglich in die Arena. Ein Haufen deutscher Soldaten vor einem Haus, umringt von einem Haufen italienischer Frauen, Kinder, Greise. Hety mit ihrer lauten, vollen Sängerinnenstimme, auf Deutsch, fragt streng: »Was geht hier vor?« Die Deutschen schreien: »Die da drinnen sollen aufmachen, sonst müssen wir die Tür einschlagen. Die haben uns unsre Matratzen gestohlen!« Hety mit voller Autorität: »Was? Diese Leute kenne ich, die stehlen nicht. Schämen Sie sich eigentlich nicht, sich hier so barbarisch aufzuführen? Gehört sich das für Deutsche? Ist das zivil?« Verblüffung. Ein Offizier salutiert und läßt die Soldaten abmarschieren.

Hety kommentiert den Vorfall: »Hatte ich nicht recht? Darf sich ein Volk, das einen Goethe hervorgebracht hat, so miserabel benehmen?« Hety kann zahllose Goethe-Gedichte auswendig.

Manchmal zerreißt der Schleier, und man begreift. Was begreift man? Das ist nicht recht mitzuteilen. Heute kam ich mir alt und traurig vor. Dann ging ich zu Gina in den Garten. Sie schenkte mir eine pralle reife Tomate, ein Büschel Petersilie, einen Stengel Rosmarin und einen noch grünen, gesunden Frühapfel. Und Attilio zeigte mir an seinem Kirschbaum das Harz, das da immerfort aus einer bestimmten Stelle tropft wie Honig, und wenn es später erstarrt, wie Bernstein ist. Ich trug die Schätze nach Hause. Sie anschauend, wurde ich plötzlich ungemein getröstet. Aus den Dingen kam mir starker Trost. In diesen Dingen sprach etwas zu mir. Die ewige Liebe sprach zu mir. Ich kann es nicht anders sagen. Indem ich diese Dinge berührte, ›erkannten‹ sie mich im biblischen Sinne. Man müßte tausend Jahre leben, um Zeit zu haben, alle Dinge lange und zärtlich in der Hand zu halten. Dann begriffe man vielleicht die Schöpfung und die Liebe.

Gestern, am 28. August, kam endlich ein Gewitter, aber es zog rasch vorbei, es teilte uns nur vom Rand her einige Minuten lang dürftigen Regen zu, der schon an der Oberfläche der ofenheißen Erdkruste verdampfte. Dennoch: der Glutbann ist gebrochen, die Regenverheißung ist gegeben, das Gras weiß es. Zwei, drei Tage später sind die Wiesen nicht mehr fahl wie der Rücken des apokalyptischen Hungerpferds, sondern zeigen einen kaum feststellbaren und doch zweifellos erschienenen Schimmer von Grün. Man hält es zuerst für eine Luftspiegelung, denn woher das Grün, es hat kaum geregnet. Aber das Gras hat seine demütige Arbeit entschlossen aufgenommen. Glutgemartert, hat es die Hoffnung nie aufgegeben, blieb immer bereit, auf die leiseste Gnade zu antworten. Nun gehört ihm die Zukunft. Trostreiches Gras, beispielhaftes Gras.

Eine Leserin schreibt mir, sie sei, als Katholikin von der katholischen Kirche tief unbefriedigt, zur ›Kirche Christi‹ übergetreten. Das sind die ›Mormonen‹. Sie fragt mich, ob ich glaube, daß diese Kirche Christi nicht die einzig wahre sei. Ich schreibe zurück, daß ich glaube, auch sie sei ›wahr‹, sie habe, indem sie sich an Jesus Christus orientiere, gewiß ein Stück Wahrheit, so gut wie andere christliche Bekenntnisse auch. Ich weiß: meine Theologenfreunde rügen mich ob solch summarischer, undifferenzierter Aussprüche, aber erstens, wie soll ich der Frau differenzierte dogmatische Erklärungen zumuten und ihr die Freude an der so lebendig gelebten Zugehörigkeit zur Mormonengemeinde verderben, und zweitens freue ich mich über alle Zeichen von Geist und alle Formen gelebter Religiosität, wo immer ich sie finde, und drittens, Gott helfe mir, glaube ich wirklich, daß alle Religionen einen Wahrheitskern haben, einen Kern ein und derselben EINEN Wahrheit, und daß keine im Besitz der GANZEN Wahrheit und die Pluralität der Einsichten und Formen gottgewollt sei. Nun aber schreibt mir die Frau in einem zweiten Brief, man habe ihr gesagt, außerhalb der Mormonengemeinde gebe es keine wahre Kirche Christi, der römische Katholizismus sei eine Sekte, also von der Wahrheit abgefallen oder doch die Wahrheit korrumpierend. Dieser Absolutheitsanspruch einzelner christlicher Konfessionen läßt mich daran zweifeln, ob auch nur EINE davon wirklich die Kirche Jesu Christi sei. Ich möchte behaupten, daß Jesus SEINE Kirche daran erkenne, daß sie den Absolutheitsanspruch nicht stellt. Indem sie ihn nicht stellt, beweist sie, daß sie die Wahrheit hat.

A. M. fragt mich in einem Brief, ob ich schwarzweiß träume oder farbig. Ich habe nie darauf geachtet. Ich meine mich zu erinnern, daß ich einige Male Farbiges träumte, weiß aber nicht, ob ich nicht nur assoziierte und einfach einem im Traum erscheinenden Gegenstand jene Farbe zuschrieb, die er realiter hat. Jetzt, da A. M. mich fragte, wünsche ich mir Farbträume. Und ich hatte sie! Gleich in der Nacht darauf sah ich Tiere in Farbe: ein Nest mit strahlend weißen (wirklich weißen, nicht farblosen) Häschen und Kätzchen, und daneben ein paar Tiere, die es in Wirklichkeit nicht gibt, eine Mischung aus Biber, kleinem Bären und Hasen, mit einem Fell, das aus einzelnen Teilen gearbeitet war.

Brustteil, Rückenteil, Kopfteil, alles aus mittelbraunem Fell, jedes Teil gesäumt mit dunkelbraunen Lederstreifen. Ich sah das Braun. Und damit ich auch gleich die nicht-gestellte Frage beantwortet bekäme, ob ich Gerüche träume, roch ich den Duft der Felle.

In der Nacht darauf träumte ich ganz ungewöhnlich Farbiges, das sogar für einen Traum übertrieben war: in der Luft vor mir unbeweglich stehend mit ausgebreiteten Flügeln drei große Schmetterlinge, eine Art Pfauenauge mit Phantasiemustern und in Farben so klar wie mit Emaillefarbe aufgetragen: Himmelblau, Geranienrot, Zitronengelb, Rostbraun, eine Farbe scharf abgesetzt von der andern, ohne Übergänge. Erfreulich anzusehen, eigentlich. Aber ich hatte im Traum das Gefühl der Unnatürlichkeit, ja Unschicklichkeit: solche Schmetterlinge gibt es nicht, die wurden mir in ihrer Farbigkeit nur präsentiert, damit ich ja genau und sicher wisse, daß ich in Farbe träume: eine Lehrdemonstration. Ein komplizierter psychischer Vorgang: ich selbst beantworte mir im Traum eine im Wachen von mir an mich gestellte Frage!

Man hat mir erzählt: Zu einem Psychiater kamen verzweifelte Eltern mit ihrem Fünfjährigen, der plötzlich nicht mehr reden konnte, das Essen von Tellern und das Trinken aus Tassen verweigerte, eines Tages einen Gummischlauch anbrachte und bedeutete, man solle ihm Flüssiges durch den Schlauch in den Mund schütten. Auch wollte er nicht mehr in seinem Bett schlafen, sondern vor dem Haus. Zugleich habe er einen Reinlichkeitswahn bekommen, ganz im Gegensatz zu früher, als er sich nie waschen lassen wollte, er putze dauernd an sich herum.

Bei dem Gespräch zwischen Psychiater und Kind unter vier Augen ergab sich: der Bub wollte nichts anderes mehr sagen als »Brrbrrbrr«. Auf jede Frage antwortete er mit Brr, jedoch waren diese Brr's verschieden, so daß der Psychiater erkannte, daß der Bub ihn recht wohl verstand. Schließlich sagte der Psychiater: »Warum sagst du immer nur brrbrr, du bist doch kein Auto!« Da begann der Bub unter heftigem Brrbrr durchs Zimmer zu laufen. Es war klar: er WAR ein Auto. Aber wieso? Seine noch jungen und sehr sportlichen Eltern waren Autonarren. Sie hatten sich nach langem Sparen einen schicken Sportwagen gekauft, den sie zum Mittelpunkt ihres Lebens machten: er wurde gewaschen, poliert, innen gesäubert, er wurde aufgetankt, inspiziert, gefahren, um ihn drehten sich die Gespräche. Das Kind, einziges Kind, fühlte sich unerlaubt vernachlässigt. Mit Recht. Es litt, es war eifersüchtig, und es war genial: es wurde zum Auto. Das Auto sollte das Auto verdrängen. Und das geschah: die ›Krankheit‹ des Kleinen lenkte die Eltern von ihrem Wagen ab, das Kind wurde wieder Mittelpunkt ihrer Sorge.

Als ich das hörte, fiel mir mit Schrecken eine Szene aus dem Leben mit meinen Kindern ein. (Ich schrieb es damals auf und lese es jetzt ab.)

Christoph (vier Jahre alt) kniet auf dem Boden, vor ihm liegt Stephan (der kleine Bruder, drei), er liegt regungslos und mit einem festgefrorenen Lächeln. Christoph macht über ihm sonderbare halbkreisförmige Bewegungen mit dem rechten Arm. Ich frage schließlich, was sie da täten. Christoph sagt: »Das siehst du doch, ich blättere in einem Buch, in dem Buch ist Steffi drin, aber ich muß so lange blättern, bis ich ihn finde.«

Ich hatte kein Auto, ich hatte Bücher und schrieb Bücher. Mußte man ein Buch sein, um mich zu interessieren? Ich hoffe, daß es nicht so war. Ich meine eher (da ich immer ein enges gutes Verhältnis zu meinen Söhnen hatte), daß sie in meiner Welt leben wollten. Bücher LESEN konnten sie noch nicht (Christoph lernte es aber bald danach ganz von selbst, ich weiß nicht, wie), jedoch ein Buch SEIN, das war möglich.

Psychologischer Test für Eltern schwieriger Kinder: Welche Beziehung besteht zwischen den Spielen der Kinder und dem Beruf, den Hobbys, den Obsessionen der Eltern?

Frau X., unintellektuell und mit einem exemplarischen Intellektuellen verheiratet, beklagt sich bei mir darüber, daß ihr Mann »nur seine Sachen im Kopf habe, er sei ein gräßlicher Egoist«. Sie merkt nicht, daß in diesem Satz sich ein Widerspruch befindet: entweder ist der Mann ein Egoist *oder* er hat »seine Sachen im Kopf«.

Der Egoist hat *sich* im Kopf. Herr X. hat ›Sachen‹ im Kopf. In praxi scheint das gleich zu sein: wer Sachen im Kopf hat (Sachen, die er zu *seinen* Sachen gemacht hat), der lebt auf diese Sachen hin konzentriert. Es ist durchaus möglich, daß er dabei andere Sachen und andere Menschen vernachlässigt. Leuten, für die *seine* Sachen auch *ihre* Sachen sind, erscheint das normal und richtig: wer von einer Sache gefordert wird, der muß für sie leben. Mir erscheint X.'s Verhalten normal.

Frau X. erkennt Herrn X.'s Sachen nicht als die ihren. Sie fühlt sich ausgeschlossen. Also sagt sie: Mein Mann schließt sich mit seinen Sachen ein und schließt mich aus, er denkt zu wenig an das, was mich interessiert, ergo ist er ein Egoist, zumindest ein Egozentriker.

Sie tut ihm unrecht. Ich habe ein Wort für ihn erfunden: er ist ein Ideo-zentriker. Das ist etwas anderes, ja Gegensätzliches. X. arbeitet und lebt nicht um wohlzuleben und sein Ego darzustellen. Er lebt um seine Idee darzustellen in immer neuer Form. Sein Dämon hat sich seines Ego bemächtigt und es sich einverleibt.

Tragik einer Ehe: Frau X. *kann* das nicht verstehen. Herr X. *kann* sich ihr zuliebe nicht ändern.

Was bleibt, ist: auf ihrer Seite schlecht verhüllte Aggression, auf der seinen Resignation.

1970. Werkbesichtigung anläßlich einer Lesung in einem großen Chemie-Werk. Ich darf mich einer Gruppe Jugendlicher anschließen, Schülern einer Chemie-Fachschule. Ein frisch gebadeter freundlicher Herr mittleren Alters übernimmt die Führung. Er ist perfekt geschult für seine Aufgabe: er lächelt auf die gefrorene USA-Weise, er kann gar nicht mehr anders als lächeln. Der Optimismus hat sich seiner für immer bemächtigt. Ich glaube, er würde, ging das ganze Werk in die Luft, noch genauso lächeln und rufen: »Nichts als ein kleiner Zwischenfall, meine Damen und Herren!«

Wir sehen in der Halle das Gips- oder Pappmachémodell des ganzen riesigen Werks, hören Zahlen und chemische Formeln, erfahren von der Großartigkeit der Werksleitung und der sozialen Einrichtungen, und werden in gekonnt zurückhaltender und darum suggestiver Art überzeugt davon, daß dieses Werk krisenfest sei und immer noch mehr aufblühe. Ich bin geneigt, ihm zu glauben, da jedermann seinen Haushalt und seinen Körper mit den Produkten dieses Werks vollstopft, und jeder Arzt mit Chemie den kuriert, den die Chemie krank machte. Eine höchst einträgliche Spirale.

Der Herr ist so recht in Fahrt. Ihn ansehen und anhören ist eine kräftige Optimismus-Injektion, die das Gehirn von allen Zweifeln am Wert der Chemie und am technischen Fortschritt überhaupt reinwäscht. Mein Blick trifft zufällig den eines intelligenten, etwas ruppigen Fachschülers: er denkt das gleiche wie ich, er lächelt ironisch und zuckt die Achseln, wir sind beide durch so viel Zuversicht provoziert, aber wir schweigen beide. Natürlich.

Nachher beim Rundgang durchs Werk frage ich den führenden Herrn: »Und was ist dort in jenen Hallen?« Er sagt: »Oh, das ist nichts, was Sie interessiert.« Ich: »Wissen Sie so sicher, was mich interessiert?« Ich bin noch immer die vorlaute Schülerin, die einst ihre Lehrer in ärgerliche Verlegenheit brachte. Ich sage jetzt ganz ernsthaft und leise: »Bestimmt sind Werkspione unter uns!« Er lacht einmal kurz auf und führt uns in gebührend weitem Abstand an den verbotenen Gebäuden vorbei.

Ich habe mich immer für Chemie interessiert, darum höre ich auch jetzt gut zu, und darum höre ich plötzlich ein Wort, das mir bekannt klingt, genau gesagt: das mich wie eine spitze

Nadel trifft. Das Wort heißt Phenol. Ein Name für eine Gruppe chemischer Stoffe, ein Name für Präparate wie andere auch. Oder etwa doch nicht? Phenol war in dem Gift, das man in den Nazi-KZs spritzte. Die humanste Todesart, die Juden, Zigeuner, Kommunisten, Sozialdemokraten, Priester und Homosexuelle von den Nazis erwarten konnten. Hat die Fabrik das Gift geliefert? Die damalige Leitung wußte, wer der Auftraggeber war, wohin das Gift ging, wozu es diente. Ich kann nicht anders, ich sage es laut. Die jungen Leute horchen auf. Der Herr, der damals sicher noch nicht in der Firma war, sagt gequält, es sei wohl nicht hier gemacht worden, sondern bei I. G. Farben. Gleichviel. Deutsche Chemie war's.

Ich erinnere mich: Einmal, 1947 oder 1948, war ich in Frankfurt, da gab's noch kaum Hotelzimmer, und der Verlag brachte mich privat unter. Es war eine komfortable, nicht zerbombte Wohnung. Auf dem Tischchen neben dem Bett, in dem ich schlafen sollte, lag die Bibel und dabei ein beschriebenes Blatt Papier: »An alle, die hier in meinem Zimmer und meinem Bett übernachten.« Es war ein Brief des Hausherrn, der einer der Direktoren der I. G. Farben-Werke war und den die Amerikaner als Kriegsverbrecher interniert hatten. Er sei, so stand von seiner Hand zu lesen, unschuldig, er habe nur auf Befehl gehandelt. Es stand auch dabei, daß den ersten Stein werfen solle, wer absolut keine Schuld auf sich geladen habe im Reiche Hitlers; selbst wenn hier ein Engländer, Franzose oder Amerikaner übernachte, so möge er sich prüfen, wieviel sein Tun und Unterlassen beigetragen habe zum Bösen des Faschismus und des Krieges. Und darunter stand: »Beten Sie für mich.« Ich war so zornig, daß ich beschloß, nicht in diesem Bett zu schlafen. Ich setzte mich auf einen Stuhl daneben. Aber es war so bitter kalt, daß ich schließlich doch ins Bett ging, nun zornig gegen mich selbst. Eineinhalb Jahrzehnte später wandte ich mich an die Frau des inzwischen längst Freigelassenen und Verstorbenen um etwas Geld für eine sehr arme italienische Familie. Die Frau war noch immer sehr reich. Sie schrieb mir einen vier Seiten langen Brief. Auf drei Seiten teilte sie mir mit, daß sie kürzlich zur katholischen Kirche übergetreten und unendlich glücklich sei. Auf der vierten stand, daß sie sich nicht zuständig fühle für Italiener, sie gebe grundsätzlich nur Deutschen etwas.

In der Fabrik, in der ihr Mann Direktor war, hatte man während des Krieges Ausländer zwangsweise arbeiten lassen. Das heißt: die deutschen arischen Herrenmenschen ließen holländische, französische und slawische Untermenschen für sich arbeiten, bis zu deren Erschöpfung. Auch eine Art der Ausrottung. »Beten Sie für mich«, hatte damals am Schluß des Briefes ihres Mannes gestanden. Auch am Schluß des ihren steht das. Seit Hitler hat sich nicht viel an der deutschen Haltung den ausländischen Arbeitern gegenüber geändert, wie es scheint. »Ich gebe nur Deutschen.«

Das alles geht mir schmerzhaft durch den Kopf, während ich durch das Werk geführt werde. »Wir sind ein Werk, in dem das Soziale ganz groß geschrieben wird«, sagt der Herr und öffnet mir die Tür zu dem Gebäude, in dem die Lehrlinge ausgebildet werden. Hier ist alles aufs beste eingerichtet: hygienisch einwandfrei, mit Licht und Sonne und Duschräumen und Küche und Ventilatoren und was weiß ich. Sozial? Es ist der Käfig der Hexe, in dem Hänsel gemästet wird: das Werk braucht Arbeiternachwuchs und versucht sie mit allen Mitteln hier einzuwurzeln. Bleiben sie dann auch? Nein, diese Undankbaren; viele lassen sich hier anlernen, dann gehen sie weg; unnütze Kosten, verlorenes Geld; andere Firmen profitieren davon. (So kann man's natürlich sehen. Vor- und Nachteile des Privat-Kapitalismus verflechten sich.)

Ganz zuletzt gelingt mir, was ich eigentlich wollte: Der Herr wird abgerufen, ich bin für kurze Zeit allein mit einer Arbeiterin in einem kleinen Raum. Eine ältere Frau. Sie steht am einen Ende eines langen Tisches, nimmt aus einer Art Fräse ein winziges metallisches Teilstück, trägt es ans andere Ende des Tisches, wo es mechanisch an ein anderes Stück gefügt wird. Ich schaue eine Weile zu. Ich sehe das Hin- und Hergehen der Frau, Hin und Her, Hin und Her ... So läuft sie Stunde um Stunde, Tag um Tag, Jahr um Jahr, so läuft sie ihr Leben ab. Sie hat Krampfaderbeine. Ich frage sie, ob sie ihr weh tun. Natürlich, und wie. Warum sie die Arbeit nicht im Sitzen mache? Das gehe nicht. Ob denn die Entfernung zwischen den beiden Maschinen so groß sein müsse? Sie zuckt die Achseln. Ich sage, es gebe doch fahrbare Stühle. Ja, die gebe es. Warum sie keinen solchen Stuhl habe? Hat sie nie einen beantragt? O doch, vor zwei Jahren. Nun, und? Ach, wissen Sie, der Instanzenweg ist sehr lang, und im Augenblick darf man sowieso nichts fordern. Warum nicht? Wegen der Krise. Was für einer Krise? Nun ja, die deutsche chemische Industrie hat Schwierigkeiten. Und die sind so groß, daß die Firma Ihnen keinen Stuhl kaufen kann? Sie seufzt: der Instanzenweg. Ob sie Angst habe, entlassen zu werden, wenn sie aufmucke? Es gibt in dem Werk keine Entlassungen, nur Verschiebungen; wenn ein Sektor Schwierigkeiten hat, schickt man die Arbeiter in einen anderen, in dem es weniger Probleme gibt. Aber wer macht schon gern Schwierigkeiten? Ob sie genausoviel verdiene wie ein männlicher Arbeiter, der bei gleichem Alter die gleiche Arbeit tut? Das gibt es nicht, gleiche Arbeit, diese Arbeit da ist Leichtarbeit, die tun nur Frauen, und Leichtarbeit wird geringer bezahlt. Ob sie keine besser bezahlte Arbeit bekommen könne im Werk? Nein, aber sie sei nicht schlecht bezahlt, das nicht, nur eben als Frau in einer Lage, in der sie legalerweise weniger bekommt, als sie bekäme, wäre sie ein Mann und folglich in einer anderen Abteilung. Jedenfalls: ihr einen fahrbaren Stuhl zu kaufen, dazu scheint das Werk nicht in der Lage zu sein. Der Herr kommt zurück. Ich sage ihm, daß ich mein Honorar stifte für den Kauf eines Stuhls. Er sagt: »Aber ich bitte Sie! Welche Vorstellung haben Sie von der Organisation des Werks! Die Frau wird ihren Stuhl bekommen, und nicht von Ihrem Honorar.« Ich frage: »Wann?« Er lächelt noch immer.

Was für ein sonderbar quergestreifter Januar-Cam-
pagna-Himmel: überm Horizont ein Streifen Anthrazit mit
violettem Schimmer, darüber ein klares dunkles Veilchen-
blau, darüber dunkles, dann helles Pflaumenblau, dunkle und
helle Fliederfarbe, ein zärtliches Herbstzeitlosen-Lila, ganz
hoch darüber ein verblichenes Lila-Rosa. Und mitten darin
geht die Sonne unter, veilchenfarbig. Es riecht nach Veilchen.
Ich bin plötzlich überzeugt davon, es blühten schon Veilchen.
Ich gehe auf die Terrasse. Wirklich, es riecht nach Veilchen.
Ich schaue nach auf den Beeten, ich biege die Blätter beiseite –
nichts. Aber ich rieche es doch, ich spüre es in den Fingerspitzen, daß da etwas blüht. Und sieh da: es IST ein Veilchen.
Ein einziges, das erste. Der ganze Erd- und Himmelsvorrat
an Violett war aufgeboten worden, um die Ankunft des ersten Veilchens anzuzeigen.

Vom Morgen an hat es in Strömen geregnet. Am späten
Nachmittag hört es auf, aber die Wolkendecke bleibt. Der
Himmel ist ein Bleisee, dunkelgrau, unansprechbar. Von
ihm ist nichts mehr zu hoffen. Der Tag wird in einem plom-
bierten Sarg zu Grabe getragen. Schon will ich die Vorhänge
zuziehen, da sehe ich eine weniger graue Stelle handbreit
über Castel Gandolfo, einen mondartig milchigen Schein,
der zu einer Lichtscheibe gerinnt, die rasch, als flöge sie ost-
wärts, allen Widerstand durchdringt und die letzten dunklen Wolken wie Leichentücher abwirft, bis sie schließlich als
volle Sonne dasteht, frei und triumphierend, Himmel und
Erde mit solch einem Glanz erfüllend, daß sich die Augen
schmerzhaft geblendet schließen und doch gleich sich wieder
öffnen, um nichts zu versäumen und zu verlieren von dieser
Oster-Verheißung. Ohne Vorwarnung jedoch, ganz plötzlich,
ist alles vorüber und dunkel. Die Tür der Bleikammer hat
sich wieder geschlossen. Solche Triumphe dauern nicht.

Im Neuen Testament, bei Matthäus 8, einen Satz gelesen, den ich schon oft las und den ich in den verschiedenen Stadien meiner Entwicklung verschieden interpretierte. Heute erschreckt er mich und tröstet mich. Der Trost überwiegt.

»Viele werden vom Aufgang und Niedergang kommen und mit Abraham, Isaak und Jakob im Himmelreich zu Tische sitzen. Die Kinder des Reiches aber werden hinausgeworfen in die Finsternis.«

In meinem Buch stehen für dumme Leser Anmerkungen gedruckt. So steht hinter ›Viele‹ in Klammern: ›bekehrte Heiden‹, und hinter ›Kinder des Reiches‹: ›die unbekehrten Juden‹. Was für eine Anmaßung, Selbstgerechtigkeit, Lieblosigkeit! Dem Anmerker ist wohl nie der Gedanke gekommen, daß mit den ›Kindern des Reiches‹ wir Christen gemeint sein können und daß die Vielen (VIELEN!) vielleicht Juden, Moslems, Hindus, Buddhisten, Atheisten sein können.

Wer sind denn die ›Kinder des Reiches‹? Vorfrage: Was ist denn dieses Reich? Ist es denn die christliche Kirche? Sie ist es AUCH, sie KANN es sein. Das Reich geht quer durch alle anderen Reiche, quer durch Kirchen und Nicht-Kirchen. Es ist das Reich des Geistes, und seine Kinder sind jene, die zur revolutionären Elite gehören, das heißt zu jenen, die schon dabei sind, das ›Himmelreich‹ vorwegzunehmen, indem sie sich nicht an die Erdenstoffwelt anpassen: nicht am Geld hängen, nicht von der Sexualität versklavt, nicht vom Ehrgeiz aufgerieben, nicht von Aggressionen brodelnd – kurz: ohne ›schwere Sünde‹ sind. (Man soll sich dieser alten Worte immer wieder einmal neu annehmen.) Ich, die ich diese unsere Welt liebe, weiß sonderbar klar, daß sie – ich will nicht sagen, daß sie NICHT IST, nein, so nicht, sondern: daß es eine Doppeltheit gibt. Ich will versuchen zu erklären: Ich sehe, was alle sehen, Häuser, Autos, Leute, aber das alles ist nur vorübergehender Ausdruck der wirklichen Wirklichkeit, nur zeitweilige Verstofflichung des Geistmaterials, sozusagen eine Vergröberung und Kompensierung des Geiststroms, der unablässig alles umfließt und alles durchdringt. Dies ist meine Gottes-Erfahrung.

Gestern im TV gesehen ›Das Testament‹ von Jean Renoir. Die Story ist ähnlich der von Stevensons ›Doctor Jekyll und Mister Hyde‹: der Mensch, der radikal gespaltenen Bewußtseins ein Doppelleben führt. Das psychopathologische Phänomen der Schizophrenie so weit getrieben, daß auch die äußere Person in zwei Personen zerfällt. Bei Renoir ist die sich spaltende Person ein feiner berühmter Psychiater, die abgespaltene ein körperlich verwachsenes Monstrum, das kleine Mädchen vergewaltigt, Liebespaare belagert, alte Männer zusammenschlägt und das schließlich mordet.

So weit, so gut. Wir wissen alle mehr oder minder klar, daß wir ein Doppelleben führen: eines auf der Bühne, für andere zurechtgemacht, und eines ganz für uns allein. Es überrascht uns darum nicht, sondern bestätigt uns, wenn wir hören, daß ehrenwerte Herren eines Tages anläßlich des Mordes an einer bekannten Hure als deren Klienten entlarvt und mit gutem Grunde des Mordes verdächtigt werden. Wir selber, vielleicht zu solchen Ausmaßen unpassenden Verhaltens nicht talentiert, haben doch unser kleines moderiertes Doppelleben: eines im Hause und eines außerhalb. Oder wir haben ein reales Leben, das brav ist, und ein Traumleben, das bös ist und in dem wir morden, verraten, brandstiften. Wir halten dies alles nicht für krankhaft, sondern für normal, und das ist es auch. Wir sind allesamt desintegriert, wir sind nicht mehr heil und ganz, wir kriegen uns nicht zusammen, wir sind einer, der das Gute will, und einer, der das Böse will. Das nennt man in der Sprache der Theologie ›die Erbschuld‹. (Ich lasse den Begriff gelten, sofern ich denke, daß jeder diese Spaltung, statt sie nach Kräften zu heilen, an die Kinder und an andere Menschen anderer Zeiten weitergibt.) Wir können uns von der eigenen Erfahrung her mit ›Schizophrenen‹ identifizieren. Aber mit dem Psychiater Renoirs kann ich mich nicht identifizieren. Hier ist die Desintegration nicht nur dem Ausmaß nach überschritten; hier geschieht etwas, das nicht geschehen kann, und das, wollte man glaubhaft machen, daß es geschah (nämlich inner-persönlich), ganz anders hätte dargestellt werden müssen, etwa so wie in ›Easy Rider‹ der ›trip‹ dargestellt ist.

So läßt einen der Film recht kühl. Aber: in ihn hineingearbeitet ist eine philosophische Frage von allgemeiner und höchster Wichtigkeit: die Frage nach der Freiheit des Menschen.

Der Film will nicht erklären, er will nur beschreiben. Aber vorher ist viel gedacht worden. Es ist gedacht worden, ob die heute bereits künstlich erzeugbare Spaltung des Bewußtseins (›Gehirnwäsche‹) so weit getrieben werden kann, daß nicht nur die ›Psyche‹, sondern auch die Physis sich teilt. Ansätze zu solchen ›realen‹ Spaltungen kann man in Anstalten für Geisteskranke beobachten. Ich habe selbst gesehen, wie ein hübsches Mädchen im Anfall zur greisen Hexe wurde. Aber es blieb dennoch die Identität gewahrt. Renoir unterstellt, daß man die Spaltung des Bewußtseins mit Hilfe eines Pharmazeutikums bis zur Spaltung (Verwandlung?) der physischen Person treiben kann. Der Psychiater experimentiert mit sich selbst, das ehrt ihn. Er riskiert sich und niemand andern. Weiß er, was er riskiert? Er weiß es jedenfalls nach dem ersten Gelingen des Versuchs. Er trinkt das Mittel und erfährt, wie er dadurch zum ›andern‹ wird, zum Monstrum. Er erfährt es als eine Art Geburt. Er ist der Gebärende und das Geborene. Bei der Geburt schreit er als Mutter und als Kind. Was geboren wird, ist ein schiefer, häßlicher, epileptisch zuckender ›Irrer‹. Er hat keinerlei Ähnlichkeit mehr mit dem Psychiater. Die Spaltung ist perfekt. Die Mutter ist vom Kind ›aufgefressen‹. Das Abgespaltene hat einen eigenen Namen, also ist er einer für sich. Er heißt Opak (der Undurchsichtige, es könnte aber auch vom lateinischen opacus kommen und dann – einem psychoanalytischen Terminus entsprechend – ›Schatten‹ bedeuten.) In Opak ist aber trotz perfekter Spaltung auch der Psychiater geblieben, und der will wieder zurück, will wieder integriert werden. Es gelingt ihm, indem er ein anderes Pharmazeutikum trinkt. (Wie einfach! Die Erbsünde ist ein für allemal auszurotten aus der Menschheit. Erlöser sind aus der Mode.) Aber freilich: die Re-integration verlangt immer stärkere Dosen des rückverwandelnden Mittels. Am Ende weiß der Psychiater, daß jene Dosis, die Opak zum letzten Mal rückverwandelt, eine tödliche ist. Was tun: als Opak der Böse weiterleben, oder sich zum letztenmal re-integrieren und als Psychiater sterben? Er wählt den Tod. Frage: Wählt er ihn aus Verzweiflung oder in der Hoffnung auf die endgültige Integration? Oder kommt beides aufs gleiche hinaus?

Andere Frage: Es ist verständlich, daß der Psychiater als Wissenschaftler das Experiment wagt. Aber warum wiederholt er es immer wieder? Er weiß schließlich mit Sicherheit, daß es gelingt. Es scheint jedoch, daß er gar nicht mehr frei ist, es zu tun oder nicht zu tun. Wer ist nun eigentlich die Person, die sich spaltet: war es nicht vielleicht Opak, der den Psychiater dazu brachte, das Experiment zu machen? Wer zwingt wen? Wer ist wer? Wer handelt, wer erleidet? War der Psychiater auch in der sozusagen vorklinischen Phase der latenten Schizophrenie unfrei? Wenn Opak der Böse sich danach sehnte, zurückverwandelt zu werden, so war er nicht wirklich ›böse‹. Aber wahrscheinlich stellt Renoir die moralische Frage überhaupt nicht. Ihn fasziniert das Kranke. Für ihn geht es hier nur um eine medizinische Frage. Aber warum macht er dann den Bösen auch zugleich häßlich? Liegt darin nicht eine vormoralische Moral? Will Renoir sagen, daß es keine moralische Schuld gibt, sondern nur Krankheit? Ist es DARUM, daß Opak von der weltlichen Justiz nicht gefaßt wird im Film, gar nicht gefaßt werden KANN? Für Krankes ist nicht die Justiz zuständig. Aber wer ist dann zuständig? Es gibt im Film eine Figur von hintergründiger Bedeutung: den Freund, der Notar oder Advokat ist. Er ist immer höflich hilfreich zugegen. Zum Schluß, als der Psychiater, in Opak verwandelt, sich wieder – zum allerletzten Mal – rückverwandeln, re-integrieren, rückgebären will, als niemand sich zu dem tierisch Schreienden wagt, da wagt es der Freund. Er kommt wehrlos und liebevoll. Ihm beichtet Opak sein Leben. Der Freund will, daß Opak nicht den Tod wählt, obgleich er ihn doch für ihn wünschen muß, da er ja die Erlösung des Psychiaters bedeutet. Vermutlich hofft er, daß diese Erlösung (die Reintegration) auch dem Lebenden geschehen wird. Aber Opak wählt den Tod. Als Psychiater liegt er friedlich und schön am Boden. Niemand hat je sein Geheimnis erfahren – außer dem Freund.

Eine andere Frage: Wir wissen nichts über die Krankheitsgeschichte des Psychiaters. Gab es in seinem Leben einen Augenblick, in dem er frei war, sich zu entscheiden, ob er experimentieren will oder nicht, ob er das Risiko eingehen soll oder nicht, in dem er die Versuchung als solche überhaupt erkennen konnte? Faust sagte entschieden und klaren Bewußtseins zum Teufel sein Ja. Jesus sagte entschieden sein Nein. Aber was alles kann dazwischen liegen an menschlichen Unfreiheiten, an Determiniertheiten, an ›Programmiertheit‹?!

      Statistiken, und wie man sie macht. Geht man durch die Passage unter der Piazza Colonna, wird man von jungen Italienern mit Schreibblock angefallen. Nach welchen Gesichtspunkten sie ihre Opfer auswählen, konnte ich trotz wiederholter und längerer Beobachtung nicht herausfinden. (Seit einigen Monaten befragen sie nur mehr junge Leute.) Sie spähen aus, dann stürzen sie sich auf einen. »Sind Sie katholisch?« Schon stutzt man und denkt nach, ob man's ist. »Ja, schon«, sagt man, »aber was heißt das?« »Ob Sie praktizierende Katholikin sind.«

Was heißt das?

Das Mädchen, das mich gestern ausfragte, sagte vorwurfs-
voll: »Das wissen Sie nicht? Es heißt, daß man am Sonntag
in die Messe und daß man zu den Sakramenten geht.«

Ja, sage ich, wenn es nicht andres heißt, na schön, aber . . .
Ich habe gar nicht ausgesprochen, da malt sie schon das
Kreuzchen in die Ja-Sparte. Und rasch fragt sie weiter: »Fin-
den Sie es wichtig, daß der Katholik in der Bibel liest?«

»Bibel?« frage ich zurück. »Meinen Sie damit das Alte oder
das Neue Testament?«

Sie wird verlegen, sie weiß nicht, was sagen.

Ich sage: »Wenn Sie mit Bibel das Neue Testament meinen,
so sage ich ja, uneingeschränkt. Wenn Sie aber das Alte
meinen, dann sage ich, daß das eine aufregende Lektüre ist,
voller Mord, Gotteslästerung, Ehebruch, Unzucht aller
Art.«

Sie schaut mich verstört an, macht aber kühn entschlossen
das Kreuzchen in die Ja-Sparte.

Nächste Frage: »Finden Sie, daß die italienischen Familien
wirklich christlich sind?«

Ich antworte, daß es unter italienischen Familien so wenige
christliche gebe wie überall in sogenannten christlichen Ländern.

Sie lacht und malt. Hier sind wir, wenigstens einmal, einig,
so meint sie.

Letzte Frage: »Finden Sie Sexualaufklärung richtig?«

»Aber so kann man doch nicht fragen. Man muß doch erst
wissen, was darunter verstanden wird. Und selbst dann,
wenn man ja sagen würde, müßte man hinzufügen, es komme sehr darauf an, wer das macht und wie und wo und bei
wem.«

Das Mädchen hat es eilig, es muß sein Soll erfüllen, schon
hat es ein neues Opfer erspäht. »Also ja oder nein?« fragt
es.

Jetzt bin ich allmählich erbost: »Nein«, sage ich.

Sie malt das Kreuzchen in die Nein-Spalte.

Ich sage: »Nein – mein Nein bezog sich nicht auf Ihre Frage, sondern auf Ihre Art, einen auszufragen. So macht man doch keine ehrliche Statistik, mit derartigen Simplifizierungen! Und nachher steht in irgendeinem katholischen Blättchen etwa: 80 % der praktizierenden Katholiken sind gegen die Sexualaufklärung.« Ich gehe; ich höre noch, wie sie das Blockblatt herausreißt. Vermutlich zerknüllt sie es.

Vor einigen Monaten wurde ich in eben dieser Passage von anderen jungen Leuten nach den üblichen Vorfragen danach befragt, ob ich für Beibehaltung des Zölibats sei. Ich, gerade an einer Arbeit zu diesem Thema, sage sachlich:

»Reden Sie vom Zölibat überhaupt oder vom Junktim zwischen Amt und Zölibat?« (Es sind Studenten dem Typ nach.)

Einer erklärt wichtig: »Danach ist nicht gefragt. Wir wollen von Ihnen wissen, ob Sie wünschen, daß Priester heiraten dürfen.«

Ich sage: »Ja, die heiraten wollen, sollen es dürfen.«

»So sind Sie also gegen den Zölibat?«

»Zum Teufel, nein!«

»Ja was wollen Sie dann eigentlich?«

»Ich sage es Ihnen: der, welcher heiraten und Priester bleiben will, soll es dürfen. Der, welcher zölibatär leben will, soll es dürfen.«

Die jungen Leute sind ratlos, wo sie nun ihr (mein) Kreuzchen eintragen sollen, bei Ja oder bei Nein. Ich sage: »Machen Sie es bei Nein hin: gegen die Beibehaltung.« (Wenn ihr mich provoziert . . .)

Ich wende mich ab. Sie tuscheln zu dritt. Wer sagt mir, wohin sie mein Kreuzchen gesetzt haben? Hernach heißt es dann: »70 % der praktizierenden Katholiken sind für die Beibehaltung des Zölibats.«

Die Methode ist skandalös. Auf meine wiederholte Frage, für wen sie denn arbeiten, nennen sie ein offizielles Institut.

Im Nachtzug München–Rom, 26. auf 27. November 1970.

Der Wagen hat in der vorderen Hälfte erste Klasse, in der hinteren zweite. Die zweite ist voll von Koffern, Lärm, Zigarettenqualm und Menschen: italienischen Gastarbeitern, heimkehrend oder Urlaub machend, Calabresen dem Dialekt nach. Die erste Klasse ist fast leer. Ich habe ein Abteil für mich allein, im übernächsten sitzen zwei Herren. Der eine ist ein großer Mann mit Mosesbart und Rabbinerkäppchen, der andere ist ein Mann ohne Eigenschaften, außer jener, sehr leise ein höfliches englisches Englisch mit italienischem Akzent zu sprechen, wenn er überhaupt etwas sagt. Der Rabbi ist in New York Herausgeber einer jüdischen Familienzeitschrift, die sich, wie mir das zur Lektüre gegebene Exemplar zeigt, mit koscherem Essen und mit der Notwendigkeit der Autorität in der Erziehung befaßt. Wir reden eine Weile im Durchgang, dann ziehe ich mich zurück. Ich drehe das Deckenlicht ab, nur das kleine blaue Nachtlicht bleibt. Vor dem Fenster die Tiroler Krippenlandschaft: schwarze Fichten die Steilhänge hinauf, Äste und Zweige sauber weiß von Reif nachgezeichnet, an den Bergen kleine helle Lichter, abgelegene Bauerngehöfte anzeigend, ein im Hinabstürzen zu schwarzem Glas erstarrter Wasserfall, bei der Brennersteigung tief unten im Tal eingeborgen Orte, die ihren Namen verloren haben. Auf dem Bahndamm laufen kleine helle Vierecke mit, unsere Zugfenster; wo sie über vereisten Fels gleiten, gibt es einen flüchtigen Silberglanz. Schön ist das alles, friedlich, ich habe keine Verantwortung, ich fahre; ich finde mich dabei, wie ich meine Hände im Schoß halte, so wie es alte Bäuerinnen tun. So könnte man sanft in den Tod fahren.

Nach der Station Sterzing kommt plötzlich Unruhe auf im Zug. Stimmen in der hinteren Hälfte des Wagens, nicht laut, aber bedrohlich. Etwas Ungutes bereitet sich vor, es ist zu spüren. Ich will es aber nicht wissen, heute nicht. Aber dann gehe ich doch vor die Abteiltür. In der zweiten Klasse brodelt es. Auf einmal hebt sich eine Stimme laut ab: »Du S-chwein-und.« Auf Deutsch, aber Italiener können kein ch und kein h aussprechen. Wer ist der Schweinehund? Und warum nennen sie ihn so? Und warum auf Deutsch?

Ein Italiener, dem Typ nach kein Calabrese, eher Norditalie-ner, wird von den anderen gegen die Verbindungstür zur ersten Klasse gedrängt. Er kann nicht stehenbleiben, die an-dern sind wie eine Lawine hinter ihm. Er geht vorwärts, weil er muß, aber er geht mit rückwärts gewandtem Gesicht. Er hat eine Schirmmütze tief ins Gesicht gezogen. Er geht mit erhobenen Armen, als hätten sie ihm »Hände hoch« befoh-len. Schließlich stolpert er gegen die Tür, sie öffnet sich, er stürzt fast, hält sich noch fest, findet sein Gleichgewicht für einen Augenblick und fällt dann ins nächste Abteil, dort wirft er sich in die Fensterecke, drückt die Schirmmütze weit über die Augen hinunter, zieht die Schultern hoch und schiebt sie nach vorne zusammen, er reduziert sich aufs äußerste, er kriecht in sich hinein. Es drängt mich, ihn an-zusprechen. Aber er sieht unansprechbar aus. Ich bleibe so stehen und fühle, daß ich zu ihm gehen soll. Aber ich werde beiseite geschoben. Einer der stämmigen kleinen Calabresen zwängt sich an mir vorbei ins Abteil, packt den Burschen am Arm, reißt ihn hoch und schüttelt ihn: »Questo qua è prima classe, capisci? Dai dai!« Er zerrt ihn aus dem Abteil und schiebt ihn weiter nach vorn, aus dem Wagen, wie ich an-nehme. Aus der zweiten Klasse haben die anderen nachge-drängt. Eine Meute gesunder junger Hunde, gutgelaunt und zornig. Einer schiebt den andern. Dann kehren sie zurück, zufrieden. Ich frage sie, was denn war. »Niente.« Sie wollen nicht darüber reden. Ich bestehe darauf. »Ma – lui è schi-foso.« Er ist ekelhaft. Ja aber wieso, was hat er getan? »Niente.« Sie kehren in ihre Abteile zurück. Jetzt kommt der Rabbi an meine Tür: »What is happening?« Ich sage ihm, was ich weiß. Er stellt Vermutungen an, aber sie führen zu nichts. Der Rabbi geht auch in sein Abteil zurück. Wieder-kehr der Stille.

Aber wo ist der Bursche? Als ihn die andern aus dem Erster-Klasse-Abteil zerrten, schaute er mich kurz an. Ich stehe auf, diese Augen zu suchen. Der Mann muß noch im Zug sein, der Zug hält erst wieder am Brenner. Plötzlich weiß ich, wo er ist: die Klosettür ist versperrt. Ich warte, ich klopfe, ich rufe. Nichts. Ich gehe zu denen in der zweiten Klasse und sage es ihnen. Ich sage: »Wer weiß, vielleicht hat er sich was angetan!« »Macchè«, sagen sie, »was soll er sich antun, und wenn schon, soll er doch, so einer.« Aber sie ziehen doch los, um nach ihm zu sehen. Einer geht im Zug zurück, er holt den Schaffner, wie sich gleich nachher erweist. Einer der Burschen versucht, die Klosettür zu öffnen. Da kommt schon der Schaffner. Er sperrt auf. Während er aufsperrt, sagt er auf Österreichisch zu mir: »Wird halt ein Schwarzfahrer sein, das kennen wir.« Nun ist die Tür offen. Die Fahrkarte liegt am Boden im Feuchten, der Schaffner hebt sie auf: »Gültig«, sagt er. Dann sieht er, was ich nicht sehe, weil sich die Calabresen vor mich schieben. Sie erzählen es mir wie bei einer Reportage: »Da ist er ja, auf dem Klodeckel steht er, die Jacke hat er ausgezogen, die Krawatte hat er zur Schlinge gebunden und an einen Haken gehängt, und den Kopf hat er in der Schlinge, sie wäre nicht stark genug gewesen, ihn zu halten, er läßt sich die Schlinge abnehmen, die Krawatte umlegen, die Jacke anziehen, die Schirmmütze aufsetzen und vom Schaffner abführen. Er schaut sich nicht um.«

»Un pazzo«, sagen die Calabresen jetzt und ziehen sich betreten in ihre Abteile zurück. Jetzt kommt auch wieder der Rabbi und auch der Mann ohne Eigenschaften. Sie erzählen sich auf Englisch, daß es Verrückte gebe, die Welt sei voller Psychopathen.

Mich aber schauen die Augen noch immer an. »Was ihr einem meiner Brüder getan ... Was ihr einem meiner Brüder NICHT getan.«

Mit Ingeborg, Michael und dem Onkel Helmut Ende in Rom. H. E. hat uns zum Essen im ›Otello‹ eingeladen. Da im Gartenhof kein Tisch frei ist, setzen wir uns in den kleinen Saal. Wir sind hier die einzigen Gäste. Wir sind heiter wie immer, wenn wir beisammen sind. Aber es bleibt uns nicht erspart, uns selbst jetzt und hier ärgern zu müssen: im Durchgang zwischen Saal und Küche sitzt eine Frau und telefoniert endlos. Das würde nicht stören. Während sie telefoniert, sind jedoch ihre beiden Kinder ohne Aufsicht. Ein Mädchen von etwa drei Jahren, ein Junge von etwa sechs. Der Junge trägt ein Spielgewehr. Die beiden kommen plötzlich in die Nähe unseres Tisches. Der Junge legt sein Gewehr an und zielt auf uns. Ich sage ihm, er soll weggehen. Er geht nicht. Er kommt, im Gegenteil, näher, immer mit angelegtem Gewehr. Ich sage noch einmal, er soll weggehen. Er denkt nicht daran. In seinem Gesicht ist etwas von der vollkommenen Gleichgültigkeit und Gefühlskälte eines alten Frontkämpfers. Schließlich packt mich ein wilder Zorn. Ich schreie ihn an. »Jetzt spielst du mit dem Spielgewehr, und in fünfzehn Jahren schießt du mit einem echten Gewehr auf Menschen.«

Er schaut mich mit immer gleicher Kälte an. Ich springe auf und schreie: »Gehst du jetzt sofort weg, hörst du! Schämst du dich nicht, auf Menschen zu schießen?« Schließlich geht er. Seine Schwester trottet hinter ihm drein. Mir ist schlecht vor Aufregung. Die Mutter telefoniert weiter, obgleich sie mein Schreien gehört hat. Ich rufe ihr zu: »Und Sie – schämen Sie sich nicht, Ihre Kinder zum Morden zu erziehen?«

Sie unterbricht ihr Telefonieren einen Augenblick, aber nicht, um mir zu antworten, sondern nur, um die Kinder hinauszuschicken. Der Kellner sagt mir, sie sei die Tochter des Besitzers.

März 1971. In Mailand machte ›die schweigende Mehrheit‹ (laut Presse) einen Protestmarsch, in dem sie ihren geballten Widerstandswillen gegen ›alle Extremisten‹ ausdrücken wollte.

Das Wort ›schweigende Mehrheit‹ klingt eindrucksvoll. ›Schweigen‹ ist ein Verbum, ›schweigend‹ das Partizip dazu. Eine Mehrheit, die schweigt, ist eine schweigende Mehrheit. Was kann man mit der Sprache doch alles machen! Ein flinkes Zauberkunststück, und mit Hilfe einer kleinen grammatikalischen Veränderung wird daraus ein politischer Slogan mit starker Suggestivkraft. Das Partizip ›schweigend‹ hat plötzlich passiven Charakter: die Mehrheit, welche schweigt, wurde zur schweigenden Mehrheit gemacht. Und schon ist eine schweigende Mehrheit eine, die zum Schweigen gezwungen wurde. Man kann jetzt genausogut sagen: die unterdrückte, die leidende, duldende Masse. Schon sieht man sie vor sich, diese schweigende Mehrheit von Mailand (oder irgendeiner anderen Stadt Westeuropas): eine Sklavenschar, geduckt unter den Peitschenhieben von rechts und von links, und schweigend duldend . . .

Ich sehe mich genötigt zu fragen, wieso und warum denn diese Mehrheit schweigt. Lebt sie in einer Diktatur? Hat sie keine Möglichkeit, bei politischen Wahlen ihre Stimme Parteien oder Männern oder Frauen zu geben, die dann für sie sprechen und die Bedürfnisse und Wünsche der Mehrheit in politische Aktionen umsetzen? Hat sie nicht, zumindest hier in Italien, schon ihre selbstgewählte Regierung nach kurzer Zeit wieder gestürzt, wenn sie ihr nicht paßte? Oder ist ›die schweigende Mehrheit‹ nicht zu den Wahlen gegangen? Hat sie absichtlich oder fahrlässig zu lange geschwiegen? Hat sie sich der Stimme enthalten, weil sie von vornherein annimmt, daß sie nicht gehört wird? Wird sie denn nicht gehört? Können die Mehrheiten, wenn sie sich artikulieren, überhört werden? Haben sie etwas zu sagen, das gehört werden sollte? Oder schweigen sie, weil sie nichts zu sagen haben? Ist ihr Schweigen ein Ver-schweigen von etwas, das zu sagen wäre, oder ist es nicht vielmehr die Stummheit der Leere, der Dummheit, der Gleichgültigkeit, der Desinteressiertheit? Oder ist es das Schweigen eines trotzigen erbitterten Kindes, das nicht mehr mitspielt, weil es nicht sofort und nicht immer gewinnt? Oder ist es das böse Schweigen von Raubtieren, die ihre Kraft anspannen, ehe sie losspringen? Nein, das nicht, denn diese Mehrheit ist es ja, die keinen Sprung will, keine Veränderung, keine große Reform, und schon gar keine Revolution. Eben gegen solche Zumutung der ›Extremisten‹ demonstriert sie ja mit Schweigen.

Was sie auszudrücken vorgibt, wäre schon recht, wenn es wirklich das wäre, was sie will. Aber auch hier wieder verschiebt und tarnt sich mit Hilfe der Sprache die Wahrheit: sie will keine Gewalt. Gut so. Aber was meint sie mit Gewalt? Sie meint: keine Schießereien, keine Molotow-Cocktails, keinen Bankraub. Gut so. Aber: Warum will sie keine Gewalt? Aus einem reifen politischen Bewußtsein, aus einer klaren ethischen Haltung heraus? Nein: sondern weil sie ihre Ruhe möchte. »Mei Ruah mecht i«, sagt man in München, und das bedeutet, daß alles ewig beim alten bleiben soll, weil das bekannte Alte, und sei es noch so schlecht, wenn es nur ›Gesetz ist‹, immer noch besser sei als das unbekannte Neue. Papst Leo XIII. nennt das in einer seiner Sozial-Enzykliken streng tadelnd ›Legalismus‹.

Die schweigende Mehrheit, das ist ›die Masse‹, die sich jeder echten Reform entgegenstemmt mit dem Gewicht eines Dinosauriers. Ihr Schweigen bedeutet: Nicht antworten auf Warnung, Klage, Anklage und Angebot jener, die etwas ändern wollen zum Besten vieler oder aller. Die schweigende Mehrheit verweigert das Gespräch mit jenen, die reden wollen. Je intensiver die Mehrheit schweigt, um so lauter müssen die Minderheiten schreien. Je lauter die Minderheiten schreien, desto ängstlicher wird die aus ihren Gewohnheiten aufgestörte Mehrheit. Ihr Schweigen wird zur schweigenden Aggression. Die schweigende Demonstration wird zur massiven Drohung. Die Mehrheit, welche die Gewalt der andern nicht will, wird selbst zur geballten Gewalt.

Ja, wenn die Mehrheit mit ihrer schweigenden Gewalt wirklich etwas verteidigte, was verteidigenswert wäre! Dann wäre ja Demokratie aufs beste verwirklicht. Denn: was vermöchten dann extremistische Minderheiten gegen so einen gewaltig laut schweigenden Mehrheitsblock? Aber wie war das eigentlich 1933? Die schweigende Mehrheit schwieg und ließ sich alsbald von der Minderheit der Partei-Nazis hypnotisieren und tyrannisieren. Das gibt zu denken. Die Mehrheit, die hat keine Idee, sie bietet nichts an, sie lehnt nur ab, sie weiß nur eines: sie will keine Veränderung, bei der sie auch nur das geringste Opfer bringen müßte. Und damit wird das Schweigen der Mehrheit ein tödliches Schweigen.

März 1971. Neue Erfahrungen, teuer bezahlt. Politische Arbeit ›an der Basis‹: Wahlversammlungen in mittleren und kleinen Orten. Der erste Abend in einem Ort in der hintersten Pfalz. Man ›wirft mich ins kalte Wasser‹, ich muß schwimmen. Wie geht das.

D. und ich kommen in der kleinen Stadt an. Niemand weiß, wo die Versammlung ist. Also schlecht plakatiert. Ich hege die Hoffnung, es sei überhaupt keine Versammlung. Aber es ist eine, D. findet das Gasthaus. Der Saal ist leer. Noch eine Viertelstunde vor Beginn ist er leer. Aber es kommen die beiden Mitredner, die, während ich Grundsätzliches sagen soll, aufs Ortswichtig-Konkrete eingehen werden, auf den Bau eines Autobahnabschnitts und einer Schule, auf die Mietpreise und derlei. Fünf Minuten vor Beginn sind etwa zwanzig oder dreißig Leute da. Ich bin verzagt. Das bin ich von meinen Lesungen her nicht gewöhnt. Die, welche kamen, gehören der SPD an, sagt man mir, und für die brauche ich nicht zu reden. Aber Schlag acht kommt eine Prozession.

Wie die Leute hereinkommen, zeigt mir, daß sie die Opposition sind: sie kommen mit entschiedenen kräftigen Schritten, in Gruppen, in Haufen, als geballter Widerstand, geharnischt, gerüstet mit dem festen Willen, sich von nichts überzeugen zu lassen, da der Gegner ja doch nie recht haben könne oder einfach lüge, wie man das so gewöhnt ist in der Politik. D. schickt mich an den Vortragstisch. Da sitze ich nun und lasse mich anschauen. Aus den Augenschlitzen herabgelassener Visiere treffen mich neugierig abschätzende und mißtrauische Blicke. Vor allem die mit ihren Männern gekommenen Ehefrauen mustern mich eingehend und böse; sie mögen mich nicht, ehe ich auch nur ein Wort gesagt habe. Ich lächle einer dieser Frauen zu; sie ist überfordert, sie weiß nicht, was tun, sie schaut weg. Ein paar Männer gönnen mir freundliche Blicke; ich denke: SPD; bei der Diskussion nachher enthüllen sie sich als Opposition, aber als faire Gegner und zudem Leser meiner Bücher. Der Saal ist schließlich voll, auch der Nebenraum. Man sitzt an Tischen und trinkt Bier oder Kaffee oder Pfälzer Wein. Man raucht. Es wird trügerisch gemütlich. Mir ist gar nicht wohl. Ich möchte gehen. Ich bereue, mich in diese Sache eingelassen zu haben. Einen Augenblick bin ich vom Teufel des Hochmuts versucht, und ich denke höchst Unfreundliches über diese Bürger, die Politik nur danach bewerten, ob sie ihnen Geld und Wohlstand einbringt oder Opfer abverlangt (seien es auch nur Denk-Opfer).

Die Versammlung beginnt. Mein Vorredner, Berufspolitiker, spricht. Ich beneide ihn: er hat Routine, er kennt seine Pappenheimer, er ist auf gescheite und angenehme Weise demagogisch. Und jetzt ich. Ich rede über die Frage, die hier in der katholischen Pfalz relevant ist: ob ein Christ Sozialist sein könne und dürfe. Eine halbe Stunde. Dann der Nachredner, wieder ein Politiker, der mit Zahlen und Fakten aufwartet, die den Leuten viel wichtiger sind als alle weltanschaulichen Bedenken. Dann die Diskussion. Sie beginnt mit einem feindseligen persönlichen Angriff eines Jung-Demokraten auf mich. Ich lasse mich zu einer heftigen Erwiderung hinreißen. Das ist falsch. Schließlich kommen wir doch zur sachlichen Diskussion. Lustigerweise meinen einige Herren, mir, der Frau, beistehen zu müssen, obgleich ich nicht für ihre Partei spreche. Einer sagt: »Ich bin von der CDU, aber ich muß sagen, ich schätze Frau R. nicht nur als Autorin, sondern auch ihres Mutes wegen, mit dem sie sich in die Politik wagt.« Das ist nett, aber für Courtoisie ist hier und jetzt nicht die rechte Gelegenheit. Ich bin sehr konzentriert, merke aber, daß ich diese Art Diskussion noch nicht kann, ich reagiere immer wieder ungeduldig, denn die Dummheit vieler Einwürfe langweilt mich. Ich bin den Leuten fast dankbar, daß die Beziehung zwischen Christentum und Sozialismus sie so viel weniger interessiert als die Antwort des zuständigen Politikers, wann diese oder jene Straße gebaut wird.

Schließlich ist der Abend überstanden, der Saal leert sich. Ein Herr kommt zu mir her und sagt: »Liebe Frau R., Sie haben es doch nicht nötig, politisch zu arbeiten, Sie als Frau und mit Ihren beruflichen Erfolgen.« Eine Frau drückt mir die Hand: »Ich beneide Sie um Ihren Mut. Ich habe ihn nicht.« Einige Leute sind sicher nur gekommen, um mich einmal zu sehen, sie haben Bücher von mir dabei und bitten um ein Autogramm wie nach einer Lesung.

Ich bin verwirrt, habe Kopfweh und das Gefühl, etwas ganz Sinnloses getan zu haben. Ein scheußliches Gefühl. D. tröstet mich, er fand meine Rede gut. Muß er ja sagen, denke ich und schweige.

Der nächste Abend ist schon besser, da habe ich eine starke Stütze, da spricht Wilhelm Dröscher nach mir, und er leitet die Diskussion. So möchte ich reden können. Der beherrscht sein Metier, und er strahlt eine stille Sicherheit aus. Dröscher, den sie den ›guten Mann von Kirn‹ nennen, dort, wo er lange Bürgermeister war, nimmt mich zu sich nach Hause, und seine Frau macht uns um Mitternacht noch ein Essen. Zu Dröschers, die selber Kinder und Enkel haben, kann jedermann zu jeder Tageszeit kommen und findet Gehör und

Hilfe. Das sind explizite Christen, die das Christentum leben. Dröscher macht mir Mut.

Um so schwieriger der dritte Abend. Da kommt zuerst eine kleine Gruppe linksradikaler Studenten, sie hocken sich ostentativ abseits von den Sitzreihen auf den Boden; sie kamen aber ganz offensichtlich nicht um zu stören, sondern neugierig auf das, was ich sagen werde; nachher klatschen sie an einigen Stellen, wo die andern nicht klatschen, aber sie nehmens mir doch übel, daß ich nicht links genug rede. Der Abend verläuft gräßlich. Mir steht kein geschickter Politiker bei, ich habe fast alles allein zu bestreiten. Im Saal zwei jüngere Personen der Opposition, ein Berufssprecher der CDU, höchst wortgewandt, selbstsicher, bitterbös-feindselig. Er und seine Partnerin haben sich geschworen, mich zur Sau zu machen: sie melden sich schon zur Diskussion, eh ich fertig bin, das bedeutet, daß sie als erste zu Worte kommen müssen. Sie sind wie Igelmann und Igelfrau im Märchen vom Hasen und vom Igel: Hase und Igel schließen eine Wette ab, wer schneller laufen kann; der Hase rennt; aber immer, wenn er am Ende der Rennstrecke anlangt, hockt da schon der oder vielmehr ein Igel; der arme Hase merkt nicht, daß am einen Ende der Igelmann, am andern die Igelfrau sitzt. Ich als CDU-gejagter Hase durchschaue das raffinierte Spiel sehr bald, bin aber nicht ermächtigt, die Diskussion zu leiten. Der unfähige Leiter läßt also die beiden abwechselnd unentwegt reden. Schier gelingt es ihnen, den Abend umzufunktionieren, aber schließlich begeht das CDU-Mädchen einen Fehler, es macht sich lächerlich: es hatte sich schon vorher als ostpreußischen Flüchtling (Großgrundbesitzerskind) deklariert, der »das Glück hatte, in der Bundesrepublik studieren zu können«; als ich dann sage, es sei unsozial, daß immer noch erst etwa 6% Arbeiterkinder an den deutschen Universitäten studieren, ruft sie: »Aber wozu sollen Arbeiterkinder studieren? Wir brauchen Fabrikarbeiter!« Ich zitiere ihren Satz von vorhin, ob sie dieses Glück den Arbeiterkindern nicht gönne. Sie ruft: »Aber ich bin doch eine Intellektuelle.« Da bricht der Saal einhellig ohne Rücksicht auf Parteizugehörigkeit in Gelächter aus. Das läßt sie aus den Pantinen kippen, sie wird ausfällig, bis ihr ein Arbeiter über den Mund fährt.

Es kommt auch eine alte hagere Dame zu Wort. Sie springt auf und hält ein Buch hoch und mir entgegen. Mit dünner scharfer Stimme ruft sie mir zu: »Stehen Sie noch zu diesem Buch oder nicht?« Ich kann aus zwanzig Metern Entfernung wirklich nicht lesen und sage ihr das. Sie ruft: »Das ist das Buch, das Sie einmal über Konnersreuth schrieben. Stehen Sie zu dem, was Sie darin sagten, oder nicht mehr?« Ich sage ihr, daß ich nicht wüßte, was sie meint, sie müsse präzisieren. Sie ruft: »Antworten Sie: Wo stehen Sie heute?« Mir dämmert, daß sie eigentlich fragen will: »Sind Sie, für die SPD sprechend, denn noch katholisch?« Wie soll ich ihr in Kürze in einer Wahlversammlung erklären, daß jenes Buch über die stigmatisierte Therese Neumann kein Bekenntnis, sondern eine kritische Untersuchung des Phänomens war, und wie ihr erklären, daß Christlichsein nicht statisch ist, nicht legalistisch, sondern dynamisch, elastisch, der geschichtlichen Stunde entsprechend, und daß gerade diese Dynamik zum Wesen des Christentums gehöre? Ich sage nur: »Gnädige Frau, hier ist nicht Ort und Zeit, um darüber zu diskutieren.« Sie ruft böse: »So! Dann weiß ich, was ich von Ihnen zu halten habe.« Sie verläßt hocherhobenen Hauptes mit einer Art Stechschritt den Saal. Man lächelt einhellig. Mir ist nicht nach Lachen oder Lächeln. Was diese fanatische alte Dame aussprach, ist mehr oder weniger die Meinung vieler Katholiken. Unausrottbar. Mich überschwemmt Trostlosigkeit. Hat es denn Sinn, zu solchen Leuten zu reden? Der Katholizismus der verschlossenen Türen ist Dummheit, und Dummheit ist immer böse. Was für ein Jammer, daß Papst Johannes nicht mehr lebt. Die ›johanneischen Christen‹ sind den Legalisten unverständlich und ein Ärgernis. Der Abend verläuft abscheulich: Zwischenrufe aus beiden Lagern, undiszipliniert, unsachlich, schlecht artikuliert. Die

Linksradikalen sind mäuschenstille Beobachter. Schließlich verlassen sie sichtlich angewidert den Saal. Ich hätte es auch gerne getan.

Das seltsamste Erlebnis habe ich am vorletzten Abend. Ich fühle im Saal sofort eine Spannung, die nichts mit meiner Person zu tun hat. Ich habe bereits einen Blick für die Leute der Opposition. Es ist offenbar nicht eine Frage der freien vernünftigen Entscheidung, welcher Parteirichtung man angehört, sondern der in der einzelnen Person vorgeformten Mentalität. Nach der Art der Vorgeformtheit gehört man wesensmäßig zu einer konservativen oder zu einer fortschrittlichen Partei, und nach dem Grad der Vorgeformtheit gehört man zum rechten, mittleren oder linken Flügel einer Partei, und nach dem Grad der geistigen Beweglichkeit gibt es Verschiebungen zur einen oder anderen Seite hin, oder auch radikale Bekehrungen.

An diesem Abend habe ich das Gefühl, daß ich es mit der komprimierten Reaktion zu tun habe: gutgekleidete, gebildete Herren und Damen, allesamt Stützen der Gesellschaft und der legalistischen Kirche. Früher meine ›treuen‹ Leser, die, ohne mich wirklich zu verstehen, sich von mir bestätigt fühlten. Entsetzliches Mißverständnis. Jetzt gibt mich meine Gemeinde auf, jetzt zieht sie zu Felde gegen mich, die Störerin ihrer Ruhe. Und wie gut wäre es, diese Menschen überlegten sich, warum ich tagespolitische Arbeit mache, statt mich in die schöne, für meine Leser und mich so bequeme Innerlichkeit zurückzuziehen.

Wieder meldet sich jemand zu Worte, lang ehe ich fertig geredet habe. Jemand will entschieden die Diskussion von vornherein an sich reißen. Ein katholischer Geistlicher. Der Ortspfarrer, wie ich später höre. Er greift die Brandtsche Ostpolitik an mit bekannten Argumenten. Damals waren sie noch nicht so abgebraucht wie heute. Der Geistliche, ganz politischer Seelenführer, sagt, es sei höchst unfair von mir, der Katholikin, der CDU in den Rücken zu fallen. Auch findet er Brandts Fußfall im Warschauer Ghetto degoutant. Er redet geschlagene fünfzehn Minuten. Jetzt bitte ich energisch ums Wort. Ich sage: »Herr Pfarrer, eine Frage. Sie verstehen doch etwas von der Theologie des Bußsakraments?« Er schaut verdutzt und erwartungsvoll. Ich sage: »Soviel ich weiß, gehört zur gültigen Beichte erstens die Einsicht in begangenes Unrecht, zweitens die Reue, drittens das Bekenntnis, das eigentlich, urchristlich, ein öffentliches war; und schließlich, bitte, was noch?« Er schweigt. Ich sage: »Die Pflicht, begangenes Unrecht wiedergutzumachen, voll und ganz, so gut es geht. Ich denke, das deutsche Volk hat in den östlichen Ländern viel Unrecht begangen.« Jetzt schweigt er, und er schweigt den ganzen Abend.

Es gibt heftigen Streit zwischen dem Ortsbürgermeister und den Orts-CDU-Parteimitgliedern; ich höre ihn mir eher amüsiert als angewidert an; es geht um Ortsprobleme. Es wird spät. Die Versammlung ist beendet. Noch ist der Saal voll, da kommt der Geistliche auf mich zu, in aller Öffentlichkeit, reicht mir die Hand und sagt: »Frau R., ich danke Ihnen, ich glaube, wir könnten uns sehr gut verstehen.«

Ich bleibe etwas verblüfft zurück. Taktik? Echte Einsicht? Persönliche Sympathie? Die Frage bleibt offen.

Der letzte Abend. Schifferstadt. Ich erwarte mir nichts Gutes mehr. Ein relativ kleiner Saal. Er ist schon bei meiner Ankunft brechend voll, auch mit Jugend. Und hier wird wirklich fair diskutiert. Das ist weniger eine Wahlversammlung als ein Symposion, bei dem beide Seiten fragen, antworten, um Klarheit ringen. So habe ich mir meine Arbeit vorgestellt. So geht's also. So sollte es überall gehen. Das war menschlich. Ein Hoch auf die Schifferstädter!

Die Wochen danach: Briefe, Briefe ... zustimmende auch, aber vor allem Schmähbriefe, böse Angriffe von rechtskatholischer Seite, einige in unverkennbar klerikalem Stil (ich antworte einem, jedoch der Brief kommt zurück, die Adresse war fingiert), andere waren anonym; man droht mir mit

Boykott meiner Bücher, man versucht mir einen Prozeß wegen Beleidigung anzuhängen, man beschuldigt mich der ›nationalen Ehrlosigkeit‹ (?!), da ich Brandts Knieen im Warschauer Ghetto lobte (»es schlägt der deutschen Ehre ins Gesicht, bei den Polacken um gut Wetter anzuhalten . . .«), ein massiver Angriff dreier vereinter Geistlicher, der Opposition angehörig, in einer Tageszeitung (für derlei ist die ›Tagespost‹ zuständig), selbst ›Publik‹ findet es unerhört, daß eine Katholikin die CDU attackiert . . . Und treue Leser und Leserinnen, vor allem sie, flehen mich an, meine Hände vom schmutzigen Geschäft der Politik zu lassen . . . (Ich bin überzeugt, sie würden mich für meine politische Arbeit loben, gälte sie der CDU/CSU; da wär's dann kein schmutziges Geschäft mehr . . .) Für eine Weile bin ich also Sündenbock. Die Gesellschaft braucht immer etwas und jemanden als Zielpunkt für ihre gestauten Aggressionen.

Doch wie absurd ist das! Da gehen meine Mitchristen wallfahrten ans Grab von Papst Johannes – und haben nichts, gar nichts verstanden von seinen politisch hochexplosiven Gedanken. Wie steht's denn mit seiner Eröffnung des Dialogs mit den Kommunisten? Wozu hat er Chruschtschows Schwiegersohn in Audienz empfangen? Was bedeutet sein konziliarer Aufruf zur ›apertura a sinistra‹? Freilich, für viele Katholiken ist er ein Schwarmgeist, wenn nicht eine Art Häretiker . . .

Und wie steht's mit den Sozial-Enzykliken Leos XIII.? Wer liest sie? Wer hat gelesen, was er zur Frage der Sozialrevolution schreibt? Und wer liest in Pauls VI. Sozial-Reden zwischen den Zeilen? Ist man ein guter Christ, wenn man die Worte des Papstes mißachtet?

Das Absurdeste an der Sache: daß die SPD selber eine konservative Partei ist, die ihren eigenen gescheiten linken Flügel maßregelt. Bisweilen überkommt mich ein großes Gelächter: man zieht gegen den Wolf zu Felde, aber der Wolf ist ein braver Schäferhund, der sich selber vor dem Wolf fürchtet. Und auch der Wolf fürchtet sich, nämlich vor den

Super-Wölfen, deren einer China heißt, der andere Anarchie. Alle zusammen (die Kirchen eingeschlossen) fürchten den Machtverlust und den Sieg des Heiligen Geistes.

Berlin, 6. Mai 1971, nachmittags. Zwischen Ankunft und Akademie-Abend habe ich einige Stunden frei. Ich mache einen kleinen Rundgang ums Hotel Berlin. Plötzlich höre ich Musik. Eine Drehorgel! Für mich hätte der Rattenfänger von Hameln Drehorgel spielen müssen. Ich wäre ihm blindlings gefolgt. Unmöglich für mich, der Drehorgelmusik zu widerstehen. Ich gehe den Tönen nach. Sie kommen aus dem Hof eines der Hochhäuser gegenüber der ›Urania‹. Es sind Düttmannsche Bauten aus grauem Beton und Glas. Eine alte bunte Drehorgel und ein nackter Hof zwischen Beton-Glas-Bauten, das paßt so wenig zusammen, daß es, dennoch zusammengebracht, Kunstwert besitzt. Ich bin fasziniert. Ich gehe Schritt für Schritt näher. Jetzt schaut der Orgelmann zu mir her. Er dreht die Kurbel und schaut mich an. Ein Männlein, wie aus tabakbraunem Leder gemacht, rotbäckig und vergnügt. Jetzt kommt eine Sekretärin aus einer Tür heraus und geht zu einer andern hinein, und wie sie hochbeinig und blond an dem Männlein vorbeikommt, hebt sie die Nase hoch, als stinke die Musik. Dann kommen zwei Herren, Typ Abteilungsleiter (wovon auch immer), einer greift in die Hosentasche, zieht unbesehen eine Münze heraus und legt sie, ohne den Mann anzublicken, im raschen Vorbei auf die Orgel, es ist, ich seh's genau, ein Groschen, und die Art, wie er ihn hinlegte, war eher ein Hinwerfen. Meine Donquichotterie: Ich kann's nicht leiden, wenn ein Mensch seiner Würde beraubt wird. Das nämlich ist hier geschehen. Meine reiche Großmutter Sailer erhebt sich in mir zu voller Größe: ich gebe dem Orgler ein Fünfmarkstück, und zwar lege ich's ihm in die freie Hand, lächle ihm zu und bleibe stehen. Das Männlein bedankt sich heiter.

Wir kommen ins Plaudern. Er zeigt mir, wie man die in Leder wohlverpackte Orgel ab-, an- und auf eine andere Melodie umstellt. Ich darf sogar selbst drehen. Ich sage, das würde mir als Beruf auch gefallen, wieviel man denn so am Tag verdiene. Er will nicht heraus mit der Sprache. Ich schätze. Er winkt verächtlich ab. Mehr. Noch mehr. Ich muß ihm feierlich versprechen, es niemandem zu sagen, dann flüstert er mir's ins Ohr. Donnerwetter. Meine arme Großmutter Rinser sagt: und deine fünf Mark . . .

Mir fallen die tätowierten Hände des Orglers auf. Er war Matrose im Ersten Weltkrieg. Von da her hat er eine Rente. Er hat auch eine hübsche, gar nicht kleine Wohnung. Er beschreibt sie mir genau. Er ist Doppelwitwer; eine Ehe war schier lebenslänglich, die zweite ganz kurz. Einer dritten ist er nicht abgeneigt. Er ist über siebzig, gesund und quicklebendig. Es gibt viele, sagt er, die ihn nähmen mit seinem Geld, seiner Wohnung und überhaupt. Aber keine gefällt ihm. Plötzlich sagt er: »Sind Sie frei? Wollen Sie mich heiraten?« Ich lache. Er sagt gekränkt: »Das ist nicht zum Lachen. Sie gefallen mir. Wir müssen uns näher kennenlernen. Gehn wir nachher mitsammen zum Abendessen. Ich lade Sie ein.« Ich sage: Schade, daß ich's nicht früher gewußt habe, jetzt bin ich schon zum Essen verabredet. Er ist enttäuscht. »Mit einem Herrn?« Ja, sage ich, mit einem Herrn, mit dem Herrn Bundespräsidenten. Er lacht herzlich. Er glaubt's natürlich nicht. Wie sollte er's auch für Ernst nehmen. Eigentlich, bei aller Sympathie für den Bundespräsidenten, würde es mich mehr reizen, mit dem Orgelmann zu Abend zu essen, um zu erfahren, wie so einer lebt. Denn wie ein Jurist und Bundespräsident lebt, das kann ich mir gut vorstellen. Aber wie ein Drehorgelmann, Doppelwitwer und ehemals Matrose lebt im Berliner Norden, das wüßte ich gern. »Na«, sagt das Männlein, »Sie haben ja meine Adresse.« Sie steht deutlich auf seiner Orgel. »Schreiben Sie's auf«, drängt er. Ich merk' mir's auch so, sage ich. In der Tat: sie blieb mir im Gedächtnis.

6. Mai 1971. Die Berliner Akademie gibt dem Bundespräsidenten einen Empfang, ich bin eine der 16 oder 18 Delegierten, von jeder Abteilung sind ein paar delegiert, Architekten, Bildhauer, Maler, Theaterleute, Musiker und Schriftsteller, von jeder Sorte einige, wie für die Arche Noah, also auch Frauen, wir stehen in der Halle herum, ich denke nur an das, was ich Heinemann sagen muß, leise und inoffiziell: eine Fürbitte für jemand in einer wichtigen Sache; und ich denke, ob ich wohl an ihn herankomme und ob es sich überhaupt schickt, bei dieser Gelegenheit um etwas zu bitten. (Ich konnte die Bitte später leicht anbringen.)

Jetzt fahren schwarze Autos vor, aus dem bewimpelten Wagen steigen Heinemann und Frau, jetzt treten sie ein mit der Suite der Leute vom Protokoll. Ein schier lautloser Auftritt. Heinemann sieht aus, als gehe er nicht zu einem ganz unwichtigen Abend, sondern zu einem Staatsbegräbnis, das möglicherweise ein Gipfeltreffen nach sich zieht. Er tritt nicht einfach ein, er tritt auf. Aber das ist keineswegs Ausdruck einer hohen Selbsteinschätzung, fern davon, sondern allenfalls einer hohen Amtseinschätzung, aber vielleicht einfach die habituell gewordene, höflich würdige Art, mit der ein nüchterner, bescheidener Mann lästigen Repräsentationspflichten entgegenschreitet, eine Art, denen, die ihm das Lästige zumuten, nicht zu zeigen, wie lästig es ihm ist, und jenen, die das Arrangement trafen, das Gefühl zu geben, sie hätten Wichtiges und Erfreuliches arrangiert. Er will ihnen nicht die Freude verderben, die sie gar nicht haben. Und vice versa. Ein komisches Spiel. Der Architekt Düttmann, unser Präsident, der immer so aussieht, als komme er geradewegs vom Bau herbeigestürzt, windzerzausten Haares, mit leicht verrutschter Krawatte, unwillig über die Arbeitsstörung, Düttmann also hält eine kurze, gut sitzende Empfangsrede. Ich schaue dabei Heinemann an. Er ist die Zuverlässigkeit in Person. Man kann ihm alles zu treuen Händen übergeben, auch einen Staat, der in demokratischen Kinderschuhen unsicher große Schritte versucht. Während des Rundgangs durch die Akademie geht er gemessen den vorgeschriebenen Weg treppauf, treppab und schaut pflichtgemäß dorthin, wo man ihm etwas als sehenswert bezeichnet, und er nickt bestätigend und stumm.

Überläßt man ihn eine Weile sich selber und spricht ihn dann unversehens an, zuckt er leicht zusammen: er war weit weg; er benützt jede Gelegenheit, die Schule zu schwänzen. Der Eindruck bestätigt sich mir nachher, als er bei einem Drink sitzend die Geschichte der Akademie erzählt bekommt. Er hört allzu aufmerksam zu, als daß ich nicht den Verdacht schöpfen müßte, er sei so wenig interessiert, sie zu hören, wie der Erzähler, sie ihm zu erzählen. Ich frage mich die ganze Zeit, woran mich sein Gesicht erinnert. Jetzt hab' ich's: an einen gescheiten guten Bernhardinerhund, der, im warmen Hospiz sitzend, den Schneesturm heulen hört und tief bekümmert, schuldbewußt auch, daran denkt, daß es vielleicht irgendwo Verschüttete zu retten gebe.

Wird er gefragt oder wird sonst von ihm erwartet, er möge etwas äußern, schaut er häufig zu seiner Frau, und sein Blick ist der eines Lehrers auf seine begabteste Schülerin, die ihn nie enttäuscht und von der er gewohnt ist, Antworten zu bekommen, die mindestens so gut sind wie jene, die er selber geben könnte.

Frau Heinemann repräsentiert gescheit und herzlich, sie weiß eine Menge und stellt kluge Fragen, ohne ihre Zuständigkeit zu überschreiten; sie ist frischer präsent als er, den vieles einfach langweilt; sie zeigt nicht, wenn oder ob etwas sie langweilt, denn was ihren Mann langweilt, darf eben sie nicht langweilen, und was sie nie langweilt, ist: zu verhindern, daß jemand merkt, wenn er sich langweilt.

Sie sammelt mühelos ringsum Sympathien und reicht sie großmütig weiter an ihn. Sie macht eine gute Figur, und er weiß das. Ich möchte sagen, Frau Heinemann ist eine Eigenschaft Heinemanns.

Das Gespräch ist für sechs Uhr anberaumt und soll bis sieben Uhr dauern. Es ist zehn vor sieben, da geht die Tür sperrangelweit auf, und Heinemann sieht sich (wie wir alle) konfrontiert einem unvorhergesehenen Ereignis: mit einem Aufschlag des Gehstockes, als ihr eigener Butler den Auftritt ankündigend, kommt eine alte Dame herein, in rosa Robe, mit einer Art Bienenkorb aus rosa Gaze auf dem Kopf, gekonnt erstaunt um sich blickend, und nach einer Pause, in der alle Männer aufsprangen, auch Heinemann, obgleich er nicht weiß, wer da so geehrt wird, in herrlichem, baltisch eingefärbtem Bühnendeutsch verkündend: »Ich sehe, ich komme zu spät.«

»Nein«, sagt Düttmann, »gnädige Frau, das Essen ist erst um sieben, Sie kommen zu früh.«

Großes Gelächter. Man hat Heinemann zugeflüstert, wer das ist: Elsa Wagner. Er kennt den Namen. Er amüsiert sich diskret. Hernach, beim Essen, ist sie seine Tischdame, und sie unterhält ihn köstlich, sie bringt ihn zum Dauerlächeln und einmal sogar zum lauten Auflachen. Sie kann den Erfolg des Abends mit Recht auf ihr Konto buchen.

Nach dem Essen gehen wir in den Theatersaal. Dort ist Heinemann zu Ehren ein Konzert. Der italienische Rundfunkchor, ein sehr berühmter Chor, singt Monteverdi und Modernes: Petrassi, Dallapiccola. Der Chor ist vorzüglich. Warum nur kann ich ihn nicht so genießen wie sonst? Irgend etwas lenkt mich ab: es ist, ich muß es sagen, mein hoher Nachbar. Ich sitze nämlich an Heinemanns linker Seite, und Heinemann langweilt sich. Er ist zu pflichtbewußt, um glattweg einzuschlafen, aber er ärgert sich darüber, daß er zu pflichtbewußt ist, um nicht zu tun, was seine Ehrlichkeit und seine Natur ihm zu tun nahelegen.

In der Pause geht er hinaus. Als er wieder hereinkommt, wage ich, ihn zu fragen, ob er müde sei. Ja, sagt er, das sei er, und er zeigt mir seinen Stundenplan dieses Tages. Er schenkt ihn mir mit seinem Autogramm, da ich scherzhaft darum gebeten habe: zwei aneinandergehefteten Zettelchen aus billigem, leicht vergilbtem Papier, eng beschrieben, als müsse man Papier sparen; in der oberen Ecke mit Bleistift:

BP. Die Angaben der Verabredungen, die Termine häufen sich. Es bleibt kein freier Augenblick.

Und jetzt, in der Konzertpause, ist's Viertel vor neun. Der Chor singt Dallapiccolas Froschmadrigale. Ich muß laut lachen. Heinemann lacht nicht, er findet das gar nicht lustig, sagt er, er ist einfach müde, er will gehen. Und wirklich, kaum ist der letzte Ton gesungen, steht er auf und geht. Zur tiefen Enttäuschung des Kapellmeisters, der dem Kapellmeister Kreisler aus E. T. A. Hoffmanns Geschichte erstaunlich ähnlich sieht und der noch ein paar köstliche Zugaben auf Lager hat. Nichts zu machen. Meine Überlegung: Warum mutet man einem Bundespräsidenten zu, tagelang nach Protokoll und Programm zu leben, schier ohne Atempause, und ohne Rücksicht darauf, was wirklich nötig ist? Warum überhaupt all diese Repräsentationen, diese Gesellschaftsspiele erwachsener Kinder, dieses Als-ob, das niemanden freut?

Mai 1971. Airolo. Ich komme zufällig gerade noch vor dem Gotthard-Tunnel an, ehe der Autotreno abfährt. Außer dem Mädchen, das mir die Fahrkarte verkauft und mich zu höchster Eile anfeuert, ist kein Mensch zu sehen. So fahre ich denn mit Schwung auf die Ladefläche. Kaum bin ich oben, ruckt der Zug an. Ich meine mich zu erinnern, daß, als ich vor Jahren hier zum letztenmal fuhr, das Auto auf kurzen Bremsschienen stand und von einem Arbeiter befestigt wurde. Vielleicht war das aber in einem andern Tunnel. Hier und heute geschieht jedenfalls nichts dergleichen. Ein Schild, an der niedrigen Flanke der Ladefläche befestigt, befiehlt, daß man die Handbremse anziehe, den ersten Gang einlege, die Lichter abschalte. Der Zug fährt. Schon sind wir im Tunnel. Mein Auto ist das letzte. Vor mir ein großer Bus, leer, nur mit dem Fahrer vorne. Auch er schaltet die Lichter ab. Dunkel. Von Zeit zu Zeit passieren wir kleine Laternen, die in großen Abständen an den Tunnelwänden angebracht sind. Dann sehe ich für einen Augenblick das feuchte Berginnere und schattenhaft den Busfahrer. Ab und zu fallen Wassertropfen auf die Scheibe. Wir sind schon tief im Berg. Der Zug fährt schneller, manchmal wieder langsamer, beschleunigt dann aufs neue. Es scheint im Berginnern Steigungen, gerade und abfallende Strecken zu geben, auch Kurven, jedenfalls bilde ich mir das ein. Imaginäre oder wirkliche Kurven, gleichviel, ich spüre sie, und ich will mein Auto steuern, meinem Verstand zum Trotz. Krampfhaft und sinnlos halte ich das Lenkrad fest und trete in eingebildeten Kurven auf die Bremse. Jetzt ist mir, als ob die gesichert scheinenden Abstände sich verändern, verringern, der Abstand zum Bus vor mir und der zu den niederen Bordwänden seitlich der Ladefläche. Wenn ich auf den Bus auffahre? Wenn er zurückrutscht? Wenn mein Auto die Bordwand durchbricht, die nur aus leichten Planken besteht? Wenn mein Auto vom Wagen stürzt? Ich schalte die Armaturenbeleuchtung ein, nehme ein Stück Papier, halte es mir vor das Auge und visiere die Abstände. Ich sehe: die Abstände bleiben gleich. Aber ich spüre: sie verändern sich. Richtig ist, was ich sehe; aber recht hat, was ich spüre. Und jetzt weiß ich: meiner und meines Autos hat sich etwas oder jemand bemächtigt. Ich bin eine Ausgelieferte. Ich sitze zwar in meinem Auto, das ich, lenkend, kuppelnd, Gas gebend, bremsend, von Rom bis Airolo gebracht habe, aber jetzt ist's aus mit dem Selberfahren, ich werde gefahren. Mein Sitzen am Autosteuer ist zur Absurdität geworden. Ein Auto, das man nicht lenken kann, was ist das? Ich bin meiner Freiheit beraubt. Einzige Freiheit: auszusteigen und vom Zug abzuspringen. Selbstmord. Andere Möglichkeit: Sitzenbleiben, Aushalten, Vernunftanwendung. Diese Fahrt, nicht wahr, ist doch eine ganz harmlose, simple Angelegenheit, eine normale Sache mit sicherem Ausgang, schon oft erlebt. Aber der Verstand richtet jetzt gar nichts aus. Ich schaue auf die Uhr: wir fahren mehr als zehn Minuten, vielleicht fünfzehn schon, wir müßten doch bald ankommen, aber vielleicht kommen wir nie an, wer weiß ob das eine Wirklichkeit ist was ich erlebe vielleicht ist das die Fahrt in die Unterwelt vielleicht liege ich in einem Klinikbett und bin dabei zu sterben oder bin schon gestorben habe ich nicht bereits eiskalte Hände und der Schweiß auf meiner Stirn ist Todesschweiß und kein Mensch kann mir folgen ich habe schon alle verlassen und der Schattenfahrer im Bus vor mir ist der Todesengel. Aber das Sterben kann doch nicht ewig dauern, alles hat doch ein Ende, irgendwann muß ich irgendwo ankommen. Was wird sein dort? Aber ich will das alles nicht, ich will aussteigen, die Sonne sehen, eben fuhr ich doch zwischen Maiwiesen und im Licht. Bitte anhalten, zurückfahren, laßt mich Wiederbringliches einholen! Ich wage nicht mehr auf die Uhr zu schauen. Vielleicht ist sie längst stehengeblieben. Vielleicht ist's das beste, ich ergebe mich. Ja. Ich nehme den Fuß von der Bremse, die Hände vom Steuer, falte sie im Schoß und schließe die Augen. So, ja, so ist's besser, viel besser. Ich erinnere mich, daß es bei Sterbenden einen Augenblick gibt, in dem die Not aufhört, endgültig, und eine stille ungetrübte Heiterkeit beginnt.

Wenig später dringt durch meine geschlossenen Lider ein schwacher Lichtschein, er wird stärker, ich wage nicht, die Augen zu öffnen, wer weiß, was ich sehen werde. Der Zug fährt langsamer, zweifellos, jetzt bleibt er stehen. Schließlich blicke ich auf: Sonne, Berge, blühende Wiesen, Häuser, Gärten, Menschen. ›Göschenen‹, so heißt die Eingangspforte zum neu geschenkten Leben. Am nächsten Schweizer Brunnentrog wasche ich mir im eiskalten Wasser den Todesschweiß von Stirn und Händen.

Bern, Jugendtreffen Mai 1971. Ich bin von der Schweizer Jugendzeitschrift ›Team‹ eingeladen, an Podiumsgesprächen teilzunehmen, die anläßlich des Jugendtreffens bei ›Hitfair‹ stattfinden. Gut. Aber was ist ›Hitfair‹? Es wird sich zeigen. Ich fahre nach Bern. Ich benutze jede Gelegenheit, um Neues von der Jugend über die Jugend, das heißt über die Zukunft des Menschen zu erfahren.

Sonntagmorgen. Ich gehe zu Fuß die kurvenreiche, makellos asphaltierte Straße hinunter zur Busstation. Der Hang ist steil. Er wurde in Terrassen aufgeteilt. Auf jeder Stufe stehen ein paar Häuser mit Gärten. Die Häuser, Einfamilienhäuser, Villen, sind Häuser, wie es sie überall gibt, einige älter, einige neu, aber sie sind doch anders als anderswo solche Häuser sind: sie stellen Manifestationen dar, sie drükken einen Willen aus, sie haben in aller bescheidenen Simplizität etwas eigensinnig Provokatorisches, sie sagen: »Bei uns ist alles ganz solid, klar, geordnet, wir haben nichts zu verstecken, wir sind Häuser rechtschaffener Bürger, bei uns gibt's keine Mäuse und Spinnen, wir sind bis zum letzten Kellerwinkel aufgeräumt.« Sie leugnen ganz einfach die Komplexität des Lebens, das Vorhandensein der Schattenseite. Darum wirken sie wie Modellhäuschen auf Bauausstellungen. Aber freilich: sie erwecken auch eine gewisse Sehnsucht nach einer Welt, die wirklich so wäre, wie sie hier vorgespielt wird, eine Welt der durchgängigen Widerspruchslosigkeit und Bravheit – einer Bravheit, die meine Eltern von mir forderten, als müßte ausgerechnet ich können, was niemand vor mir konnte: phantasielos tugendhaft sein.

Hinter fehlerlosen Zäunen blüht es reichlich, jedoch planvoll. Hier wurde, man erkennt es deutlich, ein ganzer Hang von einem einzigen Gartenarchitekten bepflanzt. Er hatte eine säuberliche Planzeichnung in der Hand und entschied: hier drei Fliederbüsche, Abstand je zwei Meter, eine Birke, zwei Rhododendren, davon einer lila, der andre feuerfarben; dort zwei Fliederbüsche, eine Lärche, drei Rhododendren, darunter ein feuerfarbener. Jeder Garten ähnelt dem andern, aber doch nur so weit, daß man sie nicht verwechseln kann.

Zwei Frauen, beide blond und rüstig und vermutlich gegen das Frauenwahlrecht, grüßen sich trocken freundlich über

den Zaun hinweg. Vor einem Haus spricht der breitschult-
rige Vater Tell langsam und ernst zu seiner Familie, die aus
einer blonden schweigenden Frau und drei Kindern besteht,
die Reklame für Birchermüsli machen könnte. Es gehört
auch ein Hund dazu, der reglos vor seinem Herrn sitzt, die
Ohren aufgestellt, fasziniert auch er von soviel legaler Autorität. Mir fällt Gottfried Keller ein (wem fiele er nicht ein,
vorausgesetzt, er kennte ihn und er sähe, was ich sehe): »Im
Hause muß beginnen, was leuchten soll im Vaterland.« Ein
Spruch, mit dem die Schweizer Kinder programmiert werden, bis er ihnen zum Hals heraushängt und sie sich durch
ihn provoziert fühlen, ihm akkurat zuwider zu handeln. Ich
bleibe eine Weile am Zaun stehen und überlege, was geschähe, wenn ich den Vater Tell fragte, ob und wie er seine
Kinder sexuell aufgeklärt habe, ob er schon einmal bei einer
Hure war, ob und wie oft er seine Frau betrogen hat, wie oft
er seine Geschäftspartner übers Ohr gehauen hat, ob er das
Jugendstrafgefängnis seines Kantons kennt ... Ich bin neugierig, wie die Jugend ist, die aus dieser superlativisch vernünftigen, abgestaubten, frisch gebohnerten Welt kommt.

Die erste Diskussion wird am Abend sein. Am späten Vor-
mittag ist, laut Programm, auf dem ›Hitfair‹-Gelände eine
›religiöse Feier‹. Am Morgen schlendere ich durch die Berner
Altstadt. Die Einheimischen, Erwachsene seit ihrer Geburt,
gehen ernst, rechtschaffen, frisch gewaschen, bodenständig,
mürrisch-freundlich und selbstbewußt, in die Kirchen oder
zum Frühschoppen, jedenfalls haben sie etwas Wichtiges, Or-
dentliches, durch uralte Tradition Geheiligtes und Unum-
stößliches vor. Zwischen ihnen bewegen sich junge Leute aus
einer andern, einer verdächtigen Welt: in zerschlissenen
bluejeans, langhaarig, ungekämmt, mit Stirnbändern, bärtig,
barfüßig oder in ausgelatschten Segelschuhen, friedfertig bis
zu melancholischer Apathie. Es gibt auch andere Junge, die
sind gekonnt nachlässig gekleidet in teuren Ganzleder-Pop-
Look, snobbisch, arrogant; ihr Protest gegen das Bürgertum

äußert sich einzig in einer auftrumpfend anderen Kleidermode, die ihnen eben dieses Bürgertum, diese bürgerliche Geschäftswelt, aufgeschwatzt hat.

Die drei Völker bewegen sich durch das überaus saubere Bern in perfekter Koexistenz, das heißt: jede Gruppe übersieht geflissentlich die andere, die stört. Es gibt weder ein freundliches noch ein feindliches Interesse. So scheint es.

›Hitfair‹, jetzt sehe ich es, ist eine Ausstellung. Eine riesige Zelthalle voller Verkaufsstände, voll elektronisch verstärkter Popmusik, aus drei Ecken tönt es, aus jeder tönt anderes, ein akustisches Inferno, und ein visuelles dazu, überall blitzt es grell und farbwechselnd auf und spiegelt sich in Vorhängen aus vibrierenden Metallplättchen. Eine Popwelt mit Drogenwirkung. Ich fühle mich zuerst so, als drücke man meinen Kopf brutal unter Wasser, man hat es auf mein kritisches Bewußtsein abgesehen, ich erfahre eine Art Initiations-Ritus. Ich lasse es geschehen, denn ich will ja erleben, was die Jugend hier erlebt. Sonderbar: ich gewöhne mich rasch daran, ich beginne mich wohlzufühlen. Aber schon kommt eine Störung, eine sehr starke, in mein Bewußtsein: hier gibt es vieles zu kaufen, Schallplatten, Kosmetikwaren, Bücher, Kleider, Poster, Musikinstrumente aller Art; ich frage nach Preisen: fast alles ist sündteuer. Und das unter dem Motto: ALLES FÜR DIE JUGEND. Für welche, bitte? Methode der Hexe aus ›Hänsel und Gretel‹: sehr lieb ist die Hexe, sie lockt die armen Kinder, sie nimmt sich ihrer an und füttert sie – hernach wird sie sie fressen. Aber die Spekulanten hier verspekulieren sich, die Jugend wehrt sich, sie entlarvt die Hexenmethode, sie kauft nicht.

Die angekündigte ›religiöse Feier‹ heißt nämlich: »Protestgebet gegen die Manipulation«. Ein Plakat verkündet: »Die Schändung der Meierli findet um 11 Uhr 15 statt.« Die Jugend versammelt sich allmählich vor der Tribüne im Freien. Auf der Tribüne steht etwas, das ein großes, der Enthüllung harrendes Denkmal vermuten läßt. Ich setze mich auf die

Wiese mitten unter die jungen Leute. Niemand wundert es, eine ältere Frau da sitzen zu sehen. Mir gefällt es hier. Ich bin dem Zwang enthoben, L. R. zu sein, ich bin gar niemand, aber meine Anonymität ist keine Minderung, sondern Vermehrung: ich bin verstärkt um alle, die neben mir sind.

Die jungen Leute sind still und ernst. Viele lehnen geschlossenen Auges Rücken an Rücken, andere sitzen brav nebeneinander, die langen Beine ausgestreckt, meist Paare, die sich bei den Händen halten. Ein Hippie-Paar kommt an, es läßt sich, Gesicht zu Gesicht, auf die Knie nieder und küßt sich, todernst einen selbstgeschaffenen Kult der Zärtlichkeit zelebrierend. Niemand außer mir schaut hin. Mein Hinschauen verrät, daß ich nicht ›in‹ bin; ich weiß das, aber die beiden gefallen mir.

Endlich treten Musiker und Sprecher auf, alles Berner Jugend, darunter ein junger katholischer Geistlicher. Die Protestgebete sind Songs gegen die gewissenlosen Geschäftemacher. Dabei wird das Denkmal enthüllt: die (das) Meierli ist ein riesiges Pappmaché-Mädchen, blondzöpfig, rotbäckig, dümmlich, Hals und Kopf sind beweglich, die Arme sind die Arme einer in der Figur steckenden lebenden Person. Die Schändung besteht in der Verführung, vielmehr Vergewaltigung zum sinnlosen Kauf ›jugendgemäßer‹ Waren, die niemandem nützen außer den Geschäftemachern. Ich finde die Sache recht harmlos. Nachher sagen mir die ›Team‹-Leute, für die Schweizer sei das schon eine rechte Leistung gewesen, derart gegen die EIGENE, die Schweizer Geschäftswelt, das heißt gegen die eigenen Eltern, Tanten, Onkel und Brotgeber zu revoltieren. Das rosa Flugblatt, das während der ›Feier‹ verteilt wurde, ist gut:

»Wir glauben, daß die Bedürfnisse der schweizerischen Jugend nicht nach vermehrtem Konsum gehen. Wir wollen mehr Gelegenheit zur Selbstentfaltung, zum Beispiel in unabhängigen Jugendzentren ... Angesichts der ungelösten Probleme in der Dritten Welt halten wir es für unverantwortlich, hierzulande die Bedürfnisse weiterhin künstlich hochzuschrauben. Langfristig kann sich das nur in einer Verstärkung der Widersprüche zwischen reichen und armen Ländern auswirken.«

Im ›Hitfair‹-Zelt sehe ich eine Tür mit einem aufgeklebten Zettel: ›Sanitäre Drogenberatung.‹ Ich trete ein. Drei junge Leute, sechzehn- bis achtzehnjährig. Einer hat ein sanftes Jesus-Gesicht und trägt ein Stirnband, der andere, zigeunerhaft barfüßig mit zerschundenen Zehen, mit zerrissenen Hosen, schwarzhaarig und unbändig, kommt eben aus einem Fürsorgeheim, wie auch der dritte, der blaß ist und ganz brav aussieht. Sie haben ein kleines Hündchen, das sie sehr lieben. Sie machen freiwilligen Sanitätsdienst und warten einsatzbereit. Sie sitzen auf den Tragbahren und lesen. Eine ältere Frau, Sanitäterin oder Wachhabende, sitzt am Tisch und stopft Strümpfe. (Stopft Strümpfe! Im Sanitätsraum für Drogensüchtige!)
Ich frage die drei Jungen, ob ich einiges fragen darf. Sie sind von einer zurückhaltenden Freundlichkeit, die bald etwas sanft Brüderliches gewinnt. Das Gespräch kommt leicht in Gang. Das auslösende Wort war ›Jesus‹. Die drei sind keine Intellektuellen, sie sind Lehrlinge, sie haben Volksschule und höchstens ein paar Klassen Mittelschule, aber ich kann mit ihnen politische, religiöse, ja theologische Sachverhalte erörtern, ohne das Niveau zu wechseln. Wir verstehen uns mühelos. Sie wissen Dinge, die ich nur theoretisch weiß, und sie wissen das. Sie teilen sie mir mit rührender Behutsamkeit mit. Sie haben die Erfahrungen alter Erwachsener: sie haben Drogen genommen, kennen harte Erziehungsheime, freudlose Kindheit, Strafen und Fluchtversuche, sie sind von der Polizei zusammengeschlagen worden bei Demonstrationen für die Verbesserung der Lage der Lehrlinge und bei Demonstrationen für den Frieden, sie haben vielerlei Sex-Erfahrungen, sind durch Verzweiflungen gegangen, haben Selbstmord versucht und sich dennoch gerettet, sie finden ihr Heil in der Sozialarbeit. Sie haben schon eine greifbare

Leistung aufzuweisen. Daß sie scheiterten, ist nicht ihre Schuld. »Wir wurden gescheitert«, sagen sie. In einer Stadt (ich nenne sie hier nicht, aber die Schweizer wissen, welche es ist) bezogen sie mit Genehmigung des Stadtrates ein unbenutztes Gebäude, einen alten Bunker aus dem Krieg. Sie wollten ein ›Jugend-Diskussionszentrum‹ schaffen: einen Ort, an dem man Erfahrungen austauscht, Arbeitsmöglichkeiten erörtert, über alles spricht, was einen bedrängt und was Erwachsene nicht verstehen, kurz einen Ort, an dem man jenes Zuhause findet, das Eltern und Schule und Erwachsenen-Gesellschaft verweigern. Bald kamen auch wirkliche Heimatlose dazu, ehemalige Fürsorgezöglinge, von den Eltern verstoßen, und es kamen auch Drogensüchtige, sie wurden natürlich aufgenommen, denn wo sonst wurden sie aufgenommen? Psychiater, Pfarrer, Fürsorger, Ärzte halfen kostenlos. Die Hauptarbeit tat die Kommune: sie verwaltete sich selbst, in jeder Hinsicht. Ihr Motto war ein Wort von Mitscherlich: »Der Jugendliche braucht Unabhängigkeit vom konformistischen Druck der Gesellschaft.«

Über ein Jahr ging alles gut. Die Bürger der Stadt beobachteten das Experiment mißtrauisch ablehnend und waren höchst erleichtert, als sich ein Anlaß bot, es zum Scheitern zu bringen. Der Anlaß war unglücklich: die Jugendlichen meldeten ordnungsgemäß eine Demonstration für die Verbesserung der Arbeitsbedingungen für Lehrlinge an. Sie wurde ihnen verboten. Das erboste sie, mit vollem Recht. Da sie schon einmal auf Demonstrieren eingestellt waren, machten sie eine Demonstration für den Frieden (ich glaube gegen den Vietnamkrieg) daraus. Die Polizei griff ein, die Jugendlichen wehrten sich – und schon war das Signal gegeben: »Räuchert den Drogenbunker aus!« Er wurde buchstäblich ausgeräuchert. Die jungen Leute wurden nachts auf die Straße gesetzt, man bot ihnen keine andere Unterkunft. Sie lagen auf der Straße. Später wurde ein Nachtasyl eröffnet. Unter Polizeiaufsicht.

Was diese Jugend braucht, ist genau das, was man ihnen

nicht zugesteht: ein Haus, das sie selbstverantwortlich verwaltet und wo man sie gewähren läßt, auch wenn einmal ›Mißstände‹ sich ereignen. Die Jugend wird die Probleme schon lösen, auf die ihr gemäße Weise. Warum wollen das die Bürger nicht begreifen?

Über all das redete ich mit den drei jungen Leuten der Sanitätsstation. Das Gespräch machte uns hungrig. Ich kaufte für uns alle Bratwurst und Brot und etwas Alkoholfreies zum Trinken. Wir saßen auf der Wiese vor dem Zelt, eine kleine geschlossen-offene Gruppe, eine Art künstlich-natürliche Familie. Wir waren glücklich. Man braucht zum Glücklichsein wenig Geld, aber viel Liebe. Wir erleben einen Augenblick aus dem Reiche Gottes. Das Leben erfüllt sich hier und jetzt, auf dieser Wiese, bei diesem Brot, das wir teilen, diesem Getränk, das wir aus einer gemeinsamen Flasche trinken. Die Theologie ist überflüssig. Begriffe sind ersetzt durch Dinge, welche Symbole sind und als solche nicht reflektiert, aber in all ihrer Kraft gefühlt werden. Was ich ›Erwachsenen‹ mühsam erklären muß und vermutlich auch jetzt nicht verständlich machen kann, das ist hier bei der verrufenen ›Bunkerjugend‹ in aller Reinheit da. Von eben dieser Gruppe wird mir am Abend vor der Diskussion gesagt: »Das sind die Gefährlichen, die werden uns den Abend umfunktionieren.« Sie taten es nicht.

Das Thema der abendlichen Diskussion: ›Kirche ohne Jugend‹. Die ›Team‹-Leute sagten: »Vielleicht kommt niemand von den Jungen, das wäre nicht schlecht, da sähen die Kirchen, daß sie nicht einmal mehr zu einem Protest herausfordern.« Ich sagte: »Die kommen! Und ob die kommen!«

Sie kamen. Der Saal, ein Raum, der sozusagen als halbes Obergeschoß ins Ausstellungszelt eingebaut war, ist brechend voll. Die Luft ist an dem gewitterschwülen Tag zum Ersticken dick. Auf uns am Rednertisch sind zwölf Scheinwerfer gerichtet. Sie blenden und erhitzen. Von der Ausstellung herauf dringt die elektrisch verstärkte Popmusik. Ein Höllenlärm. Die Leitung der ›Hitfair‹ wird gebeten, mehrmals gebeten, die Lautsprecher abzustellen. Sie tut es nicht. Was geht denn sie diese Diskussion um Religion an, wo es ums Geschäft geht. Ich meine diesen Abend nicht durchhalten zu können. Nach zehn Minuten vergesse ich Lärm und Hitze.

Wir sind zu zwölft am Tisch oben: sechs Ältere, sechs Junge. Die Älteste bin ich, scheint mir, der Jüngste ist sechzehn. Unter uns Älteren sind vier Berufstheologen: der Vertreter eines katholischen Bischofs, eine schicke evangelische Pastorin, ein reformierter Geistlicher und ein altkatholischer Bischof (wenn ich's recht behielt). Dazu der Diskussionsleiter Werner Fritschi und ich. Das Thema legt nahe, zu fragen, was Kirche denn sei. Natürlich stürzen sich die Theologen sofort auf den Knochen. Es gibt Definitionen. Die Gesichter der Jungen werden immer enttäuschter. Ich greife ein. Ich vergesse alles theologische Wissen. Ich vergesse es nicht listigerweise, sondern es schmilzt mir hinweg in der andrängenden Lebenswärme dieser gutwilligen Jugend. Ich sage ungefähr dies: daß diese Jugend nach Menschen sucht, die ihnen vorleben, wie Glauben, Hoffen und Lieben eigentlich ›geht‹, das heißt, wie man denn heute nach der Lehre Jesu leben könne. Die Pastorin, die mir vorher gesagt hatte, daß sie eigentlich keine Gläubige mehr sei, jedenfalls als solche sich nicht mehr präsentieren könne, sagt: »Aber die Jugend hört ja gar nicht mehr zu, wenn man ihr Religiöses nahebringen will, wenn man, beispielsweise, jetzt zu Pfingsten über den Heiligen Geist reden will.« Einige Jugendliche rufen etwas wie: »Aufhören mit solchen Scheißklischees!« Ich rufe dagegen: »Moment! Ich will euch beweisen, daß ihr das Scheißklischee vom Heiligen Geist sehr wohl versteht und es schon in die Praxis umgesetzt habt. Bitte: daß ich, eine Angehörige der verhaßten, versauten älteren Generation, zu euch reden kann, ohne daß ihr Tomaten, Steine, Bomben nach mir werft, und daß ich euch anhöre, statt zu sagen: Ihr seid eine Bande unreifer Randalierer, die eine autoritäre Hand braucht, daß ich eure und ihr meine Sprache versteht, DAS eben ist der Heilige Geist, nämlich der Geist von Pfingsten, der macht, daß jeder jeden verstehen und anerkennen kann.« Enormer Beifall. Der katholische Theologe neben mir sagt sauer: »Sie machen es sich leicht. So erntet man natürlich billigen Beifall.« Aber ich mache es nicht mir leicht, sondern ich versuche, es den Jungen leichter zu machen, zu verstehen, was die Kirche eigentlich ist. Aber ums Leichtermachen geht es nicht, sondern ums Lebendigmachen großer Wahrheiten von archetypischer Kraft, ohne die wir nicht leben können auf die Dauer. Es geht darum, den Mut zu bekommen, ohne theologische Engführungen auszukommen, um den lebendigen, gemeinten Kern zu treffen, nach dem diese Jungen hungern. Sie wollen hören, was wahr ist, und wahr ist dies: Jesus lebte und lehrte Liebe, Gewaltlosigkeit, Unabhängigkeit vom Besitz. Das verstehen sie, darüber wollen sie etwas hören, das wollen sie leben. Meine Bunkerrebellen haben glänzende Augen.

Um zehn Uhr (o Bern!) ist Sperrstunde. Licht aus, Schluß, wir werden buchstäblich hinausgejagt. Eine Gruppe läßt mich nicht los, wir gehen noch etwas trinken. Jetzt verteidige ich die Theologie gegen die allzu rigorosen Vereinfacher. Ich bin ja keine Verräterin, und die terrible simplification mag ich nicht. Wir einigen uns auf eine Existenztheologie: ein Minimum an Lehre, ein Minimum an Kirchenstruktur, aber eine durchgängige Verwirklichung des Evangeliums bis ins eigentlich Politische hinein. Mitten im schönsten Gespräch (o Bern ...) auch hier Polizeistunde. Elf Uhr. Wir reden auf der Straße weiter. Zuletzt habe ich noch auf dem offenen Parkplatz ein Interview für Radio Bern. Ich wage meine Hoffnung auszudrücken, daß diese Jugend den Weltstil zum Bessern verändern werde. Und die Schweizer Bürger, was sagen die über ihre Jugend? »Gruusige Cheibe«, sagen sie, was zu übersetzen mir nicht gelingt. ›Gruusig‹ heißt grausig, grauslich, grauenhaft. Cheibe ist auf jeden Fall ein arges Schimpfwort. Ich hörte früher oft sagen »Cheibe-Ausländer«, es galt auch den aus Hitlerdeutschland in die Schweiz geflüchteten Juden. Die von Reportern befragten Schweizer sagen über ihre Jugend: »Die gruusige Cheib sollet zum coiffeur (Friseur).« Sie sagen auch: »Die sollen ordentlich arbeiten und was leisten, dann können sie sich was leisten. Geht's uns vielleicht schlecht in der Schweiz? Möchte wissen, was es da zu protestieren gibt.« (Hört sich an wie aus der Springer-Presse.) Freilich: viele Schweizer denken anders, nur denken sie ihre eigenen guten Gedanken ein wenig zu langsam.

Auf der Fahrt von Bern nach Zürich nehme ich einen einzeln Dahingehenden auf. Er war nicht auf der ›Hitfair‹, er kommt von zu Hause und will nie mehr dorthin zurück: seine Eltern haben seine Schwester hinausgeworfen, weil sie ihre Ferien mit einem jungen Mann verbracht hat. Aus Solidarität verließ der Bruder das Elternhaus. Er berichtet mir von einer Reihe schlimmer Fälle ähnlicher Art.

Als ich in Deutschland Bekannten von meinen Berner Erfahrungen erzählte, lächelten sie nachsichtig. Sie halten mich schon seit einiger Zeit für moralisch-politisch gefährdet. Man fragt mich mit einer Skepsis, die von vornherein die Bereitschaft zum Verstehenwollen ausschließt: »Na, was will denn diese Jugend eigentlich?« Ich sage: »Eigentlich will sie für uns alle das Glück des friedlichen Zusammenlebens.« Die Antwort: »So? Aber gerade das stört sie doch selber, indem sie angreift, demoliert...« Ich sage: »Leben wir denn friedlich und glücklich mitsammen?« An diesem Punkt bricht man das Gespräch mit Bürgern gleich welchen Landes am besten ab. Hier kann man nur sagen: Laßt die Toten ihre Toten begraben. Wer beweist mir, daß Jesus etwas ganz anderes mit diesem seinem Wort gemeint habe?

25. Juni 1971. In einer TV-Sendung über die Veröffentlichung der Vietnam-Geheimdokumente in den USA ein Gelegenheitstreffer der Kamera: eine winzige Beobach-

tung, zufällig ins Bild geraten, vom Reporter ›gesehen‹, festgehalten, ausgespielt: eine Gruppe von Leuten, die für die bedrohte Pressefreiheit demonstrieren; vor ihnen, mit dem Rücken zur Kamera, ein Polizist; die Kamera kommt näher, jetzt ist das Bild fast ganz ausgefüllt von diesem uniformierten Rücken, der sich in nichts von den Rücken aller andern nicht im Bild anwesenden Polizistenrücken unterscheidet und darum auch nicht interessiert, bis zu dem Augenblick, in dem einem auffällt (und es muß einem auffallen, weil die Kamera so lange darauf verweist, bis man aufmerkt), daß dieser Rücken vor den sich bewegenden unscharf aufgenommenen Demonstranten völlig regungslos ist; genau in diesem Augenblick geht die Kamera ein klein wenig tiefer, und jetzt nimmt man wahr, daß sich doch etwas an der Statue bewegt, nämlich der linke Ellbogen, unmerklich fast, aber doch auffallend, weil das einzige sich-Bewegende an diesem Mann. Jetzt geht die Kamera noch tiefer und hat nur mehr Gesäß, Oberschenkel, Hüfte und linke Hand im Bild, und den Schlagknüppel, der ihm vom Koppel hängt. Die vorher bemerkte kleine Bewegung des linken Ellbogens, das wird jetzt deutlich, kommt von der Bewegung der linken Hand: die fünf Finger bewegen sich, als klimperten sie beiläufig auf einem Klavier. Es sind Fingerübungen, was sie da machen. Bisweilen fallen die Finger aus ihrer Rolle und machen eine rasch zuschnappende Greifbewegung in die leere Luft. Dann kehren sie zu ihrer Etüde zurück. Der Abstand zwischen ihnen und dem Schlagknüppel beträgt schätzungsweise zwei Zentimeter.

1971. M. G., mein junger Schweizer Freund, diplomierter Fürsorger, der ebensogut Pianist von Beruf hätte werden können (er spielte schon in Konzerten), jung verheiratet, Vater eines Bübleins, religiös, er ist der erste Schweizer Wehrdienstverweigerer aus klarer Gewissensentscheidung. Er hat dafür drei Monate Gefängnis abzusitzen. Er tut es: lesend, schreibend, denkend, strickend. Er hat dort Gelegenheit, seltsame fromme pädagogische Bücher zu lesen, und er zitiert mir aus einem Religionsbuch von 1935:

»Gottfried von Bouillon, Eroberer von Jerusalem, war so stark, daß er mit einem einzigen Schwertstreich einen Menschen von oben bis unten spalten konnte. Einmal fragte man ihn, woher er seine Kraft habe. Da hob der Held seine Rechte empor und sprach: Ich bin stark, weil ich keusch bin.«

Und eine zweite Stelle. Der Jesuitenpater Roh erzählt:

»In meinen Studienjahren hörte ich einst auf einem Spaziergang einen Studenten ein unkeusches Lied singen. Das regte mich so auf, daß ich ihm einen kräftigen Rippenstoß gab. Im nächsten Augenblick lag er im Straßengraben. Am ganzen Leibe habe ich (später) viel Rheumatismus gehabt, an dem Arm aber, der jenen in den Straßengraben beförderte, noch nie.«

Zitate, die man beliebig vermehren könnte. Für Soziologen Beweis der These, daß unausgelebte Sexualität aggressiv macht. Für Verfechter des priesterlichen Zölibats Beweis dafür, daß Keuschheit kompensatorisch höhere Kräfte verleiht. In den Nazi-Ordensburgen galt ›Reinheit‹ zunächst als unabdingbar für die Zugehörigkeit zur SS-Elite. Jedermann kann jede Erfahrung so drehen, daß sie ins eigene System paßt.

5. Juli 1971. Mit René Hocke nach Latino-Lido gefahren. Wir wollen sehen, was dort wirklich geschieht. R. hatte gehört, die Carabinieri hätten dort Häuser zerstört, die ohne Baugenehmigung errichtet worden waren.

Die Situation: nahe am Meer, zwischen Anzio-Nettuno und Latino-Lido, eine kleine Siedlung. Zwischen Sand und Schilf ein mühsam halbwegs gerodetes Stück Strand. Fertige und halbfertige Häuser, nicht gerade Baracken, aber recht dilettantisch gebaut, eher Provisorien als Dauerheimstätten, das Ganze ein trister, ein häßlicher Anblick, das muß gesagt werden. Wieder ein Stück Strand versaut. Man könnte auch geplant bauen. Man könnte ums gleiche billige Geld auch eine hübsche Siedlung bauen. Man könnte ... Was man KANN, ist dies: die Stadt Latina verkaufte um teures Geld einen Küstenstreifen an die Leute und legte Wasser und Elektrizität hin. Einem normalen Verstand, vor allem einem italienischen, scheint es klar, daß damit das Land zum Bauland erklärt ist und also grundsätzlich die Bauerlaubnis besteht. Einem deutschen Verstand wäre klar, daß man zum Bau eines noch so kleinen Hauses nicht nur ein wenig Land braucht (das hat man ordnungsgemäß gekauft), sondern auch die Einzel-Baugenehmigung. Nicht so dem italienischen, denn er sieht zu viele Modelle dessen, wie man's macht. Weil es anders einfach nicht geht. Wer nämlich um eine Genehmigung einkommt, der muß drei, fünf, sechs Jahre warten. Es sei denn, er könne mit Geld oder Macht nachhelfen. So kommt es, daß ein wenig weiter südlich den Strand entlang große Häuser, meist Hotels stehen, ohne Genehmigung gebaut, wie die Leute sagen. So kommt es, daß auch die ärmeren Leute ohne Genehmigung bauen. Aber dann kommt es, daß die reichen Leute die ärmeren anzeigen und sie des Delikts bezichtigen, das sie selber begingen. Sie zeigen an, damit sie jenes Land erhalten, auf dem die Ärmeren, da widerrechtlich bauend, nicht weiterbauen dürfen und billig verkaufen müssen, das Land, das inzwischen von den Ärmeren in Ordnung gebracht worden ist, mit Rodung und auf eigene Kosten gebauten Straßen. Die Reichen werden nicht bestraft, und das wissen sie.

Die Wirklichkeit in Latino-Lido sieht so aus: Jahrelang sagte niemand etwas gegen das Bauen der kleinen Leute. Bis reiche Leute (ich glaube, es ist ein einziger Mann) jene Hotels bauten (ohne Genehmigung, aber der Stadt Latino ein Anheben des Fremdenverkehrs verheißend, das bedeutet: Geld).

Und nun geschah dies: Nach einigen Verhandlungen zwischen Stadt und ärmeren Siedlern kamen eines Tages, wochentags, als alle Männer bei der Arbeit fort waren, fünfzig Carabinieri mit zwei großen Bulldozern und einer Schar von jugoslawischen Flüchtlingen aus dem nahen Lager; die Meute stürzte sich auf die zwei nächstliegenden Häuser, trug die Möbel und die schreienden Frauen und Kinder auf den Strand und fuhr mit den Bulldozern auf die Häuser zu, die alsbald einstürzten. Die Jugoslawen zerschlugen polizei-auftragsgemäß alles, was noch stehengeblieben war. Dann zogen sie wieder ab, hinterließen aber die amtliche Drohung, bald wiederzukommen, dann aber mit fünfhundert Carabinieri und der entsprechenden Zahl von Helfern.

Die Trümmer der beiden Häuser bilden einen schwachen Hügel. Auf dem Hügel, aus zwei heil gebliebenen Balken gefügt, ein großes Kreuz, daneben Stangen mit beschrifteten Brettern. »Die italienische Demokratie versprach aufzubauen, aber sie zerstört.« – »Hier ruht das Gesetz, das uns Arbeit und Wohnung zu verschaffen versprach.« Dazu die italienische Flagge. Daneben ein Hakenkreuz. Und zwei Tafeln, auf denen nur steht: Golgata.

Das Ganze sehr eindrucksvoll. Ein Bühnenbild für Peter Weiss. Die Italiener machen so etwas begabt. Es bereitet ihnen eine solche Lust, daß sie darüber für eine Weile die ganze Misere vergessen. Sie sind ein genuin künstlerisches Volk. Auch haben sie die große (und mit ihrer künstlerischen Begabung zusammenhängende) Fähigkeit, daß sie zwischen dem Schrecken von vorher und der Angst vor dem Kommenden eine Pause einlegen können: es ist Sonntag, die Sonne scheint, das Meer ist ruhig und blau und warm, man hat zu essen und zu trinken, und es ist schön, etwas Aufregendes zu erleben, in der Presse groß erwähnt und jetzt von zwei ausländischen Journalisten besucht zu sein. Wir bekommen alle Hin-und-Her-Dokumente der Affäre gezeigt, disputieren mit Männern und Frauen und werden dann zum Mittagessen eingeladen von einem vielköpfigen Familien-

Clan. Alle sind ungemein heiter. Es gibt kein Morgen. Jetzt ist jetzt und ist gut.

Aber René und ich können das nicht so, uns wurmt die Sache, wir wollen darüber reden. Wir erfahren, daß die Leute sich zu einer Notgemeinschaft zusammengeschlossen haben, daß sie ein Telegramm an den Staatspräsidenten schickten (der zurücktelegrafierte, er sei dafür nicht zuständig . . .), daß von keiner Partei jemand sich habe blicken lassen, nicht einmal von der kommunistischen, die doch hier etwas zu sagen hätte, daß aber schließlich ein paar Faschisten kamen – was die Leute so kommentierten: »Das wollen die zum Stimmenfangen benutzen. Jetzt versprechen sie uns Hilfe, dann tun sie nichts, und wir hätten sie umsonst gewählt, nein, daraus wird nichts!« Plötzlich, nach vier, fünf Gläsern Wein, springt der jüngste der Männer auf und schreit: »Wenn sie wiederkommen, die Carabinieri, dann schieße ich.« Wir sagen ihm, daß dies das Dümmste wäre, was er tun könnte, er käme ins Gefängnis und hätte der Sache nicht gedient. »Doch, ich schieß'!« schreit er. Ich versuche ihn die Methode der Gewaltlosigkeit zu lehren, ich erzähle von Indien und Ghandis Protestmarsch zu den Salzlagern, die von den englischen Kolonialherren besetzt und ausgebeutet wurden, und daß Ghandi seinen Leuten verboten hatte, sich gegen die englische Polizei zu wehren. Und er hatte Erfolg. »Sollen wir einen Protestmarsch nach Rom machen?« fragt der Mann. Ich sage, ich würde etwas anderes tun: alle Leute der Umgebung in Alarmbereitschaft setzen, vor allem die Frauen mit kleinen Kindern, so daß viele, Hunderte, sich sofort hierher auf den Weg machen, sobald die Carabinieri anrücken. Dann sollen sie sich auf die Straßen setzen, einer dicht neben den anderen, die Frauen mit den Kindern in die vordere Front, und da sitzen bleiben, stur, schweigend. Werden sie an einer Stelle verjagt, so sind sie an einer anderen wieder da. Ich werde auch kommen auf telefonischen Anruf. Ich werde auch andere, Deutsche und Italiener, anwerben.

Nachtrag: Bis jetzt hüteten sich Stadtrat und Carabinieri, die Siedlung noch einmal zu überfallen.

August 1971. In der Schweiz regt man sich auf, weil Don Helder Camara in einer Rede dort gesagt hat (er war eingeladen von der katholischen Arbeiter- und Angestellten-bewegung):

»In euren Banken gibt es verschlüsselte Guthaben von einigen Reichen aus armen Ländern. Seid ihr euch dessen bewußt, daß an diesem Geld Tränen kleben und Schweiß und Blut der breiten Massen in den unterentwickelten Ländern, die durch einige eurer geachteten Kunden dazu verurteilt werden, unter menschenunwürdigen Bedingungen zu leben?«

Die Rüge der Schweizer Finanz- und Kaufleute artikulierte sich in der NZZ. Die Rede sei »eine leider zu sehr an Trivialvorstellungen orientierte Analyse des Gegensatzes zwischen reichen und armen Ländern«.

Diese Leute sollten einmal die Rede Helder Camaras vergleichen mit dem Evangelium. Auch dort finden sich diese Trivialvorstellungen, sogar naiv-massiv: »Leichter geht ein Kamel durch ein Nadelöhr als ein Reicher in den Himmel.«

Der Berner ›Bund‹ nennt die Rede des südamerikanischen Erzbischofs eine »Einmischung in Schweizer Verhältnisse«. Es gibt in der Schweiz laut Presse einen Herrn von Wartburg, der Korrespondent der Zeitung ›O Cruzeiro‹ ist und der sich beeilt zu versichern, daß der brasilianische Presseverband gegen Helder Camaras falsche Darstellung der brasilianischen Verhältnisse protestiere. Ein Teil der merkantilen Schweizer befand, Helder Camara habe gegen den Schweizer Bundesratsbeschluß von 1948 verstoßen, in dem gesagt ist, daß Ausländern das Reden in der Schweiz verboten sei, wenn das in der Rede Gesagte »Ruhe und Ordnung stören, die Sicherheit gefährden könne und eine Einmischung in innerschweizerische Angelegenheiten darstelle«.

Ein Teil der Schweizer, Gott sei Dank, protestiert gegen den Protest, vor allem die Sozialdemokraten, die nicht nur aus formaljuristischen Gründen für die Redefreiheit Helder Camaras eintreten, sondern seine Rede auch inhaltlich beherzigt wissen wollen.

August 1971. Einladung zu einer Diskussion mit Deutschen, die in einer Ferienkolonie in Italien zusammenleben. Ich schlage als Thema das vor, womit ich zur Zeit (und schon lange) intensiv befaßt bin: die Armut. Ich kleide das, was ich sagen will, in einen historischen Vortrag: die Armutsbewegung im frühen Mittelalter und Franz von Assisi. Mich interessiert nicht die Historie an sich, sondern die Ähnlichkeit vieler Ideen und Situationen des 12. und 13. Jahrhunderts mit den unseren, und schon ist die Sache aktuell, schon kann sie nicht mehr einfach angehört werden wie etwas, das vor sieben Jahrhunderten war und vorbei ist, schon berührt sie empfindliche Stellen von heute. Den Kreis, mit dem ich spreche, kenne ich überhaupt nicht; man sagt mir kurz vorher, daß es »fromme Christen« seien. Aber ich spüre in den ersten fünf Minuten: das ist nicht meine Welt, das ist die Gegenwelt. Das Thema Armut ist nicht das, worüber man reden möchte. Worte, die nun einmal das Wort Armut nach sich zieht, Worte wie Sozialismus, Kirche der Armen, arme Kirche, soziales Gewissen, das sind Alarm-Worte, Stör-Worte, Stich-Worte. Man hört sich freilich das, was ich sage, höflich an, aber ich spüre, wie man emsig Mäuerchen baut, Schutzmäuerchen. Was soll uns die Frage, wie wir das denn unter einen Hut, unter ein Gewissen bringen: Franz von Assisi als Heiligen verehren und dennoch immer mehr sparen kaufen bauen wollen. Schon kommen die erwarteten Phrasen: was geht das uns an, wir sind doch alles Mittelständler, wir haben nur, was wir brauchen (oh, wirklich?), wir verdienen es sauer (mag stimmen, stimmt bei mir auch), und ›arm sein‹ heißt (jetzt kommt es so sicher wie das Amen im Credo): ›Haben als hätte man nicht‹, das heißt doch nicht, keinen Besitz haben, sondern: nicht am Besitz hängen. Und überhaupt: Wo steht denn, daß es unerlaubt sei, Besitz zu haben? Die Sache mit dem reichen Jüngling, das ist doch nichts, was verallgemeinert werden kann; dieser Jüngling wollte etwas Besonderes, etwa so, als wolle er heute zu den Leprakranken gehen; bitte, Armut ist eine Berufung, wer sie nicht hat, von dem kann sie nicht erwartet und schon gar nicht gefordert werden ... Kurzum: man zeiht mich glatt eines allzu radikalen und darum verkehrten Verständnisses des Evangeliums, das doch eine Heilslehre für alle sei, nicht nur für religiöse Heroen. Man bleibe doch mit den Füßen auf der guten Erde, sagt einer, und sei dankbar für sein bißchen Besitz und genieße ihn. Das sei auch eine Art, Gott zu loben.

Ich sehe nicht jeden einzelnen Sprecher, ich sehe vielmehr beinahe niemanden. Wir sitzen im Freien, in einem Park, es wird dunkel, auf den Tischen brennen einige romantische Windlichter, aber ihr Schein erreicht die meisten nicht, so habe ich schließlich die Vorstellung, nicht mit Menschen, sondern mit einer einhelligen Anonymität mich zu schlagen, mit einer Gegenwelt, die allen Anschein der Vernünftigkeit, der Solidität, der staaterhaltenden Christlichkeit für sich hat, während ich mir vorkommen muß wie eine allseits unbrauchbare Phantastin, eine von diesen der evangelischen Utopie verfallenen Links-Katholiken, die bedenklich nahe einerseits am Kommunismus, andrerseits am Sektierertum sind, ich höre beides im Dunkeln sagen. Und so fühle ich mich denn zuletzt wie auf einer Eisscholle abtreiben, von einem Strom hinweggetragen, immer weiter und weiter.

Mir ist noch jetzt, Tage danach, wirr zumute. Man erscheint doch sehr bald als Narr, wenn man wagt, ans bürgerlich-gute christliche Gewissen zu rühren. Das Schreckliche ist:

daß diese Leute durchaus gerechtfertigt von dannen gehen und gar nicht begreifen, wie sie lügen, wenn sie sagen, sie »besitzen, als besäßen sie nicht«. Wäre es so, warum schreien sie dann Zeter und Mordio, wenn man vor ihnen auch nur eine Andeutung macht, daß Industrie und Großkapital sozialisiert werden müssen? Wie sie an ihrem Besitz hängen (der gar nicht einmal sozialisiert würde)! Wie sie böse und klein und bissig werden, wenn man ihnen den großen Fleischbrocken aus dem Maul nehmen will, um ihn an Hungrige zu verteilen! Bisweilen freue ich mich auf das ›Gericht im Jenseits‹. Um der Gerechtigkeit willen MUSS es dies geben.

August 1971. Tage der tiefen Traurigkeit. Nichts ist geschehen, was sie rechtfertigte. Nichts Neues jedenfalls. Die alten Narben tun immer weh. Das bin ich gewöhnt. Aber die Traurigkeit dieser Woche ist tiefer als die gewöhnliche. Die schöne Welt der römischen Campagna liegt vor mir, entfärbt nicht von der überhellen Augustsonne, sondern wie unter einer Sonnenfinsternis, wenn alles eine bleigraue kalte Totenfarbe annimmt. Saturnisches Blei. Und die Augusthitze ist plötzlich kalt wie vom Einbruch eines Eiswinds aus einem andern Weltzeitalter. Campagna, Hügel, Weinberge, Garten – die Welt verengt sich immer mehr, jetzt ist sie nur mehr ein schmales Stück Schreibtischplatte. Das also ist meine Welt. Das ist geblieben von der Fülle. Das nackte Holz, die trockene Forderung des Tags, mein zugeschnürtes Herz. Heute brauche ich eigentlich nichts zu arbeiten, nichts zu leisten. Daß ich überlebe, das ist das Tagespensum. Es gibt kein schwereres.

August 1971. Ein Telefonanruf aus Rom: ein mir unbekannter Ordensoberer fragt, ob einer seiner Patres mich besuchen dürfe, es sei wichtig, der Pater habe meine Arbeit über ›Zölibat und Frau‹ gelesen und müsse mit mir sprechen. Nun gut, er soll kommen, ich mache eine Verabredung für nachmittags 4 Uhr, ich beschreibe den Weg, der so schwer zu finden ist, daß sich bisher noch alle meine Besucher beim ersten Male verirrten und mich dann vom Ort aus kläglich anriefen, damit ich sie abholen käme.

Um halb vier steht vor meiner Haustür (nicht vor dem Gartentor) ein kleiner langbärtiger, lang- und dunkelhaariger, magerer, vielmehr ›drahtiger‹ Franziskaner in der Kutte. An seiner Seite mein Hund, der ihn gegen alle Gewohnheit nicht verbellte, sondern lautlos eingelassen und ihn freundlich wedelnd zum Haus geführt hatte. Franz von Assisi mit dem Wolf von Gubbio ... Der Tag ist heiß, ich biete dem Franziskaner (er ist eigentlich Kapuziner) Cinzano an. Was ist Cinzano? fragt er. Ich sage: Wermut. Er trinkt einen kleinen Schluck, berührt aber dann das Glas nicht mehr. Später sagt er, daß er nie Alkohol trinke, so wie er nie Fleisch esse. Er hat dunkle Augen, die manchmal sanft sind, manchmal aber eine strahlende Härte haben.

Ich weiß noch nicht, was er von mir will. Er sagt, um zu verstehen, warum er auch im Auftrag seiner Mitbrüder zu mir kam, müsse er mir seine Lebensgeschichte erzählen. Er fragt, wieviel Zeit ich für ihn habe. Da ich selber gehemmt bin, wenn man mir für irgend etwas eine Frist setzt, sage ich: »Soviel Sie brauchen.« Ein unvorsichtiges Wort: Er braucht an diesem Tag fünf Stunden und ist danach noch nicht zu Ende. Er kommt einige Tage darauf noch einmal. In mehr als sieben Stunden erfahre ich seine Lebensgeschichte. In aller Kürze erzählt: Er ist Flame und also vom Schicksal der nationalen und heute noch unterdrückten Minderheit her ein Geschlagener, ein in demütiger zäher Geduld Erzogener. Dazu ein Kind der Armut. Nicht genug: die Mutter starb ihm, er bekam eine Stiefmutter, die, wie im Märchen, nur ihr eigenes Kind liebte, den Jungen aus der ersten Ehe ihres Mannes aber so ausdrücklich nicht mochte, daß er, fünfzehnjährig, davonlief. Ein junger Priester brachte ihn mit Zirkusleuten zusammen, und er lernte Akrobatik. Aber er wollte Priester werden. So bat er eines Tages um Aufnahme ins Priesterseminar. Er war jedoch achtzehn, und der Wehrdienst stand bevor. Den aber verweigerte er aus religiösen Gründen. So kam er statt ins Seminar ins Gefängnis, für drei Monate. Danach war's aus mit dem Seminar. Niemand nahm den ›Vorbestraften‹. Nun arbeitete er in einem Waisenhaus und tat dort alle Arten von Arbeit, bis ein Arzt seine Fähigkeit zur Heilmassage entdeckte, ihn ausbilden ließ und anstellte. Er massierte auch Frauen und lernte sie kennen, er mochte sie gern, aber nur als Schwestern, bis er eines Tages im Asyl, in dem er nebenher unbezahlt weiterarbeitete, ein Mädchen traf, das ebenfalls unentgeltlich dort arbeitete. (Er zog ihr Foto aus seiner Mappe: ein schönes, strahlend reines Gesicht.) Liebe auf den ersten Blick. Das Mädchen war als Freidenkerin erzogen und wußte rein nichts von alldem, was ihm, dem frommen Katholiken und künftigen Priestermönch, lebenswichtig war. Sie wollte es wissen, zuerst aus Liebe zu ihm, dann aber aus wirklich religiösem Interesse. Bald darauf und mit erstaunlich gründlichem Wissen konvertierte sie zur katholischen Kirche. Nachdem er noch zweimal wegen Wehrdienstverweigerung im Gefängnis gewesen war, heirateten sie. Jener Priester, der ihn zum Zirkus gebracht hatte, wollte eine große feierliche Hochzeit richten. Es sollte eine Überraschung für sie sein. Da sie beide all ihr Geld den Armen schenkten, hatten sie keines, um sich Hochzeitskleider zu kaufen. So gingen sie in sauber gewaschener Arbeitskleidung zur Trauung. Die Ehe wurde, sagt er, wundervoll. Nur blieb sie kinderlos, obgleich sie beide, wie er sagt, sich auch mit dem Leibe ganz und gar verstanden. »Meine Frau hatte einen so wunderschönen weißen Leib«, sagt er andächtig. Sie hielten ein offenes Haus, ein ›Haus Nazareth‹: sie hatten kein Privateigentum, sie teilten alles mit allen, die kamen, und es kamen viele und immer noch mehr. Tagsüber arbeitete er als Masseur, in den freien Stunden im Waisenhaus, wo auch seine Frau tagsüber arbeitete. Abends waren sie für die andern da. Einmal machten sie zu Fuß, einen kleinen Planwagen ziehend, eine Pilgerreise nach Rom und über Spanien wieder zurück nach Flandern. Während dieser sechs Monate schliefen sie nicht miteinander. Nach elf Jahren entdeckte man, daß die Frau Brustkrebs fortgeschrittenen Stadiums hatte. Sie wollte keine Operation. Er pflegte sie zu Hause. Sie starb glücklich. Er brach zusammen. Dann bat er wieder um Aufnahme ins Priesterseminar. Man nahm ihn zögernd. Er mußte studieren. Er tat es nach Kräften, aber es fiel ihm, weil nicht gewöhnt, schwer. Von den Mitbrüdern und Oberen mochten ihn viele nicht, er war so anders als alle andern. Sie ließen ihn bei der ersten großen Prüfung durchfallen und verekelten ihm das Bleiben. Sein Plan, Priester zu werden, schien endgültig vereitelt. Er war verzweifelt und dem Sterben nahe. Da fand er einen italienischen Konvent, der ihn aufnahm. Wenn er zum Priester geweiht wird, wird er 58 Jahre alt sein. Er will Seelsorger sein, und zwar für Frauen und Mädchen. Er kennt und liebt sie. Er ist streng keusch, aber er sagt, Seelsorger müßten den Frauen Zärtlichkeit geben. Er kritisiert an meiner Arbeit ›Zölibat und Frau‹, daß ich dort sage, ich sei gegen den Pflichtzölibat und für die Priesterehe, aber auch, daß ein Priester, der wirklich zölibatär sei und sein will, aus Gründen der Vernunft im Hinblick auf die Stärke des Geschlechtstriebs körperliche Zärtlichkeiten vermeiden sollte. Er sagt, das sei falsch, er wisse, daß körperliche und seelische Krankheiten bei Frauen sehr oft aus dem Mangel an körperlicher Zärtlichkeit kommen. Es ist schon recht ungewöhnlich, wenn ein Mönch, der ganz gewiß sein Keuschheitsgelübde hält, derlei sagt, ungewöhnlich in unserer Zeit, in der die sexuelle Freiheit zum Zwang wird.

Der Kapuziner zeigt mir Fotos und Briefe von Mädchen, die ihm schrieben, er sei der erste Mensch, der gut zu ihnen sei, der ihnen ein wenig Zärtlichkeit gab, der sie von dem oder jenem Komplex befreite und den sie als Vater verehren, obgleich er so gar nichts von einem Vater hat, vor allem keinen Autoritätsanspruch.

Und was will er von mir? Was wollen seine Mitbrüder von mir? Ich soll eine Arbeit schreiben darüber, wie man künftige Priester zu einem richtigen körperlich-seelischen Verhalten zur Frau erziehe. Ich sage ihm, daß ich mich dazu im Augenblick außerstande sehe. Er sagt freundlich: »Ich muß immer sehr lange warten, bis meine Wünsche sich erfüllen.« Er sagt es so heiter und liebevoll, daß es mir leid tut, ihm den Wunsch nicht augenblicklich zu erfüllen.

Ich habe niemals vorher einen Menschen getroffen, der so bis in seinen Seelengrund hinunter heiter gestillt war wie dieser kleine Mönch.

P.S. Heute, 25. Februar, erhalte ich die Nachricht, daß er am 11. März seine Priesterweihe und am 12. März seine erste Messe feiere. So ist er denn angekommen.

IRLAND

September 1971. Das Flugzeug nimmt nicht den direkten Weg Rom–Dublin, es hat eine Zwischenlandung in Lourdes. Seltsam, denke ich. Ich wundere mich nur so lange, bis ich sehe, daß in Lourdes das Flugzeug sich leert: alle Italiener, die mit uns flogen, sind Lourdespilger. Und alle, die einsteigen, sind Iren und ebenfalls Lourdespilger. Was für sonderbares Gepäck bringen sie denn mit? Wie die Bernhardinerhunde tragen sie an Riemen um den Hals oder über Schulter und Hüfte Fäßchen und Flaschen, aus Plastik meist, und viele schleppen auch noch Kanister. Lourdeswasser natürlich. Wasser aus der Quelle, die im vorigen Jahrhundert dort entsprang, wo Bernadette auf Geheiß der Madonna im Kies gegraben hat. Das wunderwirkende Wasser.

Neben uns auf dem dritten Sitz eine ältere Frau, sie hält ihren Kanister zwischen den Knien, und beim Abflug schlägt sie ein großes Kreuz, faltet die Hände und betet. Es ist ihr ganz egal, ob jemand sich darüber wundert oder ärgert. Auf der andern Seite ein junger Mann tut das gleiche. Alle tun es. Mir nötigt das Respekt ab. Es geschieht so still selbstverständlich und so ganz ohne Provokation, daß es einen dazu bringt zu denken, so und nicht anders müsse man leben. Mich, die geborene Katholikin aus Oberbayern, heimelt das an, aber mich, die Intellektuelle (wie man so sagt), zwingt es zu widersprechenden politischen Reflexionen; doch bringe ich beides leicht zusammen.

Nachher erweist sich die fromme Irin als eine lustige, witzige Person, die uns erzählt, wo in Dublin man essen muß, wo man echt irisches Leben sieht und was sie über den nordirisch-englischen Konflikt denkt. Sie sagt schlicht: die IRA hat angefangen mit der Gewaltanwendung, aber England läßt den Katholiken dort keine andere Wahl. Einen Ausweg weiß sie auch nicht. Wo es keinen Ausweg zu geben scheint, beginnt die Hoffnung. Nicht alle Iren, nicht alle Polen glauben an politische Wunder. Die Polen haben ihr eigenes Lourdes: Tschenstochau. Mich wundert, daß die Iren keins haben.

Die Frau sagt uns, es gebe ein irisches Sprichwort, an das wir denken sollten, wenn wir etwas in Irland nicht verstünden: »In Ireland the inevitable never happens, and the impossible constantly occurs.«

Die ›grüne Insel‹: schon die Stewardessen im Flugzeug verheißen das Grün, sie tragen knallgrüne Uniformen und knallgrüne Mützchen und knallgrüne Strümpfe, sie erinnern an Frösche in stark kolorierten Kinderbüchern. Das Grün der Insel ist anders: sanfter, freundlicher, demütiger, trauriger. Und der Klee, der auf irischen Wiesen wächst, ist nicht vierblättrig wie überall auf den Dingen, die man für die Fremden macht aus irischem Leinen: Tischdecken, Servietten, Taschentücher. Alles mit vierblättrigem Klee bestickt. Den Iren hat ihr Glücksklee nie Glück gebracht. Was man so Glück nennt, das Geld, den Wohlstand, das mußten sie anderswo suchen, weit weg, in Amerika. Die Iren sind Auswanderer aus Hunger, und keine Abenteurer, auch keine von der bürgerlichen Gesellschaft Ausgestoßenen. Der in Amerika gestillte Hunger macht freilich den in Irland verbliebenen nicht geringer. Es fehlt nicht an Land, eher an Menschen, aber vor allem an Initiative und an Geld. Rund fünfhundert Jahre englischer Herrschaft, will sagen Unterdrückung, haben Irlands Kraft gebrochen. Es schleppt sich so dahin mit landwirtschaftlichen Mittel- und Kleinbetrieben. Man müßte Kolchosen machen. Aber vielleicht würden sich die Iren genauso dagegen sträuben wie die Polen. Sollte der Katholizismus konservativer Prägung doch ein Hindernis für die wirtschaftliche Sozialisierung sein? Ist die Angst vor der sozialistischen, vielmehr marxistischen Ideologie der Hemmschuh für die konkrete Verbesserung der irischen Lage? Oder ist es die Leid-Erfahrung viel unterdrückter Völker, die sie alle Neuerungen für Rauch im Wind, für letztlich doch nur wieder den so oder so Privilegierten nützend betrachten läßt? Wurde schon einmal über die Ähnlichkeiten von Polen und Iren geschrieben? Lebte ich in Irland, würden sich in mir zunächst alle revolutionären sozialen Instinkte und Erfahrungen empören. Aber dann, so nach und nach, würde vielleicht auch ich dem unerlaubten Zauber des sanft und demütig ertragenen Leidens erliegen wie alle Iren und alle Ausländer, die lange hier leben. Wozu reicher werden, wenn Reichtum nicht glücklicher macht, erwiesenermaßen, und wenn Reichtum den Himmel versperrt? Man sieht: Irland ist ein gefährliches Land.

Dublin. Im Reisebüro suche ich nach Ausflugsmöglichkeiten für einen Tag, länger habe ich nicht Zeit. Ich wähle aus den vorgeschlagenen Busrouten: Dublin, Wicklow, Glendalough. Es gibt andere: Kildare, Athy, Kilkany. Oder: Tipperary, Limerick, Kallarney. Ich bin entzückt. Es gibt also wirklich eine Stadt und Provinz, die Tipperary heißt! Als ich zweiundzwanzig war und im Freiwilligen Arbeitsdienst (dem vor-hitlerischen), da sangen wir: »It's a long long way to Tipperary . . .« Es waren Leute aus einer Berliner KP-Kommune, die es uns beigebracht hatten. Und Limerick, das ist keine Sprach-Phantasiestadt, sondern liegt, mit einem wirklichen Bus erreichbar, an einer Bucht der Westküste, nahe beim ganz wirklichen Shannon-Airport. »Will you come up to Limerick«, so begannen die alten Scherzgedichte, die im Volk umgingen wie bei uns in Oberbayern die ›Schnadahüpfl‹. Und aus diesen volkstümlichen Versen wurde dann mit Hilfe eines Engländers namens Eduard Lee der literaturfähige Limerick, der Nonsens-Vers mit dem festen Reim- und Rhythmus-Schema. Über die Landkarte von Irland gebeugt, mit dem Finger auf dem Punkt, der Limerick heißt, muß ich laut lachen, denn mir fällt einer der witzigsten Limericks ein:

> There was a young Lady of Riga
> Who rode with a smile on a tiger
> They returned from the ride
> With the Lady inside
> And the smile on the face of the tiger.

Die Leute im Reisebüro schauen erstaunt auf mich, die da ganz allein für sich ungeniert laut lacht. Ein Herr fragt mich auf Amerikanisch, warum ich lache. Ich sage ihm den Vers, er findet ihn albern, aber die Mädchen an den Schaltern schluchzen vor Lachen. Vielleicht trägt mein Akzent zu ihrer Erheiterung bei.

Nachher, im Hotel, suche ich mir aus den Prospekten Phantasiereisen aus und schiebe die Orte hierhin und dorthin, bis sie mir passen. Da gibt es denn folgende Route:

> ballyboffy cavan trim
> larne dalkey bray
> tramor lismor drumshanbo
> glommel callan knock.

Wenn das kein Kinderauszählvers ist!
Und dies der Anfang einer Ballade in Gälisch:

> ormagh armagh avoca
> athy tulow gorny gort
> donegal meath monaghan
> limavady mayo down.

Und dies ein Protestsong:

> cashel callan cahir kells
> carickmacroos kinsale cork
> coleraine kilrush naas
> eniskillen roscommon!

All diese Worte sind Ortsnamen. Freilich weiß ich nicht, wie man sie ausspricht. Unser Tagungsort war Dun Loghaire, ich sprach es ›Danloghär‹ aus, aber es mußte heißen: Danliri. Wer konnte das ahnen. Und wie mag man wohl so etwas

aussprechen: Ballyheigne, Cahirciveen, Graignenamanagh?!
Mir kommt (ohne jede Rücksicht auf die Theorien andrer
Leute, Fachleute) der ehrenwerte Verdacht, daß Dichten heißt:
auf eine Sprache zurückgreifen, die VOR jeder Wortsprache
war: trommeln, zischen, klopfen, klatschen, stampfen, ras-
seln, summen, hauchen, brummen – das sind die Konsonanten, und dazwischen die Vokale: Ausrufe der Freude, der
Angst, der Angriffslust, des Schmerzes. Die rhythmisch an-
sprechende, die ›musikalische‹ Anordnung von Konsonanten
und Vokalen, DAS ist Dichtung. Ich dichte sogleich ein Wiegenlied, das beginnt so: sumlebay, dromelay, drota frota
wil...
Man sieht: Irlands heimliche Verrücktheit ist ansteckend.
Vier Monate später beim Abschreiben der Notizen begreife
ich ganz und gar, was ich vorher schon zu wissen glaubte:
daß Joyce, aufwachsend mit dem Gälischen (das er haß-
liebte) und mit dem Englischen (das er liebte) verrückt danach
werden mußte, mit der Sprache zu arbeiten. Es bot sich ihm
ein Instrumentarium an, das alles enthält, womit man Sprach-
musik machen kann: alte Perkussion (Knock, Kells, Cork),
Lauten und Harfen (Limavady, Avoca), Flöten und Oboen
(Tralee, Tulow, Gorey), Querpfeifen (Kilkee, Birr, Trim)...
Aus einer Sprache, die solche Ortsnamen schafft, mußten ja
Sätze werden wie dieser: »Bronze by gold heard the hoofirons,
steelyringing...«, oder solche wie aus dem Kapitel in der
Mabbotstraße (›Ulysses‹); wo nicht etwa nur der Idiot auf
eine Frage der Kinder nach dem ›großen Licht‹ antwortet mit
dem irren Wort ›Ghaghest‹, sondern auch Boylan sagt:
»Gublasruck brukrachkrasch« (unübersetzbar, da erfundene
Wörter), und der Wasserfall murmelt: »Poulaphouca, phou-
caphouca...« Und bei dem andern Iren, Yeats, werden
daraus Verse, wie dieser: »... on their own feet they came,
or on shipboard, camel-back, ass-back, mule-back, old civi-
lisations put the sword... when seawind swept the cor-
ner...«
Ich bin behext von Irland. Und dabei war ich nur acht Tage

dort. Freilich: vorher lebte ich schon lange dort – mit Joyce und Yeats. Ich habe den Verdacht, daß Irland eine einheimische Provinz meiner Person-Landschaft ist.

In einem echt Dubliner Restaurant. Es ist klein, dunkel, gemütlich, höhlenhaft. Ein einziger Kellner bedient, ein mageres Bürschchen, fast ein Kind noch, er gleicht einem hungrigen Hund, der Anschluß sucht, aber vor jeder Annäherung zurückweicht. Unser Gastgeber, ein Deutscher, der schon einige Zeit in Irland lebt und bekannt ist im Lokal, bestellt, was man hier eben ißt und was nicht teuer ist: Austern, geräucherten Lachs (nicht aus Dosen), Brot (brownbread), Butter. Der Junge hört mit schief geneigtem Kopfe zu und springt dann davon. Hinaus aus dem Lokal. Eine lange Weile später ist er wieder da, bringt aber nichts mit. Wir haben Hunger. Wenn wir wenigstens Brot bekämen! Jaja, sagt der Junge und verschwindet wiederum. Das Brot kommt nicht, die Austern kommen nicht, nichts kommt. Irgendwann jedoch kommt plötzlich das Ingwerbier. Einer von uns ruft dem Jungen ärgerlich zu: »Die Austern sind wohl noch im Meer, was?« Der Kleine erschrickt und wird zur Verkörperung des schlechten Gewissens. »Hast du die Bestellung vergessen?« fragt ein andrer. Der Junge schüttelt tief traurig den Kopf und blickt zu Boden. Der Gastgeber legt ihm tröstend die Hand auf die Schulter: »Macht nichts, nimm's nicht tragisch.« Der Junge schaut zu ihm auf ganz wie ein Straßenhund, der statt des erwarteten gewohnten Fußtritts einen Knochen bekommt. Plötzlich rennt er davon, wohin wohl. Als er schließlich wiederkommt, bringt er zwar nicht die Austern, aber viele Portionen Lachs, mehr als bestellt. Und Brot? Er rennt wieder davon. Und jetzt bringt er auch die Austern, viel mehr als bestellt ... Ein Geschäftstrick? Aber nein, nein. Der Junge, atemlos, sagt leise: »Ich habe die Austern von der ... straße geholt, da gibt's die besten, Herr, und für Sie wollte ich ganz frische haben.« Die genannte Straße ist weit weg, sagt der Gastgeber. Weit ist der

Kleine also gelaufen, und wurde dafür gescholten. Der Gastgeber streicht ihm übers Haar. »Danke, Herr«, sagt der Junge und zerschmilzt unter der Liebkosung.

Müßte ich in Irland leben, verkäme ich still und leise, ich würde es nicht merken. Ich bin schon angesteckt vom »Todesduft aus den irischen Gärten«. Die Luft ist feucht und weich, die Menschen sind sanft und demütig, sie reden langsam und freundlich, es eilt ihnen mit nichts, sie mögen nicht über das reden, was im Norden des Landes geschieht. Die jungen Leute sitzen still auf dem Straßenpflaster der Graftonstreet, Langhaarige, höflich und artig auf unsere Fragen antwortend. Junge Deutsche, die längere Zeit beruflich in Irland leben, werden zu liebreichen sanften Säufern mit einem Schuß von Verrücktheit.

Ich will in ein ›echt irisches‹ Lokal, in einen Pub. Vorne ist eine Bar, in der man etwas trinkt. Im Lokal dahinter braucht man nichts zu trinken, da sitzt man nur herum, sofern man einen Platz findet, man sitzt so eng, daß ein Betrunkener nicht einmal unter den Tisch fallen könnte, einer hält den andern, einer spielt Gitarre, einige singen, die meisten schweigen. An der Tür sitzt ein Krüppel im Rollstuhl, er trinkt ein Bier und schaut stumm und schmerzlich zufrieden vor sich hin.

R. H. blieb draußen an der Bar; der Deutsche, der uns herführte, ist verschwunden, ich bin allein unter Iren. Ich finde einen Hocker und sitze nun da und entfalle mir Stück um Stück. Ist ja alles gleichgültig, es muß ja gar nichts geschehen, wozu arbeiten, hiersitzen ist genug, Menschen um sich, ein Meer von Menschenwärme, und warten auf nichts oder auf ein Wunder, ist ja das gleiche . . . Hier wird keine Revolution ausgeheckt, hier wird einfach überlebt, das ist schon viel, schon genug hierzuland.

Beim Heimgehen nachts sehe ich betrunkene junge Mädchen, Arm in Arm, lallend und schwankend.

Am Morgen sind die Kirchen voll, auch von jungen Leuten.

Niemand predigt die Auflehnung und die Tat. Man hat so viel Geschichte erfahren, und alles ging immer schlecht aus.

»Ein von Priestern geknechtetes, gottverlassenes Volk«, sagt Vater Dädalus. Frau Riardon, die fromme ›Dante‹, erwidert: »Die wahren Freunde Irlands waren immer die Priester.« Aber jetzt haut Herr Casey mit der Faust auf den Tisch und schreit: »Verrieten uns etwa die irischen Bischöfe nicht zur Zeit der Union, als Bischof Lanigan dem Marquis Cornwalls eine Ergebenheitsadresse überreichte? Haben die Priester nicht 1829 das Sehnen ihres Landes für die katholische Emanzipation verraten?« Aber ›Dante‹ schreit: »Gott und Religion über alles.« Und Herr Casey haut wieder mit der Faust auf den Tisch: »Nun gut, wenn Sie es so wollen, dann lieber keinen Gott für Irland. Wir haben in Irland schon zu viel Gott gehabt. Weg mit Gott, sage ich.« So in ›Jugendbildnis‹ von Joyce.

Am nächsten Tag gehe ich an Stephans Green vorbei. »Die Bäume dufteten im Regen, und die regensatte Erde strömte ihren Todesduft aus, ein schwarzer Rauch aus vielen Herzen.« Stephan Dädalus ging hier vorbei ins Trinity College, wo ihn der Pater Direktor dazu überreden wollte, in den Jesuitenorden einzutreten. Stephan möchte das gern, aber dann »sah er das freudlose Gesicht des alten Jesuiten, auf dem der Schein des gestorbenen Tages lag«, und er wußte, daß es ihm nicht bestimmt war, »Ehrwürden Stephan Dädalus S. J. zu werden«. Nicht einmal gläubiger Katholik ist er geblieben. Aber »an irish atheist is one who wishes to God he could believe in Him«.

Im Trinity College gibt uns der Irische PEN-Club ein Galadinner. Wir sind sehr viele. Sieh an: die Kollegen im Smoking, einige mit Ordensbändchen und -spangen geschmückt, und beleidigt, wenn man's als hübschen Modeschmuck bewundert. Die Damen (Kolleginnen und Dichterfrauen) in großer Abendrobe, mit Perücke und Schmuck und Bemalung.

Darauf war ich nicht vorbereitet. Ist das unser Stil? Nicht allen steht die Aufmachung gut. Nur die große Dame Lady Sitwell schreitet mit der Selbstverständlichkeit der Primadonna einher. Die meisten Leute kenne ich nicht. Wenn mir jemand vorgestellt wird oder ich jemandem vorgestellt werde, denke ich so lange und intensiv darüber nach, was von ihm oder ihr ich gelesen habe, daß mich die nachdrängende Welle weitergeschoben hat, ehe ich etwas sagen konnte, das den andern für andere oder mich für den andern in ein glänzendes Licht hätte rücken können. Jedermann wird von irgend jemand irgend jemandem vorgestellt. Einigen begegnet man ein dutzendmal, besonders denen, die man ohnehin kennt. So stoße ich viele Male zusammen mit meinen alten Freunden, den Kestens, die überall auf ureigenem Territorium stehen und durch nichts mehr zu beeindrucken sind; recht haben sie. Viele Male sehe ich den matrosenbärtigen Braem, der aussieht, als sei er in der Drehpause eines Seemannsfilms rasch hergekommen. Ich sehe meinen Mit-Römer Nino Erné, die nicht alternde hübsche Adrienne Thomas, die Intelligenz und Wärme ausstrahlende Hilde Spiel, den mittelgescheitelten, mühsam seine witzige Süffisance bezähmenden Ernst Johann, und, allgegenwärtig, Hilde Domin, nervös, überwach, immer von irgend etwas alarmiert, gesprächsbereit in mindestens vier Muttersprachen. Böll, unseren frisch gewählten Präsidenten, sehe ich meist nur von ferne, er ist eingeknäuelt in immer andere Nationalitätengruppen und macht immerfort ebenso liebenswürdig wie vergeblich den Versuch auszubrechen, Böll fern von Abendanzug, Böll im lehmfarbenen Tweed, ohne Krawatte, sich ganz zu Hause fühlend in Irland (wo er ja wirklich ein Haus hat im Nordwesten), Böll ohne Ambition als der, ohne Ambition zu sein, Böll glücklich in diesen Tagen, obgleich er weiß, wie umstritten die Wahl war und ist, Böll mit seinem unbestimmbaren Charme, mit ebenso unbestimmten Worten alle Wogen glättend, Böll der große Vermittler nach allen Seiten, oszillierend zwischen Naivität, gerissener politischer Diplomatie und echter christlicher Friedensliebe, Böll nicht unbewaffnet, oh nein, aber wenn unversehens zustechend, dann des Messers Schneide rasch mit Watte umwickelnd, aber im Rückstoß sich selber tief verwundend, Böll mit Taubeneinfalt, aber oft ohne Schlangenklugheit, . . . ich könnte so lange noch fortfahren.

In der Menge immer wieder auftauchend die drei sowjetischen Gäste (Beobachter nur, nicht Mitglieder des internationalen PEN), zwei Männer und eine Frau. Sie blieben immer zusammen wie Kinder, denen man eingeschärft hat: »Haltet euch schön an den Händen und traut keinem Fremden, alle Fremden sind bös.« Die Frau war mir schon vorgestellt worden. Sie war so, wie ich mir eine sowjetische Funktionärin vorstelle: bürgerlich angezogen, aber das Kostüm wie eine Uniform tragend, das Gesicht verschlossen, mit Worten karg und überaus kühl. (Nachtrag, einige Monate später: Verzeihen Sie mir, Tatjana, daß ich Sie so sah, aber Sie haben sich in Dublin wirklich gut getarnt. Als ich Sie in Moskau wiedersah, trugen Sie keine Maske. Wie waren Sie warm und liebenswert!)

Als zu Tisch gebeten wird im Trinity-College, gelingt es mir nicht, zu Leuten zu kommen, bei denen ich gern hätte sitzen mögen. Der Strom, Hochwasser führend, schwemmt mich an irgendeinen Tisch mit zwei freien Plätzen. Wenigstens blieb Wilhelm Unger an meiner Seite, Unger der Schweigsame, eben erst einem Dostojewski-Roman entstiegen, halbgeschlossenen Auges in sich blickend, nur selten die Außenwelt gewahrend. Rechts von mir ein Koreaner mittleren Alters, der zwischen starken Kiefern ein unverständliches Englisch mahlt, mit dem Löffel voller Vorspeise den Mund nicht findet, den Salat rings um den Teller verstreut, das Weinglas umwirft und schließlich, den Kampf mit der Zivilisation und der Volltrunkenheit aufgebend, sich erhebt, im Weggehen blitzartig, wie mit einem Dolch zustoßend, mir brutal an den Busen greift und dann hinaustorkelt, zuletzt noch den Stoß Bücher, den er hinter sich auf dem Stuhl deponiert hatte, mit sich und zu Boden reißend. Sein Volksgenosse und Kollege am obern Tischende sagt mit der bronzenen Majestät eines Bodhisattva: »Er ist seit drei Tagen betrunken.« Ich meine, er soll ihm folgen, es kann doch so einem aller Sinne Beraubten etwas zustoßen. Aber er lehnt meine Einmischung so streng unwillig ab, als wär's eine politische Intervention Chinas. Sich zu unterhalten ist schwierig. Ein Lärm wie in der Schulpause. Einige hundert Stimmen in diversen Sprachen, ein Gerufe von Tisch zu Tisch, die euphorische Ausgelassenheit einer Horde von Intellektuellen, die einander ihre ästhetischen und politischen Ansichten erklären und sich in Bonmots übertreffen, deren beste (immer die eigenen) spurlos im Lärm untergehen, um einige Jahre später im Roman eines Kollegen wieder zutage zu kommen.

Mir ist wie immer bei solchen Anlässen elend zumute. Als Kind habe ich auf dem Jahrmarkt und dem Oktoberfest immer geweint. Jetzt weine ich natürlich nicht, aber fort möchte ich, und ich frage angesichts der geleerten Flaschen und Platten: cui bono? PEN-Club ja. Sitzungen ja. Vereinte Aktionen zur Rettung bedrohter Menschenrechte ja. Aber Bankette und Abendroben und Jahrmarkt aller Arten von Eitelkeit (bis hin zu der meinen: die der andern nicht mitzumachen)? Wenn uns unsere jungen Leser so sähen, so verstrickt in halbbürgerliche, postfeudale Sitten, was hielten sie da von uns und unsern gegebenenfalls revolutionären Reden? Wir leben in Anachronismen. Ich leide daran. Zudem stört mich ungemein das Bewußtsein, daß ein paar hundert Kilometer nördlich Menschen sich umbringen.

1971. Im ›Spiegel‹ stand unter ›Register‹ und ›Gestorben‹ eine Art Nachruf auf Gertrud von Le Fort. Kurz und unverschämt. Da steht, daß sie »die letzte Große aus der Damenfraktion (!) in Deutschlands katholischer Literatur« war, daß sie in ihren Büchern unentwegt »furchtsame Frauengestalten auftreten« lasse, »verzückt von mystischer Gottesanschauung« …, sie »fröne« der »Vorliebe für literarische Szenerien«, die sie, »das adelige Fräulein auf eine vom Vater geerbte Überzeugung zurückführe, daß die Le Forts eigentlich überall dabeigewesen sind«.

Sehen wir einmal davon ab, daß der Schreiber ihre Werke ganz offenkundig nur fragmentarisch kennt, was gegen die simple journalistische Informationspflicht verstößt. Was mich aufbringt, ist die schnoddrige Art, in der hier ein Nachruf auf eine Tote geschrieben wird, die immerhin nicht nur eine beachtliche literarische Leistung aufzuweisen hat (ob man diese mag oder nicht, ist eine Frage für sich – auch meine Lieblingsautorin ist Gertrud von Le Fort nicht –, aber ein Rezensent muß ein Qualitätsgefühl haben auch für das, was ihm nicht konveniert!), sondern eine große Leistung an Leben. »Sie frönt«, »Damenfraktion«, »adeliges Fräulein«, das ist, ironisch gebraucht, ein Vokabular, das unangemessen ist. So ein Nachruf »macht herunter«. Warum schreibt der nicht mit Namen zeichnende Autor nicht gleich: »Also, die Alte ist tot, ihr Werk interessiert keinen Menschen mehr, ich schreibe diese Zeilen nur, weil mir's der Chefredakteur befiehlt?« Denn so ist es. Warum aber läßt eine Chefredaktion jemanden schreiben über etwas, zu dem dieser eine negative oder gar keine Beziehung hat. ›Die Zeit‹, sonst sehr von mir geschätzt, erlaubte sich nach dem Tode Stefan Andres' ähnliches. Jemand schrieb da ein paar Zeilen, in denen stand: »Er war schon bei Lebzeiten gestorben.« Wie doch die Inhumanität bei uns um sich greift. Wie man mit dem Menschen umgeht: ein paar Zeilen, ein lässiger Dolchstoß hinterrücks, hinterlebens, hintertods. Ein tapfer gelebtes Leben, ein anerkanntes Werk, ist das nichts? Jene Gesinnung, die solche Schreiber in rechts- oder linksradikalen politischen Lagern scharf bekämpfen – so schön in der Mitte kann man sich ruhig dasselbe erlauben. Ehrfurcht vor dem Menschen? Humanistisches Geschwafel. Man kann diese inhumane Gesinnung ruhig faschistisch nennen.

Was den letzten Satz des Nachrufs über Gertrud von Le Fort anlangt: natürlich klingt er, so aus dem Zusammenhang gerissen, komisch; aber in Zusammenhang mit dem Gesamtwerk gelesen, hat er seine Tiefe. Daß der Schreiber eine Ahnung von Mystik habe, kann man nicht verlangen; nur: warum läßt er nicht seine Finger davon? Man kann einfach alles lächerlich machen. Ich mache mich anheischig, des Nachrufschreibers Nachrufe der Reihe nach lächerlich zu machen. (Nur: es steht mir nicht dafür.)

Als Symptom aber sind solche Nachrufe alarmierend: nicht nur der Mensch ist degradiert, sondern auch der Tod. Wer einen Toten lächerlich macht, weiß nichts vom Tod. »Von Toten soll man nichts Schlechtes reden.« Was heißt das eigentlich, was steckt dahinter? Etwa eine atavistische Furcht vor der Rache des Toten? Vielleicht. Aber auch viel Tieferes: Wer schlecht oder geringschätzig von einem Toten spricht, sieht ihn noch in der irdischen Geschichte, wo er irdische Mängel hatte. Der Tote ist aber in eine andere Welt gegangen, das heißt in eine andere Seinsweise, und somit unterstehen er und sein irdisches Werk anderer Beurteilung. Wir sind dafür nicht mehr zuständig. Man muß doch noch einen Sensus für Kategorien haben. Das ist eine intellektuelle Forderung, noch nicht einmal eine ethische.

Frankfurter Buchmesse 1971: die gleiche Verschwendung, wie sie die Natur treibt; von Millionen Samen schlagen einige Wurzeln, die andern sterben. Also kein Anlaß zur Klage; wir unterstehen alle in allem demselben Gesetz.

Als ich heute morgen aufwachte, hatte ich das Gefühl, die ganze Nacht hindurch im Schlafen intensiv gearbeitet zu haben. Ich muß auch einige Male aufgewacht sein, denn ich erinnere mich, den Willen gehabt zu haben, den eben geträumten Traum noch einmal zu träumen, und zwar ›verbessert‹. Ich scheine die Methode meiner Tag- und Wacharbeit auf mein Traumleben übertragen zu haben: verbessern, immer noch einmal verbessern. Es scheint mir gelungen zu sein, ein und denselben Traum dreimal hintereinander zu träumen. Aber was habe ich geträumt? Es ging um etwas Abstraktes, um etwas Philosophisches, um die Frage, ob es Zeit gebe. Ich tat irgend etwas im Traum, ich weiß nicht was, es war auch ganz gleichgültig. Mit mir taten auch andere das gleiche, es war eine Art Teamarbeit in einem philosophischen Seminar. Als wir es getan hatten, sagte man uns: »Das habt nicht ihr getan, das war schon vorher getan und wird erst getan werden.« Wir glaubten das nicht und beschlossen, das gleiche noch einmal zu tun. »Schaut gut zu, JETZT tun wir es«, sagte ich. Da wachte ich auf und wünschte, den Traum von vorher noch einmal zu träumen, um den Leuten zu beweisen, daß wir die Arbeit wirklich JETZT taten. Ich wollte beweisen, daß es ein JETZT gab, daß es Gegenwart gab, daß es einen Punkt zwischen Vergangenheit und Zukunft gab. Aber wieder sagte jemand, das Jetzt sei schon vorbei und komme erst. Wieder wachte ich auf, und wieder wünschte ich mir, den Traum noch einmal zu träumen. Es mußte doch zu beweisen sein, daß es das gab, was man ›JETZT‹ nennt und Gegenwart. Aber die Prüfer ließen es zum dritten Mal nicht gelten. Da wachte ich endgültig auf, ganz zerschlagen von der intensiven Gedankenarbeit.

Das war ein Lehrtraum, aber ich weiß nicht, was ich lernen sollte.

Es ist nicht das erste Mal, daß ich etwas sehe, was – sozusagen – nicht da ist, aber dieses Mal scheint es mir wert, aufgeschrieben zu werden.

Ich komme am 6. November 1971 mit dem Taxi vor dem hinteren Eingang der Berliner Akademie der Künste an und sehe, während ich auf die Tür zugehe, hinter der Glaswand Peter Szondi, unverkennbar in seiner Länge und Breite und mit seinem grauen Wuschelkopf. Kein anderes Akademiemitglied gleicht ihm. Ich freue mich, ihm als erstem zu begegnen, ich mag ihn, wir mögen ihn alle, wir haben ihn, obwohl er erst einige Jahre Mitglied ist, zum stellvertretenden Präsidenten gewählt. Ich will ihm einen Gruß zurufen, da ist er weg. Zehn Minuten später sagt uns Hans Mayer in der Sitzung, er müsse uns eine betrübliche Mitteilung machen, Peter Szondi sei seit drei Wochen abgängig, man wisse nichts über seinen Verbleib. Wen aber habe ich soeben gesehen? Ich erschrecke, nehme mich aber dann bei meiner Vernunft und suche nach Erklärungen. Alle Erklärungen erweisen sich als hinfällig oder als Komplizierung des Falles. Zum Beispiel: es sei ein anderer Mann gewesen, ein zufälliger Besucher, der Szondi gleicht. Gut – aber warum glich er gerade Szondi, oder warum schien er mir gerade Szondi zu gleichen? Absurd, zu mutmaßen, es sei Szondi selbst gewesen und zu jenem Zeitpunkt noch nicht tot, denn weshalb wäre er dann nicht zur Sitzung gekommen? (Daß er schon tot war, erwies sich später.)

Die Kollegen vermuten dies und das: Entführung in den Osten, Flucht in den Osten, Mord, Unglücksfall, Selbstmord. Einer sagt, man habe sein Auto geparkt aufgefunden, aber nicht vor seiner Wohnung. Die Polizei suche schon seit Wochen.

In der Nacht träumte ich überaus lebhaft: Ich sehe, wie man einen Toten aus einem Kanal zieht.

Am Morgen erzähle ich Hans Mayer und Franz Tumler kurz von meinem Traum. Ich sage kühn: »Szondi ist ins Wasser gegangen.«

Drei Wochen später kommt die Todesnachricht. Man hat Szondis Leiche aus dem Halensee gezogen.

November 1971. In Berlin auf dem Kurfürstendamm sehe ich einen blassen blonden Halbwüchsigen in Hippie-Aufmachung leuchtendrosa Flugblätter verteilen. Ein Hippie allein? Und ein so blasser und trauriger dazu. Ich nehme eins der Blätter und lese: »Jesus Christus Erlöser«, darunter in noch größeren Buchstaben »Kinski«, und darunter kleiner: »20. 11. 1971. Deutschlandhalle. 20 Uhr.« Ganz klein: »Karten an den Kassen der Deutschlandhalle und an den bekannten Vorverkaufsstellen.« Klaus Kinski also (der Schauspieler) nimmt sich der Jesus-Bewegung an. Im Weitergehen lese ich den ganz klein gedruckten Text zwischen den fett gedruckten Namen Jesus und Kinski:

Angeklagt und gesucht wegen Verführung anarchistischer Tendenzen Verschwörung gegen die Staatsgewalt besondere Kennzeichen Narben an Händen und Füßen Beruf Arbeiter ... Hält sich vorwiegend in ärmlichen Wohnbezirken auf unter Asozialen Außenseitern Gotteslästerern Prostituierten Zigeunern Aufwieglern Alkoholikern Rauschgiftsüchtigen Verurteilten Fremdarbeitern Kranken Zuchthäuslern ...

Nun ja. Nichts Neues. Das ist mir vor Jahren schon eingefallen, und ich schrieb's in einem ›Brief an einen Revolutionär‹ nieder. Wissen möchte ich, ob Kinski, dieser herumgeisternde Schauspieler, dieser Wahnwitzige, dieser ewige Bürgerschreck, wirklich etwas versteht von Jesus, oder ob er ihm nur Anlaß zu einer großen Show ist. Schade, daß ich am 20. nicht mehr in Berlin sein kann.

Weitergehend fällt mir ein, daß der Flugblatt verteilende Bub sehr mager und blaß und unglücklich aussah. Ich kehre um. Er ist noch da. Ich frage ihn, ob er der Jesus-Bewegung angehöre. Er weiß gar nicht, was das ist. Wieso er dann die Flugblätter verteile. Er ist Däne, von zu Hause fortgelaufen und hat kein Geld zur Heimfahrt, so nehme er jede Arbeit an, und darum auch das Verteilen von Flugblättern. Ich frage ihn, ob er Hunger habe (er sieht so aus). Er sagt schüchtern ja; er spare alles Geld für die Heimfahrt. Ich gebe ihm Geld, damit er essen gehen kann. Dann frage ich ihn, was er von dem halte, was da auf dem Flugblatt stehe und ob er sich für diesen Jesus interessiere. Er schüttelt lächelnd seinen blonden Kopf; er will nichts als: heim.

In München auf der Neuhauserstraße Richtung Karlstor eine kleine Karawane im Gänsemarsch, acht junge Leute, Mädchen und Burschen, plakatgepanzert vorn und hinten, groß gedruckte Aufschriften: »Was ist an unserer Welt nicht in Ordnung?« Und: »Die göttlichen Prinzipien«, »Ursprung des Leidens«, »Vereinigung des Weltchristentums«, und ähnliches.
Sie haben todernste Gesichter und ein entschiedenes und humorloses Bewußtsein ihrer Mission. Schon wie sie gehen, ist ein wenig zu angriffig, zu heilsarmeeig. Auch sehen mir diese jungen Menschen allzu sauber aus, allzu betont sich distanzierend von Langhaarigen und Blumenhaften.
Vor und unter dem Karlstor hat sich die Kolonne aufgeteilt, nun stehen die einzelnen herum wie die ›Wachtturm‹-Leute und warten auf Interessenten. Sie kommen. Wer heute Religion anbietet, findet immer Zuhörer. Ein zeittypisches Phänomen. Ich sehe einen älteren Mann, Typ pensionierter mittlerer Beamter, im Gespräch mit einem Plakatträger; ich geselle mich dazu, ich höre den Jungen mit der wohlgemuten Sicherheit dessen, der die Antwort auf diese und viele Fragen weiß, sagen: »Finden Sie denn, daß unsere Welt in Ordnung sei?« Der Mann gibt zu, sie sei es nicht. »Und was ist die Ursache dafür?« fragt der Junge. Der Ältere mutmaßt

einiges. Der Junge unterbricht ihn: »Die Welt, wie sie heute ist, ist nicht die von Gott geplante; Gottes Plan ist bis heute nicht erfüllt, Gottes Schöpfung ist verdorben. Können wir sie retten? Können wir Gottes Vorhaben verwirklichen?«

Der Ältere weiß das nicht. Der Junge weiß es. Er sagt, wir müssen den Ursprung der Welt-Unordnung kennenlernen.

Der Ältere bemerkt, in der Bibel stehe einiges darüber.

Der Junge: »In der Bibel stehen Gleichnisse. Wir müssen ihre konkrete Bedeutung kennen und genaue Definitionen haben.«

Der Ältere will das alles gerne wissen und lernen. Ja, er brauche nur in die Zeppelinstraße zu kommen, zur Gesellschaft zur Vereinigung des Christentums; jeden Abend um 20 Uhr werde dort das ›Studium der göttlichen Prinzipien‹ betrieben.

Schade, daß ich am Nachmittag schon weiterfliegen muß. Ich nehme mir vor, einmal einige Wochen mit dem Besuch solcher und ähnlicher Veranstaltungen zu verbringen.

Dezember 1971, München. In der Unterführung des Lenbachplatzes höre ich metallisches Geklingel und sehe alsbald ein orientalisches Schellen-Instrument, geschwungen von der Hand einer weißgekleideten jugendlichen Gestalt. Eine ähnlich gekleidete nähert sich mir: ein junger Mann, ein Bub fast noch, mit glattgeschorenem Kopf, vom Scheitel über die Stirn bis zur Nasenwurzel läuft ihm ein kalkweißer doppelter Strich. Das weiße Gewand ist ein Tuch, das nach Mutters Bettlaken oder Vorhang aussieht. So ähnlich haben wir uns für den Schulfasching verkleidet, weil wir kein Geld für richtige Maskenkostüme hatten. Ich verbiete mir aber sofort den despektierlichen Gedanken. Der Junge trägt unter dem Arm einen Packen Flugblätter und ein Buch; der Titel des Buches ist von den Flugblättern halb verdeckt, ich sehe nur ›. . . ischaden‹. Ich ergänze: ›Upanischaden‹. Der Junge sieht sympathisch aus; so, wie sich (von der Verkleidung und der Kopfbemalung abgesehen) gutbürgerliche Eltern ihre Söhne wünschen: sauber gewaschen, mit blanken Augen, und keusch, fern von Rauschgift und Sex. Er reicht mir ein Flugblatt, aber ich will lieber mündlich hören, was er anzubieten hat. Er sagt, man müsse nicht eine neue Religion erfinden, sondern alle Religionen vereinen unter einem einzigen großen Begriff, dem der Liebe. Einverstanden, natürlich; aber warum muß das auf indisch geschehen, und ob es nicht mit dem christlichen Evangelium gehe. Er sagt, daß die ältesten Quellen der Offenbarung einer Religion der Liebe in Indien sich finden und nicht gelehrt wurden, sondern von Sehern geschaut. Ich sage, auf sein halbverdecktes Buch deutend: »Die Upanischaden, vielmehr die Ur-Bücher, die Veden, nicht wahr?« Er ist sonderbarerweise nicht entzückt, daß ich so etwas weiß; vielleicht meinte er, das wisse nur eine Elite von Eingeweihten. Ich wage zu sagen, daß die Offenbarung des Alten Testaments auch schon sehr alt und daß das Alter kein Kriterium für den höheren Wahrheitsgehalt sei, es könne auch anders sein: daß die Wahrheit ihre Dynamik habe, sich entwickle, immer greifbarer werde; wer weiß. Der Junge fühlt sich verwirrt durch meine Rede, er weiß keine Antwort, und mir tut es leid, daß ich ihn in seinem heiligen blitzblanken Eifer störte; ich lasse jetzt ihn reden, aber er wiederholt nur, was er schon sagte: daß wir auf Indien zurückgehen müßten, um die Religion der Liebe zu finden. Mir ist's recht. Mich macht alles glücklich, was Geist enthält, wenn's wirklich Geist ist, und sei's nur eine Spur. Ich möchte von diesem Adepten der Brahmanen- oder Hindu-Philosophie jetzt nur noch wissen, welche praktischen Folgerungen er und seine Gruppe aus dieser Philosophie ziehen. Nun, sagt er, eben: daß wir in Liebe eins werden müssen mit der ganzen Menschheit. Gut, sage ich, aber wie geht das praktisch? Die Frage irritiert ihn; er weiß nicht zu antworten. Ich präzisiere: »Im christlichen Evangelium, das Sie sicher auch kennen, steht, man müsse Gott und die Menschen lieben.«

Er unterbricht mich: »Aber genau das tun wir. Weswegen stünden wir sonst hier in der Kälte? Wir lieben die Menschen und wollen ihnen darum das Licht der Offenbarung bringen, damit sie für ihr Leben einen Sinn finden.«

Gut, gut; aber was tun Sie und Ihre Gruppe für die konkrete Not der Welt?

Die konkrete Not? Die behebt sich von selber, wenn die Menschen begreifen, daß alles einen Sinn hat.

Ja, schon, irgendwie und ganz zuletzt stimmt das. Glaubte ich das nicht, wäre ich ja gar keine Christin. Aber ob das zum Beispiel jenen jungen Menschen hilft, die durch die Schuld der Gesellschaft ins Gefängnis kamen und nach der Entlassung keinen Platz in dieser Gesellschaft mehr finden?

Der Junge ist auf seinem Feld nicht so leicht zu schlagen: »Wenn die Menschen erst wieder Liebe lernen, kommt niemand mehr ins Gefängnis.«

Das Wenn sei akzeptiert; aber wie steht es mit dem Heute? Heute gibt es diese jungen Menschen, die verkommen, weil sich zu wenige ihrer annehmen; ob denn sie, diese ernsten Jünger der Liebe, nicht auch eine ganz einfache, praktische Aufgabe in der Gesellschaft haben?

Meine Hartnäckigkeit langweilt ihn; er sagt, jetzt ganz unhinduistisch barsch: »Unsere Aufgabe ist es, die Menschen zur Liebe zu führen.«

Tja, da ist nichts zu machen; Gefangenenfürsorge gehört nicht in sein Ressort. Ich sage ihm, daß mir scheine, er und die Seinen machten es sich doch zu leicht, und er solle einmal versuchen, eine soziale Aufgabe zu verrichten; das nämlich fordere Jesus, den er ja wohl als Lehrer der Liebe gelten lasse.

Hernach tut's mir leid, ihn ein bißchen hart angefaßt zu haben, aber andererseits: Mußte ich es nicht tun? Bedürfen solche Schwärmer nicht der Korrektur?

Im Weggehen fiel mir ein, wie ich, zwanzig Jahre alt, einmal eine Weile der persischen Sekte ›Mazdaznan‹ (oder so ähnlich) angehörte. Da hatte ich bei Bekannten meiner Eltern einen Maler kennengelernt, der mich darüber belehrte, daß ich hinter das Christentum zurückgehen müsse, zu seinem Ursprung in Persien. Was er mir darüber erzählte, ist mir entfallen, außer daß es sich um eine Sonnen- und Licht-religion handelte, vermutlich um die des Zoroaster. Ich er-innere mich aber genau, daß er mir bestimmte Vorschriften für mein Leben gab: ich durfte kein Fleisch mehr essen, über-haupt nichts vom Tier, auch nicht Ei und Milch, und nichts Gekochtes, nur rohes Gemüse und Nüsse; dazu mußte ich jeden Morgen, mit dem Gesicht zur aufgehenden Sonne, be-stimmte Bewegungen machen und dazu bestimmte Worte sprechen und dann bestimmte Waschungen vornehmen. Das Ziel all dieser Anstrengung, sagte der Maler, sei eine Gene-ral-Reinigung von Leib und Seele, und dann ziehe strahlend der Gott des Lichtes in mich ein. Ich, von allen Reinheits-ideen mächtig ansprechbar, war fasziniert. Die Verwirk-lichung jedoch erwies sich als schwierig. Ich war in den Som-merferien zu Hause. Waschungen und Bewegungen konnte ich unauffällig machen. Aber das Essen! Meine Mutter koch-te so gut, auf schwäbische und österreichische Art, es gab Fleisch, Eierspeisen, Milchspeisen, alles verboten. Ich rührte nichts davon an. Meine Eltern erzürnte diese Marotte. Schließlich kamen sie ihr auf die Spur, die zu dem Maler führte. Sie hatten offenbar ein Gespräch mit ihm. Er reiste bald darauf ab. Als sie von jenem Gespräch nach Hause ka-men, sagten sie mir, der Maler sei ein Atheist, gefährlicher Anhänger einer bösen verbotenen persischen Sekte. Ich hatte an der Gefährlichkeit meine Zweifel. Ich hatte Geschmack bekommen an dieser Art zu leben und behielt sie eine Weile bei. Ich erinnere mich genau, daß das Gefühl, einer Sekte anzugehören, mein Selbstwertgefühl beträchtlich hob. Ich sah mich als Adeptin eines Geheimordens, dem anzugehören mein Dasein beflügelte. Eines Tages hatte sich's überlebt, ich lächelte über mich, aber sehnte mich eine ganze Weile da-nach, derlei wiederzufinden, doch nicht als Sektiererei, sondern als eine legitimere Lebensweise in einem richtigen, einem christlich-religiösen Orden.

So proben junge Menschen mit Geist ihr Leben. Man darf sie nicht verlachen, man muß sie mit großem Ernst respektieren, auch wenn man voraussieht, daß sie diesen und jenen Versuch bald wieder aufgeben wie altes Kinderspielzeug. Es geht ja nicht ums Finden und Behalten, sondern ums Aufspüren, um die Bewegung.

Manchmal gehe ich aus, fahre ich von zu Hause weg mit dem Gefühl: heute wird mir etwas begegnen. Sei es, daß ich wirklich derlei vorausspüre, sei es, daß meine Bereitschaft es anzieht – ich erlebe dann immer etwas, das auf irgendeine Weise besonders ist. Heute, 22. Dezember, fahre ich morgens weg, um in benachbarten Orten einigen Freunden Weihnachtsgeschenke zu bringen. Alles läßt sich gut an, die Geschenke sind abgegeben, und ich nehme mir Zeit, um in Anzio auf der Hafenmole ein wenig spazierenzugehen. Die Sonne scheint, die Luft ist mild. Zwischen den Felsblöcken am Ufer sonnen sich Katzen, weißgrau wie die Steine, perfekt getarnt. Ich gehe in dem für mich seltenen Zustand innerer Arbeitslosigkeit so vor mich hin und breite mich mit langen Atemzügen über dem Meer aus. Da ruft mich eine Störung zurück: Schritte, Stimmen, Gekläff kleiner Hunde. Die eine der Stimmen ist laut, weiblich, wohltönend und hat, so scheint mir, deutschen Akzent. Ich mag jetzt nicht reden, ich setze mich meerzugewandt. Nun schweigen die Stimmen, aber Schritte kommen näher. Ich möchte eine Begegnung vermeiden und stehe auf, um zu fliehen. Aber da steht mir jemand im Wege, eine Frau mit zwei Hündchen an zwei Leinen. Die Hündchen sind viel zu klein für die Frau, sie hat eine imposante, robuste Gestalt, trägt einen langen weiten graugrünen alten Mantel, breite ausgelatschte Schuhe und auf dem Kopf eine viel zu kleine verfärbte Jokkey-Mütze, unter der schlecht kastanienrot gefärbte und aufs Geratewohl waagerecht abgeschnittene Haare heraushängen. Eigentlich sieht sie arm aus, aber arm nicht aus Not, eher aus Gleichgültigkeit gegen Reich- oder Armsein, oder aus Lust daran, aus dem Rahmen zu fallen, jedenfalls aus Absicht, oder wenn aus Not, dann mit voller, jedoch trotziger Billigung dieser Not. Wie sie dasteht, ist sie eine massive allseitige Provokation, und darin tut sie ein wenig zuviel und mindert damit ihre Wirkung auf mich in dem Maß, in dem sie, stünde sie so auf einer Bühne, Wirkung hätte. Sie steht eine Weile so da, umspielt von ihren Hündchen, die herumspringend ihre Leinen verwickeln, sie muß sie immer wieder entflechten, und sie tut das geduldig, ohne hinzuschauen, als trenne sie ein Strickmuster auf. Wie sie das tut, hat etwas parzenhaft Gleichgültiges. Weil es keinen andern Weg gibt, muß ich an ihr vorbeigehen. Natürlich springt eines ihrer Hündchen freundlich kratzend an mir hoch, und schon bin ich in der Falle. Die Frau schaut mich an auf eine Art, die mich zwingt, sie anzusprechen. Gesprächsstoff: die Hündchen. Man nennt sie ›Brabanter‹, sagt die Frau, dann bescheinigen wir uns gegenseitig unsern deutschen Akzent und sprechen deutsch weiter. Sie ist aber keine Deutsche, sondern Genferin, aber hat ihr halbes Leben in Deutschland verbracht. Ich tippe auf Schauspielerin. In der Tat: sie spielte in Berlin und München Theater und in Stummfilmen, dann heiratete sie einen Italiener, machte in Rom eine kleine Schule für Schauspielunterricht auf, den sie aber jetzt im Alter aufgab. Was tut sie jetzt? Sie pflegt ihren arterienverkalkten Mann, hat die Hündchen, und nachts, mit dem Blick aufs Meer, die Lektüre philosophischer Werke, augenblicklich liest sie Schopenhauer. Dazu ißt sie Schokolade, und es ist ihr gleich, daß sie dick wird. Sie hat ein breites slawisches Gesicht. Sie spricht mit Abscheu von der Unmoral in Italien und erweist sich als strenge Moralistin, vermutlich spricht die Genfer Calvinistin aus ihr. Das paßt gar nicht zu ihr, denn sie ist der Typ der vagabundierenden Tragödin. Sie hat etwas Abenteuerliches. Sie erzählt, sie sei Halb-Polin, habe früher Pferde besessen (daher die Jockey-Mütze), habe ein Haus gehabt in der Nähe Roms, voller Bilder von Wert, die seien alle gestohlen und nicht wiedergefunden worden. »Heute bin ich arm«, sagt sie, »aber was tut's, ich habe die Hände voller Leben.« Sie fühlt, daß sie in mir ein aufmerksames Publikum hat, und sie genießt es. Ich komme nicht zu Worte, aber dann fällt ihr doch auf, daß einige meiner kurzen Einwürfe meine Kenntnis der Theaterwelt verraten, und sie mutmaßt, daß auch ich Schauspielerin sei.

Ich kläre sie auf. Wir tauschen Adressen und wissen beide, daß wir sie nie benützen werden. Dann geht sie weg, nach der andern Seite der Mole, wo sie eine Wohnung hat in einem der festungsartigen Palazzi direkt am Meer, ausgesetzt allen Winden und der mauerzerfressenden Salzwasserfeuchtigkeit, und mit dem verkalkten Mann, den Bühnenerinnerungen, den philosophischen Büchern, dem rüstig heranschreitenden visierlosen Tod, den sie nicht fürchtet. Bisweilen habe ich tiefen Respekt vor uns Menschen.

1971, Taucher-Weihnacht. Ich sah es eben in der TV. Man sagt offen, die Sache habe man vor zehn Jahren begonnen als eine Touristen-Attraktion. Das ist sie in mäßigem Grad geworden. Ich überlege, ob es den Geschäftemachern nicht unter der Hand zu etwas ganz anderem wurde.

Die Sache selbst ist so: Am Heiligabend in der Dämmerung oder gegen Mitternacht (das war nicht klar) begibt sich in Amalfi eine Prozession hinunter ans Meer zur ›Smaragd-Grotte‹: voran Leute in einheimischer Tracht, dann Ministranten und der Priester im Chorrock, dann, deutlich herausgehoben im Bild und Begleittext des Reporters, ein etwa Zwölfjähriger im Taucheranzug, und hinter ihm viele andere Taucher, erwachsene, etwa zehn davon tragen ein Brustband mit der Aufschrift NATO.

Es sieht schön aus, wie sie so mit Fackeln die felsige Küste herunterkommen. Jetzt stehen sie alle nahe am Wasser, und jetzt stürzt sich als erster der Knabe ins Meer, dann tun's die andern Taucher. Aber warum? Und was hat der Priester dabei zu tun? Jetzt sieht man's: unter Wasser zwischen den Klippen ist eine Krippenszene aufgebaut mit Josef, Maria, dem Kind und einem Ochsen, alles aus Stein, Marmor vermutlich, leicht eingefärbt von Algen, ein wenig angefressen vom Salzwasser und schon beinah in die Klippenlandschaft hineingewachsen. Man sieht das alles genau, denn die Taucher tragen Fackeln, ganz besondere, solche, die im Wasser nicht auslöschen. Als erster nähert sich der Taucherknabe dem Christusknaben. Immer mehr Fackeln, immer mehr dunkel glänzende Leiber mit großäugigen Rüsselmasken vor dem Gesicht und schimmernden Sauerstoffbomben auf dem Rücken und schwarzen Schwimmflossen, mit denen sie rudern, aber nur ganz wenig, daß sich das Wasser kaum bewegt und die Steinfiguren nur sanft bespült wie eine Liebkosung. Das ist schon zauberhaft anzusehen, dieses lautlose Hin und Her, das Aufsteigen der silbrigen Luftblasen, der gleitende Schein der Fackeln und das Aufglänzen der nassen Leiber. Tanz der Meeresfische.

Was mir so einfällt beim Zuschauen zwischen Bezauberung und kritischer Auflehnung: das ist ja Liturgie, das ist feierliche Anbetung mit den Mitteln der Tagesarbeit und dem gewohnten Berufsgerät, das Darbringen der Leistung ohne Leistungs-Ehrgeiz, pure Kraftverschwendung, Sichbeugen der perfektionierten technischen Leistung vor dem Geheimnis, das niemanden bezahlt und niemanden preiskrönt. Die Zeremonie findet UNTER Wasser statt: man sucht den neugeborenen Sohn nicht im Stall auf dem Feld vor der Stadt, man sucht ihn im Wasser, dem Ort des Ursprungs allen Lebens, der Entsprechung zum Unbewußten und Schöpferischen, dem Mittel der Reinigung im Alltag und in der Liturgie aller Religionen, dem Symbol für Leben und Tod und Wiedergeburt und Unsterblichkeit. Die Unterwassersuche

nach einer neuen Religion. Das Neu-Entdecken der Taufe.
Das Untertauchen der »Jesus-Kids« in Flüsse und Meere. Das
Wagnis, sich dem Element auszuliefern, das nicht dem Menschen als eigentlicher Lebensraum zugeteilt ist und also Gefahr für ihn bedeutet. Untertauchen im fremden, gefährlichen Element: Todes-Mut, Auferstehungs-Glaube, Initiation.

Das alles in einem Schauspiel, erfunden von cleveren Geschäftsleuten. Die das Geschäft meinten, riefen den Geist und
dienen dem Christus.

SOWJET-UNION

Das, was ich als letztes über meine Reise schrieb, setze ich nun an den Anfang der Berichte.
Ich überlese, was ich schrieb. Ich streiche, was mir unwichtig scheint. Ich streiche auch alles, was Personen, die mir Freunde wurden, klar erkennbar und ›verdächtig‹ machen könnte. So schwindet viel Farbe, viel Unmittelbarkeit dahin. Manches, das ich ausstrich, lasse ich aber doch wieder gelten, wenn sein Fehlen das Bild vereinfachte oder verfälschte. Alles in allem: es ist schwierig, über die Sowjet-Union zu schreiben, wenn man sehr viel erfuhr und nur einen Teil schreiben kann. Wie mir jetzt zumute ist, kann ich am besten ausdrücken mit den Worten einer Russin, der ich (in der ersten Woche) mit zu vielen, zu direkten Fragen auf den Leib rückte. »Wenn jemand aus dem Westen zu uns kommt und etwas von uns wissen will – nicht etwas, sondern Bestimmtes, nämlich gerade das, was er hören will, weil es die westliche Vorstellung von der Sowjet-Union bestätigen soll –, dann fühle ich mich wie ein Glied einer Familie, in der nicht alles zum besten steht, wie in vielen anderen Familien auch, nur sind Familienschicksale auch im Unglück verschieden, und es kommen Schicksale auch nicht immer zur selben Zeit über alle Familien, und außerdem ist das, was Außenstehenden als Unglück erscheint, für die Familie oft gar keines, und selbst wenn man das so einem Fremden erklären könnte, würde er es nicht verstehen, weil nur der es versteht, der zur Familie gehört; und außerdem: man spürt, daß der Fremde nicht aus Mitgefühl und Freundschaft fragt, sondern aus Journalisten-Neugierde oder schon mit so viel Vorurteil, daß er gar nicht wirklich hinhört. Gesetzt den Fall, unsere

Lage hier wäre ein Unglück (das ist sie nicht!), dann wäre es immer noch ein Familien-Unglück, eine Familien-Angelegenheit, über die man nicht reden mag; es gibt einen Stolz, der mit Wahrheitsliebe zusammenhängt.«

Ich schrieb mir diese Worte danach auf, so gut ich sie (aus dem Englischen übersetzt) am Abend des Tages noch in Erinnerung hatte. Ich, in die Sowjet-Union gekommen, begierig nach Informationen, mit möglichst wenigen Vorurteilen, aber immerhin voll von westlichen Vorstellungen (positiv wie negativ verzeichneten), war eine Familien-Fremde. Meine neugierigen Fragen waren indezent, wie Reporterfragen es sind und nicht anders sein können. Im Laufe von drei Wochen und bei ungemein vielen offenen Gesprächen begann ich, in die Familie hineinzuwachsen. Und jetzt ist mir's, als begehe ich einen Verrat an der Familie, indem ich etwas von ihr erzähle und zudem eben ›nur etwas‹, eingeschränkt durch Rücksichten verschiedener Art. Vielleicht lasse ich ihr am meisten Recht widerfahren, wenn ich sage: Die Familie ist nicht zu korrumpieren. Nur hat sie auch mißratene Kinder. Die wohlgeratenen überwiegen. Aber ich meine mit Wohlgeratenen nicht einfach nur Männer wie Bukowski oder Solschenizyn, und ich meine auch nicht das pure Gegenteil. Es gibt Wohlgeratene unter Gläubigen und Nichtgläubigen, unter Marxisten und Antimarxisten. Und das eben macht die Sowjet-Union für uns so ungemein schwer verständlich.

P.S. Eben lese ich bei Berdjajew, für ihn sei die Hauptfrage nicht die nach dem Verhältnis zur Sowjetmacht, sondern die zum Sowjet-Volk, zur Revolution als zu einem inneren Moment am Schicksal des Volkes. »Man muß das Schicksal des russischen Volkes so erleben, als wäre es das eigene.«

Flug Rom–Moskau. Ein sowjetisches Flugzeug: ›Aeroflot‹. Schon im Zubringerbus höre ich neben Italienisch und Russisch auch Deutsch, DDR-Deutsch. Zwei junge Männer, Ingenieurstypen, nett, frisch, unbeschwert, kurz geschnittene Haare, gleichgeschaltet, wachsam. Sie fragen auf italienisch mit deutschem Akzent, ob dies der richtige Bus sei, ich antworte auf deutsch. Im Flugzeug sitzen sie links vom Mittelgang, sie unterhalten sich mit einem mühsam deutsch sprechenden Spanier. Sie sprechen über Brandt, sie fragen mich, wie alt er sei. Wir kommen in ein Gespräch über die Ostpolitik. Sie mißtrauen Brandt tief. »Man darf keiner bundesdeutschen Regierung trauen«, sagt der eine, und der andere: »Brandt ist Antikommunist, das, was er Sozialismus nennt und was die SPD zuwege bringt, ist nichts als Kapitalismus und wieder Kapitalismus.« Der erste: »Ich verstehe die sowjetische Regierung nicht. Daß die sich überhaupt mit der bundesdeutschen Regierung einläßt.« »Na«, sage ich, »das tut die Ihre ja auch, zumindest was den Handel anlangt.« »Ja, aber wir sind keineswegs einverstanden mit der sogenannten Ostpolitik, die doch nur eine Vernebelung der wirklichen, das heißt der antikommunistischen und revanchistischen Haltung der Bundesrepublik ist.« Ich wende ein, daß die sowjetische Regierung doch wohl gewitzt genug sei, um zwischen echter Friedensabsicht und Vernebelung revanchistischer Tendenzen zu unterscheiden. Die beiden zucken die Achseln.

Ich: »Können Sie mir genau erklären, worin Brandts revanchistische Tendenzen bestehen?«

Einer: »Brandt selbst ist in Ordnung, aber er ist doch nur eine Marionette, die gezogen wird einerseits von den USA, andererseits vom bundesdeutschen Kapitalismus, hinter dem die enorm starke CDU-Opposition steht. Die bundesdeutsche Politik wird von den USA, von Franz Josef Strauß und von der Deutschen Bank gemacht.«

Ich: »Und die DDR-Politik, von wem wird die gemacht?«

Der andere: »Das ist kein Vergleich. Unsere Regierung handelt in völlig freier Übereinstimmung mit Moskau, und das ist im Sinne der gesamten Bevölkerung der DDR.«

»So«, sage ich, »ist das so?«

»Gewiß doch.«

»Und die Bundesdeutschen sind alle Revanchisten?«

»Sozusagen alle. Schauen Sie doch zum Beispiel die Vertriebenenverbände an. Das ist eine kaum getarnte NPD.«

Ich sage dazu nichts.

Der eine: »Sie glauben das nicht?«

Ich: »Doch.«

»Na, sehen Sie. Die Bundesregierung hat nicht mal die Kraft, die NPD zu erledigen, sie duldet sie als Vertriebenenverbände und zahlt denen für ihre Hetzversammlungen auch noch Geld. Viel Geld. Wenn das kein Revanchismus ist, legal geduldet, durch Geldgaben genährt von der Regierung Brandt, die zugleich der Sowjet-Union sozusagen ewigen Frieden schwört.«

»Es gibt auch andere Regierungen, die das Wort Friede auf ihrer Fahne haben und dennoch wehrlose Völker überfallen«, sage ich mit betonter objektiver Kälte.

»Ja, weiß Gott«, sagt der eine.

Ich stutze. Was meint er? Er meint natürlich die USA und Vietnam. Nichts anderes. Ich habe einiges auf der Zunge, schlucke es hinunter, ich will ja nicht schon als Verdächtige oder Verhaftete in Moskau ankommen.

Zum Glück lenkt uns jetzt eine atmosphärische Show ab. Ganz plötzlich ist aus dem eben noch hellen Tag eine dunkelblaue Dämmerung geworden. Über dem gewölbten Horizont steht ein breiter Streifen Orangerot, darüber ein gelber, darüber ein apfelgrüner. Das Orangerot ist intensiv wie ein Feuerstrom zwischen der schwarzen Erde und dem nachtblauen Himmel. Das bleibt lange so. Ich werde nicht müde, es anzuschauen. Auf einmal, als hätte der Bühnenbeleuchter alle Scheinwerfer zugleich ausgeschaltet, sind Erde und Himmel samtschwarz, und plötzlich brechen funkelnd hart Sterne hervor: Gestirne oben und Sterne unten: die fünfzackigen Sterne der Moskauer Türme.

»In einer halben Stunde sind wir in Moskau«, sagt der eine Deutsche und fügt kameradschaftlich hinzu: »Machen Sie's gut. Die Russen sind ein fabelhaftes Volk. Und wenn wir Ihnen helfen können, hier ist unsre Telefonnummer.«

Erster Abend in Moskau. Ich werde am Flughafen abgeholt von Wladimir Steshensky und von einer Frau, T. A., die mir als meine Dolmetscherin und Reisebegleiterin zugeteilt ist. Keine Gepäckkontrolle, keine Devisenkontrolle. Das Wort ›Delegatka‹ (Delegierte) ist das Zauberwort, das die Schranken öffnet. Schon sitze ich im Auto. Es ist Nacht. Einmal sehe ich rechts von der Straße drei große schwarze schräggelegte Kreuze wie Malzeichen. »Bis hierher«, sagt T., »kamen die Deutschen 1942, bis 30 Kilometer vor Moskau.«
W. fragt mich, was ich alles sehen wolle in den drei Wochen. Drei Wochen? Man hatte mich glauben lassen, ich sei für zwei eingeladen, ich wäre mit einer zufrieden gewesen. Drei Wochen! Ich weiß nicht, soll ich mich freuen oder sagen: »Nein, so lange bitte nicht, ich will wieder heim«? Nun, man wird sehen.
Mein Hotel heißt ›Peking‹. Ausgerechnet. In der Halle glaube ich mich in Leipzig oder Dresden: DDR-Deutsch dominiert. Alles andere halte ich für Russisch. T. sagt, es sei Ukrainisch, Armenisch, Georgisch, Kirgisisch, Kalmückisch, Tscherkessisch und was alles noch. T., Armenierin von Geburt, versteht Deutsch, Englisch, Schwedisch, Russisch, aber nicht Ukrainisch und schon gar nicht die zentralasiatischen Sprachen. Alle Sowjet-Bürger aber sprechen auch Russisch, vom Schwarzen Meer bis zur Ostsee und bis zum Stillen Ozean. T. begleitet mich ins Hotelzimmer. Es riecht hier wie in Polen: scharf desinfiziert. Dieser Geruch scheint der Geruch der Ostblockstaaten zu sein. In Italien riecht es nach Kaffee, in seinem Süden nach Eselsurin.

Ich packe aus. Der kleine Koffer ist voll von Geschenken für präsumptive sowjetische Freunde. Ich schenke T. einen italienischen Seidenschal. Sie will ihn nicht gerne nehmen. Geschenke von Leuten aus kapitalistischen Ländern haben leicht den Charakter eines Almosens.

(Ich hatte es mir einfacher vorgestellt, Geschenke anzubringen. Einige wage ich erst ganz zuletzt georgischen Freunden anzubieten.)

Dann gehen wir essen. Im Restaurant unten ist kein Platz; er ist reserviert für die Gruppenreisenden der DDR. Abend für Abend. Aber es gibt im fünften und sechsten Stockwerk eine Bar mit kleinen Speisen.

T. will, daß ich zum Tee Kaviar esse, sie sagt, die Störe sterben aus, denn sie finden keine Laichplätze mehr an den betonierten Flußufern. So esse ich denn Kaviar. Sonderlich gern mag ich ihn nicht. Teuer ist er auch, selbst hier im Lande. Und es gibt ihn auch bei uns im Westen, da mag ich ihn schon gar nicht, da er sündteuer ist. Es ist später Abend, aber ich bin nicht müde, ich bin unruhig, ich will etwas sehen. T. schlägt die Gorkistraße und den Roten Platz vor. Die Gorkistraße ist sehr breit, aber mir scheint sie wie ein schwarz zementierter Hohlweg voller Menschen, die sich wie Schafherden hindurchdrängen, von einem Unsichtbaren mit der Knute getrieben, die einen von der Arbeit kommend, die anderen zur Arbeit gehend. Ich sehe in einigen vielfenstrigen Häusern bei Neonlicht Frauenköpfe und Schultern über Nähmaschinen gebeugt. Nachtschicht. Mein westliches Vorurteil scheint bestätigt: die Sowjet-Bürger arbeiten unter der Parteiknute bis zur Erschöpfung ... Diese nächtlichen Fußgänger kommen vom Konzert, vom Bolschoi-Ballett, vom Puppentheater für Erwachsene, vom Kino, vom Restaurant, sagt T. (sie sagt die Wahrheit), aber ich glaube ihr nicht recht an diesem ersten Abend, die Leute sind so stumm, und heiter ist keiner, und Moskau ist finster und riecht nach schlechtem Benzin und nach dem Desinfektionsmittel, mit dem die Straßen eifrig abgespritzt werden (meine Nase erinnert sich noch nach siebenundzwanzig Jahren des Gefängnisgeruchs, und Sauberkeit liegt mir zu nahe an Säuberungsaktion). Die Desinfektionsmittel haben auch die Hunde und Katzen von der Straße vertrieben und die Huren und die Kinder, die Liebespaare, und das Lachen und auch das ›prastitje‹ (›Verzeihung‹), wenn einer den anderen anrempelt. Mir ist nicht wohl in dieser Stadt aus schwarzem Eisen. Und wie wüst die Autos fahren! Am Zebrastreifen zu halten fällt ihnen nicht ein. T. reißt mich zurück, ums Haar hat mich ein ›Wolga‹ überfahren. Ich muß lernen, mich in die demütigen Klumpen von Fußgängern einzufügen, die am Straßenrand warten, bis wirklich einmal kein Auto kommt. Dann läuft man wie Jagdwild um sein Leben.

Es gibt viel mehr Autos, als ich dachte. Ich lerne erst später, in Leningrad, nach den Nummernschildern unterscheiden, ob ein Auto der Partei gehört oder einem Kollektiv, einem Institut oder einem Privaten. Die Privaten sind die wenigsten, zumindest in der Metropole.

Obwohl schon zehn oder halb elf, ist noch ein Geschäft offen: *die* Touristenattraktion, ich habe schon von ihr gehört. Eine Art altmodischer Hotelhalle oder auch ein Spielkasino in Baden-Baden, jedenfalls zaristisch, ob dem Baujahr oder nur dem Baugeist nach, weiß ich nicht. Von der gewölbten Decke hängen riesige Kristall-Lüster, an den Wänden Spiegel, überall Kristall und Marmor. Ein Warenhaus, genau gesagt: ein Lebensmittelhaus. Die Russen sind leidenschaftliche Esser. Sie geben viel Geld aus für gutes Essen. Es gibt in diesem Geschäft alles, was man gern hat: viele Brotsorten in vielen Formen, viele viele Käsesorten, Quarksorten, Fischarten, Kaviar, Fleisch, Kuchen, Torten, Schokolade, Konfekt, Weine, Schnäpse, Liköre, Kaffee, Obst. Viele Käufer, schön ordentlich wartend, aber keine langen Schlangen. T. sagt, daß man in den einzelnen Stadtvierteln in jedem Wohnblock ein zwar nicht halbwegs so prächtiges, aber alles Gewünschte bietendes Geschäft habe, in dem man morgens den Bestellzettel abgebe und am Abend die Ware abhole, ohne Warten, das geht alles in einem: Waren vom Geschäft, Kinder vom Kindergarten, Wäsche aus der Wäscherei. Die sowjetische Hausfrau hat es darin leicht, das muß man sagen. Ich schaue mir die Leute an beim hellen Licht der Kronleuchter: sie sind alle gut gekleidet und haben gute Schuhe an (die so schön lackglänzenden sind aus Kunstleder freilich, sagt T.), es gibt Frauen in Hosenanzügen und gemäßigten Miniröcken, mit Perücken und Lidschatten und Lippenstift, und einige riechen nach sehr gutem Parfüm, und nicht alle sind so dick wie die, welche ich in Erinnerung habe, die während des Kriegs zwangsarbeiteten in Deutschland, es gibt sehr hübsche Mädchen, auch schlanke, es gibt keine drogenverwüsteten Gesichter, es gibt keine Beatles und Hippies, aber doch auch mäßig langhaarige und bärtige junge Männer, dazwischen Frauen in Tücher vermummt wie alte Bäuerinnen; die Zeiten und Moden gehen durcheinander. Aber die vermutete Armut, die graue Misere, ich finde sie nicht, hier nicht. Freilich: Metropolen sind Potemkinsche Dörfer; also keine voreiligen Schlüsse, weder so noch so, sage ich mir.

Die Gorkistraße ist endlos und ganz gerade, wir gehen und gehen, immer vor uns am Nachthimmel den fünfzackigen goldenen Stern auf dem Kremlturm.

T. redet nicht viel, nur das, was man jedem Touristen sagt, und ich mag sie nicht viel fragen, ich kenne sie nicht, sie geht so verschlossenen Gesichts und karg in jeder Äußerung neben mir her, daß sich in mir der Verdacht festigt, sie sei weniger meine Dolmetscherin als meine Überwacherin und eine Funktionärin der Partei. Jahrzehnte antikommunistischer Erziehung haben auch mir gewisse Vorurteile eingeätzt. Was, zum Beispiel, bedeutet das sonderbare viereckige Loch über meinem Hotelbett? Ich betrachte es mit Mißtrauen. Und das Telefon ist sicher überwacht; ich werde gut daran tun, es nie zu benützen. Und am Hoteleingang, hat mich da nicht ein Mann sonderbar scharf angeblickt? Und ist er nicht sofort, nachdem wir auf die Straße traten, auch hinausgegangen? Vermutlich folgt er uns. Mir ist unbehaglich zumute.

Ob mich diese T. wohl auch allein und unüberwacht ließe?
Wir werden sehen.

Jetzt senkt sich die Gorkistraße ein wenig, und dann steigt
sie leicht wieder an, und jetzt sehe ich gleichzeitig zweierlei,
und ich weiß nicht, wo meine Augen lassen, beides ist aufregend und beides gegensätzlich und doch nur ein einziges
Bild: der riesige unverstellte Rote Platz, im Hintergrund die
Kirche aus dem russischen Märchen, die Basilius-Kathedrale,
vieltürmig golden und bunt, mit Zwiebeln wie Pinienzapfen
geschuppt, aus blau und gelben Farbbändern gedreht, wie
Waffeln gerippt, mit Zackenmustern, Rundbögen, Spitzen,
rotweißen Kreisen, mit Galerien und Vorhallen und Säulen
und Säulchen und Pforten und Pförtchen, nicht gebaut, sondern Einfall über Einfall aus dem Boden gewachsen, in einer
sanften vegetabilischen Explosion aufgeworfen oder im
Traum eines Frommen aufgeblüht. Man bedenke: es ist das
erste Mal, daß ich so eine Kirche in Wirklichkeit sehe und
nicht bloß auf Bildern, das trifft einen. Die Kirche ist keine
Kirche mehr, sondern ein Museum, sagt T., aber von außen
und weitem ist sie immer noch ein mystisches Gebet.

Aber – und – das andere: die rote Flagge auf dem Kreml,
von unten her angestrahlt, so daß das Rot des Tuches sich
mit dem Gelb des Lichts mischt und eine Feuerfarbe ergibt
und, da dort oben von der Moskwa her immer ein Wind
weht, der das feuerfarbene Tuch bewegt, wirklich aussieht
wie eine lodernde Flamme, die feurige Zunge des marxistischen Geistes über dem finsteren alten Kreml.

Beim Hinaufschauen zu diesem Zeichen der Revolution werde ich mit einem Schlag erst wirklich gewahr, wo ich bin: im
Kern der Sowjet-Union, im Brennpunkt einer großen Idee,
die so viel und so wenig korrumpiert ist wie die christliche,
und wie ich sie spüre, wenn ich, selten genug, auf dem Petersplatz in Rom stehe und mir die ausgestreckten Arme der
Colonnaden anschaue, die durchaus nicht nur zur weltweiten
Umarmung gewillt sind, sondern auch zum Sich-Verschlie-
ßen, zum Ausschließen, zum Einschließen in Dogmen und

Institutionen, zum Isolieren der ›kleinen treuen Herde‹, zum Erdrücken der Widerspenstigen in der vorgetäuschten Rettungsgeste. Der Vergleich der beiden Plätze liegt für jemand, der in Rom lebt, so nahe. Hier und dort das Imponiergehabe zinnenbestückter Mauern mit Wehr- und Fluchtgängen, der Anspruch auf ungeheuer viel Welt-Raum, die Lage auf einem Hügel und an einem Fluß, und im Zentrum des Zentrums ein Grab: dort das Petrusgrab, hier das Mausoleum Lenins, hier wie dort immer frische Blumen und ein Besucherstrom aus aller Herren Länder, vom Turm ein melodischer Stundenschlag, und hier statt der bunten vatikanischen Schweizergarde die Kremlwache mit feierlich komischer Wachablösung wie vor dem Buckingham-Palast, feudalkriegerische Sitten, Stechschritt – Marsch, Gewehr über, Gewehr ab, Kehrt, Marsch – Drohgebärden, alte Kinderspiele, von denen auch das moderne Sowjet-Volk nicht lassen mag. Aggressive Atavismen, unausrottbar.

Es ist unmöglich, am ersten Abend schon gelassen die Spannung zwischen Goldkathedrale und Revolutionsflagge anzunehmen als etwas nun einmal so und nicht anders Gegebenes. Vorläufig verwirrt es mich. Ich fühle mich allein zwischen unlösbaren Welt-Widersprüchen. Ich bin froh, als ich schließlich in der Nähe einen fotografierenden Mann in reinstem Sächsisch zu seiner Frau sagen höre (in Hochdeutsch übersetzt): »So, jetzt ist der Film alle, jetzt hab' ich Hunger, gehn wir essen, ich will ein Bier, aber Eisbein wird's nicht geben«, und die Frau erwidert: »Daß du immer nur an Essen und Trinken denkst, sogar hier vor dem Lenin . . .« Dieser handfeste Satz bringt einen auf das solide Pflaster zurück.

Auch T. und ich verlassen jetzt den Platz. T. sagt, er heiße nicht deshalb der Rote, weil Rot die Farbe der Revolution und der Partei sei, er habe schon vorher so geheißen, schon seit Jahrhunderten. »Rot« heiße nämlich auch »schön«. Der »Rote Platz« heißt also auch und eigentlich der »Schöne Platz«.

Wollen wir die ganze Gorkistraße noch mal gehen auf dem

Rückweg? Wir sind zu müde, und T. will mir zuletzt auch noch eine andere moskowitische Attraktion zeigen: die Metro. Man fährt auf einer Rolltreppe ins weißgekachelte scharf desinfizierte Erdinnere. Tiefer, noch tiefer. Das war die Rettung der Moskauer gegen die deutschen Bomber. Hier war man sicher. Hier hat Stalin 1942 seine berühmte Durchhalterede gehalten. »Ohne ihn, ohne diese Rede«, sagt T., »wäre der Widerstand zusammengebrochen.«

Was empfindet ein humaner Sowjetbürger von heute, wenn er von Stalin spricht und ihm nolens volens Gutes nachsagen muß?

Ich bin sehr müde, als mich T. an der Hotelzimmertür abliefert. Aber ich schlafe lange nicht ein. Das viereckige Loch in der Wand überm Bett . . . Ich höre genau über oder nahe dem Loch das leise Rücken eines Stuhls und Schritte, die sich von dieser Stelle entfernen. Ich sage laut: »Sie da oben, Sie verstehen Deutsch, sonst hätte man Sie nicht beordert, mich zu überwachen. Aber meinen Sie, ich spräche laut im Traum und stieße Antisowjetisches aus? Lächerlich. Schlafen Sie lieber. Gute Nacht!« In der Nacht weckt mich dreimal das Telefon. Einmal ist's eine aufgeregte Frauenstimme, sie spricht irgendeine sowjetische Sprache, ich antworte auf englisch, daß ich nicht verstehe, aber sie will's nicht glauben. Zweimal ist's eine Männerstimme, die auf etwas insistiert. T. sagt mir am Morgen, das sei sicher ein im selben Hotel wohnender Georgier gewesen, der nachts nicht allein sein mochte und herumtelefonierte, ob nicht jemand die Nacht, so oder so, mit ihm teilen wolle.

Gewiß hat meine Rede an den ›Spion‹ niemand gehört außer mir selber, und das Loch überm Bett war ein Abzugsloch, zu einem Entlüftungsschacht führend, und überwacht war ich bestimmt nicht, und drei Wochen später, am Ende meiner Reise, lache ich über meine Gespensterangst, obgleich ich natürlich inzwischen auch erfahren habe, wie unberechenbar das Leben in der Sowjet-Union ist. Ich halte es jedoch für ausgeschlossen, daß man eine politisch so unwichtige Person wie mich überwachen wollte, und wie könnte man denn alle Besucher aus westlichen Ländern überwachen, soviel Personal dafür einzusetzen lohnt gewiß nicht, und mich zu überwachen wäre nicht einfach gewesen, denn ich, mit dem Kopftuch und unbestimmbarer nationaler Herkunft, wäre schwerlich in der Menge der Passanten als Nicht-Russin aufgefallen.

Daß T. mich hätte überwachen sollen, ist gänzlich absurd; ein Charakter wie sie ist nicht korrumpierbar; wir haben Freundschaft geschlossen und werden sie halten. Zudem habe ich im Schriftsteller-Verband immer gesagt, wohin ich gehe, man hat mir ja dortselbst meine ungewöhnlichen und nicht eben ganz genehmen Treffen organisiert: das mit dem Oberrabbiner von Moskau, mit Sagorsk, mit dem katholischen Priester Moskaus, mit den Baptisten ... Einige nicht vorgemeldete Besuche gestand ich nachher. Einige verschwieg ich – in der Annahme, man könne sich denken, daß ich sie machte, und einige, von denen man dachte, ich würde sie machen (bei Solschenizyn etwa), machte ich nun gerade nicht. Alles in allem unterstellte ich einfach eine normale Freiheit innerhalb der Grenzen des gegebenen Systems. Die Methode hat sich bewährt. Hätte man mir ein Treffen mit Solschenizyn erlaubt? Ich versuchte es nicht, denn ich war Gast, und mir lag nichts am Provozieren, obgleich mich politisch Verbotenes immer reizt. Ich hätte natürlich auch ohne Erlaubnis zu Solschenizyn gehen können. Freunde hatten mir den Weg geebnet. Ich ging ihn mit voller Absicht nicht. Solschenizyn nämlich ist ein scheuer und leidender Mann und keine Touristenattraktion. Ich hätte freilich gewußt, was mit ihm reden, ich hatte ja zwei seiner Bücher gelesen, und die gründlich. Aber mir genügte es, seine Freunde zu kennen. Das nächste Mal vielleicht.

Erste Überraschungen. Im Haus des Schriftsteller-Verbandes. Ich werde mit Kaffee und Konfekt bewirtet, und ich werde gefragt, was ich in den drei Wochen sehen möchte. Ich weiß nicht, was ich mir wünschen darf, ich will nicht unbescheiden sein (völlig unnötiges Bedenken), aber dann sage ich doch kühn: »Sibirien.« Man sagt, dafür sei es leider zu spät im Jahr, es sei schon Winter dort, zumindest seien die Flüge und die Landungen bereits unsicher; ob ich darauf bestehe? Also dann nicht Sibirien. Man schlägt mir Leningrad vor. Ich überlege mir: »Petersburg«, und denke an Dostojewski und die Eremitage und sage freudig zu. Und was noch? Wenn also nicht Sibirien, dann Kaukasus, falls es möglich ist. Natürlich; und auf dem Hinflug Kiew? Ja, auch Kiew. Aber, sage ich, eigentlich will ich nicht nur reisen und Landschaften sehen. Man schlägt vor: das Bolschoi-Ballett, Puppentheater für Kinder, Puppentheater für Erwachsene, Kindertheater, Pionierpalast, ja, all das will ich sehen; und ich müsse unbedingt die große Ausstellung für Landwirtschaft und Technik ... »Nein, bitte, die nicht.« Aber sie ist ungeheuer eindrucksvoll. »Mag sein. Dafür möchte ich einige Leute kennenlernen, Frauen, Redakteure, und ...« (los, sage ich zu mir selber, mehr als nein sagen können die nicht) »und dann möchte ich ein Gespräch mit dem Metropoliten von Moskau und jemandem vom Staatskirchenamt, mit dem katholischen Pfarrer, mit der Baptistengemeinde und mit dem Oberrabbiner von Moskau.«
Einige Augenblicke Schweigen. Ich bereite Verlegenheit, aber man läßt es sich nicht anmerken. »Hast du es notiert?« fragt der fürs Programm Verantwortliche seinen Assistenten. Ich sage, nachträglich erklärend und versuchend, den kleinen Schock abzuschwächen: »Ich interessiere mich nämlich für religiöse und kirchliche Fragen. Überall.«
Man nimmt das zur Kenntnis. Man wird mir die gewünschten Verbindungen herstellen und mir am nächsten Tag Bescheid geben. Um nicht allzu suspekt zu wirken, bitte ich dann noch, daß man mir eine Kolchose zeigt. Auch das wird

eingeplant werden, und zwar für die Kaukasusreise. Ich bin neugierig, welche der Begegnungen mit Kirchenmännern mir tatsächlich gewährt wird. Die Wünsche sind ungewöhnlich. Soviel ich erfahre, hat kein Gast des Schriftsteller-Verbandes jemals derlei gewünscht. Ich bin darauf gefaßt, am nächsten Tage Ausflüchte zu hören: der Oberrabbiner sei nicht in Moskau, der katholische Pfarrer sei krank ... Aber nein! T. sagt mir am nächsten Tag, daß die Termine so gut wie fest seien.

Gespräch mit Vater Alexander von der Metropolitan-Kirche in Moskau. ›Metropolitan-Kirche‹ hört sich großartig an. Es ist eine vergleichsweise kleine und gar nicht schöne Kirche. Die wirklich schönen alten Kirchen mit den Ikonen und Fresken aus dem Mittelalter sind alle in Museen verwandelt.

Ich warte nach dem Gottesdienst auf Vater Alexander. Er ist ein ›Mann in den besten Jahren‹, weiß und himmelblauseiden gekleidet, mit großem goldenem Brustkreuz, mit gepflegtem gekräuseltem rötlichem Vollbart und einem runden rosa Gesicht, wohlgenährten gewölbten Leibes und zufrieden. Ich bitte ihn, mir einige Fragen zu beantworten. Er ist scheinbar höflich bereit dazu, zieht sich aber gleichzeitig merklich in sich zurück und macht kleine Augen, am liebsten würde er sie schließen. Ich stelle harmlose Fragen, um ihn nicht noch mehr zu verscheuchen. Er scheint ein ängstlicher Mann zu sein.

Meine erste Frage: Können Sie eine weitere Abnahme Ihrer Gläubigen bemerken?

Er zuckt die Achseln.

Ich: Oder nimmt die Menge der Gläubigen Ihrer Kirche – ich frage nur nach Ihrer Kirche – ein wenig zu in letzter Zeit?

Er: Die Summe der Gaben bleibt immer gleich, daraus schließe ich, daß auch die Zahl der Gläubigen gleich bleibt.

Ich: Das könnte ein Trugschluß sein. Aber, was mich interessiert: Haben Sie junge Menschen in den Gottesdiensten?
Er: Auch.
Ich: Haben Sie den Eindruck, daß das Interesse an religiösen Fragen wächst?
Er: Ich weiß nicht. Die treue Herde ist immer klein.
Ich: Wissen Sie, daß in vielen Teilen der übrigen Welt die Jugend beginnt, neu nach Jesus zu suchen?
Er: (ärgerlich) So ein Unsinn: Nach Jesus suchen! Wozu denn suchen? Er ist doch da, ihn braucht man nicht mehr zu suchen. Die jungen Leute sollen in die Kirche gehen und beten und glauben, dann haben sie, was sie brauchen.
Ich: Aber viele wollen nicht in die Kirchen gehen, weil sie Jesus eben dort nicht finden.
Er: Häresie und Dummheit.
Ich: Kennen Sie Aussagen der modernen Theologie?
Er: (mit beiden Händen abwehrend) Nein, nein! Die moderne Theologie ist vom Teufel in die Welt gebracht, um die Menschen zu verwirren und vom Glauben abzubringen. Beten muß man und in die Kirche gehen, nicht Theologie treiben. (Zornig) Wir brauchen keine neue Theologie!
Jetzt verstehe ich, warum die orthodoxe Kirche für die Jugend und die Intelligenzija ohne Anziehung ist. Und da ein großer Teil des Volks eben Jugend und Intelligenzija ist (auch die Arbeiter gehören mehr und mehr zur Intelligenzija), spielt die orthodoxe Kirche wenigstens zur Zeit keine Rolle mehr, jedenfalls eine noch weit kleinere als die doch dynamische römisch-katholische Kirche in westlichen Ländern.

Beim Oberrabbiner. Man hatte mir in Deutschland gesagt, es gelinge niemandem, mit ihm zu sprechen. Mir gelingt es wenigstens, von ihm eine Zusage zu einem Gespräch zu bekommen, sogar via Schriftsteller-Verband, was nicht die beste Empfehlung für mich sein kann. Ich bin für Sonntagmittag zwölf bestellt. Ich komme nicht zum erstenmal in eine Synagoge und erlebe nicht zum erstenmal das Durch-

einander im Gemeindesaal. Männer, nur Männer, alle mit Hüten auf dem Kopf. Tradiertes Patriarchat. Der Saal vollgepfercht. Irgend etwas liegt in der Luft. Etwas Ungutes. Ein Gedränge, Geschiebe und Gestoße wie in einem Pferch voll aufgeschreckter, verängstigter Tiere. »Nein«, sagt einer der Männer, »der Oberrabbiner ist nicht zu sprechen.« »Doch«, sagt T., »wir sind angemeldet, er erwartet uns.« Der Mann schüttelt ungläubig den Kopf und sagt, wir sollen gehen. T. sagt ihm einiges, ich weiß nicht was. Da geht er schließlich, unwillig, aber er geht. Ich schaue mir die Männer mit den klugen traurigen Augen an: Chagallgesichter, einige leicht fanatisch, andere verschreckt, mit Tränensäcken unter den Augen, mit langen grauen Bärten und mißtrauischen Blicken. Ich schlage meine neugierigen Augen nieder und empfinde mich als lästigen Eindringling in ein fremdes, großes und ehrfurchterregendes Schicksal. Wäre T. nicht gewesen, ich wäre jetzt still und rasch hinausgegangen. Da kommt der Abgesandte und sagt unwirsch, ich könne zum Oberrabbiner kommen. Er steht im Betsaal. Eine eindrucksvolle, bleiche, hinfällige Gestalt. Er sagt, er fühle sich elend, habe eben eine Operation hinter sich. Ich sage, ich wolle nicht stören, ich . . . ja, ich weiß eigentlich nicht, was ich von ihm will, denn ich kann ihn doch nicht direkt danach fragen, ob es wahr sei, daß die Juden in der Sowjet-Union so schlecht behandelt würden. So rede ich etwas von meinem alten Interesse fürs Jüdische, von meinen Begegnungen mit Martin Buber in Deutschland und Jerusalem und in der Schweiz, von meiner Beschäftigung mit dem Chassidismus . . . (ich ahne nicht, ob er jüdische Mystik überhaupt mag). Ich rede und schaue den alten Mann an. Er ist nervös, er zittert ein wenig. Ich breche ab und sage, ich wolle lieber gehen. Er sagt: »Verzeihen Sie, ich fühle mich wirklich elend – es hat sich unerwartet eben für ein Uhr eine staatliche Kommission angesagt. Wenn Sie ein anderes Mal wiederkommen . . .«
Das also ist es; die überraschende staatliche Kommission. Was will sie? Man weiß es nicht, aber man hat Angst. Man

hat immer Grund zur Angst, auch wenn man nichts befürchten muß.

Wie ist das mit dem Antisemitismus in der Sowjet-Union? Es gibt Antisemitismus in Polen, dort sehr kräftig, wenn auch kaum von jemandem zugegeben; ich traf aber doch Intellektuelle, die es mir bestätigten. Die Sowjetbürger sagen: »Die Polen mögen niemanden, der nicht polnisch und nicht römisch-katholisch ist. Aber wir in der Sowjet-Union, wie könnten wir Antisemiten sein, da wir uns keinerlei Rassismus leisten können? Wir haben zu viele verschiedene Rassen und Religionen in unserm Staat. Wir sind keine Antisemiten.«

Nun gut, das glaube ich. Ein anderes aber ist der politische Antisemitismus von seiten der Regierung.

Ich sprach mit mehreren Juden, die, obgleich (noch dazu!) durchaus nicht parteifreundlich, gänzlich unbehelligt sind. 25 vom Hundert aller Lehrstühle an sowjetischen Universitäten sind von Juden besetzt. Zum Beispiel.

Ja, aber die böse Sache mit der verhinderten Auswanderung nach Israel?

»Das ist« (so sagen mir Juden!) »kein Antisemitismus. Die Juden haben in der Sowjet-Union große Bedeutung als Wissenschaftler und in gehobenen Stellungen; wie könnte die Sowjet-Union auf ihre Mitarbeit verzichten? Sie läßt keinen Mann und keine Frau gehen, deren Leistung für die Sowjet-Union wichtig ist. Darum, und nicht aus Gründen des Antisemitismus, läßt man jene Juden nicht auswandern. Aber jene Juden machten eine Provokation daraus, auf die wiederum die Regierung mit Gegenschlägen antwortete.«

So sagen die Juden. Ich sage: Kein Antisemitismus, gut, aber Anti-Israelismus.

Freilich, das ist jedoch etwas anderes. Es ist klar, daß die Sowjet-Union nicht die Israeli stärken will gegen die Araber! Hochqualifizierte Juden aus der Sowjet-Union auswandern lassen, bedeutet: den Israeli helfen. Und das kann man wohl der Sowjet-Union nicht zumuten.

Die, welche mir das sagen, wissen natürlich, daß sie einen Problemkomplex vereinfachen; aber die Information ist dennoch nicht falsch. Warum aber erwartete der Oberrabbiner von Moskau die staatliche Kommission mit solcher Angst? Vielleicht war es keine Angst, sondern nur Erregung und Erwartung. Vielleicht brachte die Kommission Freudiges: die Erlaubnis zur Auswanderung für eine weitere Gruppe. (Ich hörte später: so war es. Vielleicht war also die Angst einfach Gewohnheit? Wer will sich darüber wundern.)

Gespräch mit einem sowjetischen Philosophen, Universitäts-Professor, Mitglied der Akademie, also im höchsten Range.

Ich: Langweilt es Sie nicht, immer nur die Philosophie des Marxismus zu lehren?

Er: Zu lehren? Nein.

Ich: Aber zu denken.

Er: Ich hörte, Sie kennen sich in katholischer Theologie aus.

Ich: Ein wenig. Wieso?

Er: Sie kennen Karl Rahner, wie ich hörte.

Ich: Ja. Und?

Er: Rahner ist Dogmatiker, nicht wahr?

Ich: Ja, gewiß.

Er: Und er ist kein Häretiker?

Ich: Ich hoffe nein. Er war jedoch schon einige Male häresieverdächtig.

Er: Aber er *ist* kein Häretiker?

Ich: Das dürfen Sie nicht mich fragen.

Er: Soviel ich weiß, tritt Rahner für eine moderne Interpretation der Dogmen ein.

Ich: Ja. Ich erinnere mich meines Schreckens und Entzückens, als ich ihn in der ersten Vorlesung sagen hörte: »Was meinen wir denn, wenn wir sagen . . .« Ich weiß nicht mehr, um welches Dogma es sich handelte, aber ich habe den Satz von Rahner im Verlauf der Jahre noch oft gehört.

Er: Gut, sehr gut: »Was meinen wir denn«, wenn wir diesen oder jenen Satz der marxistischen Philosophie sagen?

Ich: Und so entgehen Sie der marxistischen Häresie, wie Rahner der katholischen.

Er: Genau so. Wollen wir hoffen.

Beim römisch-katholischen Pfarrer. Sehr (jedoch unabsichtlich) nahe bei der gefürchteten ›Bolschaja-Lubjan-ka‹, dem Untersuchungsgefängnis, ist die katholische Kirche; ein kleiner klassizistisch anmutender Bau mit einem rührend und wie von Nonnen gepflegten Vorgarten, in dem Grüpp-chen polnisch sprechender Frauen und eine Gruppe äl-terer Amerikanerinnen, Touristinnen, stehen. Sie kommen von der ersten Sonntagsmesse. Zwischen der ersten und der zweiten kann ich eine halbe Stunde in der Sakristei mit dem Pfarrer sprechen. T. läßt mich allein mit ihm. Er ist etwa sechzig, groß und schlank, höflich.

Er spricht Deutsch, aber er will nicht gerne reden. Er sieht aus, als sei er lange in einem sibirischen Lager gewesen oder habe sonst außerordentliche Leiden hinter sich. Ein anzie-hendes, schmales, nobles Gesicht. Ich sage ihm, wer ich bin und warum ich zu ihm kam, und ich stelle ihm meine Fra-gen: ob er bemerke, daß im sowjetischen Volk das Interesse für Religion anwachse und ob die Jugend sich für das Chri-stentum interessiere. Er schaut mich still an aus tiefliegenden Augen und sagt nichts. Es ist klar: er will nicht lügen; aber er will nicht antworten, weil gerade auf diese Frage mit ›ja‹ antworten heißt: zugeben, daß der Marxismus als Weltan-schauung nicht mehr trägt, und dies zugeben heißt: sowjet-feindlich denken (den Schluß ziehen jedenfalls die Mar-xisten).

Ich dränge nicht weiter. Ich wußte damals noch nicht, was

ich jetzt weiß: daß es unter sowjetischen Christen, die der orthodoxen Kirche angehören, solche gibt (ich kann nicht sagen ›viele‹, ich weiß das nicht, und niemand weiß das genau), die zur römisch-katholischen Kirche übertreten wollen oder bereits übertraten; ich wußte auch noch nicht, daß bisher Ungetaufte, im Atheismus Aufgewachsene, sich und ihre Kinder (oder zumindest diese) taufen lassen.

Ich frage ihn, ob er sehr behindert sei in der Ausübung seines Amtes. Er sagt: »Nein. Ich habe hier die Kirche, halte Gottesdienst, die Kirche ist immer voll, ich gehe zu Kranken und Sterbenden, taufe, segne Ehen ein, halte Beerdigungen.« Und der Unterricht? In den Schulen gibt es keinen Religionsunterricht, natürlich. Wo denn aber? Er zuckt die Achseln. Gibt es denn junge katholische Priester? Es gibt doch keine katholischen Seminare!

Darauf antwortet er nicht. Er schaut mich so still und stumm an, als wolle er herausfinden, wer ich denn sei und ob ich kein Spitzel sei. Ich sage es ihm geradeaus ins Gesicht, daß ich keiner sei. Er lächelt nicht. Erst bei dem Gespräch über neue westliche Theologie und über das II. Vaticanum wacht er auf. Er liest viel Theologisches; er meint, die römisch-katholische Kirche im Westen habe seit dem Konzil so große neue Möglichkeiten und nütze sie so schlecht. Ein Rahner habe so viele Türen geöffnet, aber die Kirche schlage sie wieder zu. Er gehört übrigens zur Diözese Wilna (oder Riga, das vergaß ich), dort gibt es noch viele römische Katholiken.

Ein wunderbares Gespräch, das eigentlich aus Blicken und Schweigen bestand. Die Worte gaben weniger Informationen als die Augen dieses Mannes. Als ich gehen wollte, sagte er: »Bitte bleiben Sie noch, der zweite Gottesdienst beginnt erst in zehn Minuten. Ich habe so selten Gelegenheit, mit jemandem zu reden.«

Das wundert mich, denn ich hörte (und ich sah es ja selber), daß in die Kirche viele Leute kommen: Polen, Esten, Letten, Deutsche, Amerikaner, vor allem von den verschiedenen Botschaften. Offenbar traut er doch keinem. Beim Abschied sagt er plötzlich ungemein herzlich: »Kommen Sie bitte wieder.« Das ›bitte‹ klingt, als habe er es aus großer Tiefe heraufgeholt und als sei er nicht ganz sicher, ob er es so sagen dürfe. Die Kirche ist inzwischen brechend voll.

Hernach sagt mir T. (Nicht-Christin): »Verglichen mit den andern, die wir bis jetzt sahen, entspricht dieser Mann als einziger meiner Vorstellung von einem Priester. Ich kann mir denken, daß seine Nähe einen verlockt, katholisch zu werden.«

Die Kirche der Baptisten liegt so versteckt irgendwo, daß ich mich wundere, wie unser Fahrer vom Schriftsteller-Verband sie so zielsicher findet. Wir sind erwartet. Ein heiterer Herr mittleren Alters steht schon auf der Straße vor der Kirche und geleitet uns ins Haus. Die Herren, zwei ungemein freundlich und munter, ein dritter reserviert (der Aufpasser; auch hier einer). Ich stelle meine Fragen. Hier scheint (trotz des Aufpassers) keiner Angst zu haben, hier wird unbefangen, ja geradezu mit Triumph geantwortet: »Doch, das Interesse an Religion nimmt ungemein zu, auch bei der Jugend. Unsere Gemeinde wächst von Jahr zu Jahr. Wir haben viele und große Gemeinden in der Sowjet-Union. Unsere Lebensauffassung hat eine starke Faszination für das Volk, für Alte und Junge, für Intellektuelle und andere. Wir zeigen, daß das Evangelium Freude ist und den Geist befreit.«

Ich sage ganz harmlos: »Es befreit den Geist? Was heißt das?« Unbefangene Antwort: »Es heißt, daß der Mensch mit Hilfe des Evangeliums irdisches Elend übersteigt.« Ich frage: »Was heißt das?« Jetzt lachen die beiden. Es sind so heitere Männer mit Apfelbäckchen und strahlenden Augen, daß ich mir vorstellen kann, wie sie noch im Gefängnis und im Lager lachen und über alle Misere triumphieren. Mir ist ihre Heiterkeit um eine Spur zu dick aufgetragen. Sie ist schon echt, sicher, aber sie hat etwas vom lachenden suggestiven

Werben amerikanischer Politiker vor der Wahl. »Wählt Jesus, Leute, und ihr seid frei.« Diese Männer verwirren mich ein wenig. Natürlich haben sie recht, natürlich ist das Evangelium geeignet, den Menschen ›die Freiheit der Kinder Gottes‹ auch im Gefängnis zu erhalten. Aber daß diese heiteren Baptisten so offen sagen können, wie kräftig sich ihre Kirche in der Sowjet-Union ausbreitet, macht mich ein wenig stutzig. Ist sie denn der Partei genehm, und warum? Wie haben sie sich mit ihr arrangiert? Inwiefern vertragen sie sich? Die Sekte der Baptisten ist doch westlicher, ja amerikanischer Herkunft. Ist das für die Sowjets nicht eine suspekte Herkunft? Ich verstehe das alles nicht. Auch nicht, daß der dritte Herr plötzlich mitredet und sagt, es sei wirklich so: die Jugend interessiere sich für diese Religion der Freude.

Die Kirche, ein großer Betsaal, ist geschmückt mit Obst, Gemüse und Getreidegarben: Ernte-Dankfest. Auch die Kirche ist heiter und zuversichtlich.

Auf der Rückfahrt frage ich den Fahrer, wieso er so schnell zu dieser versteckten Kirche fand. Er sagt, er kenne sie gut, er habe hier oft seine Großmutter abholen müssen, sie sei Baptistin, gräßlich, sie gehe morgens hin, verbringe den Tag mit Essen und Schwätzen dort (die haben immer zu essen) und komme abends heim, sie arbeite nie, gebe kein Geld für den gemeinsamen Haushalt und sei schuld, daß er, obgleich getauft, nie seinen Fuß in eine Kirche setze; die Alte habe seine Mutter im Aberglauben erzogen, sie sei ein Mensch voller Angst vor der Hölle, und sie habe ihn so erzogen: »Du lügst, du kommst in die Hölle. Du gehorchst nicht, Gott wird dich schrecklich strafen . . .« und wenn er nicht folgte, so schlug sie ihn, und dies nannte sie ›den Teufel austreiben‹. So habe er denn ein Grauen vor dieser Religion bekommen, einen Abscheu geradezu, und es sei ihm unmöglich, je wieder eine vernünftige Beziehung zur Religion zu bekommen.

Ich frage: »Möchten Sie das?« Er sagt: »Ja, ich möchte es, aber es gelingt nicht mehr.«

T. K. hat mich eingeladen in ein Konzert von Swjatoslaw Richter in Moskau. (Schubert, Chopin, Debussy – ein braves Programm.) Das riesige Haus ist ausverkauft. Immer sind alle Theater- und Konzertsäle ausverkauft in der Sowjet-Union. Ich sitze auf der Galerie seitlich über dem Podium und kann den ganzen amphitheatralischen Saal überschauen. Das Bild eines Pointillisten: Farbtupfen an Farbtupfen, wenige dunkle, meist helle, leuchtende. Kein Smoking, kein großes Abendkleid, aber auch keine gleichgültige Arbeitskleidung und auch keine antibürgerliche provozierende Schlampigkeit. Alle sind wohlanständig angezogen für eine Gelegenheit, die zwar nicht aus dem Rahmen des alltäglichen Lebens fällt, bei der man jedoch der Kunst Respekt erweist. Keiner betrachtet das Konzert als einen Anlaß, sich darzustellen und andere zu übertrumpfen. Kein reicher Herr führt seine schmuckbehängte Frau mit sich als Beweis für seinen Reichtum, seine Tüchtigkeit und Kreditwürdigkeit, und keine Frau ist gekommen, um eine andere auszustechen. Alle Frauen sind selbst Arbeitende und selbst Verdienende und keine kostspieligen Zierstücke der Männergesellschaft. Alles, was mir an unserer bürgerlichen Gesellschaft so tief zuwider ist, fällt hier weg: die ganze Angeberei und Protzerei. Mir fallen die deutschen Festspielorte ein; wie dort die Pfauen radschlagen und die Truthähne kollern und sich aufplustern und wie einmal eine ›Dame der Gesellschaft‹ eine andere solche ohrfeigte, weil die das gleiche Modellkleid trug wie sie ... In der Pause schaue ich mir die Moskauer Konzertgänger aus der Nähe an. Wer da meint, die männlichen Sowjetbürger trügen rote Rollpullis oder wenigstens rote Krawatten zu schwarzen Russenkitteln oder speckigen Lederjacken à la Brecht, der irrt. Die Männer tragen überall bei auch nur halbwegs offiziellen Anlässen dunkle Anzüge gleicher Schnittart, dazu weiße Kragen und dunkle Krawatten. Wenn man Männer in Gruppen beisammen sieht, wirken sie wie Uniformierte. Es gibt für sie nur Fertiges zu kaufen, ›von der Stange‹, und das ist Massenproduktion, Einheitsware. Nur die Intellek-tuellen tragen (im Ausland gekaufte) Cordhosen und bunte Hemden und formlose Pullis. Bei Arbeitern, Geschäftsleuten und Funktionären scheint es einen durchgängigen Hang zum Kleinbürgerlich-Soliden zu geben. Auch bei den Frauen. Manche Frauen haben jetzt freilich schon ihre eigene Schnei-derin (so gut, wie sie beginnen, einen Privat-Arzt zu haben – Symptome für den Wunsch nach einer Entradikalisierung der Verstaatlichung). Für die Art, sich zu kleiden, fällt mir das Wort ›proper‹ ein. ›Proletarisch‹ aussehen mag keiner. Das mögen nur junge Ultra-Linke in ›kapitalistischen De-mokratien‹, Leute, welche Kostümierung mit revolutionärer Arbeit verwechseln.

        Im Komitee für ›Frau und Frieden‹ (dies wenig-stens Idee und Ziel der Vereinigung, den genauen Namen vergaß ich). Die Anwesenden: T., ich, eine blonde, schlanke, fließend deutsch sprechende Sowjetbürgerin (baltischer Her-kunft) und eine typisch russische Russin, will sagen, eine jener fülligen, gesunden, vitalen, herzlichen, mütterlichen Frauen, die unserer Standardvorstellung von der Russin ent-sprechen. Es wird, wie überall, sofort Tee und viel Konfekt serviert. Das Gespräch läuft im Zickzack und etwas ärgerlich für mich, die gekommen ist, um präzise Informationen zu erhalten. Ich bitte um Aufschluß über den genauen Zweck dieses Komitees. Die russische Russin beginnt zu sprechen, T. übersetzt, auch die Blonde übersetzt bisweilen, was T. erheblich irritiert, sie faßt es als Korrektur auf, als Zweifel an ihrem Deutsch, als Eingriff in ihr Amt, als Minderung ihrer Bedeutung.
Die Russin: »Bei der großen sozialistischen Oktoberrevo-lution 1917 . . .« Ich höre, daß damals die sowjetische Frau eine große Rolle spielte. Da ich das schon weiß und da ich verhüten will, daß ich zum soundsovielten Mal einen Abriß der sowjetischen Geschichte von 1917 bis heute hören muß,

wehre ich ab und bitte um Beschränkung auf meine Frage. T. übersetzt, dabei die sprudelnde Russin notgedrungen unterbrechend. Die Russin sagt freundlich: »Da, da.« (Ja, ja.) Und sie beginnt eifrig von neuem: »Bei der großen sozialistischen Oktoberrevolution ...« Sie redet und redet, T. übersetzt vieles überhaupt nicht mehr, sie sitzt schließlich stummergeben da. Ich hebe nach einiger Zeit ungeduldig die Hand: »Bitte, sagen Sie mir doch etwas über die ganz konkreten Ziele Ihrer Vereinigung.« Die Russin, ein ganz klein wenig irritiert: »Aber ja, ich bin doch dabei, es zu sagen.« Ein drittes Mal beginnt sie mit 1917. Diesmal greift die Blonde ein, in fließendem Deutsch, und lenkt das Gespräch entschieden in die von mir gewünschte Richtung. Die russische Russin ist enttäuscht, aus dem Konzept gebracht, aufs Glatteis geführt, sie war, wie ein Schüler aufs Examen, so schön vorbereitet gewesen über einen klar abgegrenzten historischen Stoff, und nun kommt da jemand, der das gar nicht von ihr hören, sondern klipp und klar Konkretes, Praktisches, Aktuell-Politisches erfahren will, und zwar darüber, mit welchen besonderen Mitteln diese besondere sowjetische Frauenorganisation für den Frieden der Welt arbeitet. Sie sind nicht originell und spezifisch, aber das macht nichts, gut sind sie.

Hernach erzähle ich in kleinem Bekanntenkreis von dieser Begegnung. Man lacht herzlich, und dann erzählt man mir folgende Anekdote: Ein amerikanischer Reporter interviewt einen hundertjährigen Ukrainer.

Reporter: Wie kommt es, daß Sie so alt wurden und in bester Gesundheit blieben?

Der Alte: Bei der großen sozialistischen Oktoberrevolution 1917 ...

Der Reporter: Bitte, keine Geschichte der Revolution.

Der Alte: Gut, gut. Bei der großen sozialistischen Oktoberrevolution 1917 ...

Der Reporter: Ich bitte Sie, mir doch ganz einfach auf meine einfache Frage zu antworten.

Der Alte: Bin schon dabei. Bei der großen sozialistischen . . .
Der Reporter: Verdammt, so schweigen Sie doch von der Geschichte der Revolution, was hat denn die hier zu tun?
Der Alte: Hat zu tun. Bei der großen sozialistischen Oktoberrevolution – laß mich doch ausreden! – war ein derartiges schweinemäßiges Durcheinander (Bordello, ein italienisches Wort seltsamerweise), daß alle Dokumente verlorengingen, auch die meinen. Wie zum Teufel soll ich also wissen, ob ich hundert Jahre alt bin.

        Beim Frühstück ohne T. im Hotel. Ein einziger Platz ist frei an einem der über Eck gestellten quadratischen Tischchen. Es sitzt dort ein junger Mann, lang und blond. Sicher kein Russe. Nein, Kanadier. Er war zwei Wochen in der Sowjet-Union, geschäftlich, aber mit offenen Augen und Ohren. Er hat eine Menge junger Russen kennengelernt; er sagt, sie seien fast alle religiös. Während des Gesprächs hat sich eine Frau zu uns gesetzt, Russin; sie hört zu, sie versteht Englisch, sie sagt, es sei so; für ihren Sohn und seine Freunde sei das Evangelium *das* Buch; sie selber verstehe diese Begeisterung nicht, sie sei mit dem Marxismus aufgewachsen und habe kein Bedürfnis nach etwas anderem, und sie habe so viel zu tun in ihrem Beruf (sie ist Ärztin), daß sie restlos ausgefüllt sei, und sie meine, das sei genug und sei gut; was diese jungen Leute darüber hinaus suchten, wisse sie nicht. Ich sage, ich würde mich sehr interessieren, solche jungen Leute kennenzulernen. Sie gibt mir eine Adresse, setzt aber hinzu, daß sie nicht sicher sei, daß die jungen Leute mit mir reden würden, sie seien sehr in sich abgeschlossen mit diesen Dingen.
Die Begegnung kommt zustande. Ich treffe in der Wohnung aber nur den Sohn der Ärztin. Die anderen konnten (oder wollten) nicht kommen. Eine kleine Wohnung im zehnten oder elften Stock einer häßlichen Mietskaserne. Aber immer-

hin eine richtige Wohnung: drei Zimmer für drei Personen, Küche, recht angenehmes Bad. Aber fast keine Möbel. Es war mir schon aufgefallen: In Moskau (auch in anderen Städten) gibt es keine Möbelgeschäfte. Man hat entweder ererbte Möbel aus vorrevolutionärer Zeit oder selbstgebaute. Das Zimmer des jungen Mannes ist asketisch. Er selbst, dreißig Jahre alt, ist einer der schönsten Menschen, die ich je sah. Ich versuche, ihn zu beschreiben, aber ich kann es nicht. Seine Art von Schönheit liegt nicht in einzelnen ästhetischen Vorzügen, sondern sie ist das Ganze an Leib und Seele dieses jungen Russen. Vielleicht trifft es am besten, wenn ich sage, er sei ein trauervoller männlicher Engel; und was an Widersprüchen in dieser Aussage ist, das eben macht das Ganze dieser faszinierenden Erscheinung aus.

Wir sind beide schüchtern, haben aber sofort Sympathie füreinander und das Bedürfnis, über Wesentliches zu reden. Jedoch, und darauf hatte seine Mutter mich nicht vorbereitet, er spricht weder Deutsch noch Englisch, nur Französisch, was wiederum ich nur ganz unzulänglich spreche. So gleichen wir zunächst zwei Taubstummen. Aber unser Verlangen zu reden erzwingt schließlich eine schöpferische Lösung: wir machen uns eine Sprache zurecht aus Latein, Französisch und Italienisch. Ich glaube aber, daß diese seltsame, diese unmögliche Sprache gar nicht wirklich unser Verständigungsmittel war, sondern daß wir uns sozusagen übersprachlich verstanden, vielmehr einander errieten. Er zeigt mir einen Stoß von Manuskripten: er ist Schriftsteller, aber einer von den Ungedruckten. Wieso, ob er denn Antisowjetisches schreibe. O nein, er sei und schreibe völlig unpolitisch, ihn kümmere die Politik überhaupt nicht, denn gegen sie anzukämpfen sei unmöglich, mit ihr einverstanden zu sein noch weniger möglich, emigrieren unmöglich. Möglich nur die Wahl zwischen zwei Lösungen: sich umzubringen (was er schon oft erwog, aber es unterließ, im Hinblick darauf, daß er ohnehin mit 33 Jahren sterben werde) oder aber zu schreiben, zu schreiben, zu schreiben, in der unsinnigen Hoffnung darauf, daß doch einmal etwas gedruckt würde. Und warum, frage ich, wird es in der Sowjet-Union nicht gedruckt, wenn es doch nichts Politisches, nichts Antisowjetisches enthalte?

Diese Frage hätte ich eigentlich nicht zu stellen brauchen: als mir 1941 die Erlaubnis zur Publikation von der Partei entzogen wurde, hatte ich auch nichts Politisches geschrieben, sondern ein ganz unpolitisches, ein ›abseitiges‹, ein poetisches Buch (›Die gläsernen Ringe‹). Warum das Verbot? Weil das Buch aus einem Geist kam, der antifaschistisch war; es kam aus einer anderen Welt, aus der Gegen-Welt. Und darum konnte Hermann Hesse damals darüber schreiben, ihn habe das Bekenntnis zum Geist tief erfreut; und später schrieb er, dies Buch habe ihn während des Krieges getröstet, denn es habe ihm gezeigt, daß es ›das andere Deutschland‹ wirklich gebe. Und es war doch nur ein ›schönes‹ Buch. Dieser junge Russe schrieb ›Schönes‹. Er versuchte mir zu sagen, was es ist. Ich begreife nach und nach: es ist lyrische Prosa, wahrscheinlich an Baudelaire geschult, sicher von Hölderlin beeinflußt (beide Namen fallen mehrmals) und vielleicht andeutungsweise als ›magischer Realismus‹ zu bezeichnen. Zum Beispiel gibt es die Schilderung einer nächtlichen Straße, einer Mauer, einer Kurve, einer Hand auf einer Mauer; und aus dem wenigen Material wird eine Szene so voll schwarzer Angst, daß selbst die mühsame Übersetzung ins Französische (und von mir für mich ins Deutsche) sie nicht zu zerstören vermag. Ich höre sie mir wieder und wieder in Russisch an, ich verstehe kein Wort Russisch, aber da ich von Musik etwas verstehe, ist mir klar, daß dies etwas sehr streng Gebautes ist und dabei etwas stark Lebendiges; am besten sage ich es in einem Bild: eine moderne Brückenkonstruktion, unter der ein dunkler Strom hinfließt. Ich meine mich nicht zu irren. Der junge Mann ist auf eine rührende Weise glücklich, als er merkt, daß ich ›mitgehe‹, und, soweit möglich, begreife. Dann reden wir über Hölderlin. Er liest ihn in Russisch. (Ich möchte wohl wissen, ob das Hölderlin-Deutsch übersetzt werden kann; vielleicht ist etwas anderes daraus geworden, etwas völlig Russisches.)

»Hölderlin«, sagt der junge Mann, »ist ein Heiliger. Er ist ein Freund von Jesus. Er war nicht wahnsinnig, er war nur in solcher Ferne und Höhe, daß er sich nicht mehr mitteilen konnte, nur in Sprachfetzen, wie eine griechische Seherin. Hölderlins Gedichte sind Orakel. Aus ihnen spricht Jesus.«

Er fragt mich nach meiner Religion. Er weiß von der katholischen Kirche nichts, aber er kann vieles aus den Evangelien auswendig, er lebt davon, wirklich, er lebt davon. Ich begreife das mit einem tiefen Erschrecken: wir außerhalb der Sowjet-Union, wir sind katholisch oder protestantisch oder sonstwie christlicher Konfession; aber wir sind wie Leute, die Brot und Wein verschlossen im Schrank haben, statt davon zu essen und zu trinken. Wir rennen herum und suchen nach Eßbarem, nach Rettung vor dem Hungertod, aber daß wir nur den Schrank aufzumachen brauchen, um Nahrung zu finden, das wissen wir nicht, das wollen wir nicht wissen. Hier in der Sowjet-Union, nach fünfzig Jahren marxistisch-atheistischer Erziehung, entdeckt eine Generation ganz von allein, daß man aus den Evangelien *leben* kann.

Fern aller Religionen, fern aller Bibel-Exegese und aller Dogmatik, fern aller ratio, finden diese jungen Menschen den von Jesus gemeinten, von ihm so dringlich angebotenen ›Quell des ewigen Lebens‹.

Der junge Dichter und ich sind Freunde geworden; er gab mir sein Foto und schrieb darauf: »Für meinen Freund L., den Menschen, der mich versteht.« Ich lasse mir das später übersetzen und sage ihm beim nächsten Treffen, er müsse ›Freundin‹ schreiben. Nein, sagt er, das war Absicht: Freund; denn für einen Mann sei Freund mehr als Freundin.

9. 1. 72. Ich zögerte lange, ob ich ein Wort aufschreiben soll, das in diesem Gespräch fiel – und nicht nur in diesem. Ich

schreibe es jetzt auf, nach der Verurteilung Bukowskis; es heißt: »Tragödie der jungen Intellektuellen in der Sowjet-Union.«

In Moskau beim Friedhof hinter dem Jungfrau-Kloster ist Chruschtschows Grab. Nach den Begräbnisberichten in westlichen Zeitungen stelle ich es mir vor wie das Grab eines Selbstmörders in ungeweihter Erde, dicht an der Mauer, gerade noch geduldet, verlassen, namenlos ...
Der noch nicht eingeebnete Hügel, in einer Reihe mit anderen neuen Gräbern, ist bedeckt mit Kränzen und frischen Blumen; schweigende Menschen stehen davor, schweigende Prozessionen kommen und gehen. Eine Frau erklärt etwas. T. übersetzt es mir. Die Frau sagt, es seien viele Leute beim Begräbnis gewesen; zuerst wollte man nur Verwandte und nächste Bekannte teilnehmen lassen, es kamen aber viel mehr, zweihundert mindestens, die andern hatten keinen Platz mehr; Kränze kamen von überallher, auch von der Partei – hier, lesen Sie die Schleifen –, und ein besonders schöner großer von einem Ungenannten, man wisse aber, daß es ein hoher Funktionär sei. Das Volk schweigt. Ein Teil liebt ihn als den Bringer des ›Tauwetters‹, viele hassen ihn, denn sie verzeihen ihm nicht, daß er ihnen den Stalin-Mythos zerstörte; viele glauben noch heute, daß Chruschtschows Enthüllungen über Stalin Demagogie und Lüge waren. Fast alle Intellektuellen reden abfällig über Chruschtschow; er sei ein Dummkopf gewesen und ein Schwächling. »Ja«, sagt einer, »aber ohne ihn wären du und ich und viele noch in Sibirien oder tot, vergiß das nicht.«
Chruschtschow hat nichts Großes geschaffen ... er hat *nur* Tauwetter gemacht, *nur* Gefängnisse geöffnet, *nur* seinen Schwiegersohn zum Papst geschickt, um eine Brücke zu bauen, *nur* Ängste verscheucht, *nur* demokratisieren wollen. Zur Strafe darf er nicht im Mausoleum am Kreml liegen

neben Lenin. Zur Strafe muß er hier zwischen gewöhnlichem Volk liegen. Ich bin überzeugt, daß ihm das lieber ist.

Im alten Friedhof daneben liegt Stalins Frau, Swetlanas unglückliche Mutter. Man erzählt mir, daß Swetlana unzählige Liebschaften hatte, weil sie keinem Mann lange traute und von jedem glaubte, er liebe sie nicht, sondern wolle nur Schwiegersohn des Allmächtigen werden; so wurde sie eine Neurotikerin. Aber jetzt, in den USA und verheiratet, sei sie endlich glücklich. (Sie ist inzwischen schon wieder geschieden, höre ich.)

Viele Leute glauben, Stalin lebe noch. So entstehen Mythen von Unsterblichen, von Göttern, von Ahasver, vom Fliegenden Holländer.

Im alten Friedhof liegen große Dichter: Majakowski, Tschechow, Gogol, Alexander Blok.

In Tbilissi gibt's einen eigenen Dichter-Friedhof: man fährt mit der Seilbahn einen Berg hinauf, steigt unterhalb der Gipfelstation aus und geht auf einem Ziegenpfad den Berg entlang. Da liegt, an die Bergwand geschmiegt, ein kleiner wohlgepflegter Friedhof der georgischen Dichter. Ich kenne keinen davon, das beschämt mich.

In Leningrad gibt es beim Alexander-Newsky-Kloster zwei Friedhöfe, einen alten aus dem 18. Jahrhundert, der sehr dem Père Lachaise in Paris ähnelt: schiefe Grabsteine und halb eingesunkene moosüberzogene Grüfte zwischen großen, zutage liegenden alten gichtigen, krebsigen Wurzeln. Unbekannte Namen. Verschollene. Auch in T. mit all ihrer Bildung wecken nur zwei oder drei eine vage Erinnerung. Und dennoch waren es einmal lauter wichtige berühmte Leute. Aber im neuen, in dem aus dem 19. Jahrhundert! Mühsam und mit T.s Hilfe die kyrillische Schrift auf den Grabsteinen entziffernd, lese ich ein großes Kapitel russischer Musikgeschichte: Glinka, der die russische Nationaloper schrieb; Mussorgsky, Rimski-Korsakow, Borodin, Tschaikowsky, Anton Rubinstein ... Es liegt auch die große Tänzerin Pawlowa hier, noch nicht sehr lange. Und schließlich dort, wo so viele Menschen stehen, daß man lange warten muß, bis man ganz hinzutreten kann: Dostojewski.

Es regnet sehr, es ist kalt, die Blätter fallen von den hohen alten Bäumen. Allerseelenstimmung. Die Menschen, lauter Russen, stehen Schulter an Schulter, als gehörten sie alle zusammen. Verwandte, die um das noch offene Grab stehen in frischer Trauer. Ein Mann legt so behutsam, als lege er ihn auf die schmerzempfindliche Brust eines Kranken, einen großen weißroten regentriefenden Asternstrauß auf das Grab. Dostojewskis Grab, das ist etwas anderes als für uns Deutsche etwa das Grab Goethes, Schillers. Wir haben keinen Dichter, der die Chiffre wäre für uns alle, für unser eigentliches und wahres Wesen, so wie es Dostojewski ist für die Russen und für ihr untröstliches Heimweh nach etwas, das durch keine befohlene und auch keine freiwillig gesetzte Hoffnung in ein irdisches Paradies erstickt werden kann.

Die Leute gehen hier nicht einfach vorüber als an einer Sehenswürdigkeit; trotz strömenden Regens verweilen sie, denken etwas, fühlen etwas, begreifen sich selber in ihrem Dichter, finden ihn wieder in ihren eigenen Ängsten, Erfahrungen, Ahnungen. Indem ich so zwischen sie eingekeilt stehe, spüre ich plötzlich am eigenen Leib, wie Dostojewski da unten zwischen den alten Wurzeln sich ausstreckt, sich wohl fühlt, endlich erlöst von der Epilepsie, von Spielschulden, von der Dämonenangst. Ich bin so froh, daß er tot ist. Lebte er jetzt: er wäre längst im Irrenhaus. Das sollte Herr Kossygin bedenken.

In Kiew habe ich das alte sogenannte Höhlenkloster besucht. Eine blonde Ukrainerin führt uns. Sie sagt unbekümmert Sätze wie: »Hier oben wohnten die privilegierten Mönche, im Unterkloster (in den in Höhlen eingebauten Zellen) die unterprivilegierten.« Ich frage sie, was sie damit meine. Sie sagt schnippisch: »Daß es eben sogar hier Privilegierte und Unterprivilegierte gab.« Vielleicht meint sie Priestermönche und Brüdermönche. Ich erfahre nichts Näheres, auch nicht, was sie meint mit dem Satz: »Vor neun Jahren lebten hier noch Mönche. Aber dann mußten sie gehen. Sie haben sich schlecht benommen.« Ich vermute, sie wollten sich von der Vormundschaft der Staatskirche befreien. Vielleicht aber hatten sie zu viele Gönner gefunden, zu viele Gaben erhalten. Oder sie hatten ein bißchen Geschäfte gemacht mit heiligem Öl oder dergleichen.

Das Mädchen sagt etwas von ›schrecklichem Aberglauben‹ und ›kein Platz in der sowjetischen Gesellschaft‹.

Die toten Mönche aus älteren und sehr alten Zeiten haben einen seltsamen Friedhof. Er erinnert an die römischen Katakomben: man geht durch labyrinthische schmale und niedrige Stollengänge im Berg und sieht in Wandnischen die alten Särge. Unter den Mönchen eine einzige Frau. Vielleicht eine große Wohltäterin. Eine Fürstin vielleicht. Sie ist schon ein paar hundert Jahre tot.

Der Ort ist magisch aufgeladen. Hier waren schon in prähistorischer Zeit Behausungen und Begräbnisstellen. Aufbewahrte und ausgestellte Funde meist aus der Steinzeit zeugen davon.

Die schnippische aufgeklärte Führerin mag den Ort nicht. So nebenbei sagt sie mit einem verachtungsvollen Blick über ein paar Mönchsgräber: »Lauter Volksverführer.«

Nicht alle jungen Sowjetbürger denken so.

Moskau, Tretjakow-Galerie. Hier kann man die ganze Geschichte der russischen Malerei studieren und zugleich – das wird mir beim Anschauen erst nach und nach klar – die Geschichte der russischen Revolution, genau gesagt ihrer Vorbereitung. Zuerst nur geschönte Portraits von Zaren, Zarinnen, Großfürsten, oft von ihren eigenen Leibeigenen gemalt, dann die ersten Landschaftsbilder: russisches Bauernland, armes Land, naturalistisch abgemalt, dann die ersten Bilder von ›Menschen aus dem Volk‹, Szenen aus dem Leben des einfachen Mannes, der hart arbeitet und leidet, dies vor allem in den Bildern der ›Wanderer‹, jener Gruppe von Malern, die Wanderausstellungen machten, um das Volk in allen Teilen des Landes zu finden und zu erziehen, nicht zur Kunst, sondern mit Hilfe der Kunst zu sich selber, zur Bewußtwerdung ihrer Lage, zur Auflehnung gegen die feudale Unterdrückung und die eigene Unwissenheit. Das ganze 19. Jahrhundert: ein aktives Warten auf den Tag X, der erst im Oktober 1917 kommen wird. Mir wird plötzlich zum erstenmal ganz klar, eine wie unglaublich lange Anlaufzeit die russische Revolution hatte, und dabei wird mir auch klar, daß man die Revolution nicht vom Zaun brechen kann, wie es wir Deutschen machten 1918, da fehlte die lange, geduldige, genaue Vorbereitung. Wahrscheinlich hat die Revolution in Rußland in ihren Anfängen nicht viel anders ausgesehen als die kleinen Terrortaten junger deutscher Linker von heute. Ich begreife jetzt auch, wieso das, was die Oktoberrevolution gebracht hat, ein halbes Jahrhundert weiterlebt. Was so lange vorbereitet ist, das hält sich, das ist eingewurzelt. Wer das herausreißen will, der muß vielleicht auch ein halbes Jahrhundert arbeiten – wenn nicht nur Aufstand aufflammen soll hier und dort, sondern eine neue Welt entstehen. Freilich: heutzutage geht alles immer schneller und schneller. An die Stelle der mühsamen Wanderausstellungen sind Zeitung und Fernsehen getreten. Wenn diese in die rechten (die neuen linken) Hände kommen . . .

Aber wo sind in der Galerie Bilder von neueren Malern, wo Skulpturen der Modernen? Nichts. Ein paar rote Revolutionsbilder, ein paar Helden in Bronze, Kolchosenmädchen platzend vor Gesundheit. Wer kann's mir verübeln, wenn ich mich hier an Hitlers ›Haus der Kunst‹ erinnere?

Irgendwo zwischen diesen öden Sachen in einer Ecke ein kleiner Irrläufer: das Bild einer Straße, die zwischen zwei schmalen fahlgrünen Hochhäusern eingezwängt ist, welche vom untern bis zum obern Bildrand reichen. In jedem Stockwerk ein paar Fenster, offen, man sieht einen Kochherd mit einer Frau, und eine Frau, die sich kämmt, und was eben so

geschieht im tristen Alltag, und an einem Fensterkreuz aufgehängt ein baumelnder Selbstmörder. In der Straßen-
schlucht neben einem traurigen Bäumchen ein trauriges
Kind, ganz allein, es schaut seinem Luftballon nach, der ihm
fortflog und ganz weit oben schwebt, schön rot und uner-
reichbar und ein für alle Male verloren.

Im untersten Stock des Museums Ikonen. Ich bin nicht darauf vorbereitet, hier Rubljows zu sehen. Sie geben sich sofort in stiller Würde gewaltig zu erkennen. Ich bin ganz
betäubt von Wiedersehensfreude: ich kenne sie alle aus Büchern, aber die Abbildungen strahlen nichts aus, die Origi-
nale haben eine physisch spürbare Kraft. Sie sind gefährlich.
Wer sie anschaut, der hat eine Begegnung, die ihn zwingt,
sich zu stellen. Vor der ›Dreifaltigkeit‹, über die man ein
Leben lang meditieren kann, sagt eine russische Führerin zu
einer Gruppe von DDR-Deutschen kühl und kühn: »Der
Maler Andrej Rubljow war ein Mönch. Er wurde sehr berühmt. Aber er verdankt sein Können der Arbeit von Generationen ebenfalls hochbegabter, aber anonym gebliebener
russischer Maler. Wie aus der Geschichte leicht zu verstehen
ist, war die Ikonenkunst kirchlich liturgisch gebunden, aber
es wäre falsch, sie nach ihrem religiösen Gehalt zu werten,
sie ist Kunst schlechthin und darum leicht zu lösen aus der
Bindung an einen ehemals zeitbedingten Zweck.«

Mädchen, sage ich, Mädchen, was für einen Unsinn reden
Sie. Meinen Sie wirklich, Rubljow sei zu verstehen, ohne
daß man begreift, was er darstellt?

Aber sie hört mir nicht zu, sie ist beschäftigt damit, ihre
Schäflein rasch weiterzutreiben.

Jetzt, zu Hause, lese ich nach, was Igor Grabar im Vorwort
zu dem von der UNESCO herausgegebenen herrlichen Band
›Frühe russische Ikonen‹ schreibt: »Die Ikonen des alten
Rußland wurden durch die Große Sozialistische Oktoberrevolution von ihrer Benutzung zu ausschließlich liturgischen
Zwecken befreit ... Sie haben den engen Rahmen des Religiösen verlassen, sie sind kein Instrument zur Beherrschung

der Gewissen mehr, sie sind zum erstenmal Gegenstand eines freien ästhetischen Genusses.«
(Ein Fortschritt von zumindest ambivalenter Qualität.)
Am nächsten Tag sehe ich in einer der museumgewordenen Kreml-Kirchen andere Ikonen, noch ältere. Auch hier eine Führung, aber in russischer Sprache, ich verstehe also nichts, doch vermutlich wird die Erklärung nicht wesentlich anders sein als die, die man den DDR-Besuchern gibt. Die Gruppe, lauter Sowjetbürger mittleren Alters, verläßt das Seitenschiff, in dem die Ikone des ›Christus mit dem Goldhaar‹ hängt. Ich stehe hinter einer Säule. Da sehe ich, daß eine Frau der Gruppe zurückbleibt, ihre Fingerspitzen küßt und sie auf die Ikone legt. In diesem Augenblick bemerkt sie mich, sie erschrickt und tut, als wische sie Stäubchen vom Bild. Ich lächle ihr zu und schlage das russische Kreuz, sie lächelt wieder.

Das eigentliche Ereignis in der Tretjakow-Galerie ist mir aber etwas anderes: eine ganz kleine Ikone, Holz, Goldgrund, eine Figur, aber die Figur hat keinen Heiligenschein, weder einen runden noch ovalen, noch viereckigen. Also kein Heiliger. Was dann? Ein Portrait im Ikonenstil gemalt, irgendein König, ein weltlicher Herrscher ohne Attribute des Himmels. Wenn das so ist, so habe ich gefunden, was ich lange suchte: die Nahtstelle zwischen der Ikonenkunst und der beginnenden weltlichen. (Ich spreche vom Osten.) Da ich weit entfernt bin davon, Kunsthistorikerin zu sein, hat diese meine Entdeckung den Charakter einer Epiphanie für mich. Sie macht mich inständig glücklich. Ich werde mich hüten, einen Experten zu befragen, ob die Sache stimmt.

    Gespräch in der Redaktion einer Literatur-Zeitschrift. Etwa zehn Teilnehmer, alle verstehen Deutsch, die meisten sprechen es auch. Nach der konventionellen einleitenden Frage über meine ersten Eindrücke in der Sowjet-Union (ich habe wenige, bin erst einige Tage da) die Frage, welche meiner Bücher ich zur Übersetzung vorschlüge, welche ich zu diesem Zweck mitgebracht habe.

Keine zu diesem Zweck, sage ich, denn ich habe mir daheim, vor meinen Büchern stehend, überlegt, welche davon für die Sowjet-Union passend wären, und ich fand keines.

Wieso? Was ist unpassend daran?

Nun, eines behandelt das Generationsproblem und die protestierende Jugend; das interessiert Sie doch nicht, weil das Problem in der Sowjetunion nicht existiert.

Pause. Ein deutlich in der Luft hängender Widerspruch, der aber nicht Wort wird.

Weiter.

Ein anderes ist eine Kindheitsgeschichte, ungefähr die meine, aber das ist mein erstes Buch und viel zu poetisch.

So? Weiter.

Ein anderes ist die Geschichte eines Mädchens, das sein bürgerliches Milieu verläßt, um Lehrerin in einem verlassenen Torfstecherdorf zu werden. Aber das ist auch ein frühes Buch und nicht gut, finde ich.

Weiter.

Ja, und andere haben irgendwie das sogenannte Religiöse zum Inhalt...

Nun, und?

Der mehrstimmige Ausruf ist begleitet von einer Art gestischen Protestes, der genau das ausdrückt, was dann einer der Gesprächsteilnehmer in Worte faßt: »Halten Sie uns denn für kleinbürgerliche Ignoranten?«

Ich, etwas verwirrt: »Aber nach fünfzig Jahren Marxismus und Atheismus...«

Die Antwort: »Das besagt nichts. Wir interessieren uns für alles, auch für Religion.«

Ein anderer fügt mit unnötiger Hast hinzu: »Ein Interesse ist natürlich kein Glaube.«

Gewiß, gewiß, ich verstehe. (Ich verstehe aber noch gar

nicht, oder fast gar nicht, oder wage noch nicht zu glauben, daß ich recht verstehe.)

Jemand fragt: »Sie waren Antifaschistin, das wissen wir. Wir kennen Ihre Biographie. Warum waren Sie nie Marxistin, da Sie doch Sozialistin sind?«

Ich: »Als Mädchen, im Frühling 1933, war ich in einem Lager des damals freiwilligen und nichtnazistischen Arbeitsdienstes, und dort war eine Gruppe Berliner Kommunisten. Sie haben mich sozialistisch erzogen, aber Marxistin wurde ich auch durch sie nicht.«

»Und heute?«

»Nein, heute nicht wie damals nicht.«

»Warum?«

»Weil mir der Marxismus keine Antwort gibt auf meine Fragen nach der Schuld, nach dem Tod, nach dem Sinn des Daseins, nach dem Schicksal des Menschen jenseits des Todes.«

Pause. Schweigen. Nicken. Man versteht. Man toleriert.

Jemand sagt, entschlossen, sich und die anderen zur Ordnung zu rufen: »Aber jetzt wollen wir wieder über Literatur sprechen. Was würden Sie sagen, wenn wir Ihr Tagebuch, ›Baustelle‹, übersetzen würden, natürlich nicht ganz, es ist zu umfangreich.«

Ich lächle: »Ja, und vieles darin ist unpassend. Aber eine Übersetzung würde mich freuen.«

Man fragt nicht, was unpassend sei; ein Redakteur hat es schon gelesen, auch die Seiten mit meinem Protest gegen den Einmarsch in die ČSSR.

»Und Tobias?«

Ich: »Aber das ist formal mein modernstes Buch; in Form und Sprache schwierig.«

»Eben darum. Es ist formal interessant.«

Ich spitze die Ohren. So also ist das. Das ist ein überraschender Gesichtspunkt für die Auswahl. Denn formale Experimente oder auch nur Abweichungen vom Stil des ›Sozialistischen Realismus‹ sind nicht erwünscht.

Plötzlich fragt jemand: »Sie sind Sozialistin und Katholikin. Wie geht das zusammen?«

Ich: »Wie denn nicht?«

Antwort: »Der Katholizismus erzieht den Menschen zur Passivität, indem er den Schwerpunkt seiner Existenz ins Jenseits verlegt.«

Ich muß lachen. Das kommt mir so vor, wie wenn bei uns alte rechtsgeneigte Konservative sagen, daß Marx der Antichrist sei. Über solche Urteile sind wir doch beiderseits hinausgewachsen. Ich dachte nicht, daß die gescheiten und überaus wohlinformierten Sowjet-Intellektuellen derlei heute noch glauben.

Kennen und lieben Sie Böll? Ja? Also: auch er ist Katholik und Sozialist. Und kennen Sie Camilo Torres? Und die Brüder Berrigan in den USA?

Man kennt sie. Man weiß alles über den ›Links-Katholizismus‹. Ich kann nur hinzufügen, was ich an Informationen aus Italien besitze, zum Beispiel die Tätigkeit des Priesters Don Mazzi im kommunistischen Arbeiterviertel in Florenz, die des Priesters Don Lutte im Barackenviertel Roms und den von ihm angeführten Protestmarsch zum Capitol, zum Bürgermeister.

Das interessiert sehr. Nun also, sage ich, wie können Sie glauben oder sagen, Katholizismus und Sozialismus paßten nicht zusammen?

Oh, man meint das gar nicht, man will nur meine Meinung dazu wissen. Man kennt ja auch die Sozial-Enzykliken der letzten Päpste und zitiert sogar wörtlich daraus.

Nun, meine Meinung ist, daß wir, um die Menschheit, um das Menschliche (das humanum) zu retten, alles benutzen müssen, was zur Rettung beitragen kann: die sozialistische Gesellschafts- und Wirtschaftsform und den möglichst rein gelebten Geist des Evangeliums, der auch der Geist der Freiheit ist. Wenn das nur hier wie dort begriffen würde.

Niemand widerspricht. Niemand sagt aber geradeheraus, daß er meiner Meinung sei. Ich begreife, warum es keiner sagt: keiner traut dem andern oder vielmehr: alle trauen einem Bestimmten nicht, denn bei allen Treffen mit mehreren Menschen ist einer dabei, der aufpaßt. Das bezahlte Kontrollauge der Partei, persongeworden in jenen, die niederer moralischer Qualität sind. Man kennt und man verachtet sie. Und sie wissen das. Bei anderer Gelegenheit sagte ich einem dieser mutmaßlichen Kontrolleure ins Angesicht, daß gerade das Spitzelsystem und die in diesem System erzeugte Angst und das gegenseitige Mißtrauen für uns abschreckend und ein hartnäckiges Hindernis in der Entwicklung des Sozialismus sei, denn in den westlichen Bürgergehirnen seien die Begriffe Sozialismus und Gewissensterror eine nicht mehr auflösbare Verbindung eingegangen; und so bilde denn die Sowjet-Union selbst die ärgste Barriere für das, was sie eigentlich wolle oder jedenfalls, was Marx wollte. »Und ihr klagt uns an, wenn wir nicht weiterkommen! Ihr Marxisten hier«, sage ich, »seid die Feinde der sozialistischen Evolution. Ihr seid die Horrorfigur nicht nur für die Bürger, sondern auch für viele freiheitliebende und an sich linke Intellektuelle.«

Aber das war ein Gespräch unter vier Augen. Bei dem Gespräch in der Redaktion brauchte ich derlei nicht zu sagen.

Einen Tag später treffe ich zufällig einen, der bei der Redaktionssitzung anwesend war. Er sagt: »Ich hätte gern mit Ihnen gesprochen. Ich interessiere mich sehr für den Katholizismus, wissen Sie. Ich trage mich mit dem Gedanken, katholisch zu werden. Können Sie mir dazu raten?« In diesem Augenblick kam einer der Herren vom Schriftsteller-Verband, und mein Gesprächspartner ging rasch weg. Ich traf ihn nicht wieder.

Pionierpalast in Moskau. Ein weitläufiger aufwendiger Bau aus Beton, Glas, Marmor. Ein Palast für Ihre Majestät die sowjetische Jugend, die hier ihre Freizeit verbringt. Als ich kürzlich zu Hause im Bekanntenkreis davon erzählte, sagte mir eine Frau, als Heimatvertriebene anti-sowjetisch aus Ressentiment, nicht aus Vernunft: »Wie können Sie sagen, der Pionierpalast sei eine gute Einrichtung? Eine perfide Taktik der Partei ist das, nichts sonst: die Kinder werden von klein auf ins System gepreßt.«

Natürlich: der Absicht nach sind diese Pionier-Häuser system-immanente Luxus-Kasernen. Aber den Absichten entsprechen nicht immer die Entwicklungen. Als nach dem Krieg die Amerikaner in allen deutschen Städten ›Amerika-häuser‹ gründeten, war die Absicht ganz klar die ›re-education‹ der Deutschen, die Erziehung zur Demokratie, beginnend bei den Fünfjährigen. Was dann in den Amerika-häusern geschah, war: Theater, Tanz, Musik, Malerei, kurz-um: das Musische überwuchs beharrlich und heiter die strenge ›gute Absicht‹, überhebliche politische Absicht.

Was ich, durch die Korridore und Säle des Moskauer Pionier-palastes gehend, sehe, ist erfreulich:

Zwei große Theater- oder Konzertsäle, in einem wird die Aufführung eines Stückes vorbereitet; ein großer Saal, in dem schätzungsweise Acht- bis Zwölfjährige Ballett üben, meist Mädchen, auch einige Jungen darunter, es werden schon recht schwierige Schritte gemacht. Ich sehe ferner einige große Werkstätten, in denen Technisches gebastelt, andere, in denen gemalt wird, ein Fotolabor, und viele Zimmer, in denen einzelnen oder Gruppen Musikunterricht erteilt wird; von Klavier und Geige bis zu Fagott, Trompete und Horn gibt es alle Instrumente. Aller Unterricht ist kostenfrei, alles Arbeitsmaterial gratis. Die Kinder und jungen Leute sind ernst und konzentriert bei der Arbeit. Die uns in den Korridoren begegnen, sind mir allzu diszipliniert. Kein Erwachsener kommandiert; sie haben ihre eigenen gleichaltrigen Ordner. Wie das funktioniert und ob die Ordnung ohne Repression von seiten der Ordner gehalten wird, weiß ich nicht. Wenn man es so sieht, schaut's recht demokratisch aus und müßte allen Deutschen gefallen, die eine solch brave prämilitärisch gehorsame Jugend mögen. Die gleiche Ordnung habe ich in den russischen Kinder- und Jugendtheatern beobachtet; bei den Größeren geht's erwachsen gesittet zu, bei den Kleinen gibt's einiges Gerenne in den Pausen, aber kein Geschrei und Geraufe. Ich schaue mir die Zeichnungen und Malereien im Pionierpalast an und kann nicht finden, daß sie spezifisch Sowjetisches darstellen, eher sogar anderes, nämlich Blumen, Tiere, Landschaften, Selbstporträts, und auch dem Formalen nach könnte das alles in einer westdeutschen Schule hängen. Der Bruch erfolgt erst später: da, wo das Schöpferische hart an die Parteivorschriften über die Kunst stößt und wo sich alles, was nicht in den Untergrund geht, in den Pferch des ›Sozialistischen Realismus‹ treiben läßt.

Nach dem Rundgang sehe ich, daß in der Halle immer noch jene Frauen sitzen, die ich vorher, bei unserer Ankunft, schon sah; Frauen auf Stühlen nebeneinander aufgereiht; sie stricken. Sie strickten vorher, strickten die ganze Zeit, stricken weiter. Bisweilen heben sie alle zugleich ihre Köpfe und schauen, dabei immer weiterstrickend, nach der Treppe, wenn sie Schritte auf den Steinstufen hören, aber es ist immer nichts. Ab und zu sagt eine ein Wort zu ihrer Nachbarin, und diese, kurz von ihrem Strickzeug aufblickend, aber weiterstrickend, antwortet. T. sagt, das sind Mütter, die auf ihre Kinder warten. Wieso? Hier in Moskau passiert ihnen doch nichts beim Heimgehen, und paßt es denn ins Bild eines sowjetischen Kindes, daß es von der Mamutschka abgeholt und an der Hand geführt werden muß oder will? Nun: es paßt auf jeden Fall ins Bild von der sowjetrussischen Frau, daß sie da sitzt, eine besorgte Glucke, eine strickende bürgerliche Parze, die am Schicksalsfaden für ihre Jungen selber drehen und ihn nicht ganz dem Staat überlassen will.

Je länger ich sie anschaue, desto merkwürdiger werden mir diese stummen geduldigen beharrlichen Strickerinnen, die, so wie sie hier sitzen, ebensogut auch anderswo so dasitzen können: in Italien, in Brasilien, in Spanien, in Afrika... Mütter. Ur-Figuren. Fünfzig Jahre Emanzipation der sowjetischen Frau ergaben zuletzt wiederum: die Mutter.

Vidimus stellam ejus in oriente. Ein Symposion von Germanisten und Philosophen, meist junge Männer, einige Frauen, ein älterer Herr, der, noch ehe er etwas sagt, aus dem Rahmen fällt. Wie alle Sowjetbürger, so auch diese korrekt gekleidet, diszipliniert, gespannt. Aufgereiht zu beiden Seiten eines langen und breiten Tisches in einem kahlen Raum. Eindruck eines Wachsfigurenkabinetts. Der Tisch als eine Gerichtsschranke. Ich sitze in der Mitte der einen Längsseite. Alle Augen sind mir zugewandt. Die ersten einleitenden, wohlvorbereiteten präzisen Fragen nach meiner Einstellung zur Regierung der deutschen Bundesrepublik, zur Opposition, zur Ostpolitik, zum Sozialismus; dann Fragen, die meine Arbeit betreffen. Mein noch verschwommener Eindruck: das ist es nicht, was sie eigentlich von mir wissen oder mir sagen wollen.

Dann plötzlich Verlassen des politischen Feldes; eine literarische Frage: ob ich Hermann Hesse schätze.

Mit Vorbehalten.

Ob ich die Hesse-Renaissance in den USA verstehe.

Ja. ›Steppenwolf‹ ist der Protest gegen das Establishment und Siddhartas Indienfahrt die Bestätigung für den Glauben der Jugend, in ›Indien‹, das heißt im Land irrationaler Religionen, neue Lebensantriebe zu finden.

Frage: ob ich Hölderlin liebe.

Und ob! Ich lese fast täglich ein Hölderlin-Gedicht. Auch habe ich mich mit seinen revolutionären Schriften beschäftigt und mit seiner Postulierung einer heilig-anarchischen ökumenischen Gemeinschaft.

Frage: ob ich Hölderlin für einen christlichen Dichter halte.

Der alte Herr, angewidert und aggressiv: Was für eine Frage! Hölderlin hat nichts zu tun mit Christentum.

Allseitiger Protest. Ich rufe: Kennen Sie ›Brot und Wein‹? Nun also!

Jemand sagt aufsässig: Immer die alte Vorstellung, als sei Christliches minderwertig und stehe im Gegensatz zum Marxismus.

Unartikulierter Beifall.

Jemand ruft: Und Gorki, was ist mit Gorki? War er ein Christ, und war er Revolutionär?

Der ältere Herr ist verärgert: daß man ihm mit solch alten Einwänden komme ... (mit solch peinlichen, nicht aus der Welt zu schaffenden, mit so ungeheuer zutreffenden Einwänden). Er schweigt fürderhin und zeigt sich nicht mehr interessiert. (Hernach sagt man mir, er sei der einzige Funktionär in dem Kreis, aber er sei sehr fair; er irritiert, aber er flößt keine Angst ein.)

Weitere Frage, aufs Zentrum gezielt: »Kennt man im Westen russische Philosophen?«

Ja, doch, Marx! (Gelächter.)

Aber nein; andere!

Was für andere? Sie meinen: frühere, oder emigrierte? Meinen Sie zum Beispiel Berdjajew?

Ja, genau den meint man. Ob ich ihn kenne.

Ich sage, ich könne nicht behaupten, ihn zu kennen, aber ich habe vier, fünf Bücher von ihm gelesen, ›Existentielle Dialektik‹, ›Das Ich und die Welt der Objekte‹, und ich lese immer wieder ein Stück seiner Autobiographie.

›Das Reich des Geistes und das Reich des Cäsar‹ nicht?

O doch, freilich, und wie ich's gelesen habe!

Wie ich dazu kam, ihn zu lesen.

Ich weiß nicht. Ich stöberte wie so häufig in einem Münchner Antiquariat in der Nähe der Universität, und da führte mir oft ein Unsichtbarer die Hand, so daß ich nach einem Buch griff, es herauszog, eine Seite las und es mitnahm; so kam ich wohl auch zu Berdjajew. Später las ich dann mit der Absicht, etwas zu erfahren über die Parallele zwischen den deutschen Mystikern und Berdjajew.

Aha! Aber ist da eine Parallele?

Ich glaube, es gibt viele, aber das müßte ich erst heraussuchen. In seiner Autobiographie steht eine Menge darüber. Was mich zunächst interessierte, war: bei ihm den Gedanken Meister Eckeharts vom ›Werdenden Gott‹ zu finden: der nicht fertige, der sich entwickelnde Gott, kurz und simpel gesagt. Oder verwechsle ich das jetzt mit Solowjew?

Das tut nichts; Berdjajew sagt in vielem das gleiche wie Solowjew. Beide sprechen von einer ganz neuen Epoche des Christentums.

Ich: Einer mystischen Kirche Christi, nicht wahr?

Neue Frage: ob ich etwas wisse über Theosophie und Anthroposophie. (Die Frage wurde von einer jungen Frau gestellt, die, wie ich nachher erfuhr, Buddhistin ist.)

Frage um Frage. Zuletzt: ob ich glaube, daß das Christentum eine Chance habe, und ob man Kirche brauche, oder ob nicht ein sozusagen anarchisches Christentum das für heute gegebene sei.

Ich sage, meiner Überzeugung nach brauche der religiöse Mensch, um effektiv zu werden, eine Gruppe Gleichgesinnter, und jede Gruppe lege sich alsbald eine bestimmte Struktur zu, mit Hilfe derer sie als Gruppe einer bestimmten Art und mit einer bestimmten Absicht erkennbar wird; amorphe Gemeinschaften seien für mich nicht denkbar in einer Welt, in der man die soziale Tat braucht, für die man wiederum die vorpreschende, geschlossene, kräftige Gruppe braucht.

Es befremdet mich ein wenig, daß man nicht zufrieden ist mit dieser Antwort, man zielt auf etwas anderes. Diese Angehörigen einer total strukturierten, aktivierten, rationalen Gesellschaft sind dabei, das Pendel nach der anderen Seite ausschlagen zu lassen, nach der Seite der Romantik, des frei schweifenden Geistes, des nicht gelenkten Charismatischen, der mystischen Anarchie, oder wie immer man die Gegenwelt zur marxistischen nennen will.

Das wurde freilich nicht ausgesprochen, so etwas wird nicht gesagt. Aber es ist deutlich, daß wir uns verstehen, im Gesagten wie im Verschwiegenen.

Einige Zeit später erzähle ich einem Freund von diesem Symposion und frage ihn, ob derlei Gespräche häufig seien. Er sagt: Es ist doch wohl fühlbar, daß wir es alle wissen: der Marxismus, der sowjetische Kommunismus, hat keine revolutionäre Kraft mehr; er hält sich aufrecht nur mehr im Stützkorsett der Partei, und das weiß die Partei selber auch. Das sowjetische Volk, nicht nur die Intelligenzija, ist über seine alte Revolution hinausgewachsen, will aber nicht im Status quo bleiben, das heißt, nicht verbürgerlichen. Die neue Linke, welche die alte Linke links überholt, ist religiös und marschiert auf die Linkskatholiken zu, selbst wenn sie vieles Katholische der Kirche als allzu verwandt dem eigenen alten System erkennt, um sich ihm anschließen zu können; aber vieles drängt auf Annäherung, und nicht nur das gemeinsame soziale Anliegen.

Was denn sonst, frage ich.

Das hast du ja selbst gehört in jenem Symposion: es ist der Hunger nach Religion. Was für eine Art von Religion, das ist vorerst unklar und unwichtig. Du mußt bedenken, daß die Sowjet-Union sehr viele Religionen enthält: die orthodox-christliche, die katholische, die evangelische, andere christliche Sekten, dazu die jüdische Religion, den Buddhismus, den Islam und was sonst in unseren zentral-asiatischen Ländern an östlichen Einflüssen sich findet. Das ist alles da, das lebt alles, und dem, der nach Religion sucht, bietet sich das an, und es bietet sich ihm auch die Möglichkeit, die Essenz aller Religionen oder überhaupt keine Religion zu wählen. Weißt du, ich bin eigentlich Historiker, und mir kommt es so vor, als lebten wir im Jahre – sagen wir – zwanzig vor Christus: ein Durcheinander von Philosophien, Religionen, Sekten, Richtungen, und das alles in einer Zeit der großen und allgemeinen Krise, aus der kein Ausweg zu führen schien. Da blieb dem Weltgeist nichts anderes übrig, als sich zu inkarnieren und den richtigen Weg zu weisen.

Du meinst: Jesus?

Ja, ich meine Jesus.

Und du meinst: unsere Zeit gleiche jener? Und der Weltgeist müsse von neuem Mensch werden? Im Ernst: glaubst du das?

Im Ernst: ich glaube das, ich hoffe das, eine andere Hoffnung habe ich nicht, und hätte ich die nicht, meinst du, ich lebte weiter?

Mein Gott, ihr Russen, was für ein Volk seid ihr. Aber bist du nicht ein einzelner?

Geh morgen zu X., ich gebe dir seine Adresse, da triffst du junge Leute.

Und?

Du wirst sehen.

Ich traf junge Leute, die mich zunächst glauben machten, ich sei irgendwo in Paris oder München oder London oder in den USA: sie hockten herum, hippiehaft sanft und traurig, und sangen zur Gitarre. Es waren Studenten und Studentinnen, so wurde mir gesagt. Was sie sangen, das waren selbsterfundene Melodien zu alten religiösen Texten. X. sagte mir, alle diese jungen Leute läsen täglich im Evangelium.

Geredet wurde nichts, nur gesungen. Es sagt sich leicht, das sei ›Escapismus‹, das sei Resignation. Aber bitte: erstens, was sollen diese jungen Menschen sonst tun, wie sonst ihr absolutes Nicht-Einverstandensein zeigen, sollen sie eine Revolte beginnen und damit eine neue Stalin-Ära heraufbeschwören? Und zweitens: ist eigentlich die ›Wendung nach innen‹ wirklich Flucht und etwas Negatives? Sind wir denn so auf Aktion und Leistung geeicht, daß wir nur diese gelten lassen wollen? Wenn ›die Indienfahrt‹ und wenn Hölderlins Traum und die neuen Mönche von Taïzé nun vielleicht das lebensnotwendige Korrelat dazu sind? Ich ging in jener Nacht sehr nachdenklich in mein Hotel zurück.

Von Moskau nach Leningrad fliegt man in der Regel nicht, man nimmt einen der beiden Nachtzüge. Unser Zug fährt um Mitternacht ab. Vor dem Bahnhof wimmelt es von Gepäckträgern mit Wägelchen. Mehr Träger als Fahrgäste. Das Bestreben der Sowjet-Kommunisten, den Ausländern zu zeigen, wie gut man's hat im Lande, gerät hier in

Konflikt mit dem Grundsatz der Beseitigung feudal-kapitalistischer Untugenden. Es ist doch immer derjenige der Herr, der sich den Koffer tragen läßt. Ich bin hierin hartnäckig.

Der Zug ist ein Luxuszug, vor- oder konterrevolutionär. Die Abteile sind Zimmerchen, mit rotem Stoff tapeziert, Plüsch vermutlich, am Fenster richtige Vorhänge wie in einem Salon, auf dem Tischchen eine Decke und eine Stehlampe mit Stoffschirmchen und sanftem Licht, in einer Nische daneben ein Polstersitz, höchst gemütlich, eine mahagonifarbene Tür führt zum Waschraum nebenan, auch der wie aus dem vorigen Jahrhundert. Die Betten, zwei übereinander, breiter als in unseren Schlafwagen, schneeweiß bezogen, weich, mit leichten warmen Decken. Das Abteil ist behaglich geheizt. Und wie behutsam der Zug fährt, wie wenig Geräusch er macht, nie fuhr ich angenehmer. Freilich, dieser Zug hat es leicht, denn die Strecke ist schnurgerade, und das hat eine Geschichte: Als der Zar (ich vergaß welcher, und es ist auch gleich) diese Bahn haben wollte, sagten die Ingenieure, vermutlich gründliche Deutsche, der Bau sei langwierig und schwierig, denn das Gelände mit Sümpfen und Flüssen mache viele Umgehungen nötig. Umgehungen? fragte der Zar. Unsinn! Und er legte ein Lineal auf die Landkarte: eine gerade Linie zwischen Moskau und Petersburg. Der Zar ist allmächtig. Und so läuft nun die Bahn den allerkürzesten, den kurven- und steigungslosen Weg.

T. und ich sind zwar müde, aber es ist so hübsch, hier zu sitzen vor dem Schlafengehen. Wir zählen alles auf, was wir in den letzten Tagen erlebten, ich mache Notizen und stelle inquisitorische Fragen. T., was kostet diese Fahrt? Dreizehn Rubel in der Luxusklasse. Das ist sehr billig für acht Stunden Fahrt und so bequem, aber ist es auch billig für alle, oder nur für Funktionäre und Devisen-Ausländer? Man kann billiger fahren, es gibt auch eine ›harte Klasse‹. So, eine harte Klasse, also Unterschiede, und zwar solche, die vom Geld oder von der Machtstellung abhängen, das enttäuscht mich. T. sagt, man könne auch für die harte Klasse

Matratze und Bettwäsche bekommen, es koste sehr wenig, es gebe keinen Sowjetbürger, der sich das nicht leisten könne. Dennoch: diese Luxuskabine gefällt mir nicht mehr. Ich habe eine ganz einfache Vorstellung von sozialistischen Praktiken: es darf keinerlei Privilegien geben. Ich stelle mir die strenge Frage, ob ich es vorzöge, zwischen fremden Leuten auf einer harten Bank zu liegen. Die Antwort heißt unverzüglich: ja. Aber mit dem Zusatz: wenn auch die andern alle (die Funktionäre) auf harten Bänken liegen. Dennoch schlafe ich alsbald auf meinem Luxusbett ein und schlafe tief die ganze Nacht.

Ich wache gewohnheitsmäßig früh auf. Im Abteil ist es dunkel. Ich öffne den Vorhang einen Spalt weit und schaue auf meine Uhr: halb sieben, osteuropäische Zeit. Dann erst ein Blick aus dem Fenster. Was ich sehe, ist eigentlich nichts Besonderes. Aufgeteilt in Einzelheiten ist es dies: weite Wiesen, abgeerntete Felder, das Gras schwach bereift, eine Spur von Bodennebel über Sumpfstellen, ein weidenbestandener Flußlauf, und Ebene, Ebene, bis zur Erdkrümmung hin nichts als Ebene. Aber das Ganze, das Ganze, das ist: Rußland. Ja, *das* ist Rußland! Wie ein Schlag auf mein Herz ist das. Das erkenne ich wieder, das ist mir schon widerfahren, das ist keine geographische, das ist eine geistige Landschaft. Gar kein Zweifel, daß ich in dieser Landschaft schon war: mit den leibeigenen Bauern in der Zarenzeit, mit den Sträflingen, die hier in die sibirische Verbannung gingen, mit den deutschen Soldaten auf dem Hinmarsch und auf dem Rückzug, mit den Verbannten der Stalin-Zeit, ich war hier mit Puschkin, Gogol, Turgenjew, Tolstoj. Und hier in diesem Zug, von Warschau nach Petersburg fahrend, traf ich in einem Wagen dritter Klasse Rogoschin und Fürst Myschkin, Rogoschin ist schon verstrickt in sein Schicksal, Natassia zu ermorden. Und auf dem anderen Gleis, in Gegenrichtung, fährt Anna Karenina, sie fährt nach Moskau, sie plaudert mit einer alten Dame, die in Moskau von ihrem Sohn am Bahnsteig erwartet wird, und mit diesem Sohn, dem Grafen

Wronski, wird sie umgehend die Ehe brechen, und einige Zeit später wird sie sich, von Wronski verlassen, unter die Räder dieses Zuges werfen.

Aber diese Landschaft ist nicht nur mit bedrängenden Geistern der Vergangenheit bevölkert, sie ist auch politisch reale Gegenwart, freilich auch darin bedrängend: sie ist ein kleiner Teil der Sowjet-Union, und was das ist, ›Sowjet-Union‹, das begreife ich auch erst an diesem Morgen. Wir könnten, statt in Petersburg zu bleiben, umsteigen und weiterfahren, immer weiter, tagelang, auf dem nördlichen Polarkreis durch Sibirien bis zur Beringstraße und schier bis Alaska, auf dem sechzigsten Breitengrad bis Nordkamtschatka, auf dem fünfzigsten bis Sachalin und mit einem kleinen südlichen Abstecher nach Wladiwostok und fast bis Japan, und das alles ist Sowjet-Union. Zweiundzwanzig Millionen Quadratkilometer, zehntausend Kilometer von Westen nach Osten, fünftausend von Norden nach Süden und eine Viertelmilliarde Menschen, zweihundert verschiedene Völker, hundertfünfzig verschiedene Sprachen, viele verschiedene Religionen. Das alles unter eine kleine rote Fahne gebracht! Und darunter gehalten seit einem halben Jahrhundert. Gehalten von der unerbittlichen Konsequenz einer Philosophie, die einem deutschen Intellektuellen einfiel.

Ich denke das alles nicht im einzelnen und ausdrücklich, während ich zum Zugfenster hinausschaue, aber ich spüre es, ich spüre es als Staunen, als Respekt, als Schrecken, als Vergewaltigung, als Wahnwitz. Das sind fürchterliche Ausdehnungen, denen der Europäer, ans humane Maß gewöhnt, nicht standhält. Dazu muß man Slawe sein und eine Seele mit unbeschränkter Dehnkraft haben, eine ›breite‹ Seele, die sich ohnehin nur in der Grenzenlosigkeit wohl fühlt.

Man klopft an die Abteiltür: in einer halben Stunde werden wir in Leningrad ankommen. Eine Viertelstunde nach dem Wecken kommt die Schaffnerin, eine hübsche blonde Uniformierte, und bringt uns guten heißen Tee. T. sagt, sie sei schon lange wach und habe mich beobachtet, wie ich aus dem

Fenster schaute, und sie habe sich gefragt, was ich wohl denken mochte beim Anblick dieser Landschaft, die so gar nicht schön ist für jemand, der aus Italien kommt, während sie für die Russen die schönste Landschaft der Welt ist.

Leningrad. Nein: Diese Stadt heißt Petersburg, sie wird nie etwas anderes sein als: Petersburg. Sie ist von Peter dem Großen gegründet worden an einer Stelle, an der vorher nichts war als flache Wiese am Fluß nicht weit von seiner Mündung in die Ostsee. Hier hat Peter sich eine Blockhütte gebaut, die noch steht, heute schützend umbaut von einem größeren Haus. Hier zimmerte er, selbst Schiffbauer vom Fach (einer seiner vierzehn gründlich erlernten Berufe), einen Kahn, der auch erhalten und zu sehen ist, und von dieser Hütte und diesem Kahn aus überwachte er höchstselbst den Bau seiner Stadt, der schönen Stadt, einer der schönsten Städte der Welt, ganz anders als Moskau, das mißtrauische, finster regierende. Petersburg ist, einem späteren, aufgeklärten Geist entsprungen, hell und heiter kühl, vom Meerwind durchweht, klassizistisch, mit vielen Kanälen und weitgeschwungenen Brücken, auf Inseln und Halbinselchen, mit den ockergelben, weiß und blauen, türkisgrünen und rosa Palästen, die sich mit schmalen hohen Fenstern in der stillen breiten Newa spiegeln, heute wie damals, eines davon die erste russische Gemäldegalerie, zu deren Besuch Peter die Notabeln der Stadt, die nicht kommen mochten, wie Kinder anlockte: jeden männlichen Besucher mit einem Glas Wein, jeden weiblichen mit einer Tasse Kaffee, Raritäten damals, und so kamen denn die Leute und lernten, daß es zur Bildung gehöre, etwas von Kunst zu verstehen. Und hier in diesen Palästen fanden auch jene glänzenden Bälle statt, zu denen sich »die Blüte Petersburgs versammelte ... Personen verschiedensten Charakters, aber alle aus denselben Kreisen«, darunter eines Tages auch der kurzsichtige,

schwermütige, zu allem fähige Bär Peter Besuchow, der Anti-
Held aus ›Krieg und Frieden‹. Die Fassaden sind schön wie
damals, man hat sie gut restauriert. Aber gelingt einem ein
Blick durch die Fenster, so sieht man graue, neonbeleuchtete
Verwaltung: provisorisch eingezogene, raumsparende Zwi-
schenwände mit Aktenschränken und voll jener Lust- und
Trostlosigkeit, mit welcher Aristokratisch-Spielerisches auf
den demokratischen Nutzgebrauch zu antworten pflegt.

Mitten durch die Stadt läuft der Newskijprospekt, keine literarische Erfindung Dostojewskis also, es gibt ihn wirklich,
ich gehe auf ihm. Über ihn spannen sich Transparente mit
roten Parolen, aber darunter weg, unter Gaslaternen im Nebel, nicht ein einziges Mal aufblickend, läuft Raskolnikow,
ganz schwarz, bis er das Beil findet, mit dem er Lisaweta er-
schlägt, »dreißig oder vierzig Schritte vom Heumarkt entfernt«. In den ›Weißen Nächten‹ Ende Mai geht hier auch die
liebliche Nastjenka um und erzählt wieder und wieder
einem jungen Herrn die Geschichte ihrer Verwirrung, in die
sie einen nach dem andern grausam miteinspinnt. Fast alle
Dostojewskischen Gestalten gingen einmal hier, fiebernd,
betend, an Mauern entlang schleichend, in Wahnvorstellun-
gen verstrickt, euphorisch glücklich für einen Augenblick,
betrunken, Gott lästernd, schuldig, todkrank. Wäre Petersburg im Krieg zerstört worden bis auf die Grundmauern:
nach den zuverlässigen Stadtplänen in den Werken der
russischen Dichter könnte man es geisterhaft sicher wieder-
aufbauen.

Das Petersburg von heute, Leningrad genannt, ist uninter-
essant. Was schön ist, das gehört einer anderen Zeit an. Aber
wer meint, daß jene andere Zeit selber schön und heiter war,
der irrt: die Gestalten der Literatur des 19. Jahrhunderts, die
uns hier begegnen, sind alle krank, ihr Leiden heißt: Rußland. Die Revolution geht schon um. Die Literatur ist bereits
Gesellschaftskritik, die Spitzen der Schreibfedern weisen
schon scharf auf alle Punkte hin, an denen viele Jahrzehnte
später Minen explodieren und Genickschüsse fallen. Selbst

der unpolitischste Schriftsteller jener Zeit sagt nichts aus als die Notwendigkeit der Revolution, ob er will oder nicht.

Auf der ›Haseninsel‹ liegt die Peter-Paul-Festung, sie gehört zu den touristischen Attraktionen, aber auch zu den nationalen Gedenkstätten: hier steht die Kathedrale mit den Sarkophagen aller Zaren, angefangen von Peter dem Großen. Der allerletzte liegt nicht hier, der wurde in Jekaterinburg erschossen. Neben der Kathedrale ist das Gefängnis, das heute keines mehr ist. Die Zellen stehen alle offen, und neben der Tür an der Wand hängt jeweils die Tafel mit der Inschrift, wer hier von wann bis wann und warum eingesperrt war. Man sieht die Zelle Gorkis, die von Lenins älterem Bruder, die der Vera Figner, und vieler anderer, alle waren Angehörige revolutionärer Gemeinschaften, wie der Gruppe ›Freiheit fürs Volk‹, die der ›Leute, die ins Volk gingen‹, Leute, meist junge, die fanden, so könne es nicht weitergehen, die Revolution müsse kommen. Erstaunlich viele Frauen darunter. Kein Wunder, daß die sowjetische Frau tatsächlich Gleichberechtigung hat. Sie hat für die Revolution gearbeitet, sich einsperren und umbringen lassen, eine große Vorausleistung.

Das Gefängnis hat einen Zugang von der Newa her, hier landeten damals die Schiffe mit den Gefangenen. Auf den gepflasterten Uferböschungen liegen jetzt an warmen Tagen die Leningrader und nehmen Sonnenbäder.

Das so demonstrativ offene Gefängnis stimmt mich aufrührerisch: es gibt zu viele um so geschlossenere. Eine Unfreiheit wird durch die andere abgelöst, die Freiheit einer Gruppe oder Klasse wird mit Unfreiheit und Erniedrigung einer anderen erkauft. Ist das die Geschichte der Menschheit? Bringen wir nichts Besseres zustande als Welt-Mißverständnisse?

Der Winterpalast. Als Kind hörte ich einmal das Wort ›Winterpalast‹. Es war für mich ohne Zusammenhang und darum leicht brauchbar für meine Einbildungskraft: der Winterpalast ist die Residenz des Königs Winter. Er steht auf einem riesigen freien Platz. Er ist erbaut aus hellgrünem Eis, hat tausend schmale hohe Fenster aus Glaseis und als Verzierung Tausende von weißen Eiszapfen, die im Nordostwind klirren; immer bläst Nordostwind und kein anderer, denn bei West- oder Südwind würde der Palast schmelzen. In dem Palast sitzt König Winter. Ganz allein. Niemand sieht ihn, aber er blickt jede Stunde zu einem anderen Fenster hinaus und in eine andere Windrichtung, und wo er hinschaut mit grünen Augen, da gefriert das Wasser, und wenn er die Hand aus Eis hebt, fällt Schnee.

Als ich später zum ersten Mal Vivaldis Wintermusik aus den ›Jahreszeiten‹ hörte, wußte ich, daß auch er den Winterpalast kannte, denn er wußte, wie Eiszapfen klirren und wie Eisplatten zerspringen und wie der Nordost das Wasser in den Seen und in den Augen gefrieren macht.

Jetzt stehe ich vor dem Winterpalast. Das Kind hat nicht weit weg von der Wirklichkeit geträumt: da ist der riesige freie Platz, da ist das helle Grün der Mauern, da sind die ›tausend‹ schmalen hohen Fenster, und die weißen Stuckverzierungen und die vielen weißen Säulen und ein weißes Dachgitter könnten gut Eiszapfen sein; der Nordostwind ist hier wirklich zu Hause, er bläst scharf um die Ecken von der Newa her, und im Winterpalast, vielmehr in der Eremitage daneben, saß wirklich einmal König Winter, ein einsamer kunstsammelnder Zar: Paul.

Aber jetzt ist der Winterpalast voll durchflutenden Lebens; schon lange vor Eröffnung stehen die Leute geduldig Schlange: sehr brave Schulklassen, sehr gesittete Gruppen eifriger Studenten, viele Kinder mit den Halstüchern der Jugendbrigade, eine Uniform, welche an jene des ›Nazi-Jungvolks‹ erinnert, Gruppen ruhiger älterer Sowjetbürger verschiedenster Rassen, von weither, Kirgisen, Turkmenen, Armenier,

Baschkiden, und Besucher aus aller Welt; vorherrschend aber neben dem Russischen (das ja alle Sowjetbürger als zweite Muttersprache sprechen) das Sächsische. Jede Gruppe hat ihre Führerin. Ernste Mädchen und Frauen, die auf müden Beinen ihr Tagessoll hinter sich bringen und ihren Text gut können: einen gut gelernten Text zu den ›wichtigsten‹ Bildern der Galerie. (Wer bestimmt nach welchen Gesichtspunkten die Wichtigkeit?) Während ich vor Rembrandts ›Verlorenem Sohn‹ stehe (ein Bild, das ich bisher nur von Reproduktionen kannte und bei dem ich hier vor dem Original erkenne, daß ich bisher im Vorraum des Begreifens stehengeblieben war – ein Bild, das eine ganze verzweifelte Welt retten könnte, ließe sie sich darauf ein) – während ich also davor stehe, höre ich hinter mir DDR-Deutsch und dann die Stimme einer deutsch sprechenden russischen Führerin. Ich schrieb mir ihre Erklärung auf.

»Hier sehen Sie das berühmte Gemälde, das allgemein ›Die Heilige Familie‹ genannt wird. Es ist eine proletarische Familie. Solchen Menschen gehörte das Herz des Malers. Sehen Sie dort drüben die ergreifenden Bilder eines alten Mannes und einer alten Frau, man sieht ihnen an, wie schwer sie es hatten. Auch Karl Marx begeisterte sich für diese Bilder. Wir begreifen gerade bei Rembrandt, daß die echte Kunst immer am Ideenkampf teilnimmt. Dieses Bild ist also kein religiöses, obgleich hier oben Engel zu sehen sind; die haben einen rein künstlerischen Zweck: sie sammeln das Licht auf sich, während das übrige im Schatten bleibt, wodurch der berühmte Hell-Dunkel-Effekt entsteht.«

Gerne hätte ich dem Mädchen gesagt, daß es eigentlich im Sinne Marx' wäre, Begriffe wie profan und heilig nicht als Gegensätze zu sehen.

Die Eremitage hat siebenundzwanzig Rembrandts (Öl), sie hat von allen Großen etwas und meist Hervorragendes, von Lucas Cranach bis Picasso. Darunter zwei Leonardo da Vinci und zwei Raffael. Hier wurde gut gesammelt. Die Impressionisten sind nicht zu finden. Am Eingang einer jeden Abteilung sitzt parzenhaft eine Hüterin. T. fragt eine nach der anderen, wo die Impressionisten seien; eine jede verweist regungslos auf die andere; die Impressionisten sind jetzt in einem anderen Teil, einem anderen Stockwerk; wir werden hierhin und dorthin geschickt, vergeblich. So kehren wir zu den Rembrandts zurück. Ganz am Schluß finden wir von selbst und durch Zufall im Erdgeschoß, recht abgelegen und vom Strom der auf vorgeschriebenem Weg geführten Menschen nicht berührt, einige kleine Säle mit ein paar Sisley, Pissarro, Cézanne, Matisse und der ungeheuren violett vor Bordeaux-Rot sitzenden Absinthtrinkerin Picassos. Dazu auch einige, wie es scheint, mehr zufällig erworbene ›ungefährliche‹ Expressionisten. Über eine bestimmte Zeit- und Stilgrenze hinaus gibt's nichts, jedenfalls nicht allen zugänglich; es gibt jedoch Verliese, in denen Kunststudierende mit Sonderausweis verbotenes Modernes sehen können. Kunst im Giftschrank, den unmündigen verführbaren Kindern des Volks zu ihrem eigenen Besten vorenthalten ... Hitler hatte eine andere Methode; die der direkten Abschreckkung: die Ausstellung ›Entartete Kunst‹. Ich habe sie 1936 in München gesehen. Nie vorher und seither nie mehr sah ich die Summa der damaligen Moderne an einem einzigen Ort versammelt: Klee, Kandinsky, Macke, Marc, Chagall, Dix, Grosz, Hofer, Müller, Rohlfs, Schmitt-Rotluff, Lovis Corinth, Käthe Kollwitz, Beckmann, Nolde. Alle ›entartet‹, aus der deutschen Art geschlagen, schlecht, verdorben und verderblich für die Gesundheit des deutschen Volkes. Göring und Baldur von Schirach, mehr von Kunst verstehend als Hitler, haben davon profitiert: was ihnen gefiel, requirierten sie und hängten es daheim bei sich auf; da konnte es Hitler dann wieder bewundern oder wenigstens tolerieren. In der Ausstellung ›Entartete Kunst‹ aber waren sie zusammengepfercht wie später in den Viehwagen die Häftlinge für Buchenwald und Auschwitz. Bild hing dicht neben Bild, die Wände waren vom Boden bis zur Decke vollgehängt. Der wenige freie Raum war beklebt mit roten Zetteln: Zahlen und Inschriften wie dieser, derer ich mich noch nach 35 Jahren erinnere: »Für diese Sudelei eines Paranoikers bezahlte das deutsche Volk 2 Milliarden.« Ob es zwei oder vier waren, weiß ich nicht mehr, jedenfalls war's eine ungeheure und unglaubwürdige Summe – und es stand nicht dabei, daß es Inflationsgeld war und der Maler sich damals vielleicht gerade noch ein Paar Schuhe dafür kaufen konnte. Und welches Bild war es? Eine der blauen Walchensee-Landschaften von Lovis Corinth, gemalt tatsächlich nach seinem ersten Schlaganfall, deshalb aber um nichts weniger herrlich. Die Beschrifter wußten, wo sie den deutschen Spießer am sichersten treffen konnten: bei seinem Geld. So hörte ich denn 1936 das Publikum bedrohlich murren: »Was? Unser Geld für so einen Dreck? Verbrennen soll man das, und die Maler aufhängen oder erschießen.« Das gesunde deutsche Volksempfinden reagierte nach Wunsch. Ich zitterte vor Zorn und sagte laut etwas, ich weiß nicht mehr was, aber es war derart, daß ein Aufseher, Aufpasser vielmehr, stramm auf mich zutrat und mich hinauswies. Ich, zu einem politischen Skandal bereit, erwiderte heftig, aber mein Verlobter, obgleich nicht minder zornig, jedoch vernünftiger, zog mich aus dem Saal. Draußen weinte ich, so schämte ich mich meines Volks.

In der Sowjet-Union gibt es eine solche Ausstellung nicht. Da legt man Unbequemes, für den Aufbau des Sozialismus Unbrauchbares, schweigend und es totschweigend hinter Schloß und Riegel. Daß Hitler etwas hatte gegen moderne Kunst, verstehe ich: Er war der verkannte, verhinderte Künstler, der es zeitlebens nicht verwand, daß er es in der Kunst zu nichts gebracht hatte, und der alle haßte, die das konnten, was er gern gekonnt hätte. Das Beneidete muß man zerstören, damit man selber leben kann. (Eine von mehreren Erklärungen.) Aber Lenin? Und Stalin? Und die heutigen Kulturpolitiker? Was fürchten sie von der modernen Kunst?

Ich erinnere mich, in Platos ›Staat‹ Einschlägiges darüber gelesen zu haben, weiß es aber nicht mehr genau. Jetzt suche ich danach. Ich finde im dritten Buch: Plato will nicht die Musik grundsätzlich verboten wissen im Idealstaat, aber gewisse Instrumente, Tonarten und Rhythmen. »Instrumente, die viele Saiten und viele Tonarten haben, werden wir nicht erlauben, wohl aber Flöte, Lyra, Kithara und Rohrpfeife, die Instrumente des Apollon.« Von den Tonarten werden »die klagenden« verboten: die lydische, die gemischtlydische und die ionische, denn »sie machen weich, unkriegerisch und verführen zur Üppigkeit«. Erlaubt und gefördert sind die dorische und die phrygische: »die gewaltsame« und die »zwanglose«, welche die »Lautfärbung der Glücklichen, der Mannhaften, der Besonnenen am schönsten nachahmen«. Ebenso die Rhythmen: nur jene, die Ausdruck der »Wohlanständigkeit« sind, die zu Ordnung, Mut und Lauterkeit erziehen, werden geduldet. Alles »Apollinische« also ist staatlich erlaubt, alles »Dionysische« (würde Nietzsche sagen, bei Plato steht: »alles, was dem Marsyas zugehört«) ist verboten. »Und beim Hunde, sprach ich, unvermerkt sind wir wieder dabei, den Staat zu säubern« (Plato). Die Folgerung aus dieser Ansicht wird von Plato radikalisiert: Man muß eine staatliche Überwachung, eine totale politische Zensur einführen.

Alle Vorstellungen vom Idealstaat sind moralischer Natur und haben auf ordnungsliebende Geister eine starke Faszination, aber sie sind leider praktisch immer verbunden mit der Diktatur, mit der Idee des einspurigen, des alleinseligmachenden Heilswegs, mit der Angst vor Freiheit und Pluralität, mit dem abgründigen Pessimismus gegenüber dem Menschen, von dem nichts Besseres angenommen wird, als daß er, freigelassen und ohne Strafandrohung, wild ins Kraut schießt und den Staat ins Verderben bringt.

Platon, Lenin, Stalin, Hitler, Breschnjew: was für eine Genealogie! Sie ist zu vervollständigen durch alle Theoretiker und Praktiker der Zensur und Inquisition. Psychologisch gesehen: Verdrängung der Schattenhälfte des Lebens. Ethisch gesehen: Umlügen der Welt. Ästhetisch: Verkitschung. Ergebnis in der Sowjet-Union-Kunst: Der ›Sozialistische Realismus‹, die denkbar ödeste Form von Kitsch. Mir ist beim Anschauen dieser sichelschwingenden Kolchosenbauern und dieser tüchtigen prallen Maiden, als schlucke ich Staub bei ausgetrockneter Kehle. Frage an Kossygin: Welches ist eigentlich der sowjetische Maßstab für die Qualität der Kunst? Ist es die Eignung fürs sogenannte Volk? Wer ist das: das sowjetische Volk? Kann man aus 250 Millionen Menschen *den* Sowjetmenschen abstrahieren? Gibt es den Standard-Sowjetbürger? Woher weiß man, welche Kunst dieser Bürger will? Wer befindet darüber, ob ein Kunstwerk dem Bedürfnis dieses abstrakten Bürgers entspricht? Entscheidet nicht de facto die Notwendigkeit, nur solche Kunst gelten zu lassen, die den Sowjetbürger politisch bei der Stange hält, indem sie ihn total formt und keine Einbrüche von außerhalb ins System gestattet? Ist also die sowjetische Kunstzensur nicht das glatte Eingeständnis der Angst vor der Kunst und der allgemeinen Unsicherheit? Wird Kunst als Politikum hohen Ranges betrachtet? Traut sich die Sowjet-Union nicht zu, moderne Kunst zu integrieren? Bewirkt die systematische Unterdrückung der Pluralität künstlerischer Bedürfnisse und Schöpfungen nicht auf die Dauer im Kollektiv das gleiche, was jede Unterdrückung und Verdrängung im Individuum bewirkt: die Schizophrenie oder die schließlich explodierende Revolte? Wäre es nicht, politisch gesehen, viel besser, man ließe ›das Moderne‹ an den Tag kommen, dort, wo man's im Auge und im Griff hat, statt es gefährlich im ›kollektiven Unbewußten‹ rumoren zu lassen? Glaubt man denn, man könne eine ganze Kunstrichtung für immer ausrotten? Und warum eigentlich benutzt man nicht moderne sowjetische Kunst zur Aufwertung des Ansehens der Sowjet-Union in der Welt? Warum pflegt man sie nicht geradezu als Prestige-Angelegenheit, als Konkurrenz-Angelegenheit, genauso, wie man den internationalen Wettbewerb auf dem Gebiet der Wirtschaft und Technik und des Sports aufnahm? Und schließlich: Warum benutzt man nicht die verbotene und dennoch vorhandene moderne sowjetische Kunst dazu, sie ins Ausland zu verkaufen und damit die so dringend nötigen Devisen einzubringen?

Die sowjetische Kulturpolitik ist mir ein Rätsel. Vielleicht verstehen jene, die sie machen, selbst nicht, warum sie so und nicht anders handeln. Vielleicht handeln sie nur aus Trotz so: Macht's der Westen *so*, machen wir's anders.

In Tbilissi führt man mich zu der Bronzefrau vor der Philharmonie. Man sagt nichts, als daß man mein Urteil erwarte. Ich weiß nicht recht, was ich sagen soll. Ich finde die Figur nicht schlecht, aber auch nicht besonders gut. Ob ich sie denn nicht zu modern finde. Zu modern? Das ist eher Jugendstil. Weiter fiel mir dazu nichts ein. Die Figur ist sehr umstritten. Sie steht noch nicht lange dort. Eines Tages trat eine staatliche Kommission an und nahm der Bronzefrau die Maße ab, als sollte sie Miß Georgia werden. Die Maße stimmten und stimmten nicht, so sieht keine Frau aus, der Bildhauer hat keine Ahnung von Anatomie, und so die ausgebreiteten Arme verrenken, bei nach oben offenen Handflächen die Ellbogen so nach oben drücken, das kann überhaupt kein Mensch, so etwas verdirbt den Geschmack des Volks. Weg damit. Aber wir sind in Georgien. Die Figur bleibt stehen. Ihr ewiger Verbleib freilich ist ungesichert. So sammeln denn die künstlerischen Progressisten Georgiens die Urteile kunstverständiger Ausländer, Urteile zugunsten des Bildhauers und der Figur. Für sie bedeutet diese Figur einen zäh erkämpften Schritt vorwärts. Frage: Wie holt man je die verlorenen Jahrzehnte auf?

In den Anlagen längs der Gorkistraße in Moskau steht ein Denkmal Gogols: ein strahlender Jüngling. Er steht noch nicht sehr lange dort. Vorher stand oder saß vielmehr, glaube ich, an seiner Stelle ein alter Gogol, nachdenklich und sorgenvoll. Der mußte nach Parteibeschluß weg, und ein junger mußte her, einer, der nicht gefurcht ist von trüben Erfahrungen und dunklen Ahnungen. Aber die intelligenten Moskauer mögen den jungen nicht, sie trauern ihrem alten bekümmerten nach.

Ein Moskauer Gespräch über die sowjetische Kunst-erziehung: Ich erzähle von meinen Beobachtungen in der Tretjakow-Galerie, in der Eremitage und andern Museen. Die Leute, ältere und jüngere und Kinder, werden durchge-schleust, hören einige Daten, Namen und Erklärungen und werfen flüchtige Blicke auf das, worauf sie hingewiesen werden: auf Klassisches und auf die Werke des ›Sozialisti-schen Realismus‹, des Feindes aller Moderne. Und im Thea-ter sehen sie klassisches Ballett, schön und technisch perfekt, aber mit uralter Regie, und in den Kindertheatern konser-vative Stücke, die zu Vaterlandsliebe und anderen bürger-lichen Tugenden erziehen. Wo bleibt der revolutionäre Elan? Wo ein Weg zur Weiterentwicklung? Was resultiert denn aus dieser grauen Museumslauferei?
Man erwidert mir: Auf jeden Fall lernen die Sowjetbürger Kunstgeschichte. Sie kommen hierher als Kinder, als Schüler, als Studenten, als Erwachsene, als Mitglieder einer Arbeits-gruppe, so verwachsen sie mit der Kunst. Das stimmt wohl: sie wissen, wer wann was malte, welche Maler etwas beitrugen zur sozialistischen Revolution, und sie lernen, stolz zu sein auf die Leistungen der Künstler ihres Volks, sie wissen auch, wer von den Künstlern vom Staat geehrt wird durch Titel wie ›Verdienter Künstler der RSFSR‹. Ich frage, ob sie denn dadurch nicht zum Nationalismus erzogen würden: »Rußland über alles«, »Sozialistische Kunst über alles« (Deutschland über alles !!). Man antwortet, sie lernten jedenfalls, daß Kunst etwas Wichtiges und Großes sei und daß Künstler wichtig seien im Staat. Diesen Punkt lasse ich

entschieden gelten. Respekt vor Kunst und Künstlern hat man in der Sowjet-Union. Der durchschnittliche deutsche Bundesbürger hat ihn nicht. Für ihn ist Kunst eine private Liebhaberei und etwas, wofür der Staat kein Geld ausgeben soll, zumal nichts von den Steuergeldern des schwer arbeitenden Volks ... In der Sowjet-Union gibt der Staat viel Geld für die Kunst aus. Schriftsteller zum Beispiel verdienen eine Menge, und zwar sind sie nicht von der Zahl der verkauften Exemplare und von der demütigenden Gutwilligkeit eines Verlegers abhängig, sondern sie erhalten für jedes Buch eine Garantiesumme, und keine kleine. Sie sind Angestellte des Staates. Der Haken ist nur, daß sie damit ... Aber das wissen wir alle. Warum kann eigentlich nicht das sowjetisch-kulturpolitische System der Bezahlung auf die Demokratien übertragen werden?

Ich kann einfach nicht glauben, daß es in diesem Land voll komprimierter Lebenskraft keine wirklich ›moderne‹ Kunst gibt.

L. führt mich ohne Vorbereitung in einen Keller hinunter. Ich finde mich plötzlich inmitten von Skulpturen, die im ›Museum for Modern Art‹ in New York stehen könnten. Aber sie stehen nicht dort, noch nicht, und sie stehen auch in keinem russischen Museum, sondern in einem öden kalten Keller und warten auf den Posaunenstoß vom Kreml her, der ihnen die Auferstehung aus dem Grab erlaubt.

Ich habe das Gefühl, daß ich, diesen Keller betretend, Rußland betrete, Rußland in äußerster Konzentration mit all seiner Schwermut, Kraft, Zähigkeit, Wärme, Religiosität.

Man kann, wenn man will, Ähnlichkeiten zwischen den Arbeiten des Bildhauers und denen westlicher Künstler finden, wir können Vermutungen über Vorbilder und Muster anstellen. Interessant ist, daß der Bildhauer lange Zeit keine Kenntnis der modernen Kunst in der westlichen Welt hatte.

Er fand seine eigene Sprache, und es ist jene, die auch im Westen gesprochen wird, wenn etwas ausgedrückt werden soll, was sich im Politisch-Gesellschaftlichen nicht erschöpft.

Mein Blick sammelt sich schließlich auf einige bestimmte Arbeiten. Die eine: zwei hohe weiße vierkantige Steinsäulen nebeneinander, eine etwas höher als die andre, beide einander zugeneigt: zwei Gestalten, die größere tröstet die kleinere. Ein Grabmal. Bisweilen bestellen Bekannte so etwas für Verstorbene. Später werden die Kunsthistoriker die sowjetischen Dorffriedhöfe absuchen müssen nach der Kunst dieser Zeit.

Die andere Arbeit ist klein, vielleicht dreißig Zentimeter hoch. Wenn ich mich recht erinnere, ist sie nicht aus Bronze, sondern aus Eisenstäben gemacht: auf einer Grundplatte befestigt drei parallele Bögen, darüber waagrecht gelegt ein gerades Stück. Auf die Gefahr hin, daß mir V. S. jeden Kunstverstand abspreche, sage ich: »Das sieht aus, wie wenn sechs Männer einen Toten auf ihren Schultern tragen.« V. S. sagt, die Gruppe heiße ›Beerdigung‹ (oder ›Grabgang‹). Er sagt, daß ihn dabei das formale Problem beschäftigt habe, wie man eine deutlich als solche erkennbare Vielheit zu einer Einheit zusammenfassen könne, ohne die Teile ihrer Eigenart zu berauben. Jeder Teil drückt für sich selbst etwas aus, und alle Teile zusammen drücken etwas aus, und zwischen den beiden Ausdrücken besteht eine freie, aber enge und wesentliche Beziehung. (So ähnlich sagte er's, er sprach mühsam englisch, so war es nicht ganz leicht, uns zu verständigen.) Ich sagte, ob das auch sein philosophisches und politisches Bekenntnis sei. Er freute sich, daß ich ihn verstanden hatte. Ich hätte die kleine Gruppe gerne gekauft, aber auch das im Lande nicht Geschätzte darf nicht ausgeführt werden, warum eigentlich nicht, vielleicht ist da doch jemand im Kulturamt, der etwas von Kunst versteht und solche Werke im Land behalten will für später und zum Ruhme einer künftigen Sowjet-Union, wer weiß.

Das, was mich am stärksten packte in diesem Keller, ist eine

Ecke, für die sich mir das Wort ›Gefängniskirche‹ aufdrängte. Hier stehen einige hohe weiße blicklose Figuren aus Stein, sie stammen aus der Zeit, in welcher V. S. noch gutes Material hatte: Holz, Marmor, Bronze. Jetzt kann er sich so teures Material nicht mehr leisten. Aber das macht nichts. Die Not zwang ihn zu einer neuen Anstrengung, und sie führte ihn auf einen neuen Weg. Als er kein ›gutes‹ Material mehr hatte, nahm er ›schlechtes‹. Aber schon war es kein schlechtes mehr, sondern das beste, das er für seine Ideen hatte finden können: Zivilisations-Abfall, den wirklich niemand mehr haben wollte. Ein dickes Stück Eisenrohr von der alten Kanalisation, da hineingesteckt ein etwas dünneres, ein Abortrohr, das sich oben verzweigt: ein Mensch, der die Arme ausstreckt. Der Kopf ein Maschinenteil, ein Schraubengewinde, darüber ein waagrechtes Stück Eisen mit zwei tiefen Schraubenlöchern; die Augen starren schräg nach oben. Dem Unterkörper angesetzt ein abgeschnittenes Rohrknie: der Phallus, groß und drohend, oder anklagend, jedenfalls potent und in Not: vielfaches Symbol, auch für die Not der von der Partei unterdrückten Schöpferkraft des russischen Volks. Der kleinere der beiden Eisenmänner hat kurze Seitenröhren als Arme, sie wirken wie verstümmelt, wie roh abgeschnitten, wiederum ein deutliches Symbol. V. S. ist fern davon, eine Symbolkunst machen zu wollen. Was er macht, ist jedoch, wie jede echte Kunst, vielen Deutungen offen.

Oberhalb der Abfallmenschen ist ein senkrecht über Eck befestigtes glattes Brett, in der Mauer daneben eine kurze Verdickung über einem grob unter Putz gelegten Wasserleitungsrohr: Andeutung eines Kreuzes. Dort, wo dieser Seitenarm das Brett trifft, hängt ein Bronzehaupt mit der Dornenkrone. Es blickt auf das herab, was da einer gemacht hat aus Weggeworfenem, aus dem von der Staatsgesellschaft Verworfenen. Die hohen strengen Steinfiguren stehen daneben wie blinde, aber wachsame Zeugen.

V. zeigt mir auch Stöße von Grafiken. Was ihn am stärksten beschäftigt: der gekreuzigte Mensch, die Kreuzabnahme.

V. ist nicht Christ. Ein halbes Jahrhundert atheistischer Säuberung hat einen großen freien Raum geschaffen, in dem Christus neu gefunden werden kann. Man sollte sich nirgendwo in der Welt vor dem ›Atheismus‹ fürchten.

Sagorsk, etwa 60 km nördlich von Moskau. Autofahrt durch den ausgefransten Stadtrand, durch einen dörflichen Vorort mit Datschas in kleinen halb entblätterten Obstgärten, dann die Ebene. T. sagt: »Wie liebe ich diese Landschaft, diese Birken, die roten Brombeerbüsche, die gerade Straße.« Für mich ist es eine Landschaft, die auf alle Zier verzichtet und nur die asketische Armut gelten läßt, in der eine Gruppe von Birken schon ein Ereignis ist. Wir kommen durch einige längs der Straße aufgereihte Dörfer mit schönen alten Holz- und unschönen neueren Steinhäusern. Über den Fenstern der alten Häuser reichgeschnitzte, oft bemalte Querbalken, Blau als bevorzugte Farbe. Überall Kirchen, die gut im Stande sind und wirklich als Kirchen dienen. Schließlich führt die Straße in ein Tal hinunter und steigt drüben entschlossen den Hügel hinauf. Sagorsk. Eine kleine Stadt. Auf dem höchsten Punkt eine weitläufige Festung mit Mauern, Toren, Ecktürmen: das ›Kloster von der Heiligen Dreifaltigkeit des heiligen Sergius‹, Troitse-Sergijewskaja-Lawra auf russisch, so sein offizieller Name. Auf dem großen Platz vor dem Kloster eine Anzahl von Autobussen, keine schönen funkelnden Touristenbusse, sondern jene aufs Nötigste reduzierten staubgrauen Vehikel, welche benzinstinkend und rüttelnd das arbeitende Volk zur Arbeit und wieder heim befördern. Warum sind denn so viele Busse da? Es ist der 25. September, das Fest des Klostergründers, des heiligen Sergius. Wir wußten das vorher nicht. Eine schöne Fügung. Wir waren erwartet, aber von wem und wo wußten wir nicht. So treten wir denn zuerst einmal durchs Tor. Gleich hinter diesem Tor eine öffentliche Bedürfnisanstalt bar aller Hygiene: bei offener oder fehlender Tür heben Frauen ihre weiten Röcke, erledigen stehend oder hockend ihr Geschäft über Löchern im Boden ohne Spülung, es stinkt scharf nach Urin. T. geniert sich und versucht flüchtig, die Schuld den Mönchen zuzuschieben. Die Toilette, die nachher wir benützen, liegt neben dem Sprechzimmer des Archimandriten und ist respektabel europäisch, mit allem Zubehör und äußerst sauber. Ich weise T. auf den Unterschied hin. Sie zuckt die Achseln und leidet still. Ein uns begegnender Mönch zeigt uns den Weg zum Sprechzimmer, in dem uns ein eher junger Mann erwartet. Er hat ein Theologengesicht, ist aber in Zivil. Ich erfahre von ihm bald, daß er wirklich Theologe ist, aber nicht Priester und nicht Mönch. Das erscheint uns westlichen Nachkonziliaren nicht bemerkenswert. Für die Sowjet-Union ist es dies, schon deshalb, weil die russisch-orthodoxe Kirche bis vor kurzem keine eigentliche Theologie hatte, sondern nur die unreflektierte Überlieferung des Evangeliums, die nie veränderte, symbolbefrachtete Liturgie und die mystische Frömmigkeit. Theologie im westlichen Sinne ist, wie Vater Alexander sagte, Teufelswerk, und vielleicht hat er recht, wer weiß, jedenfalls ist sie ein gefährliches Spielzeug für gescheite, aber unweise Knaben. Dieser russische Theologe ist hervorgegangen aus der Kloster-Akademie, in der man ausgesprochen ökumenisch gerichtet ist und in der man westliche Theologen wie Rahner, Tillich, Bonhoeffer, Küng, Metz, Fries kennt. In Sagorsk war ja auch 1969 das große Treffen der Vertreter aller christlichen Kirchen. In einer der säkularisierten Kirchenbauten sind Fotos und Dokumente von jenem Ereignis ausgestellt. Unter den Fotos eines von Martin Luther King. Wie ist das aber mit unserm jungen Theologen, der nicht Priester und nicht Mönch ist und somit in der russischorthodoxen Kirche eine ungewöhnliche Figur? Ich habe alsbald den Verdacht, daß er Beamter des berüchtigten Staats-Kirchenamts sei. Er geht uns nicht von den Fersen und antwortet nicht auf alle meine Fragen, sondern verweist mich beharrlich darauf, daß ich um halb zwei beim Archimandriten erwartet sei zu einem kleinen Imbiß und bei dieser Gelegenheit dort Fragen stellen könne. Nun gut. Ich bin nicht gekommen um zu provozieren, am wenigsten diesen weichen, schwermütigen, in seiner Rolle fühlbar nicht recht glücklichen jungen Mann.

Er scheint nicht vorgehabt zu haben, uns in die Hauptkirche zu führen, in der eben Festgottesdienst ist. Als ich den Wunsch gerade nach diesem Gottesdienst äußere, zeigt er sich spontan erfreut. Die Kirche ist brechend voll. Unmöglich durch das Portal einzutreten, die Rücken der Pilger erweisen sich als unnachgiebige Mauer. Der Theologe versucht es bei einer Seitenpforte, sie ist verschlossen, endlich öffnet eine schwarzvermummte alte Nonne. Wir werden auf ein Podium geführt, das für die Nonnen bestimmt ist. Hier sitze ich nun und nehme teil. Ich kenne den russisch-orthodoxen Ritus sehr wohl vom römischen Collegium Russicum her, wo exportiertes Slawisches Festmahl für die der kühleren lateinischen Liturgie Müden ist, was hier in Sagorsk gewöhnliches Brot ist, gebacken aus schwarzem russischem Korn, gut gegen den echten Hunger. Den Stimmen der Mönche ist nach fünf Stunden Gesang keine Müdigkeit anzumerken, auch nicht den blanken Knabensopranen. Endlose, ereignislose Liturgie. Ehe man es merkt, ist man von ihr mitgenommen, und wer die Geduld aufbringt, findet sich schließlich im tiefsten und hellsten aller Abgründe. Hier in Sagorsk sind die konzertreifen, die schallplattenreifen Chöre das reine Mönchsgebet geblieben und der hausgewebte Gebetsteppich für das fromme und demütige Volk. Kein Tourist außer uns, kein gieriges Bandgerät, keine ästhetische Absicht.

Von hier vorne oben sehe ich die Pilger. Sie stehen Schulter an Schulter, zusammengepfercht zwischen den freskenbedeckten Wänden und Säulen, eingehüllt in Wolken des stark duftenden Weihrauchs, eingeschmolzen zu einem einzigen erdfarbenen Grau: die grauen Haare der Männer, die grauen Tücher der Frauen, die grauen zerknitterten Gesichter, das

Grau des Alters. Hier wie überall sind es die Alten, die den Schatz hüten und das Geheimwissen weitergeben. Jugend ist nicht anwesend, aber das sagt nichts, denn es ist ein gewöhnlicher Wochentag, Arbeitstag, und welcher Betrieb gäbe schon einem Arbeiter frei für eine Pilgerfahrt. Aber unter den Mönchen sind junge, viele junge sogar. Und die Knabenstimmen gehören wohl Seminaristen, Anwärtern auf das Studium an der theologischen Akademie. Unzählige Kerzen und Öllämpchen brennen. Es ist sehr warm in der Kirche. Einige Tage dieser Wärme, und die Säulen müßten weich werden wie Wachs, und das Blattgold der Ikonostase müßte schmelzen und herabtropfen wie Honig. Mir wird ganz schwindlig. Das ist ja eine mystische Droge. Aber niemand stößt einen ekstatischen Schrei aus, niemand beginnt zu tanzen, niemand zu schlafen. Geduldig grau in grau steht das betende Volk. Wenn ein Gott ist, so muß er diesem Volk seine Treue vergelten.

Der Theologe, der uns allein gelassen und sich hinter der Ikonostase zu tun machte, erscheint wieder. Es ist Zeit für uns zu gehen, wir dürfen den Archimandriten nicht warten lassen, und vorher sollen wir die ganze Klosteranlage zu sehen bekommen, vor allem die Schatzkammer mit unermeßlichen Schätzen. Nein, sage ich, die will ich nicht sehen, so wenig wie ich je wieder in die Vatikanische Schatzkammer in St. Peter gehe. Kommunismus und Schatzkammer, Christentum und Schatzkammer ... nein, hierin bin ich eigensinnig. Der Theologe versteht mein Verhalten nicht recht. So ist er denn wohl weit mehr Gläubiger als Marxist, weit näher am Mönch als am Staatsfunktionär. Hernach, beim Archimandriten, ist er wieder ganz Beamter des Staats-Kirchenamtes. Er sitzt steif vor Pflichtbewußtsein auf seinem harten Stuhl und ist ganz Ohr. Wenigstens tut er so.

Im Sprechzimmer erwartet uns ein Mann mittleren Alters, von imponierender Statur, im Habit, mit goldenem Brustkreuz, blondem Kräuselbart, rotbäckig, gescheit. Er spricht englisch. Ich halte ihn für den Archimandriten. Eine kleine

Weile später tritt schier lautlos ein anderer ein, auch im Mönchshabit, aber ohne Würden-Embleme, eher mager, weißbärtig und weißhaarig, ich denke er sei ein Brudermönch oder vielleicht ein Starez, ein heiliger Einsiedler. Aber siehe da: der einfache Mönch ist der Archimandrit, Vertreter des Patriarchen von Moskau. Der andere ist der Klosterabt. Der Abt sagt nicht viel im Verlaufe von fast zwei Stunden. Der Archimandrit, herzlich und lebhaft von Natur, führt das Gespräch, er tut es mit weltmännischer Eleganz. Ich fühle, er hat sich listig eine Rolle geschrieben, die glaubhaft ist, angenehm für alle Partner, ungefährlich, aber dennoch mit ganz kleinen Durchlässen für rasche, sozusagen beiseite gesprochene Informationen an die Adresse jener, die zu hören verstehen. Ich hüte mich, direkte Fragen zu stellen, aber ich erfahre doch einiges: daß das Kloster viel Nachwuchs habe, mehr als es aufnehmen könne (ich sage »dürfe«, T. übersetzt es rasch, und er korrigiert nicht), daß es auch noch einige Frauenklöster gebe und auch dort Nachwuchs, daß die orthodoxe Kirche frei sei in der Ausübung ihrer eigentlichen Seelsorgpflichten, daß sie taufen dürfe, Gottesdienste halten, Ehen einsegnen, Sterbende besuchen, Tote begraben. Ich frage so beiläufig: »Auch Funktionäre?« Es ist ein günstiger Augenblick für so eine Frage: ein Telefon an der Wand klingelt, der Theologe eilt hin, lauscht, antwortet nur mit einem devoten »da, da« (ja, ja), hängt wieder ein, mit wem mag er gesprochen haben. Just in diesen Sekunden antwortet mir der Archimandrit mit einem Schließen der Augen und einem Achselzucken. Ich kann es übersetzen, denn mir hatte man schon vorher erzählt, daß ein hoher Beamter nach Sagorsk kam, um sich taufen zu lassen, und zwar durchaus nicht zitternd und insgeheim nachts, sondern in aller Offenheit und auch Öffentlichkeit, wenn es sich so ergäbe. In Sagorsk lehnte man ab, das Risiko für Kirche und Funktionär sei zu groß.

Der Archimandrit lenkt das Gespräch auf das römische Konzil, ich lenke es auf westliche Theologie und habe des Katzeum-den-heißen-Brei-Gefühl. Schließlich berühre ich den heißen Brei: ich erzähle, daß ich eben einen Fernsehfilm geschrieben habe über den Bischof Galen und den Kulturkampf unter Hitler. Galen ist hier ein Begriff: »Ach, der Widerstandsbischof!« Ich sage, die Kirche in Deutschland habe es damals sehr schwer gehabt, und um zu überleben, habe sie viele Zugeständnisse an die Tyrannis machen müssen, nicht zum Besten der meisten Kirchenmänner, zu viel Anpassung schade dem Charakter und der Kirche.

Ich hoffe, T. übersetzt es richtig; immer wird das, was ich sage, im Russischen länger, und ich habe den Verdacht, T. übersetzt nicht nur ins Russische, sondern ins Partei-Russisch. Aber sie beteuert mir nachher, es liege nur am Russischen und sie erachte es für ihre Pflicht, absolut sinngetreu zu übersetzen, ohne etwas zu verschweigen oder hinzuzufügen. Nun: sie sagt also den geistlichen Herren, was ich sagte. Der Abt lächelt, der Archimandrit nicht, denn dem schaut der Beamte gerade ins Gesicht.

Aber von diesem Augenblick an ist eine Wendung in unserer Beziehung eingetreten. Nicht, als hätten sie mir nun Geheiminformationen gegeben. Es war atmosphärisch etwas vorgegangen, und das zwischen den Zeilen Gesagte wurde deutlicher. Wichtigste Zwischen-Zeilen-Information: es ist vieles in Bewegung, und daß sich derart viele Jugendliche zum Theologiestudium fürs Kloster melden, ist ein Zeichen, und daß der Archimandrit in diesem Zusammenhang über die Jesus-Bewegung in den USA spricht, kommt nicht von ungefähr. Unser junger Beamter sitzt weniger aufrecht da, eher bequem jetzt, und er schaut nicht mehr aus wie einer vom Politbüro, sondern wie ein echter Theologe. Wir sind alle sehr heiter und einander lächelnd zugetan. Jetzt erst schmeckt mir der ›kleine Imbiß‹, den vorher ein junges rotbäckiges milchbärtiges Mönchlein serviert hat: große Platten (Silber, scheint mir) mit vielen kleinen Brötchen, wie von Hausfrauenhand zurechtgemacht: mit rotem Kaviar, schwarzem Kaviar, geräuchertem Stör, Käse, Oliven, Tomaten; dazu Wodka und Krimwein, hernach starken Kaffee und verschiedenes sehr süßes Konfekt, hier hat man alles, aber warum nicht, Essen ist nicht teuer in der Sowjet-Union, und vielleicht bietet man nur Gästen derlei an in alter monastischer Tradition. Zum Abschied nach zwei Stunden schenkt mir der Archimandrit ein gewichtiges Buch über das Kloster. (Beim Rückflug bezahle ich mehr als hundert Mark Übergewicht für derlei Gaben.) Während er eine Widmung in russisch hineinschreibt, sagt er unvermittelt: »Ich bin ein alter Mann, ich denke historisch.« Das Wort ist rätselhaft, es sei denn, ich dürfe statt ›historisch‹ setzen: ›dialektisch‹, so daß der Satz hieße: Alles ist in Bewegung, und das Pendel schlägt nicht immer nach der gleichen Seite aus.

Der Abt schenkt mir ein Holzkästchen mit bunten Intarsien. Dann bitte ich noch um ein Kreuzchen, im Auftrag eines jungen Moskauer Dichters, ich bekomme zwei. Dann sagt der Archimandrit herzlich: »Wenn Sie nächstesmal wiederkommen, dann länger und zu einem richtigen Gespräch.« Ich verspreche es, und mir ist ganz danach, es zu halten.

Jetzt tritt der Theologe wieder in Funktion; er will uns dies und das zeigen, aber ich sage, ich möchte lieber in die alte Kirche mit dem Grab des heiligen Sergius gehen; ich sah nämlich dorthin Leute auf Krücken gehen und Leute mit Bettelschalen. Indem ich den Vorraum der Kirche betrete, finde ich mich tief im 19. Jahrhundert. Auf den Wandbänken sitzen die Alten und löffeln Klostersuppe und essen Mitgebrachtes. Mir strecken sich bettelnde gichtige Hände entgegen. T. geniert sich für ihr Volk und ihren Staat. Sie sagt ärgerlich: »Warum tun sie das, sie haben doch eine Rente, jeder, der gearbeitet hat, hat eine Rente, oder er wird von der Familie ernährt, und die kann ihn auch ernähren; gib ihnen nichts.« Aber ich gebe ihnen etwas, und der Theologe, vielmehr der Beamte vom Staatskirchenamt, der Funktionär, findet nichts Anstößiges an diesem Betteln.

Dieser Mensch ist nicht leicht zu durchschauen, wenn man ihn irgendwo zuordnen will und also meint, so einer müsse

Marxist und Kirchenfeind sein. Dieser hier ist es nicht. Er bekreuzt und verbeugt sich viele Male vor dem Sergius-Grab, und als ich sage, er solle mich ein bißchen hier beten lassen, ist er enthusiasmiert. Die Kirche ist dämmerig, nur Öllichter brennen und Kerzen, ein Priester psalmodiert, das Volk antwortet, es muß eine Litanei sein, das strömt so dahin. Hernach winkt mir der Theologe, er hat noch eine Rarität für mich, er zeigt sie sonst Fremden nicht: die Krypta mit anderen Gräbern, Heiligen oder Fürsten oder heiligen Fürsten, ich weiß nicht, und dann schenkt er mir ein Fläschchen mit heiligem Öl des heiligen Sergius. Ich erfahre nicht, was für eine Bewandtnis es damit hat. Ich sehe nur, daß am Ausgang alte Weiblein warten, auf mein Fläschchen deuten und offenbar auch so etwas haben wollen, aber der Theologe verweigert es ihnen glattweg; so bin ich denn eine Privilegierte. Seltsamer Mensch: Funktionär und tief in der religiösen Folklore, und vermutlich sogar ein echter Frommer. Beim Abschied hält er meine Hand lang in der seinen und sagt: »Good bye, Good bye«, und dann »doswidanja, doswidanja«, viele Male, wie eine Zauberformel. Er hat wahrhaftig feuchte Augen. Und auch mir fällt der Abschied von diesem Ort schwer, an dem ich einen Schritt nach vorne zurückgekehrt bin.

Wir kommen aus Leningrad nach Kiew wie vom Winter in den Frühling. Hier herrscht ein anderes Klima. Noch spät abends bummelt ganz Kiew auf der Hauptstraße. Es erinnert mich an zu Hause, an Italien. Hier hat man Zeit. Junge Leute gehen Hand in Hand oder sitzen reizend verliebt auf Bänken. Frauen ratschen, Männer stehen in Gruppen beisammen, umarmen und küssen sich, reden laut. Daß sie laut reden, fällt mir, von Moskau kommend, auf. Und daß es Betrunkene gibt, fällt auch auf. Ich weiß nicht, ob sie vom Kwass betrunken sind, den man an Ständchen kaufen kann. Kwass ist ein alkoholisches Getränk: mit Wasser angesetztes Schwarzbrot, das man zum Gären bringt; ich habe leider versäumt, es zu versuchen.

Kiew bedeutet nach Leningrad und Moskau: Aufheiterung, Lockerung, Normalisierung. Hier passiert's einem auch, daß man von Männern angesprochen wird. Einer mit einer Alkoholfahne trottet eine Weile stumm, aber beharrlich neben T. und mir her, wie ein Hund, der einen neuen Herrn gefunden zu haben hofft.

Endlich wird es T. zu dumm, sie will ihn wegschicken. Er aber stellt jetzt eine erstaunliche Frage – nicht etwa, wie spät es sei oder dergleichen Alltägliches, sondern: »Bitte, in welcher Stadt befinde ich mich?« T. sagt ihm, er sei in Kiew. Er hat da jedoch schwere Zweifel. Es sei vielleicht Kiew, aber auch wieder nicht Kiew, und zudem, wer außer ihm selbst könne wissen, wo er sei.

Das ist philosophisch. Wir müssen lachen. Er sagt: »Was lachen Sie? Ich suche eine Frau. Und wenn das Kiew ist, suche ich sie hier. Aber Kiew oder nicht Kiew: ich finde eine!« Wir lachen wieder. Er ist erbost. »Sie sollen nicht lachen«, (drohend:) »Ich heirate sie.«

T. macht ihn aufmerksam darauf, daß wir zu zweit seien und Bigamie unerlaubt sei. Er sagt: »Eine von Ihnen. Oder doch lieber beide. Zur Sicherheit.« Was er damit meint, erfahren wir nicht mehr, denn ein anderer Mann, auch, aber etwas weniger betrunken, zieht ihn am Arm beiseite. Wir hören unseren Bekannten noch von ferne klagend rufen: »Ich will sie doch heiraten.«

Eine winzige Szene, dergleichen in Moskau schwerlich zu erleben ist.

Kiew ist eine schöne Stadt, eine freundliche, eine Hügel- und Gärtenstadt. Grün, viel Grün. Vom Parkpavillon sehen wir tief hinunter auf einen breiten Fluß, einen Strom. Es ist der Dnjepr. Kann man denn keinen Namen hier hören, ohne daß sich Erinnerungen aufdrängen? Deutsche Truppen, deutsche Siege am Dnjepr . . .

T. und ich gehen auf den großen Markt. Was in Moskau und Leningrad spärlich zugeteilt wird und in mäßiger Qualität, hier liegt es in Fülle und ist erster Güte.

Es gibt alles hier und ohne Beschränkung, und nicht teuer: Obst, Gemüse, Käse, viele, viele Sorten Quark, Würste, Fleisch, trockene Gewürze, frische saftige Kräuterbüschel, getrocknete Pilze an Schnüren aufgereiht und von Balken herunterhängend. Junge schöne Bäuerinnen, Kopftuch überm Madonnenscheitel, tragen dicke lange doppelte Ketten glänzend brauner Zwiebeln um den Hals. T., Moskauerin, starrt auf all den Reichtum. Sie kann nicht widerstehen, sie kauft ein: Äpfel, Trauben, Pflaumen, und sie ißt sich durch den Markt wie das Kind im Märchen durch den Kuchenberg. Warum kommt von alldem so wenig nach Moskau und warum nur zweite Qualität? Und bitte, warum, wieso gibt es hier dreierlei Ware: auf den Privatmarktständen das Beste, und auf denen des kooperativen Handels das Gute, auf denen der Staatsgüter das Magere, das Mindere? Da stimmt etwas nicht. Und das wissen alle Sowjetbürger und kritisieren es laut und anhaltend in ihren Gesprächen, ihren Zeitungen und auf ihren Parteitagen.

Randbeobachtung: auch auf der Straße vor der Markthalle gibt es Händler. Sie bieten Astern, Rosen, Obst und frische Pilze an. T. sagt, es seien illegale Private. Ja – und die Polizei? Nun, man läßt es drauf ankommen.

Ich freue mich über die Lücke im System. Aber das sollte ich nicht, denn schließlich kommt die Illegalität dort einzelnen zugute, während die Gesellschaft etwas entbehrt, um etwas betrogen wird. Mein soziales Gewissen gerät in einen kleinen Konflikt mit meiner Lust an Mängeln im Kontrollsystem.

So freue ich mich absurderweise auch darüber, daß vor der Wladimir-Kathedrale mindestens acht Bettler und Bettlerinnen hocken und daß die Leute ihnen wirklich etwas geben, und das im sozialistischsten aller Länder. »T.«, sage ich, »die betteln ja, und warum, sind sie arm, ich denke, bei euch gibt

213

es keine Armen, ich denke, es gibt eine gute Altersversorgung, wie ist das nun?«

T. ist ärgerlich über den Mißstand, als habe sie ihn verschuldet. »Das sind Leute, die nicht gearbeitet haben und also kein Recht auf eine Rente haben.« »So«, sage ich, »das ist also möglich bei euch, daß jemand nicht arbeitet?« T. sagt: »Es gibt Leute, die arbeiten nicht, weil sie bei reichen Verwandten leben.« Ich bin beharrlich: »Aber warum betteln sie dann?« T.: »Nun ja, sie betteln eben gern.«

Ich denke aber, daß, wenn es selbst hier Bettler gibt, es immer Bettler geben wird. »Arme habt ihr allezeit ...« Bitten ist eine den Menschen angemessene Geste und Haltung. Aber das darf ich der Sowjetbürgerin T. nicht sagen. Ich sage nur: Franz von Assisi hat auch gebettelt. Ja, aber das ist etwas anderes natürlich.

Kiew. Sonntagsgottesdienst in der Wladimir-Kathedrale. Die Kirche brechend voll. Alte Männer mit Krükken, alte Weiblein von Kopf bis Fuß in farblose Tücher gehüllt wie Mumien. Und junge Mädchen. Sogar junge Männer. Alle bekreuzigen sich, tief zum Boden geneigt, mit Schwung und Intensität. Junge schöne Frauen knien auf dem Boden, ihre Stirn aufs Pflaster gestützt. Mädchen stekken Kerzen auf vor einer Ikone. Ein Chor, vorne rechts vom Altar aufgestellt, singt etwas, das eine Litanei sein mag. Schöne Stimmen. Weihrauch und Wachsduft.

T. und ich schieben uns langsam nach vorne. Jetzt beginnt eine Predigt. T. übersetzt. Es geht um den Wert des Kreuzes und des Kreuzzeichens. Der Priester erzählt zwei Geschichten: Ein Mann war fest entschlossen, seinen schlafenden Bruder zu erschlagen; er hatte, von der Mutter dazu erzogen, die schon automatische Gewohnheit, vor jeder Handlung das Kreuz zu schlagen; so auch jetzt vor dem Mord;

aber kaum hatte er das Kreuz geschlagen, als es ihm unmöglich war, zu töten; er kniete neben seinem Bruder nieder und weinte vor Reue und Freude.

Ein anderer Fall: Ein General (ich vergaß in welchem Krieg, in welchem Jahrhundert) errang unwahrscheinliche Siege; man fragte ihn, wie er denn derart siegreich sein könne; er sagte: »Oh, das ist ganz einfach: vor jeder Schlacht bekreuzige ich mich, und dann stürze ich mich im Namen Gottes in die Schlacht und siege.«

Ich wundre mich, daß ihn die jungen Leute nicht lynchen. Komm, sage ich zu T., hier mag ich nicht bleiben. Ja, sagt sie, verstehst du jetzt, daß viele von uns keine Christen dieser Kirche sein wollen?

Kiew. Wir sind eingeladen zu einem ›ukrainischen Abend‹ im noch ziemlich neuen Kulturpalast. Wahrhaft ein Palast. Einer aus viel Glas, und gänzlich anti-ukrainisch, das Stadtbild störend. S., der uns begleitet, ist begeistert. Er spricht fließend Deutsch. Der ›ukrainische Abend‹ erweist sich alsbald als überaus prächtige Show. Eine Galavorstellung. Ein riesiger Aufwand an Menschen, Stimmen, Kostümen, Beleuchtungseffekten, Musikinstrumenten. Die Bühne beharrlich überbeleuchtet, die Farben grell und hart, der Hintergrund schmerzhaft hell. Das Ganze von einer kalten Perfektion, als käme es direkt aus den USA. Nur zweimal fühle ich mich in Rußland: bei einem pastoralen Scherzo auf alten Streich- und Blasinstrumenten und bei einem Wiegenlied, nicht einmal Volkslied, aber auch nicht Kunstlied oder Schlager, vielmehr eine Mischung aus allem, sentimental, aber faszinierend, gesungen von einer einzigen Stimme, von einer jener dunklen Frauenstimmen, die bald aus Samt, bald aus Metall sind, dazwischen die unnachahmlichen schluchzenden Überschläge wie bei uns daheim in den Bergen bei Jodlern. Ich klatsche bei jedem Stück, ich meine das dem Gastgeber, dem Begleiter, schuldig zu sein, und das Technische kann ich ja ehrlichen Herzens beklatschen. Einmal klatsche ich nicht. Ich habe das Programm in Händen und das kyrillische Alphabet soweit gelernt, daß ich das Wort ›Partei‹ entziffern kann. Die Melodie kommt mir bekannt vor. Es ist das Parteilied. Mein Begleiter bemerkt, daß ich nicht klatsche, er fragt sehr kühl: »Gefällt es Ihnen nicht?« Ich sage: »Nein.« Dann fällt mir ein, er könne denken, ich protestierte auf diese Weise gegen die Partei. Darum sage ich: »Ich mag keine Parteigesänge und keine Nationalhymnen, gar keine, nirgendwo und nirgendwann. Aber ich habe nicht deshalb nicht geklatscht, sondern weil das Stück musikalisch schlecht ist.« Er sagt bloß: »Ja.« Eine Weile später, nach einem Tanz, fragt er: »Sie klatschen? Es gefällt Ihnen? Mir nicht.« »So«, sage ich, »warum klatschen Sie dann?« Er sagt: »Ich hasse Volkskunst. Ich ziehe Beethoven-Quartette vor.« Er schaut auf die Uhr: »Noch eine Stunde. Schrecklich. Mögen Sie Volkskunst?« »Ja«, sage ich, »schon, wenn sie echt ist.« Nach dem nächsten Stück klatscht er wieder heftig. Am Schluß, beim Hinausgehen, fragt er noch einmal sonderbar scharf: »Das Parteilied, das hat Ihnen nicht gefallen?« »Das erklärte ich Ihnen schon: schlechte Musik ist schlechte Musik, was immer für einen Zweck und Auftraggeber sie hat. Der Text heiligt nicht die Mittel.« Jetzt muß er lachen. Als wir zu T. stoßen, sagt er enthusiastisch: »Es war wunderbar. Und der Kulturpalast, ist er nicht wunderbar?« T. sagt, sie habe Kopfweh von dem Lärm.

In Kiew werde ich ins Schewtschenko-Museum geführt, ob ich will oder nicht. Ich habe es hernach nicht bedauert. Schewtschenko ist der größte ukrainische Schriftsteller. Er ist tot. Er starb vorzeitig, denn er verbrachte den größeren Teil seines Lebens in der Verbannung, in Lagern. Dort schrieb er insgeheim. Man entdeckte das Geschriebene und vernichtete es. Aber einiges blieb, Neues kam hinzu. Er zeichnete und malte auch, er hatte es gelernt an der Akademie.

Er war ein Revolutionär in der Zarenzeit, und er ist ein Nationalheld. In einem eigenen Raum hängen, stehen, liegen Geschenke des ukrainischen Volks ans Museum: Schewtschenkows Portrait aus kleinen, farbigen Lederstückchen zusammengesetzt, aus Strohhalmen gelegt (aufgeklebt oder aufgenäht), naive Schülerzeichnungen zu seinen Erzählungen, bäuerliche Webarbeiten irgendeine Szene aus einem seiner Werke darstellend, seine Porträt-Büste, von einem Arbeiter gemacht – ein Volk drückt seine Liebe zu einem (seinem) Dichter aus.

Ich sehe mich veranlaßt, darüber nachzudenken, wie kompliziert das ist: ein Mensch, den man zu seiner Zeit als Verbrecher behandelte, wird eine Weile später als Held gefeiert. Kommt nie jemand auf den Einfall, daß diejenigen, die heute in Lagern sind, vielleicht einmal die großen Helden einer neuen Zeit sein werden? Eine vorläufig rein theoretische Frage.

Ein Sonntag im Schriftsteller-Erholungsheim bei Kiew. Der ewig fotografierende dicke Ukrainer, der galizische Germanist, T. und ich. Man fährt eine Stunde über Land, zuletzt durch schütteren Kiefernwald; die Asphaltstraße wird zum Sandweg; ich fürchte, das Auto wird versinken, aber das tut es nicht, es weicht den Sand-Untiefen aus so gut wie einer friedlich, aber stur im Weg liegenden Ziege, einigen nicht verkehrserzogenen, verwirrten, flügelschlagenden Hühnern, einem lustig auf steifen Beinen hopsenden jungen Schwein. Man ist auf dem Land. Überall im Wald kleine Häuser, ältere Datschas und auch Neueres, Barackenähnliches. Das Heim liegt auf einer Anhöhe. Es war einmal die Sommervilla eines ›Kapitalisten‹, und der Garten war auch ein Kapitalistengarten, das sieht man daran, sagt S. (von dem man nie weiß, ob er im Ernst redet oder mit scharfer Ironie), daß er eine steinerne Freitreppe hat, die über eine Balustrade zu einem Waldweiher hinunterführt. Der Weiher ist ein Sumpftümpel geworden, voll von Schlingpflanzen, Brutstätte von Myriaden Mücken. Auch jetzt im Oktober sind noch Überlebende am Werk. Sie stechen scharf. Sie dringen ins Haus ein, sie umschwirren unsere Köpfe. Im Garten ist noch ein weiteres kleines Haus. Man sieht drinnen eine eiserne Bettstelle und einen Tisch. Hier wohnt zur Zeit ein DDR-Schriftsteller, der jedoch nicht zu Hause ist. Zwei ukrainische Autoren sehe ich im Haupthaus. Sie spielen Billard beharrlich und so ernst, als gehe es um ihr Leben, und nehmen nicht die geringste Notiz von uns. Recht haben sie. Der eine, der lustig aussieht, sei ein Dramatiker, der andere, der schwermütig aussieht, schreibe Satiren und Komisches. Wir sind zum Essen eingeladen in dem großen öden Speisesaal, in dem außer uns niemand ist. Der dicke Direktor des Hauses kommt, setzt sich mit zu Tisch, redet kein Wort mit mir, auch nicht mit T., sondern hat eine intensive ökonomische Besprechung mit dem fotografierenden Ukrainer. Er findet offenbar, er tue schon genug, wenn er uns ein Essen vorsetzt. Er selbst ißt wenig, er findet das Essen schlecht. Ich finde es gut, schon deshalb, weil mir gefällt, daß alles aus dem ›schriftstellerverbandseigenen Grundbesitz‹ kommt: die Fische, das Fleisch, Gemüse, Salate, Früchte, die Gewürzkräuter. Wein gibt es nicht. Das erbetene Wasser kommt nie. Hernach gehen wir wieder in den Garten. Es begegnen uns drei junge Leute mit einer ungewöhnlich großen weißschwarzen Dogge, sie verschwinden geisterhaft hinter Büschen, wie nicht gewesen. Wir steigen zum Tümpel hinunter und machen einen Gang ins freie Land jenseits der zerfallenen Gartenmauer.

Herbstleere Wiesen, ein fast leeres Flußbett: »Hier war ein schöner Fluß, aber Stalin hat einen Stausee gebaut da hinten, und nun kommt kaum mehr Wasser hierher.« Das fast leere Flußbett stimmt melancholisch wie ein Dichter, dem nichts Rechtes einfällt. Und der Zug, der in einiger Entfernung vorbeifährt, ist auch melancholisch, er fährt so dahin und will nicht anhalten. Und daß wir uns ein dutzendmal fotografieren lassen müssen wie Firmlinge, macht auch melancholisch. Und am allermelancholischsten ist der Garten selbst: dürres ungemähtes Gras, da und dort verloren ein verunkrautetes Beet mit Herbstblumen; und zwischen Birken und Kiefern geht ein weißes Pferd spazieren, langsam und allein, und wendet kein Auge nach uns. Es wiehert auch nicht, es macht kein Geraschel im dürren Gras, es ist ein Geisterpferd, hat aber eine Aufgabe: Lebensmittel vom Ort herbeizuschaffen; das tut es, wenn es nicht Freizeit und Gespensterzeit hat. Es gibt auch scheue Katzen und drei gar nicht scheue komische kleine Hunde, die uns eine Weile folgen, plötzlich wie auf Kommando sich auf die Hinterbeine setzen, sich an Kopf und Bauch kratzen und eifrig mit spitzen Schnauzen nach Flöhen im Fell beißen.

Das alles, und die Abwesenheit von Schriftstellern, die doch dasein sollten, ist so melancholisch, daß ich denke, wenn ich der Einladung, einmal für lange Zeit hierherzukommen, folgte, ich vielleicht etwas sehr Gutes dichten würde aus lauter verzweifelter Schwermut inmitten von Schnaken und Birken und in der Gesellschaft eines lautlosen weißen Geisterpferds.

In Leningrad bin ich zum Abendessen eingeladen zu einer sowjetischen Familie. Ich hatte die Frau vorher in Moskau kennengelernt. Sie ist Funktionärin, hat mit der Presse zu tun, spricht Englisch, versteht auch andere Sprachen. Ich stellte ihr Fragen, die sie nicht beantwortete. Die Familie besteht aus dieser Frau, ihrem Mann, auch er Funktionär, hat mit Rundfunk oder Fernsehen zu tun (wenn ich recht verstand), und zwei Söhnen im Alter zwischen zwanzig und fünfundzwanzig, dazu eine Schwiegertochter. Die Frau führt mich in ein kleines Zimmer und sagt: »Ich schicke Ihnen meine Söhne. Denen können Sie alle Fragen stellen, die Sie kürzlich an mich stellten, und meine Söhne werden sie Ihnen beantworten. Ich gehe in die Küche, mein Mann und meine Schwiegertochter helfen mir dort.« Ich bin verblüfft. Die Söhne, Studenten, sind begierig auf das Gespräch. Die Mutter hat ihnen schon gesagt, was ich fragen werde, sie sind vorbereitet darauf. Ich habe zunächst für einige Sekunden das Gefühl, in eine Falle gegangen zu sein, und beschließe, gar nichts Verfängliches zu fragen. Aber schon beginnt der Ältere der beiden: »Wissen Sie, unsere Mutter ist eine brave Marxistin, aber wir haben sie bereits unterminiert.« Ich schaue mich nach dem Telefon um; im Nazi-Deutschland haben wir, wenn wir gefährliche Gespräche führen wollten, immer zuerst einen dicken Teewärmer übers Telefon gestülpt oder es ausgestöpselt. »Suchen Sie etwas?« fragt der eine. Ich sage es ihm. Er sagt, das Telefon sei im andern Raum. Im übrigen sei hier schon einiges gesprochen worden, was gefährlich genug war. Die einzige Sorge: vor den Ohren des Vaters soll nichts derlei geredet werden – nein, nicht, als ob er uns angebe, um Gottes willen; nur – er ärgert sich so, er ist einfach ein alter guter Marxist und kann sich nicht denken, daß etwas falsch sei am Marxismus; er versteht übrigens kein Englisch.

Das, was ich in dieser halben Stunde erfahre, ist in Kürze dies: Der Ältere schreibt, das heißt er dichtet, aber keine Zeitschrift druckt auch nur eine Zeile, es sei nicht geeignet für das sowjetische Volk. Hier fällt wieder einmal das Wort von der Tragödie der Intellektuellen. Ein von mir später befragter Funktionär sagt: »All diese dichtenden jungen Leute glauben, sie seien Märtyrer und unterdrückte Genies, und sie sind doch einfach nur schlechte Schriftsteller.« Ich kann das ganz und gar nicht beurteilen. Es mag in einigen Fällen, vielleicht in vielen, stimmen, in anderen nicht.

Wie in jedem Land, so sind auch hier die Urteile von Schriftstellern über Kollegen mit Vorbehalt zu übernehmen. So hörte ich mehrmals über Solschenizyn sagen (und zwar auch von seinen Freunden), er habe den Nobelpreis als ein Politikum bekommen und insofern zu Recht; aber als Autor habe er ihn nicht verdient, es gebe viel bessere, die es jedoch vorzögen, ihre im Lande ungedruckten Manuskripte nicht ins Ausland zu schmuggeln. Smirkowski nimmt man es ungeheuer übel, daß er Bücher schrieb, die prosowjetisch sind und darum in der Sowjet-Union gedruckt wurden, und zugleich andere, die in der Art Solschenizyns Kritik üben und nur im Ausland erscheinen dürfen. Das sei charakterlos. Ich enthalte mich des Urteils. List anzuwenden ist bisweilen nötig; mir läge sie nicht. Aber wer weiß, wie man sich in einem solchen Notstand verhielte.

Ich frage den einen der jungen Gesprächspartner, ob er denn antisowjetisch schriebe. Aber nein, ›reine Poesie‹, er schreibe völlig unpolitisch. Sich mit der Sowjet-Union anzulegen, revolutionäre Zellen zu gründen, sei sinnlos und bedeute ein Risiko, das bei der augenblicklichen politischen Lage zu nichts führe als zur Verhaftung und zu noch größerer Repression für die anderen. Einen ›Aufstand der Verrückten‹ machen? Nein. Man könne nichts tun als sich umbringen, oder aber sich inmitten des politischen Gewissensterrors eine Gegenwelt aufbauen. Ihnen helfe dabei das Evangelium. Es bedeute ihnen ungeheuer viel. Das Reich des Geistes contra Reich des Cäsar.

Aha, sage ich, Berdjajew.

Ja, so ist es. Sie lesen Berdjajew und das Evangelium, und damit könne man leben.

Ich sage, ob das nicht Flucht nach Innen sei, eine unerlaubte Flucht, und ob sie dadurch nicht mithelfen, das Bestehende zu zementieren und zu verewigen; ob es nicht besser wäre, dem, was gut ist am Bestehenden, den Geist hinzuzufügen. Wenn immer mehr junge Leute Zellen nicht der Gegen-Revolution, sondern der Evolution bildeten? Sie sagen, jede Gruppenbildung sei ungeheuer gefährlich. Vorläufig könne nur jeder für sich das Bessere denken.

Ich hätte sie gern gefragt, was sie von der Tätigkeit der Geschwister Scholl im Dritten Reich denken, aber da werden wir zu Tisch gerufen. Der Vater, ein stiller trauriger älterer Mann, fragt mich (die Frau übersetzt ins Englische), wie es mir in der Sowjet-Union gefalle. Einer der Söhne stößt mich unter dem Tisch mit dem Fuß an. Es hätte der Mahnung nicht bedurft. Aber nachher kommt die Rede auf die westliche Jugend. Der Vater, für den man das für ihn halbwegs Passende übersetzt, mißbilligt sie: die einen seien Anarchisten und hätten keine Ahnung vom disziplinierten Marxismus, die anderen machten sich mit Drogen kaputt, die andern sind mit zwanzig schon etablierte Bürger.

Kann ich widersprechen? Ich mache es mir leichter und frage zurück, ob es in der Sowjet-Union ein Generationenproblem gebe.

Der Vater sagt: Nein, das gibt es nicht.

Jetzt fahren die beiden Jungen auf, und auch die sonst ganz stille Schwiegertochter mischt sich ein; es gibt auf Russisch ein ziemlich erregtes Gespräch; die Mutter will vermitteln, scheint aber dann doch auf seiten der Jungen zu stehen; der Vater ist ärgerlich und schlägt sogar mit der Serviette auf den Tisch. Ich erfahre nicht, was gesprochen wird. Schließlich ist wieder halbwegs Friede. Einer der Jungen sagt (auf Englisch): »Er ist zu alt, um noch lernen zu wollen. Was ihn in seiner Weltanschauung stört, erklärt er einfach für schlecht. Und dabei ist er einer von den saubersten, besten Menschen, die wir kennen. Aber im Grunde ein Konter-Revolutionär, der nie begriffen hat, was Marx und Lenin eigentlich wollten. Eigentlich ist er eine rührende Gestalt – aber all diese treuen rührenden Gestalten verstellen uns, in gutem Glauben, recht zu tun, den Weg in die Zukunft.«

Der Vater merkt, daß von ihm die Rede ist, und er versteht das Wort Konter-Revolutionär. Er blickt vom Teller auf, schaut der Reihe nach seine Frau und seine Kinder an und sagt etwas, das unendlich resigniert klingt. Niemand übersetzt es mir. Man ißt schweigend weiter.

Später bringen mich die beiden Söhne zum Taxistand. Ich erzähle, dem ungedruckten Dichter zum Trost, daß mir in

einer literarischen Zeitschrift gesagt wurde, es gehe dennoch
›vorwärts‹ und es gebe dafür Anzeichen: nicht nur, daß
wieder einige verhaftete Schriftsteller aus Lager und Irrenhaus entlassen wurden, sondern, was viel weniger bedeutend
scheine, tatsächlich aber viel bezeichnender sei, daß man
immer mehr ›andere‹ Literatur in die Zeitschrift aufnehmen
dürfe; ein zäher Kleinkampf, drei Schritte vorwärts, zwei
zurück, bisweilen sogar drei, aber dann doch wieder die Erlaubnis, eine formal unkonventionelle Geschichte zu druk-
ken; es bedürfe unendlicher Geduld; Politik nicht nur der
kleinen, sondern der winzigen Schritte im Schneckentempo,
aber im ganzen doch der Weg nach vorwärts.
Ja, sagt einer bitter, unsere Kinder oder Enkel werden vielleicht in Freiheit schreiben, reden und malen dürfen.
Falls, sagt der Bruder, wir überhaupt Kinder und Enkel haben und nicht vorher . . .

Georgien. Immer habe ich mir gewünscht, Georgien zu sehen. Ich hatte als Schulkind einen Atlas mit Bild-
seiten, auf einer dieser Seiten waren die Menschenrassen dargestellt (recht beiläufig, vorfaschistisch, bar jeder wertenden
Rassenlehre), da gab es zwischen Karl-May-Indianern und
Negern, die genauso ausschauten wie der Schwarze der Heiligen Drei Könige, auch ein paar der ›kaukasischen Rasse‹:
große schlanke Menschen mit kühnen schmalen Gesichtern,
leicht gebogener Nase und stolz geschwungenem Mund,
schöne Menschen, denen man ansah, wie freiheitsliebend sie
sind. Viel später, in meiner Interimszeit als Lehrerin, stand
eines Tages eine solche Frau vor der Klassenzimmertür, sprach
gebrochen Deutsch und lieferte mir einen großäugigen Sie-
benjährigen ab, für einige Monate. Der Vater war deutscher
Ingenieur, er hatte im Kaukasus gebaut, die Frau gefunden,
das Kind gezeugt und war dann mit ihnen immer der Arbeit
nach durch verschiedene Länder gezogen, so daß der Junge

viele Sprachen sprach und keine richtig. Er war ein schöner Wilder. Er konnte keine Rechtschreibung und kaum lesen, aber er war welterfahren und wußte Dinge, die wir andern alle nicht wußten. Aber wehe, wenn er nicht sofort zu Worte kam. Dann sprang er wie ein Kosak mit geschlossenen Füßen auf den Sitz oder stieg auf die Tischplatte, stieß einen schrillen Schrei aus, der hieß »Ich!«, und als müsse er zu Volksscharen sprechen, rief er schallend sein Wissen aus. Auch konnte er so lachen, so unaufhaltsam und ansteckend, daß mir die ganze Klasse außer Rand und Band kam. Eines Tages meldete die Mutter ihn ab, denn der Vater ging was weiß ich wohin, einem neuen Auftrag nach. Seither aber wünschte ich mir, Georgien zu sehen.

Und nun sehe ich es, nun bin ich da. Für den, der eben aus dem nördlicheren Teil der Sowjet-Union kommt und aus dem eisernen Moskau, ist hier alles ein wenig verrückt. Das kommt auch vom Klima. Tbilissi, die Hauptstadt, liegt ungefähr auf dem Breitengrad von Neapel und in einem geschützten Tal. Es ist, jetzt im Oktober, noch heiß. Man geht in Sommerkleidern, sitzt im Freien, hat Lust auf Eis und kühle Weinkeller. Die Menschen sind wirklich schön. Die Frauen färben mit Henna ihre Haare kupferrot, es steht ihnen gut. In der Hauptstraße fallen einem die vielen jungen Männer auf, die da lässig herumstehen, stundenlang, nicht nur am Abend, sondern unter Tags, und rein gar nichts tun. Wirklich: es gibt Georgier, Sowjetbürger also, die nicht arbeiten. Diese jungen Leute haben Väter, welche Geschäftsleute sind und arbeiten, jedenfalls Geld verdienen. Eines Tages werden die jungen Leute selbst Geschäftsleute sein und arbeiten und Geld verdienen, und ihre Söhne werden auf der Straße herumstehen ... Man ist sehr heiter hier, man lacht laut, man redet laut und ohne vorgehaltene Hand, man trinkt viel, betrinkt sich freudig, ißt ungeheuer viel und gut, liebt die Frauen, gestikuliert beim Autofahren, läßt im Eifer das Steuer los, schaut nach rückwärts, alles ganz wie bei uns in Italien, aber mit noch mehr Rasse. Man läßt auch

seelenruhig den Stalinpark weiterhin Stalinpark heißen, und
das Stalin-Steinmedaillon oben am Regierungsgebäude, das
einmal herausgebrochen war, hat man auch wieder eingesetzt, nicht weil man stalinistisch wäre, o nein, und auch
nicht aus bloßer Pietät für Stalin, den haßte man in seiner
Heimat. Man hat's wieder eingesetzt einfach aus grundsätz-
licher oder auch lässiger Toleranz, weil's ja doch gleichgültig
ist, ob er da oben als Relief vorhanden ist, wer verrenkt sich
schon den Kopf, um da hinaufzuschauen, und ob Stalin oder
ein anderer . . . Es kommt hier nicht so genau drauf an. Auf
nichts kommt es genau an. Der junge Mann, der uns vom
georgischen Schriftsteller-Verband als Guide zugeteilt ist,
versäumt die Ankunft unseres Flugzeugs, wird schließlich
von T. nach vielen Telefonaten gefunden, kommt nach eineinhalb Stunden am Flugplatz an, völlig unzerknirscht. Er
bringt uns ins Hotel, eine Art Hilton, ein Hochhotel. Mein
Zimmer liegt nicht in einem Sondertrakt, und niemand kümmert sich darum, daß ich eine Delegatka bin. Das Hotel ist
voll von Ausländern aus aller Welt. Ich habe vom Balkon
aus den Blick auf den Fluß, die Kura, und zu den weiten
nackten Hügeln jenseits, von denen der milde Wind den Geruch nach warmem Stein und dürren Kräutern bringt.
Unser Guide führt uns tagsüber, er tut es gut und angenehm.
Aber am nächsten Morgen erscheint er nicht. Nach langem
Warten machen T. und ich uns ohne ihn auf den Weg. Stunden später sehen wir ihn irgendwo in der Stadt schwermütig
verträumt vor einem Schaufenster. Seelenruhig sagt er, er
habe verschlafen. Wir sagen ihm, er solle weiterschlafen,
wir gehen allein. Er ist's zufrieden, wir auch, und an seiner
Dienststelle, dem Schriftsteller-Verband, zuckt man resigniert
die Achseln.
Es ist viel Verkehr in der Stadt. Auffallend viele Privatautos. Wieso? Die Georgier sind Handelsgenies. Aber in
einem Land, in dem alles sozialisiert ist??? Sehr einfach: in
Georgien wächst vieles, was sonst in der ganzen Sowjet-
Union nicht wächst, ergo: es ist Mangelware, ergo: es eignet

sich für den Schwarzmarkt, ergo: man bestimmt die Preise und verdient, und zwar gut, also kann man Autos kaufen und hat auch keine langen Lieferzeiten. Überall auf unserer Erde wäscht eine Hand die andere.

Ich sehe im Vorbeigehen irgendwo ein Schaufenster mit Blockflöten und Balalaikas. Ich will für Stephan eine alte kaukasische Hirtenflöte kaufen. Der Händler verspricht, mir am nächsten Tag eine mitzubringen. Das Lädchen liegt im Judenviertel. Das ist kein Ghetto, es ist nicht isoliert, nicht mit Mauern und Stacheldraht umgeben. Es liegt frei und hübsch in der Nähe des Flusses. Als wir am nächsten Tag in Begleitung eines georgischen Freundes wieder hinkommen, bemerken wir ein Rudel von Schulmädchen, sehr hübschen, zweifellos jüdischen, die sich in unsere Nähe drängen und lachen. Worüber? Sie lernen in der Schule Deutsch und sind stolz darauf, einiges zu verstehen, was wir sagen, wir, die wir die Sprache der SS-Männer sprechen, die ihre Verwandten in Galizien und in der Ukraine ermordet haben.

Wir kommen an der Synagoge vorbei. Sie ist offen. Auf dem Platz davor unter großen Bäumen sitzen und stehen die Juden, ganz und gar nicht aufgescheucht oder ängstlich. Ich frage nach dem Rabbiner. Der ist im Gottesdienst. Ein anderer Mann kommt und führt mich auf die Frauenempore. Ein Blick von oben auf die betende Gemeinde mit dem langbärtigen Vorsänger: ein Bild von Chagall (aber Chagall ist verboten in der Sowjet-Union). Ich bin, ohne T., allein mit dem deutsch sprechenden Juden. Ich frage ihn, ob sie hier keine Mißhelligkeiten haben oder hatten. Nein, keine, wirklich nicht. Das wird mir nachher von einem georgischen Freund bestätigt. Neben der Synagoge eine große Laube mit langen Tischen und Bänken. Die Laube ist gedeckt mit grünen Zweigen, in welche Herbstfrüchte eingeflochten sind. Hier ißt man nach dem Gottesdienst ein gemeinsames Mahl. Man weiß nicht, wie man mir erklären soll, welches Fest man feiere. Ich sage, es heiße auf deutsch ›Laubhüttenfest‹. Man wundert sich, daß ich das weiß, und fragt, ob ich denn

Jüdin sei. Nein, ich bin katholisch, doch derlei wisse man eben. Man wundert sich wieder.

Der jüdische Instrumentenmacher hat Wort gehalten, er brachte eine Hirtenflöte und dazu eine ganz sonderbare, in die man ein Mundstück stecken muß und die wie eine Oboe klingt, sie heißt Dudùki und ist sehr schwer zu spielen. Ich kaufe die beiden. Er hat mir auch eine echte alte Daïra mitgebracht, ein Tamburin mit winzigen klingelnden Ringen. Ich möchte sie gern, aber sie ist teuer. Ich zähle mein Geld, es reicht nicht. Da streckt N., mein kaukasischer Freund, seine Hand vor, und ehe ich begreife, was er tut, hat er bezahlt. Ich wehre mich, aber er sagt: »Beleidigen Sie mich nicht, ein Georgier schenkt.« Hernach schenkt mir sein Bruder drei Schallplatten mit georgischer Volksmusik, seine Frau schenkt mir einen handgearbeiteten Silberring, seine Schwägerin schenkt mir einen ähnlichen, eine Schriftstellerin schenkt mir einen kostbaren Bildband des kaukasischen naiven Malers Nico Pirosmanashvili, eine andere Kollegin kommt noch rasch vor dem Abflug mit einer Blumenvase und einem großen Rosenstrauß, ein Philosophieprofessor der Universität schenkt mir sein Buch, ein anderer schenkt mir das kaukasische National-Epos, auf dem Markt schenkt mir eine Bäuerin, die Gewürze verkauft, zwanzig verschiedene Sorten, kleine Tütchen voll seltener wohlriechender Pulver und Körner . . . In Georgien schenkt und schenkt man, und wie alles, tut man auch dies generös bis maßlos und weist Gegengaben mit großer Würde ab. Meine Geschenke nahmen die zu Freunden Gewordenen erst in der gemeinsamen Rührung vor meinem Abflug an.

Ich wollte gerne eine Kolchose oder ein Staatsgut sehen. Was ich sah, war das, was ich auch zu Hause in Italien sehe: Weinberge. Aber hier gibt es Weinberge über Hunderte von Hektaren hin. Man erntet eben. Lastauto um Lastauto, Kippwagen um Kippwagen kommt, wird auf den Wiegestand gefahren, wird registriert, fährt wieder weg. Unter Nußbäumen ein artesischer Brunnenstrahl mit herrlichem Trinkwasser und ein Holztisch. Man bringt uns eben gepflückte, frisch gewaschene, wie eisgekühlte Trauben, Riesentrauben, durchsichtig bis auf die Kerne. Wir essen und essen (ich, als hätte ich nicht zu Hause selber Trauben), und dann gibt man uns eine große Tasche voller Äpfel und Trauben mit auf den Weg, T. schleppt sie zwei Tage später mit nach Moskau, so schwer sie auch zu tragen ist. Mangelware.

Und dann bringt man uns zum Mittagessen in das Kolchosen-Restaurant. Es ist eigentlich ein Weinkeller mit einer Kneipe darüber. Ich erinnere mich nur mehr undeutlich an Einzel-heiten: einen offenen Kamin, eine Holzbalkendecke, schräg, glaube ich, vielleicht aber war nur mein Blick nicht mehr ge-rade, und an einen langen, langen Tisch, an dessen oberem oder unterem Ende wir saßen: der Sekretär der Kolchose, der unser Gastgeber war, ferner unser dicker lustiger Fahrer, T., ich und N. K. (Germanist aus Tbilissi), er als »Tamadar«, als Trinkordner, der traditionsgemäß die Aufgabe hat, dar-auf zu achten, daß alle genug essen und daß immer Wein nachgeschenkt wird; und damit die Gläser sich rasch leeren, obliegt es ihm, Trinksprüche anzubringen. N. ist unerschöpf-lich. Er sagt jeden seiner Sprüche in zwei Sprachen, manche in drei, denn T. versteht nicht georgisch, obgleich sie Ar-menierin ist, also »von nebenan«. Worauf trinken wir? Auf uns Gäste, auf den Gastgeber, auf alle Georgier, auf alle Frauen, auf den Frieden, auf Willy Brandt (viele Male, denn ihn liebt man in der ganzen Sowjet-Union), auf die deutsche Literatur, auf Heinrich Böll (der auch schon hier saß und sich herrlich betrunken hatte, und einer seiner Söhne auch), auf alle unsere Kinder, und zuletzt fällt N. schon nichts Rechtes mehr ein, und wir trinken aufs Trinken, aufs Essen, auf die Liebe, aufs Leben, auf den Koch (den wir aus der Küche holen) und wieder auf die Frauen, auf die Nicht-Gleichberechtigung, auf die nichtberufstätige Frau (die es kaum gibt in der Sowjet-Union), auf die Frau, die nicht Ka-meradin ist, sondern etwas zum Anbeten, zum Verwöhnen, zum Beschützen. Ich bin eben noch nüchtern genug, um mich schwach zu empören, aber zu betrunken, um der Empörung irgendeinen Ausdruck zu verleihen, und so trinke ich, Verräterin an meinen Prinzipien, einfach mit. Schließlich sind wir allesamt (den Fahrer, den standhaften Zinnsoldaten, ausgenommen) rechtschaffen betrunken, obgleich die Gläser klein sind und wir ungeheuer viel gegessen haben. Ich sehe undeutlich den mit Vorspeisen bedeckten Tisch und versuche mich zu erinnern, was alles da stand: Teller mit stark gewürzten Haschees aus Fleisch und Gemüsen, recht ungewöhnlich meinem Gaumen, pralle Riesentomaten, frische bittere Kräuter in Büscheln (ich erkenne Estragon und Basilikum), grüne Blattsalate, rote gelbe grüne Peperoni, Radieschen mit zarten eßbaren Blättern, halbierte frische Gurken, gebackener dampfender Käse, weißes Fladenbrot, ganz frische Butter, kalter Fisch in Aspik, rosmarinduftendes Fleisch an Spießchen, und dann erst das eigentliche solide Essen mit Schaschlik in einer großen eisernen Pfanne, mit Pommes frites, und dann gebratene Hähnchen, so zart, daß sie einem auf der Zunge zerfielen, und zuletzt noch verschiedenes, das ich nur mehr durch Schleier sah, es müssen Süßspeisen gewesen sein, ja, und an Früchte erinnere ich mich und an Kaffee. Ich schwamm in einem Meer von Freude, war maßlos verbrüdert mit ganz Georgien, mit allen Georgiern und der ganzen übrigen nicht mehr recht ins Gewicht fallenden Welt. Das Leben war schön, so schön, jeder war in jeden verliebt, jeder schwur jedem ewige Freundschaft, wenn nicht noch mehr. Selbst die strenge T. schlug ein wenig über die Stränge: sie lachte! Bei N. hielt die süße Trunkenheit bis Mitternacht an. Da war ich längst wieder nüchtern, leider. Nur ein stilles, über sich selbst verwundertes Glücksgefühl hielt an, bis Moskau hielt es an, und ich kann es jetzt bisweilen wiedererwecken. Nach Georgien möchte ich wieder.

Daß das Flugzeug Tbilissi–Moskau überhaupt startet, wundert mich. Nicht nur, daß jeder, wirklich jeder Passagier sein Gepäck nicht in den Gepäckraum gibt, sondern ins Flugzeug mitnimmt (mitnehmen darf ohne jeden Einwand) und dies aus guten Gründen: das Gepäck besteht aus großen umflochtenen Weinkrügen, ich schätze auf je zwanzig bis dreißig Liter, und es besteht aus großen hohen Körben voller Trauben, Äpfel und Birnen. Wie könnte man derlei Delikates dem Gepäckraum anvertrauen? Man stellt es in den Zwischengang, hält es auf dem Schoß und auf dem schmalen Raum zwischen den ohnehin zu schmalen Sitzen, klemmt es zwischen die gegrätschten Beine und Knie, und jemand, dem es gelingt, zur Toilette durchzudringen, sagt, eine der beiden Kabinen sei voller Gepäck. Nicht nur das maßlose Gepäck und der durchdringende Wein- und Apfelduft sind ungewöhnlich, sondern auch ein Zwischenfall und die Entscheidung: es erweist sich, daß, echt georgisch, vier Flugkarten zu viel ausgegeben worden waren, also ein und dieselben vier doppelt. Die Plätze sind besetzt. Es ergibt sich ein längeres, intensives, aber friedliches, jedoch den Abflug erheblich verzögerndes Gespräch zwischen den Betroffenen und der Besatzung. Ich erwarte, daß man die vier zuletzt Gekommenen hinausweist. Nichts dergleichen: sie fliegen mit. Auf Stehplatz. Es wird viel geredet, gelacht, aus Körben gegessen, aus Flaschen getrunken auf diesem Flug von etwa zweieinhalb Stunden. Das Flugzeug ist eher ein nach Chagall-Manier in die Luft gehobenes, mit Wolkenrädern beschlagenes buntes Bauerngefährt, überladen mit Obst und heiteren Zechern.

Letzter Abend in Moskau. T. und ich haben zu spät und viel zu reichlich gegessen in zufälliger Gesellschaft zweier heiterer Georgier, Vater und Sohn, beide Ärzte, Englisch sprechend und lachlustig, dann haben wir uns schlafen gelegt in meinem Hotelzimmer in dem recht luxuriösen

›Russy‹ in Kremlnähe, in das man mich umquartiert hat nach der Rückkehr aus Georgien, ich wohne dort im zweiundzwanzigsten Stock in einem Trakt, in dem außer mir kein Mensch wohnt, obwohl das labyrinthische Riesenhotel überquillt von Gästen aus aller Welt. Am ersten Tag wäre mir dieses offizielle Delegierten-Abgesondert- und Privilegiertsein unheimlich und unsympathisch gewesen, ich hätte weiß Gott was gefürchtet, jetzt wundert und ängstigt mich nichts mehr hier. Es ist Abend, als wir ausgeschlafen haben. Ich bin bei Freunden eingeladen, T. zieht es vor, heimzufahren und mich allein zu lassen. Wir haben das Auto des Verbands zur Verfügung. Ich steige unterwegs aus, T. fährt weiter nach Hause. Ich finde mich rasch zurecht, ich erkenne das Haus wieder, ich bin erwartet, L. und ich gehen zu den Freunden. Lauter Leute, die unter Stalin im Lager waren, neun, zwölf, fünfzehn Jahre. Das sagt sich so ... Es gibt starken Tee und sehr gutes Konfekt wie überall hier. Ich fühle mich wohl unter diesen Menschen, aber auch traurig, und mir kommt in den Sinn, was Dürer aus Venedig nach Hause schrieb: »Ach, wie wird mich dort nach dieser Sonne frieren.« Denn dies ist mein letzter Abend in Rußland.

L., Germanist, sagt, er sei verliebt in mein Bayrisch; ich bin in den ganzen L. verliebt, genauer gesagt: ich bin seit langem verliebt in eine Gestalt in einem neueren russischen Roman, und als ich L. zum ersten Mal sah, sagte ich ihm, daß er mich an jene Figur erinnere, und indem ich es sagte, wußte ich: Der *ist* er ja wirklich. Er schenkt mir das Foto von einem Porträt, das damals und dort im Lager jemand (S.) gezeichnet hat. Im Laufe des Gesprächs sage ich: »Seltsam zu denken, daß du und ich vor dreißig Jahren Feinde waren und daß du vielleicht meinen Mann erschossen hast hier auf russischer Erde.« L. sagt: »Wo war dein Mann?« »Bei Staraja Russa.« »Und wann ist er gefallen?« »Offiziell Anfang März 1943, ich meine aber im Februar, man fand ihn viel später, die Armbanduhr war verrostet.« L. sagt betroffen: »Februar, März 1943, Staraja Russa, da war ich, genau dort, genau damals. Aber ich habe deinen Mann nicht erschossen, ich habe niemals geschossen, ich habe Propaganda gemacht und durchs Megaphon die deutschen Soldaten aufgefordert, die Waffen wegzuwerfen und zu uns zu kommen.« Ich sage: »Ich bin sicher, daß auch mein Mann niemals geschossen hat. Vielleicht war er dabei, dir zu folgen, und die eigenen Leute haben auf ihn geschossen.«

N. fragt mich, warum ich in Italien lebe und nicht in der Bundesrepublik. Sie nimmt es mir übel, sie betrachtet es als Untreue, als Landesflucht, beinahe als Verrat. Sie würde die Sowjet-Union nie verlassen, und sie sagt, Solschenizyn hatte recht, nicht nach Schweden zu fahren für den Nobelpreis mit dem Risiko, nicht mehr in die Sowjet-Union zurückkehren zu können. Diese Russen, was für leidenschaftliche, eigensinnige Patrioten sie sind, auch jene, besonders jene, die von ihrem Vaterland fallengelassen, verraten, geächtet, verbannt worden waren wie diese N., die fünfzehn Jahre im Lager war.

Um nicht in weitläufiges politisches Räsonieren zu kommen, erkläre ich ihr kurz, daß Rom von München nur eine Flugstunde entfernt sei, so weit wie Moskau von Leningrad oder Kiew, und daß ich ja für Deutschland arbeite, in deutscher Sprache, eine geborene Deutsche mit deutschem Paß, nicht willens, den Antrag auf italienische Staatsbürgerschaft zu stellen, der mir gewährt würde.

Aber, fragt sie, wie kommen Sie denn von Rom nach Deutschland?

Wie? Nun: mit dem Flugzeug, oder mit dem Zug, oder mit dem eigenen Auto.

Nein, sie meint, welche Ausreisebedingungen es gibt.

Keine. Ich kaufe einen Flugschein und fliege, oder eine Fahrkarte und fahre, oder setze mich ans Autosteuer, Personalausweis genügt.

Aber bekommen Sie die Erlaubnis?

Welche Erlaubnis? Es gibt keine Visa.

Aber in andere Länder, nach Frankreich, England, Schweden?

Keine.

Sie kann es nicht fassen, daß ein Mensch so viel Freiheit hat. Aber, sage ich, es gibt auch für uns Länder, für die wir Visa und Impfzeugnis brauchen, und in die Sowjet-Union können wir durchaus nicht einfach einreisen, wie es uns paßt, daran ist freilich nicht die Bundesrepublik schuld. Aber, sage ich, ihr Sowjetbürger habt dafür schier die halbe Welt, die euch gehört. Ihr habt alle Klimata, alle Arten von Landschaft, viele Kulturen, ihr habt das Eismeer und den Stillen Ozean, die Ostsee und das Kaspische und Schwarze Meer, also bitte!

Ja, sagt sie, aber das ist alles Sowjet-Union, verstehen Sie, und woran man sich den Kopf einrennt, das sind die imaginären Grenzen, nicht die realen. Ich bin alt, sagt sie, ich will gar nicht mehr reisen, aber *reisen dürfen* will ich.

L. sagt: Für mich gibt's bald gar keine Reisen mehr, weder innerhalb der Sowjet-Union noch aus ihr hinaus, für mich gibt's bald die eine große Reise ohne Wiederkehr.

L., sage ich, was für eine Rede!

Doch, sagt er, weißt du, ich bekam im Lager ... (er nennt eine mir unbekannte Krankheit), wenn sie wieder ausbricht, und das wird sie tun, bedeutet das den raschen Tod.

L. bringt mich ins Hotel zurück. Der Westwind weht feucht, die Blätter fallen, und L. antwortet auf ungefragte Fragen. Vor dem Hotel verabschiedet er sich unvermittelt. Weg ist er, aufgelöst hat er sich mitten auf der Straße. War denn Gefahr in der Nähe? Wer weiß. In Diktaturen wachsen einem Radar-Antennen. Oder schwarze Einbildungen. Ich stehe da, L.s Nelkenstrauß in der Hand, in der Tasche sein Foto und den kleinen Holz-Kirgisen, den er mir geschenkt hatte. Lieber L., du kamst ins Lager, weil du 1945 Stalin ins Angesicht widerstandest und sagtest, daß nicht alle Deutschen Nazis und Mörder waren und darum nicht kollektiv bestraft, ausgehungert oder ermordet werden dürften. Neun Jahre Lager für ein Wort der Menschlichkeit. Und wir können es dir nie vergelten.

P. S. Februar 1972. Heute, bei der Nachricht von der Verurteilung Bukowskis, fällt mir mein Dubliner Gespräch mit Hilde Domin ein, die sagte: »Was, SIE, L. R., gehen in die Sowjet-Union? Das dürfen Sie nicht. Solange dort Kollegen in Lagern und Irrenhäusern eingesperrt sind, darf keiner von uns das Land betreten. Dort hingehen, heißt, die Methoden der Sowjets anerkennen. Boykott muß unsere Antwort sein.«

Dieser Einwand und Vorwurf ist nicht sofort von der Hand zu weisen. Ich durchdenke ihn.

Habe ich nicht das Recht, vielmehr die Pflicht, wenn man mir die Gelegenheit bietet, mich an Ort und Stelle über die Lage in der Sowjet-Union zu informieren, da anzunehmen ist, daß viele der offiziellen Informationen positiv oder negativ verzeichnet sind? Ich erinnere mich daran, wie falsch die ausländische Presse unsere Lage im Hitler-Deutschland sah: einmal waren wir alle Nazi-Verbrecher, einmal alle die armen Opfer, und so fort.

Ferner: hilft es den eingesperrten und gefährdeten Kollegen, wenn wir NICHT einreisen? Ich meine vielmehr, daß es, im Gegenteil, ihnen helfe, wenn wir möglichst viele Türen öffnen, so daß die Sowjets nicht mehr ganz ›unter sich sind‹ und zu gewissen internationalen Rücksichten gezwungen werden. Diese Einstellung erwies sich bereits als richtig: auf westliche Interventionen hin wurden Kollegen freigelassen. Was Böll, dem man (natürlich von ›rechts‹ her) vorwarf, er als Präsident des Internationalen PEN-Clubs hätte einen scharfen Protest ergehen lassen müssen, und der, Kenner der Verhältnisse in der Sowjet-Union, es vorzog, persönlich hinzufahren, jetzt dort erreichen wird, das wird sich herausstellen – jedenfalls wird es mehr sein als das, was ein Protest auf Papier hätte erreichen können.

Wenn wir, so sagte ich ferner zu H. D., kein Land mehr beträten, in dem oder durch das großes Unrecht geschieht, wohin könnten wir dann noch reisen? Gewiß nicht nach Griechenland, nicht nach Spanien, nicht in die ČSSR, nicht nach

Portugal, nicht nach England, nicht in die ausländische Arbeiter hassende Schweiz, nicht in die den Vietnamkrieg führende und rassistische USA, und so fort. Warum sollte derjenige, der in diese Länder einreist, ausgerechnet in die Sowjet-Union nicht einreisen? H. D. sagt, weil dort der Terror am ärgsten sei. Ich lasse das dahingestellt. Sie sagt, auch ins Nazi-Deutschland durfte seinerzeit kein anständiger Ausländer den Fuß setzen. Ich sage, auch damals seien anständige Ausländer gekommen, um sich zu informieren und um Brücken für später zu schlagen. Abgesehen davon gebe es da doch einen erheblichen Unterschied, nämlich einen zeitlichen, der ein unterschiedliches historisches Bewußtsein bedeute: damals galt die These, ein jedes Volk habe die Regierung, die es verdiene, und wenn es Terror zulasse, so müsse ihm der Terror mit Terror ausgetrieben werden. Heute gilt ein anderer Grundsatz: heute gilt es zu begreifen, daß es viele Arten gibt, mit der Wirklichkeit umzugehen, und daß ein jedes Volk (wie jeder Mensch) sein eigenes Denksystem hat, gemäß seiner besonderen Mentalität und Geschichte. Jedes Volk lebt sich selbst und folgt damit seiner geschichtlichen Aufgabe, man kann auch sagen, es folge damit dem Befehl oder Gesetz Gottes. Das zu respektieren, muß endlich gelernt werden. Für Hitler waren alle Menschen osteuropäischer Völker »Untermenschen, die es auszurotten gilt zugunsten der arischen Herrenrasse« (Hitler, ›Mein Kampf‹ – ein lesenswertes Buch).

Das Anerkennen des Fremden (das nur solange ein Fremdes ist, solange man das Eigene als absolut gültige Richtschnur an alles andere anlegt!) ist tief christlich. Ich möchte allen Politikern (beruflichen und dilettierenden) empfehlen, immer wieder das Gleichnis vom Weinstock und den Reben zu meditieren. Auch das ›fremdeste‹ Volk ist genauso Rebe am Weinstock wie wir, die eingebildeten Christen Deutschlands. Dieses Anerkennen fremder Denksysteme schließt aber nicht aus, sondern vielmehr ein, daß ein Volk das andere darauf hinweist, wenn es seinerseits die große heilige Toleranz verletzt. Aber dieser Hinweis muß heute gewaltlos geschehen. Dem Terror muß heute mit der gewaltlosen Intervention begegnet werden. Zur gewaltlosen Intervention rechne ich die Gespräche mit meinen Kollegen in der Sowjet-Union. Ich betrachte meine Reise, so sagte ich zu H. D., als eine Gelegenheit zu vorsichtiger Intervention, falls eine solche nötig sei. Um das zu wissen, muß ich erst hinreisen. H. D. ist nicht überzeugt.

Bei Bundeskanzler Brandt. Ich hatte ihm, als er zu einem Staatsbesuch in Rom war, meinen Aufsatz über Polen, ein Briefchen und einen Rosenstrauß ins Hotel geschickt. (Er wohnte nicht in einer der Botschaften, sondern im Grandhotel am Bahnhof.) Wir wollten uns treffen, aber zuletzt war, unsrer italienischen Regierungskrise wegen, sein Besuch verschoben und verkürzt worden, wodurch das Programm so dicht wurde, daß ich's vorzog, das Treffen nach Bonn zu verlegen und damit noch zu warten.

Jetzt war ich also in Bonn. Es hat sich einiges verändert im Bundeskanzleramt, Kleinigkeiten, aber das Atmosphärische bestimmend. Zum Beispiel ist die Lücke in der Gartenmauer zwischen Kanzlerhaus und Bundespräsidentenhaus jetzt ein offener Durchgang, und man muß nicht mehr heimlich durchschlüpfen, gewärtig, von waffentragenden Patrouillen verdächtigt und hinausgewiesen zu werden. Auch sonst geht's zwangloser zu. Ganz ohne Etikette geht's freilich nicht. Ich werde von unten nach oben durchgereicht. Jetzt bin ich ›oben‹, nämlich in seinem Arbeitszimmer. Man kennt es vom Fernsehen her.

Wie es bei hohen Amtspersonen üblich ist, so kommt auch Brandt durch eine Tür ganz hinten herein und geht einem auf teppichbelegtem Parkett entgegen, die ganze Saallänge. Das gibt ihm Zeit, den Besucher anzuschauen, und dem Besucher Zeit, verlegen und klein zu werden, und das ist der Sinn der Zeremonie von altersher. Brandt will das nicht, und ich denke nicht dran, klein und verlegen zu werden. Wir lächeln uns an. Er trägt etwas in der linken Hand: das Manuskript meines Polen-Aufsatzes, das mir wiederzugeben ich ihn gebeten hatte, statt daß er's wegwürfe oder sich gezwungen sähe, es aufzubewahren. Er streckt mir herzlich seine rechte Hand entgegen und sagt mit seiner aufgerauhten Baritonstimme: »Sie haben mir so schöne Rosen geschickt in Rom, und diesen Aufsatz, der mich natürlich sehr interessierte. Ich danke Ihnen.« Ich wundere mich, daß er sich der Rosen erinnert, er hat doch Wichtigeres zu denken, und Rom liegt ja schon eine ganze Weile zurück. Jedoch: er erinnert sich, er bedankt sich. Dann zieht er aus der Zellophanhülle, in der mein Manuskript ist, etwas heraus, ein Blatt Papier, faltet es, steckt es sorgfältig in seine Brusttasche: es ist mein Brief an ihn. Statt ihn aus Versehen (wer wollte ihm das verübeln) im Manuskript zu lassen, nimmt er ihn heraus, behutsam, und nimmt ihn an sich. Zeichen einer Eigenschaft, die Goethe ›Herzenshöflichkeit‹ genannt hat.

Brandt und ich betrachten uns jetzt sitzend aus der Nähe. Es gibt ein Foto von uns, in diesem Augenblick gemacht: Wir schauen uns gespannt und interessiert an, aber wir lächeln schon.

Brandt kann einem ganz ruhig und lange in die Augen schauen, während er zuhört. Er ist ein Zuhör-Meister, er unterbricht einen nie, zeigt nie Ungeduld, ist völlig präsent und ganz konzentriert, obwohl so weltbewegend nicht ist, was ich da rede. Ich beobachte jetzt, so in unmittelbarer Nähe, was mir schon oft aufgefallen ist, wenn ich ihn reden sah, auch im Fernsehen: Wenn er nachdenkt, ehe er antwortet, schaut er still und mit halb geschlossenen Augen am Gegenüber vorbei auf irgend etwas, das nicht sichtbar ihm zur Seite steht und ihm die Antwort eingibt. Er lauscht auf etwas. Er weiß das nicht. Und dann antwortet er entschlossen und präzise in einem makellosen Deutsch und sehr gut artikuliert, wie einer, der Sprechunterricht hatte. Die Stimme ist angenehm, so rauh wie sie ist. Früher hat er getrunken wie alle eingeborenen und alle zugereisten Norweger, man trinkt notgedrungen dort in den endlosen Wintern, in den gefrorenen Dunkelheiten, in denen nur der Alkohol die Zunge und die Seele löst, zumal im Krieg, und damals war Krieg, als Brandt dort war. Jetzt trinkt er Kaffee. Er raucht im Verlauf einer Stunde zwei Zigaretten, er raucht nicht hastig, sondern beiläufig. Süchtig ist der nicht, auf nichts. Er zeigt keine Eile. Ich sehe plötzlich erschrocken, daß eine Stunde vergangen ist, ich will aufstehen, nicht wissend, ob die Etikette verlangt, daß der Kanzler zuerst aufsteht, oder ob der höfliche Gastgeber erwartet, daß der Gast es tue, oder ob der Mann B. es der Frau R. überläßt, ein Ende zu finden. Gleichviel: als ich das eben denke, zündet er sich eine dritte Zigarette an und sagt, so eile es doch nicht.

Worüber reden wir? Es ist wichtig und auch nicht: darüber, daß die Regierung zu wenig für die Frauen tut, ich moniere das neue Ehescheidungs-Gesetz, die mangelnde Rente für Nur-Hausfrauen, verweise auf die holländische Regelung, fordere mit Nachdruck vom ›Sozialen Wohnungsbau‹, daß er sich um praktische und hübsche Wohnungen für alleinstehende berufstätige Frauen kümmere, kurzum: ich rede nüchtern Sozialpolitisches.. Ich hätte das alles auch schreiben können. Aber ich wollte ja etwas anderes: Brandt kennenlernen. Er läßt es sich gefallen, daß ich ihn beobachte. Nicht ungern, so scheint es. Wir haben das, was man ›Kontakt‹ nennt.

Nun, wie ist also dieser Brandt? Gar nicht so einfach zu sagen, auch wenn man's genau spürt.

Er scheint sehr kommunikativ, ist es aber nicht. Er ist ganz gern in kleinen Gruppen zusammen mit (zum Beispiel) Literaten, bleibt aber reserviert. Er hat eine elastische Mauer um sich herumgebaut, die ihn schützt, und er braucht Schutz: er ist höchst empfindlich und leicht verwundbar, er leidet arg unter den parlamentarischen Anpöbelungen, die sein Stil nicht sind, er pöbelt nie, er schweigt und geht angewidert und beleidigt weg, so sah man's schon in Bonn. Er ist klug, mehr noch; er hat Intuition, ›etwas‹ sagt ihm, wann und wie er zu agieren habe, und dann agiert er auch sofort.

Dann ist er auch eigensinnig und unbeugsam. (Recht hat er.) Er ist klug genug, um sich von Fachleuten beraten zu lassen, aber eigentlich braucht er sie nur für die technischen Details. Er ist ein Einsamer, ein Einzelgänger, der weiß, daß er im Alleingang vieles besser machen könnte. Aber er ist bis ins Mark hinein demokratisch, also gibt er bisweilen nolens volens nach und macht fremdes Spiel mit, wenn auch widerwillig. Sein Ehrgeiz liegt im ständigen Kampf mit seinem tiefen Bedürfnis nach Harmonie und Stille. Er scheint nicht überarbeitet und nicht nervös, ist es aber. Bei der Stuttgarter Schriftstellertagung saß ich in seiner Nähe und sah, daß er die Augen geschlossen hielt, als schlafe er. Er war nämlich krank, er hatte Fieber, aber dann stand er auf und hielt seine Rede frisch und konzentriert und auf solide Art glänzend. Disziplin, Disziplin. Er ist derart diszipliniert, daß es einem leid tut, daß er auch noch das Trinken aufgegeben hat. Er überfordert sich, scheint mir, aber das eben gehört zu seinem Wesen. In seinen hellen schmalen Augen, die von etwas überhängenden Lidern wie von einem Visier geschützt sind, sitzt im Vordergrund die wache, kühle Beobachtungsgabe, auch das gewitzte Mißtrauen eines mehr gejagten als jagenden Fuchses, im Hintergrund aber eine Schwermut, die von unaufhörlicher Tätigkeit hintangehalten wird und eines Tages durchbrechen könnte.

Er hat Humor. Wenn er lächelt, hat er Grübchen in den Wangen, das gibt ihm einen Charme, den er auch kennt, nehme ich an, wie er denn überhaupt bei aller Natürlichkeit immer weiß, was er tut. Er hat die ›zweite Natürlichkeit‹ des bewußten Menschen, der durch Selbst-Entzweiungen und Wandlungen zu sich selber kam. Er lächelt gern, jedenfalls tat er's während dieser Stunde. Einmal lachte er sogar, aber es war mehr ein lustiges Husten. Er hat etwas scheu Zärtliches in vielen seiner spontanen Bewegungen. Er hat ein starkes Bedürfnis nach Wärme, er will geliebt werden, besser noch: er will verstanden werden auch in seinen einsamen Entscheidungen, und er leidet (bis zu kaum unterdrückten Tränen des Zorns), wenn man ihn nicht verstehen will. Er ist leidenschaftlich und voller Gefühl, aber er hat sich immer unter Kontrolle.

Er sieht hier im Amt im dunklen Anzug mit tadelloser Bügelfalte bürgerlich aus, hat aber auch etwas nobel und weltmännisch Herrenmäßiges, aber auch etwas – sagen wir – ›Proletarisches‹. Er ›kann‹ das eine wie das andere. Er paßt sich nicht berechnend an, er akzentuiert nur diese oder jene Eigenschaft je nach Stil-Bedarf. Aber er bleibt immer er. Ehrlich ist er, aber verschlossen. Wenn er einem Gegenüber noch so klar und offen in die Augen schaut, so sind die seinen von innen her bewacht.

Er scheint identisch zu sein mit seiner Rolle als Politiker an der Spitze, aber ich bin sicher, daß er Politik nicht als den höchsten aller Werte betrachtet, jedenfalls nicht die übliche Parteipolitik. Er hat ein großes Konzept, das nicht von nationalistischen, nicht von kleinbürgerlichen Egoismen diktiert ist, sondern von einer Idee. Aber er ist kein Ideologe. Seine Idee heißt: Friede aufgrund einer vernünftigen Menschlichkeit. Er bleibt realistisch. Die Ultra-Linken werfen ihm das vor. Nun gut: Brandt ist kein Utopist – es sei denn, daß Friede eine Utopie wäre.

Als ich (vor Brandt) in Warschau war und im Ghetto, da drängte es mich, dort niederzuknien. Ich unterließ es, denn so, als die Tat einer privaten, sozusagen anonymen Deutschen schien mir die Geste unangemessen auffällig einerseits, andrerseits unerlaubt unverbindlich. Als Brandt auf die Knie fiel, da war die Relation richtig: er vertrat jenes Volk, das hier sich schändlich benommen hat und das jetzt, dreißig Jahre später, zu dickfellig, zu anmaßend, zu inhuman ist, um diese Geste zu verstehen. Um dieses Kniefalls willen wird Brandt in die Geschichte der Humanitas eingehen, und man wird von ihm sprechen, wenn niemand mehr die Namen seiner Widersacher wissen wird.

Als ich Brandt vor seiner Polenreise einen Brief geschrieben hatte, dankte er mir mit einem längeren Handschreiben. Er sagte, mein Brief sei ihm eine Ermutigung gewesen. Er schreibt solche Privatbriefe am Morgen zwischen sechs und acht, hörte ich, er diktiert sie nicht, er schreibt sie mit der Hand. Er hat die Schrift eines Intellektuellen, mit starkem Sinn für disziplinierte Form. Er setzt den Text wie einen schön gegliederten Block auf das Blatt, läßt links einen sauber gleichbleibenden breiten Rand frei, macht klare Absätze, die Abstände zwischen den Zeilen und den Wörtern sind groß, ohne daß aber die Zusammenhänge gestört wären. Seine Schrift anschauend, meint man ihn reden zu hören: mit kleinen Denkpausen, klar und kontrolliert formulierend. Die Schrift ist von der Schreibbewegung her sparsam, ökonomisch, wie bei jedem, der gewöhnt ist, unter Zeitdruck arbeitend sich aufs Nötige zu beschränken. Sie ist aber nicht arm, nicht dünn, nicht kalt. Sie ist vielmehr bewegt, reich, sinnlich. Man sieht: dieser Mann hätte durchaus etwas anderes werden können als Politiker. Er hat auch literarisch-künstlerische Begabung. Alles in allem: die Schrift eines Menschen, der zwar mit beiden Beinen auf der Erde bleibt, aber auch ›nach oben‹ gespannt ist. Und das ist wohl die Formel für diesen Mann: ein politischer Realist mit ungewöhnlicher Intuition und anderen ähnlichen Gaben, von denen er (noch) nichts weiß.

Ende 1971. Golo Mann las im Goethe-Institut aus seinem ›Wallenstein‹. Er sagte, er habe soeben an acht Abenden in Deutschland einige bestimmte Kapitel gelesen und sich bei der Ankunft in Rom plötzlich entschlossen, ein anderes zu lesen, eines voller Schwermut und Düsternis. Hernach sagte er mir, er hätte vielleicht doch besser etwas Heitereres aus dem ersten Teil lesen sollen. (Ich habe auch dort nichts recht Heiteres finden können.) Ich kam nicht dazu, ihn zu fragen, warum er denn für Rom etwas so Düsteres ausgesucht habe: Verrat und Tod. Wahrscheinlich ist, daß Rom ihn dazu zwang. Es war ein melan-

cholischer Augenblick, als er ankam: Dämmerung, eine Stunde nach viel Regen, am Himmel erneut Regenwolken, die Luft weich und lau. Gertrud von Le Fort, die Rom so gut kannte, schrieb, hier rieche es nach Tod und Toten. Auf viele Fremde wirkt Rom bedrängend und gefährlich. Daß Golo Mann die Melancholie dieser Stadt fühlte, ist nicht verwunderlich. Sie entspricht ihm. Ich spürte das eindringlich, als er las: wie diszipliniert freilich, aber mit wie schwarzer Lust er sich hineinfallen ließ in die Schwermut der letzten Kapitel, wie er sich in der Düsterkeit ausbreitete als auf seinem ureigenen Territorium! Daß ihn der Wallenstein so faszinierte! Zehn Jahre hat er an diesem Buch gearbeitet, zehn Jahre lang ist er umgegangen mit dem finsteren, gewalttätigen, schwachen, entsetzlich einsamen Mann. Man müßte die geheimen Affinitäten von Autoren solcher Biographien und der gewählten Gestalten und Epochen aufspüren. Golo Mann betonte eingangs, er wünsche nicht, im Zeitalter Wallensteins gelebt zu haben. Natürlich: es ist schon schwer genug, diese Epoche in sich selber zu ertragen.
Ich höre nicht gern Schriftsteller vorlesen, aber Golo Manns Lesung fesselte mich. Ihm zuhören ist so, als sähe man einem Maler beim Malen zu. Was er malt, ist ein großes historisches Bild, aber kein ›Schinken‹. Wie er das Schloß in Eger beschreibt, in Einzelheiten, aber nur den für die Handlung unbedingt nötigen: die Zugbrücke, die Wachstube, den ersten Hof, den zweiten Hof, den ›kalten Saal‹, das gemütlich warme holzgetäfelte Zimmer, die Räume, in denen die Verschwörer lautlos warten, das Sterbezimmer Wallensteins – alles mit wenigen Strichen, aber bedrängend gegenwärtig. Ich habe diese Kapitel noch nicht gelesen, aber die Details blieben mir von der Lesung her scharf im Gedächtnis. Viele Details, aber keine Verwirrung, alles so klar angeordnet wie die tausend Einzelheiten auf der Altdorferschen Alexanderschlacht.
All diese Details, diese vielen historischen Fakten, diese Namen, diese Zitate sind eingetaucht in die Melancholie

Wallensteins und Golo Manns. Jeder Satz ein Sieg über Verwirrung und Todessehnsucht.

Ich sah einmal Thomas Mann in der Halle der ›Vier Jahreszeiten‹ in München sitzen. Er saß da wie Dürers Melancholia. Golo Mann erwähnt in seinem Buch dieses Bild. Da sah ich ihn selbst so sitzen wie die Melancholia und wie seinen Vater, und dann sah ich die ›kleine Schwester‹, Monika, so sitzen in einem Café in Paris, und ›die große Schwester‹, Erika, im Hotel ›Urban‹ in Zürich, und ich erinnerte mich an das, was Klaus Mann über seinen Vater schrieb: daß er in seinem Münchner Haus ehedem stundenlang zurückgezogen und ganz allein auf dem Flügel aus Wagners ›Tristan‹ spielte. Nicht alle Kinder dieses Mannes haben es geschafft, sich aus der Melancholie zu befreien. Als ich nach der Lesung Golo Mann sah, stand er inmitten vieler Leute ungeheuer einsam und fremd. Wie ich ihn ansprach, holte er sich augenblicklich aus dieser Ferne zurück und war, sehr höflich, sehr diszipliniert und ganz ein Herr, völlig präsent. In seinen Augen aber blieb unverändert die bohrende Melancholie.

Neujahrstag 1972. Es ist warm. In einer geschützten Ecke 25 Grad. Gestern entdeckte ich im Terrassenbeet winzige hügelige Aufwürfe, darunter arbeitet es, da drängt schon etwas ans Licht. Heute sehe ich bereits einige weißgrüne Spitzen: Hyazinthen und Narzissen. Viel zu früh. Ich schiebe Erde und Mist sanft wieder über sie; ich decke die Kinder zu, die nachts aufgewacht sind und, halb im Schlaf noch, aufstehen wollen. Unvernunft der Natur. Man sagt, es gebe ›Instinkte‹ und Regeln, und die Natur halte sich daran. Das ist nicht wahr. Sie läßt sich leicht betrügen, sie ist ohne Vorsicht und Mißtrauen. Wie mongoloide Kinder reagieren Pflanzen enthusiastisch auf die kleinste Spur von Freundlichkeit des Klimas. Leicht verführbares Volk.
Aber wenn ich mir diese harten grünlichen Spitzen länger anschaue, erscheinen sie mir doch auch als kleine Helden, als Avantgarde, als Vorhut, als brave Experimentierer: »Versuchen wir, ob wir's schon aushalten. Wenn nicht, nun, dann sterben wir eben ab, macht nichts; was stirbt, sind nur die Blätter; im Boden die Zwiebel, die Substanz, bleibt unzerstört. Also Mut, vorwärts!« Die Unvernunft der Natur ist die Vernunft der Hoffenden auf die Unzerstörbarkeit der Gattung und des Lebens überhaupt.

1. Januar 1972. Papst Paul hat den Neujahrs-Gottesdienst in der Città della Gioventù gehalten. Ich muß mich erkundigen, wo und was genau das ist, offenbar ist es ein Zentrum für Studenten, vielleicht auch für andere Jugendliche, die in ihrer Freizeit dort arbeiten (was?), die Selbst-

verwaltung haben, parlamentarische Sitzungen abhalten und, alles in allem, so scheint's, die christliche Demokratie einüben. Bemerkenswert, wie der Papst sich benahm: ganz natürlich, leger, alle seine Hemmungen (angeborene, anerzogene, vom Amt diktierte, von subjektiven Würdevorstellungen erzeugte) fielen von ihm ab. Seine Rede las er nicht ab, sondern sprach frei, und zwar in einem normalen Tonfall, ohne den nasalen Singsang, den er sich angewöhnt hat. Auch seine steifen Altmänner-Gesten hatte er nicht mehr, er war beweglich, verjüngt, mit Schwung stieg er vom Podium, er war einfach glücklich inmitten dieser jungen Männer. Mit Schwung auch umarmte und küßte er den jungen Präsidenten, und auch der genierte sich nicht.

Übrigens sagte der Papst klipp und klar, daß er auf die Jugend baue und von ihr, nicht von der älteren Generation, erwarte, daß sie die Welt zum Bessern verändere, da sie, die Jugend, so sagte er, mehr Gefühl habe für die Ungerechtigkeiten auf Erden und die Zukunft eben von der Beseitigung dieser sozialen Ungerechtigkeiten abhänge.

Das ist doch wohl, wenn man's ernst nimmt, ein Bekenntnis zum Sozialismus, zum Links-Katholizismus, zur radikalen Reform, denn – das weiß er ja sehr wohl aus seinem eigenen Vaterland – mit der christdemokratischen Halbherzigkeit hat man hier noch nichts zum Besseren verändert. Wenn sich hier etwas ändert, dann nur durch Streik und durch bohrende Intervention von Links. Ich glaube nicht, daß der Papst nur Phrasen redet, um der Jugend zu gefallen. Aber ich glaube auch nicht, daß er ein einigermaßen klares Konzept hat.

Außer Marx und Lenin wußte nie jemand genau, wie man Sozialismus macht – und auch sie wußten es nur für ihre Zeit, und auch ihr System hatte Lücken, durch die ihr Widersacher einschlüpfte. Man kann nicht, wie der Papst, zugleich konservativ und revolutionär sein, nicht zugleich die Armen und die Armut seligpreisen, und konkrete, die Reichen hart treffende Maßnahmen wollen. Ich muß aber über meine eigene Behauptung weiter nachdenken.

In der Nacht vom 31. Dezember zum 1. Januar 1972 wurde die Uhrzeit geregelt. Wir armen Ignoranten waren bisher in Unkenntnis darüber gelassen worden, daß unsere Uhren allesamt falsch gehen: unsere Zeit stimmt nicht überein mit der wirklichen, wahren, der elektronischen. Um eine zehntel Sekunde differierte sie. So genau gehts zu in der Astronomie. Meine vier Uhren gehen alle verschieden, und keine geht richtig, und sooft ich sie auch zum Uhrmacher bringe – kaum zu Hause, gehen sie eigensinnig wieder falsch. Sie wissen allzu gut, daß ich, die Relativität der Zeit kennend, von ihnen nur ungefähre Angaben erwarte, mit Hilfe derer ich MEINE Zeit in annähernde Übereinstimmung mit der Zeitmessung anderer bringen kann.

Gestern nun, am Neujahrstag, sagt mir eine Nachbarin aufgeregt: »Haben Sie gehört, heut nacht ist die Erde stehengeblieben, nicht lang, bloß zehn Sekunden, aber bitte, wenn das öfters vorkommt, und stellen Sie sich vor, wenn sie überhaupt ganz stehenbleibt!«

Dabei fiel mir lang Vergessenes ein: ich hatte als vermutlich Zehnjährige gehört, daß sich die Erde um die Sonne bewegt. Das war mir neu, und es gefiel mir nicht. Ich konnte gut verstehen, warum die Kirche sich aufregte über Galileis Ansicht. Es kam mir entwürdigend vor, daß der Mensch ganz gegen seinen Wunsch und Willen einer unaufhaltsamen Bewegung ausgesetzt war. Ich wollte das nicht mehr mitmachen, ich wollte aus dem Karussell aussteigen. Aber wie? Vielleicht mußte das Karussell angehalten werden. Wenn alle Leute sich an einem Platz versammelten und sich gegen die Bewegung stemmten, so müßte der Druck zumindest eine Verlangsamung bewirken. Es müßte nur noch ein starker Sturm von Westen kommen, ein so starker, wie es ihn noch nie gab, und der müßte so auf die Erdkugel drücken, daß sie stehenblieb. Ganz einfach. Ich wollte es einmal ausprobieren. Freilich würde meine körperliche Kraft nicht ausreichen, aber ich glaubte an die Wunschkraft, und die war stark bei mir. So ging ich denn eines Tages auf eine einsame

Waldwiese. Ich sehe mich dort stehen im prallen Sonnenschein am Mittag im Hochsommer, meinen Schatten aufmerksam beobachtend. Ich hatte ja gelernt, daß man die Bewegung der Erde ablesen könne an der Veränderung des Schattens. Nun, mein Schatten war ganz kurz. Das war günstig für mein Vorhaben. Ich sammelte alle meine Gedankenkraft zu der wahnwitzigen Beschwörung meines Schattens: »Bleib so, bleib so, steh still, Erde, steh still . . .« Sieh da: mein Schatten, bei höchstem Sonnenstand fast ein Kreis, lag still unter meinen Füßen, die ihn festhielten. Lange lag er still. Triumph, Triumph! Die Erde stand still. Es war möglich, sie anzuhalten! Eine prometheische Ekstase erfaßte mich. Ich tanzte vor Freude wie ein Derwisch. Aber man darf ein Zauberwerk nie voreilig abbrechen: mein Schatten hatte sich mein Nachlassen der Wunschkraft während des Tanzens zunutze gemacht und sich wieder in Bewegung gesetzt. Es half nichts mehr, daß ich ihn wieder mit den Füßen festhielt, er entwuchs unaufhaltsam nach Osten. Nun gut, ich hatte ja nur einen Versuch machen wollen, und der war gelungen. Jetzt kam es darauf an, viele Menschen davon zu überzeugen und mit ihnen zusammen den Versuch zu erneuern. Es müßte doch ein allgemeines Interesse vorliegen, sich von dem Automatismus dieses Herumgedrehtwerdens zu erlösen. Ich fand außer bei meiner Freundin Franziska nirgendwo Verständnis, ich kleine Weltrevolutionärin, die erst Jahrzehnte später verstehen lernte, daß zwar niemand den Lauf der Welt anhalten kann, daß es aber möglich ist, abzuspringen, ohne die Erde zu verlassen.

Anfang 1972. Lesung in einem Industriebetrieb. Ich, derlei kennend, hatte gebeten, daß ausdrücklich auch die Arbeiter eingeladen werden. Aber die kommen nicht, einzelne wenige Frauen und Mädchen ausgenommen. Und warum kommen sie nicht?

Als junge Lehrerin in N. (Arbeiterdorf, Torfstechersiedlung) hielt ich die jungen Mädchen zum Lesen guter Romane an. Eine der Mütter beschimpfte mich: ihre Tochter sollte Arbeiterin und Frau eines Arbeiters werden, wozu brauche sie da das Lesen, und Romane seien sowieso nicht wahr.

In den sozialistischen Ländern – das läßt sich nicht hinweglügen – ist der Arbeiter wirklich in die Kultur einbezogen. Er liest und schreibt auch selbst je nach Begabung. Kunst, Literatur geht ihn etwas an, er schätzt sie und die Künstler. Der Staat schätzt sie auch (vom Politischen abgesehen). Bücherlesen ist dem Arbeiter dort ein Mittel zum Aufstieg. Warum ist das bei uns nicht so? Weil wir die Arbeiter jahrhundertelang von der ›Kultur‹ ausgeschlossen haben, so lange, bis sie selber glaubten, Kultur sei nur etwas für die Reichen, die ›Studierten‹. Es gibt einen Geld-Kapitalismus, und es gibt einen Bildungs-Kapitalismus, und beide hängen zusammen.

Ich lese in der Mao-Bibel:

»Den Literaten und Künstlern sind jene fremd, die ihre Kunst aufnehmen sollen . . . Sie ermangeln einer angemessenen Kenntnis der reichen und lebendigen Sprache der Volksmassen. Aufgrund ihrer Entfremdung von den Massen und aufgrund ihres intellektuellen Lebens verstehen sie die Sprache des Volkes nicht, und deshalb bringen sie immerfort künstliche, der Volkssprache entgegengesetzte und ganz ungereimte Worte und Wendungen hinein . . . Wenn unsere, aus der Intelligenzija stammenden Literaten und Künstler wollen, daß die Massen sich ihrer Werke erfreuen, dann müssen sie ihr Denken und Fühlen einer Wandlung unterziehen und sich ganz umstellen.«

Trifft das eigentlich für uns so zu? Sind wir Literaten so vom ›Volk‹ getrennt, daß wir dessen Leben nicht kennen? Nicht wenige deutsche Schriftsteller waren früher Arbeiter und Handwerker, wenigstens zeitweise, oder stammen aus solchen Schichten oder leben mit solchen, und während des Krieges lernte man sich an der äußern und innern Front recht wohl kennen. Eine Reihe von Büchern zeugt von der Kenntnis der Nöte der Arbeiter, angefangen von Hauptmanns ›Die Weber‹. Aber auch solche Autoren werden von den Arbeitern nicht gelesen, auch nicht Brechts künstliche Volkssprache der ›Kalendergeschichten‹, die mir lange als vorbildlich erschienen.

Nun: Mao sagt nicht, die Schriftsteller müssen Arbeiterdichtung schreiben, weder so, daß die Arbeiter Schriftsteller werden, noch so, daß die Schriftsteller ihre Stoffe nur aus der Arbeiterwelt nehmen. Mao verlangt etwas ganz anderes, nämlich die Wandlung der Schriftsteller. Was heißt das denn?

Im Mao-Text kommt das Wort ›erfreuen‹ vor. Die Arbeiter sollen sich der Werke der Schriftsteller ERFREUEN. Will Mao also eine heitere Literatur, eine positive, optimistische, den Arbeitsertrag steigernde vielleicht? Mag sein, daß er das AUCH meint. Aber mir ist, als dächte er in anderer Richtung.

Das ›Ungereimte‹, von dem er spricht, kommt daher, daß viele Autoren über Probleme schreiben, die gar keine sind, außer gerade noch für sie selber, und als solche künstlich hochgeschraubt. Das gibt dann Bücher, die nicht leben. Intellektuellenbücher. Bücher, mit dem Kopf gemacht und nicht mit dem ›Bauch‹, wie die Japaner sagen. Bücher, die geschrieben werden, um bei avantgardistischen Kritikern Neugierde zu erregen, bei Kritikern, die ebenfalls aus dem Kopf statt mit jener höheren Fähigkeit urteilen, die wir ungenau ›Intuition‹ nennen.

Sophokles, Aristophanes, Calderón, Shakespeare, Grimmelshausen, Lorca, Camus – sie werden allgemein verstanden, auch wenn ihre Sprache gar nicht einfach ist. Warum? Weil in ihnen Grundformen menschlichen Schicksals dargestellt werden, Erfahrungen, die wir alle bewußt machen oder die wir als kollektive Urerfahrungen wiedererkennen. (Liebe, Trennung, Vaterhaß, Tod, Verbrechen, Krieg, Angst, Unterdrückung.) Bölls Erfolg kommt daher, daß er von Phänomenen schreibt, die uns alle etwas angehen. Er wird in der Sowjet-Union von den Arbeitern gelesen. Böll lebt ECHT, und er lebt in der Nähe des ›Volks‹. André Gide hat bewußt ganz einfach geschrieben, aber Arbeiter lesen ihn nicht. Das Verstehen ist also nicht eine Frage der Einfachheit des Stils, sondern der Echtheit der Probleme und der Möglichkeit der Identifizierung von Leser und ›Helden‹; anders gesagt: Die Grundfiguren der Schicksale müssen sich entsprechen.

Ja – aber: Proust, der ›Ulysses‹ von Joyce, A. P. Gütersloh, Arno Schmidt und all die andern so schwierigen, so ›ausgefallenen‹? Und wenn Hölderlin daran gedacht hätte, er müsse so schreiben, daß er auch von Arbeitern verstanden werden kann? Aber kann er denn von Arbeitern nicht verstanden werden? Gibt es nicht ein Verstehen direkter Art, ohne Umweg über den Verstand? Man kann Hölderlin begreifen, wie man Symbole begreift. Denn Hölderlin ist ein Gewandelter, der in der Mitte der Dinge lebt und etwas aussagt, was uns alle in unsrer Mitte trifft. Vielleicht meint Mao, selbst ein Dichter, dies: Daß wir mit unsern intellektuellen Büchern auf dem Holzweg sind und daß die ›Arbeiter‹ (nämlich wir alle!) eine andre geistige Nahrung brauchen? Hierüber muß viel nachgedacht werden.

Eben fällt mir ein, daß ich 1952 im Auftrag der Schweizer ›Weltwoche‹ nach Konnersreuth fuhr, um eine Reportage über die stigmatisierte Therese Neumann zu machen. Ich kam mit einer kleinen Gruppe zu ihr, sie wußte nichts von mir. Auf einmal schaute sie mich eindringlich an mit ihren großen blauen Augen und sagte aus heiterm Himmel: »Gelt, das ist schwer, was du möchtest: so schreiben, daß es die ganz Gescheiten lesen und auch die Einfachen verstehen!« Ins Schwarze getroffen.

6. Januar 1972. Mir fällt der von Funktionären gehörte Witz ein, auf den, wie sie lachend sagen (als wäre das auch ein Witz), drei Jahre Lager, mindestens, stehen:

Welches ist der Unterschied zwischen Stalin, Chruschtschow, Breschnjew?

Stalin hat gezeigt, daß ein einziger Mann imstande ist, die Sowjet-Union zu regieren.

Chruschtschow hat gezeigt, daß ein Dummkopf es kann.

Und Breschnjew zeigt, daß das sowjetische Volk es selbst kann.

Und wieso darauf drei Jahre Lager? Ist es nicht nach Lenin das Ziel der Erziehung zum Sozialismus, daß ein Volk reif genug ist, sich selbst zu regieren? Und für diese Lenintreue nach Sibirien oder ins Irrenhaus? Und genau in dem Augenblick, in dem ich diese Sätze schrieb, rief mich René Hocke an und fragte, ob ich wisse, daß der russische Schriftsteller Bukowski nach einem Prozeß, der gestern, 5. Januar 1972, unter absolutem Ausschluß der ausländischen Presse, aber vor vollem Haus stattfand, zu sechs Jahren Gefängnis und fünf Jahren Verbannung verurteilt sei wegen antisowjetischer Aktionen.

Als ich gestern nacht im Fernsehen die Meldung vom Prozeß hörte (das Urteil war noch nicht gesprochen), dachte ich an meine russischen Freunde. Hier wurde ein Exempel statuiert, eine große Warntafel aufgerichtet, eine eiserne Tür zugeschlagen. Was hilft's, daß wir den Fuß dazwischenschieben wollen?

Doch, doch, es hilft. Kein Volk kann heute mehr so tun, als sei es allein auf Erden und allmächtig.

R. H. ruft Böll an. Ich sage, Böll, als Präsident des PEN, wird schon reagiert haben auf seine Weise. Der Eintritt der Sowjet-Union in den Internationalen PEN-Club ist damit wieder einmal vereitelt. Für den Augenblick. Vertagt. Aber wie unklug von Kossygin, die Sowjet-Union wieder einmal als Kerker zu zeigen! Da er es tat, auf die Gefahr eines erheblichen Prestige-Abrutsches in der ganzen Welt, muß er wohl dringenden Anlaß dazu gehabt haben. Es sind wohl die ›antisowjetischen‹ Strömungen allzu deutlich geworden.

In Köln in der Hohen Straße ist einer der Beate-Uhse-Läden. Ich war nie in einem solchen. Ich habe mir nur bisweilen, in München oder einer andern Stadt daran vorbeigehend gedacht, wie wohl so eine Frau sein möge, die mit dem Sex in aller Öffentlichkeit Geschäfte macht. Eine ehemalige Bordellmutter habe ich einmal gekannt, sie war alt geworden und hatte in München einen ›feinen‹ Tabakladen, in dem die gute Gesellschaft (vor allem deren männlicher Teil, welcher sie vermutlich von früher her kannte) mit Vorliebe einkaufte. Aber zwischen einem Bordell und so einem Laden ist ein Unterschied, nämlich der zwischen Praxis und Theorie, zwischen verbindlicher Abmachung und unverbindlichem Angebot, zwischen Erfüllung und bloßem Anreiz, und was hier an- und aufgeregt wird, das kann ja auch der eigenen legalen Ehefrau zugute kommen. Nun: ich denke, so ein Laden mit seinem offenen Angebot an aufblasbaren Gummifrauen und anderm Ersatz (was für ein scheußliches Material ist doch rosa Gummi) gehört in unsere Zeit, der es nun einmal aufgegeben ist, den Unrat, den der gute Bürger sonst zuhinterst und zuunterst im Keller seiner Person versteckt, ans Tageslicht zu fördern. Aber selbst dies wissend, kostet es mich eine starke Überwindung, in diesen Kölner Laden einzutreten. Jedoch: ich will nichts beurteilen, was ich überhaupt nicht gesehen habe. Ich gebe mir also einen Ruck. Ich bin die einzige Frau unter lauter Männern und frage mich, ob die Männer auch jene für Frauen gedachten Dinge kaufen. Seltsam.
Ich beobachte die Männer. Sie sind zwischen zwanzig und fünfzig. Das kann Zufall sein, aber auch bezeichnend. Ehe sie eintreten, treiben sie sich eine Weile vor dem Laden

herum, dann setzen sie ihr beiläufigstes Gesicht auf und schlendern herein mit einem Gehabe, das allen sagen soll: »Na, ich schau' mir das bloß mal aus Interesse an, ich hab' so was nicht nötig, ich hab' zu Haus mein geregeltes Sexualleben.« Dann suchen sie erst eine Weile unter den Schallplatten herum, als wären es Platten für klassische Musik. Was auf den Platten ist, gelang mir nicht zu sehen, die Männer umdrängten die Tische. So stieg ich in den ersten Stock hinauf. Da gibt's Bücher mit jenen Fotos, die früher ältere Herren sich aufgrund von Zeitungsanzeigen heimlichst unter ›postlagernd‹ kommen ließen. Hier kann man derlei, künstlerisch aufgemacht, unter dem Anschein puren ästhetischen Interesses in aller Öffentlichkeit ansehen. Ich schaue mir die Gesichter der Männer an: sie haben fast alle etwas so betont Natürliches, daß es mich an der Natürlichkeit zweifeln läßt. Sie kommen mir eher so vor, als wären sie von ihrer Gehemmtheit hierhergetrieben. Bezeichnend, daß jeder allein kommt. Nicht einen sah ich, der mit seinem Mädchen, seiner Frau, seinem Freund kam. Man geniert sich. Wenn *das* die Frucht so eifriger Sexualerziehung unserer Zeit ist . . .! Übrigens sah ich in New York in der Nähe des Broadway viel scheußlichere Läden dieser Art. In Deutschland wird selbst so etwas bürgerlich-wohlanständig.

Oft bedauere ich es, nicht Geschichte studiert oder doch mich eingehender mit ihr befaßt zu haben. Selbst wenn man in Betracht zieht, daß man Geschichte (außer man erlebt sie als Augenzeuge) immer nur von (irgendwo abhängigen) Historikern filtriert und auf einen subjektiven Nenner gebracht erfährt, bleiben doch noch so viele Tatsachen, die zu wissen nötig sind für jemand, der ›den Lauf der Menschheit‹ ein wenig verstehen will.

Oft aber bin ich froh, nicht besonders viel davon zu wissen, denn: zu wissen, daß alles sich immerfort wiederholt, kann den Stellenwert der einzelnen Fälle relativieren und einem selbst jede Stoßkraft nehmen. Wer handeln will (was wir so unter ›handeln‹ verstehen), der muß glauben, seine Sache sei eine objektiv wichtige und eine einmalige Gelegenheit. Wer aber denkt, daß alles schon einmal dagewesen ist, der wird geneigt, weise zu lächeln (oder zu weinen ober beides) und die Hände in den Schoß zu legen.

Ich las eben den großartigen Roman Flauberts ›Lehrjahre des Herzens‹ (was für eine törichte Übersetzung für ›L'éducation sentimentale‹; zumindest wäre ›Gefühls-Erziehung‹ sinngemäßer).

Während ich in den Zeitungen die aktuelle Geschichte jener jungen Leute verfolge, die man ›Linksrevolutionäre‹ nennt (womit gar nichts gesagt, aber vieles unredlich vermischt wird), lese ich bei Flaubert die Geschichte des Linksrevolutionärs Sénécal aus dem Jahr 1839: Sohn eines Lyoner Arbeiters, Mitkämpfer beim Pariser Aufstand im Mai 1839, voll von klassenkämpferischen Ideen, erbittert über die Untätigkeit seiner Genossen, verzweifelnd an seinem Vaterland, wird er, als Ingenieur, Komplice bei einem Brandbombenanschlag; er kommt ins Gefängnis. Freunde wollen ihn befreien aus dem Gefängnis Mont-Saint-Michel, wo man der politischen Gesinnung wegen gefoltert wird, bis man verrückt wird oder stirbt. Sénécal wird eines Tages freigelassen. Wäre er nicht freigelassen worden, hätte es zu einer Szene kommen müssen ähnlich jener in Berlin 1970, die eine Kette von Gewalttaten nach sich zog. (Die Befreiung von Andreas Baader.)

Bei Flaubert lese ich auch eine Diskussion junger Männer über die Einführung des allgemeinen Wahlrechts, »das unweigerlich den Sieg der Demokratie und die endliche Verwirklichung der Grundsätze des Evangeliums bringen mußte«. Und dann folgt ein Gespräch, das von 1971 sein könnte, wechselte man Namen, Stände und einige Fakten aus. Was die jungen Leute einte, war der Haß gegen Ungerechtigkeit. Aber, so sagt Flaubert, sie warfen die berechtigten Klagen mit den einfältigsten Anwürfen durcheinander. Jeder machte für das, was ihm persönlich mißfällig war und was ihn selber anging, ›die Regierung‹ verantwortlich. Die Hitze geriet auf den Siedepunkt, als erwähnt wurde, der Sonderwagen des Königs koste achtzigtausend Franken. »Wer wird das bezahlen!?« Ich muß an die Diskussionen nach den Wahlversammlungen im März 1971 denken. Worum ging es zuerst und zuletzt? Kriterium für eine gute Politik: möglichst viel und möglichst sicheres Geld für jeden einzelnen. Kriterium für schlechte Politik: nicht in Geld ausdrückbare Erfolge wie Verständigung mit bisher feindlichen Ländern, Beitrag zum Weltfrieden. So etwas zählt nicht.

König Ubu, so dumm und so wenig König er ist, erwirbt sich die Liebe des Volks dadurch, daß er das Gold des von ihm ermordeten rechtmäßigen Königs aus dem Fenster wirft. (Die Geschichte ging trotzdem nicht gut aus für Ubu.) Und viele Kommunisten arbeiten auch nicht gerade für den Weltkommunismus, für die Gleichheit und Brüderlichkeit aller Menschen, sondern um mit Soll und Übersoll Geld zu verdienen (oder) und Karriere zu machen. Jede Regierung, die dem kleinen Bürger Geld gibt, ist eine gute Regierung. Nach ihrem Geist und Ungeist wird nicht gefragt.

8. 1. 1972. Heute nachmittag plötzlich der Entschluß, die Arbeit liegenzulassen und in die Gegend zu fahren. Das Wetter ist frühlingshaft. Bei Hety in Ariccia blühen am windgeschützten Hang die allerersten Mimosen. Das ist, Jahr für Jahr, ein jäher Freudenschreck: es blüht! Wir wissen alle hier, daß der achte Januar nicht der achte März ist, aber gleichviel: JETZT blühen Mimosen, Veilchen, Winter-Iris und Calicanthus, jetzt ist der Himmel leuchtend blau. Dieser frühe Frühling tut weh, weiß Gott warum. Später, wenn das Land von Blüten überschwemmt ist, lebt man ganz selbstverständlich inmitten der Fülle wie reiche

Leute in ihrem gewohnten Luxus. Aber jetzt: jetzt ist's wie der sanfte, aber scharf gezielte Einstich der Injektionsnadel ins Fleisch: ein jähes Erschrecken, eine Anspannung, der spitze, dann dumpfe Schmerz vom Eindringen des Gifts, das, etwas überdosiert, die winterlichen Verzweiflungsreste auflöst.

Januar 1972. Im TV gehört und gesehen: Ein italienischer Industrieller hat seinen ganzen großen Besitz verkauft und dafür in Südamerika (oder Afrika?) ein Hospital für Leprakranke gebaut. Italienerinnen und Eingeborene arbeiten dort zusammen. Ich sah das Bild des Mannes: Er schaut glücklich aus. Er heißt Signor Cambi. Cambio heißt: der Tausch.

Januar 1972. Vor einer Stunde kreiste ein Hubschrauber längere Zeit über dem Tal, das an meinem Haus vorbei mit Wiesen und Weingärten nach Marino hinunterführt. Schließlich ließ er sich mitten zwischen den Weingärten nieder, nicht sehr weit von mir entfernt. Mit großen weißen Buchstaben stand darauf POLIZIA. Was hat die Polizei hier zu suchen in dem unbewohnten und ziemlich übersichtlichen Tal? Ich nehme den Feldstecher und sehe, daß zwei Männer aussteigen. Ich kann nicht erkennen, ob sie uniformiert sind, mir scheinen sie eher zivil. Sie stehen eine Weile herum, gehen um den Hubschrauber, tun aber nichts. Falls sie etwas oder jemanden suchen, tun sie es höchst lässig. Nach einiger Zeit steigen sie wieder ein, und der Hubschrauber hebt sich und entschwindet gegen Süden. Plötzlich sehe ich, daß aus einem Graben, nicht weit entfernt von der Landestelle, zwei Gestalten aufstehen. Mir scheinen sie Buben, zwölf Jahre alt vielleicht. Einer trägt ein Gewehr, ob ein Jagdgewehr, weiß ich nicht zu unterscheiden. Sie gehen über die Wiesen ganz gemächlich davon. Wer sind die zwei? Aus dem Hubschrauber ausgestiegen sind sie nicht, scheint mir, bin ·dessen aber nicht ganz sicher. Sind es Ausreißer, die von der Polizei gesucht wurden? Warum hat die Polizei dann nicht gründlicher gesucht? Waren es jugendliche Verbrecher, die mit dem Gewehr Schaden angerichtet hatten? Warum hatte die Polizei keinen Spürhund? Waren die Buben gar keine Buben, sondern klein gewachsene Polizisten, die, vom Hubschrauber hierhergebracht, etwas suchen sollen?

Alle Nachbarn haben gleich mir interessiert zugeschaut, aber niemand kann sich einen Reim darauf machen. Die Buben habe nur ich gesehen, denn meinem Haus waren sie am nächsten, und außer mir hatte niemand einen Feldstecher. Ich habe nichts von den Buben, oder was und wer immer da ausgestiegen oder aufgetaucht war, erzählt. Wären wir gute deutsche Staatsbürger, hätten wir uns wohl an der Fernseh-Verbrecherjagd beteiligt . . . Hätte ich die Carabinieri anrufen sollen? Ich erkläre offen, daß ich es niemals tun würde. Niemals und in keinem Fall, und daß ich dies von einem Deutschen erfundene böse Spiel verabscheue. Nicht nur der Irrtümer, der falschen Alarme, der Hysterie wegen, sondern der Grundgesinnung wegen: den Menschen als Spür- und Hetzhund gegen den Menschen einsetzen, heißt ihn mißbrauchen, seine niederen Instinkte aufrufen, seinen latenten Haß auf den Mitmenschen aktivieren und benutzen. Ich glaube ganz und gar nicht daran, daß diejenigen, die sich zur Verbrecherjagd hergeben, besonders brave Leute sind und aus keinem andern Motiv sich beteiligen als aus dem der ehrlichen Sorge um das Wohl von Staat und Gesellschaft. Man müßte einmal (aber WER tut das und WER erlaubt das zu tun) diejenigen einer Analyse unterziehen, die da mitmachen. Sicher sind darunter viele kleine Leute, die ihr ereignisloses Leben solcherart ein wenig aufpolieren wollen. Oder es sind Leute, die nie aus der Zeit der Knabenspiele, des ›Räuber-und-Gendarm‹-Spielens, herauskommen, unreife Leute, die sich ihrer Verantwortung nicht bewußt sind. Oder es sind kleine Abenteurer mit einer von Fernseh-Krimis aufgeheizten Phantasie und ebendort abgeschauten Techniken der Verbrecherjagd. Oder es sind Leute, die brennend gern selber Verbrechen begingen, sie aber, durch innere Hemmungen, durch Strafangst und Schwäche blockiert, nicht begehen, aber alle diejenigen beneiden, die den Mut haben, sie wirklich zu begehen, und, da man das Beneidete immer zerstören will, den Verbrecherhelden dafür büßen lassen wollen, daß er ein Held ist: man gibt ihn an, man liefert ihn aus. Oder es sind Leute, die, gleich Jekyll und Hyde, gespalten sind in den inneren Verbrecher und den inneren Polizisten, Richter und Rächer, Leute also, die im gesuchten Verbrecher sich selber suchen und der Justiz übergeben wollen, aber statt dessen dann doch den Sündenbock überliefern. Alles in allem: lauter windiges Pack, das angibt, Wichtigtuer, Möchtegerne, Kriecher, moralisch Böse. Wer mich davon überzeugen will, daß ich die Pflicht habe, Verbrecher anzugeben, dem sage ich, daß ich nirgendwo im Evangelium ein Gebot oder auch nur einen Rat in dieser Richtung finde. Im Gegenteil. Ich finde den Satz: »Wer von euch ohne Sünde ist, der werfe den ersten Stein.« Ich finde auch den Satz (im Alten Testament): »Mein ist die Rache, spricht der Herr.« Außerdem weiß ich, wie schlecht wir alle beobachten. Ich erinnere mich eines Versuchs, den Professor O. Kuss in einer Vorlesung an der Münchner Universität machte: er schickte neun Studenten vor die Tür und erzählte uns eine Geschichte, eine Legende: In ein Dorf kam ein Heiliger, und alle eilten ihm entgegen. Genau in dieser Minute fiel das Kind einer Frau, einer Witwe, in einen Brunnen. Die Frau lief dennoch dem Heiligen entgegen, den sie bewirten wollte. Während sie zu Tische saßen, fragte der Heilige, ob sie nicht ein Kind habe. Sie sagte, es sei im Brunnen. Der Heilige begab sich zum Brunnen und fand das Kind wohlbehalten (ich weiß nicht mehr worauf liegend). Diese simple Geschichte hatte ein Student nun weiterzuer-

zählen an einen der draußen Wartenden, den man herein-
rief. Dieser wiederum hatte sie dem nächsten zu erzählen,
und so fort. Als sie der vorletzte dem letzten erzählte, war
sie nicht etwa nur in Details, sondern in der Grundaussage
ganz verändert. Soviel ich mich nach so langer Zeit erinnere,
hieß die Geschichte am Ende etwa so: Eine sehr reiche alte
Frau hatte bei sich einen Gast zu Tisch, es war ihr Freund.
Während des Essens lief ihr Enkelkind hinaus und fiel in
den Brunnen. Die alte Frau ging hinaus und fand das Kind
ertrunken. Sie legte einen Deckel auf den Brunnen. Sie sagte
es dem Freund. Da kam gerade ein wandernder Prophet ins
Dorf, der hörte von dem Unglück, kam, öffnete den Brunnen,
holte das Kind heraus und belebte es.
So verändert sich Gehörtes und von Mund zu Mund Wei-
tergegebenes innerhalb kurzer Zeit. Bei der Verbrecherjagd
kommt zu dieser Erinnerungsschwäche noch das Moment
der Suggestion: man sieht und hört, was man sehen und
hören WILL. Und auf derlei Aussagen baut man einen Verdacht oder eine Anklage auf! Der Herr Soundso (wie heißt
er?), der übers Fernsehen an das Angeberpack appelliert,
muß ein exzellenter Menschenkenner sein und ein arger Zyniker: er weiß, worauf Leute niederen moralischen Ni-
veaus hereinfallen. Es muß ihn köstlich amüsieren, zu sehen,
wie er die Deutschen zu Spitzeln machen kann, und wie, in
letzter Konsequenz, ein ganzes Volk von Spitzeln, jeder jeden nur mehr daraufhin anschaut, ob er nicht der gesuchte
Lustmörder, Bankräuber, Staatsfeind sei. Pfui Teufel über
diese Spekulation auf die niederen Instinkte im deutschen
Volk! Wir hatten die Methode schon einmal: während der
Nazi-Diktatur. Paßt sie denn in unsere doch sonst recht anständige Demokratie? Wollen wir sie uns korrumpieren lassen auf solche Weise?
Natürlich weiß ich, was gute Leute jetzt sagen. Nun ja, es
gibt immer Gründe für den Judasverrat des Menschen am
Menschen. ›Die Ordnung‹, das ist die Hure, die von allen
benutzt wird.

Im Mai 1945, nach Kriegsende, erbaten eines Nachts zwei abgerissene Soldaten, Deutsche, Unterschlupf in meinem weit vom Dorf abgelegenen Haus. Der eine war ganz jung und sehr verwirrt, der andere älter und sichtlich krank, er fiel auch alsbald in eine tiefe Ohnmacht. Er hatte hohes Fieber. Ich wollte einen der mir bekannten Ärzte holen, die bei den Amerikanern arbeiteten. Der Junge rief entsetzt, das dürfe ich nicht. So sollte er mir wenigstens sagen, was dem andern fehle. Er wollte nicht mit der Sprache heraus. Ich schöpfte einen bestimmten Verdacht. Wer derart Angst vor den Amis hatte ... Schließlich sagte der Junge, es sei Blutvergiftung, die Wunde sei am Arm. Wir schnitten den Ärmel auf, der Arm war hochgeschwollen, die Wunde seltsam viereckig. Der Junge zitterte und flüsterte: »Ich wollte es nicht tun, aber er hat mich gezwungen, ich kann nichts dafür, und ich selber mußte ja dazugehen ...« Die Wunde war entstanden, als er das Blutgruppenzeichen der SS entfernt hatte. Zwölf Jahre lang hatte ich mich vor der SS gefürchtet. Zweieinhalb Monate vorher noch hatte mich die SS verhört, acht Stunden lang beim Reichssicherheitsdienst in Berchtesgaden. Ich haßte die SS. Es kam mir nicht in den Sinn, die beiden an die Amerikaner auszuliefern. Ich glühte ein Messer aus, schnitt die Eiterblase auf, desinfizierte die Wunde, verband sie und versteckte die beiden Männer in meiner Holzhütte. Drei Tage später waren sie fort. Ein Zettel lag da: »Herzlichen Dank ...« Ich weiß nicht mehr genau, welcher Rang angegeben war, es war ein ziemlich hoher der SS, dazu der Name, ich glaube, er hieß Merk. Von mir kann niemand verlangen, daß ich einen Menschen ausliefere, schon gar nicht einen politisch engagierten.

Sauerbruch hatte bei einer Halsoperation Hitler unterm Messer. Er konnte Deutschland retten, wenn er Hitler tötete. Er tat es nicht, er stand unterm hippokratischen Eid.

Eine Romanrezension J. K.s endet sinngemäß mit der Feststellung, er, J. K., sei zwar nicht recht begeistert von diesem Buch, räume aber ein, daß das, was ihm jetzt als Mangel erscheint, eines Tages als besondere Qualität erscheinen könne.

Das ist ein gescheiter Satz. Ein Akt, auf den ich lange gewartet habe: daß ein Kritiker freiwillig seinen Anspruch auf Unfehlbarkeit dahingibt und zugesteht, daß seine Meinung eine subjektive und augenblickliche sei, wenn auch keine willkürliche, sondern eine, die Rückhalt hat in der langen und redlichen Beschäftigung mit der Literatur. Zuzugeben, daß man zwar mehr von der Sache versteht als andere (da diese Sache ja sein Metier ausmacht), daß man sich aber dennoch nicht anmaße, völlig treffsicher zu sein, sondern selber die Möglichkeit des Fehlurteils einkalkuliere, das ist doch etwas Neues unter unseren so selbstsicheren Kritikern. Man muß freilich seiner selbst sehr sicher sein, um die Unsicherheit öffentlich zugeben zu können.

Als neulich Böll in der Sache der Linksradikalen allzu leidenschaftlich Partei ergriff und ihn der Jurist Posser in der Presse über die Schiefheit einiger seiner juristischen Ansichten belehrte, reagierte Böll ungemein sachlich, um nicht zu sagen demütig: er bedankte sich (und zwar nicht ironisch) für die sachdienliche Aufklärung und Belehrung. Freilich wurde diese Geste von den kleinen Leuten nicht verstanden. In einem Leserbrief stand hämisch: »Jetzt haben Sie es, Herr Böll! Ein Jurist mußte Sie belehren.«

Eben finde ich in dem Buch ›Biologische Basis religiöser Erfahrung‹ von C. F. von Weizsäcker eine ähnliche Art der großmütigen Bescheidung: Weizsäcker, der Weltberühmte, Physiker, exakter Wissenschaftler, läßt sich plötzlich mit ostasiatischer Religiosität ein, deren Vertreter Gopi Krishna sagt, die weltbeherrschende Naturwissenschaft sei nicht fähig, die Frage nach der Religion zu beantworten, ja in der »Phase ihrer ungebrochenen eigenen Herrschaft vermochte sie die Frage nach dem Wahren der Religion nicht einmal zu stellen«. Sie sei selbst naiv-materialistisch und leugne die Wirklichkeiten, die in ihren Begriffen nicht vorkämen. Weizsäcker sagt, alles, was der Inder sage, könne einem westlichen Gehirn ›naiv‹ erscheinen. Aber, sagt Weizsäcker, »wir müssen uns von UNSERER Naivität distanzieren, um das in einer ANDEREN Naivität mögliche Wissen zu begreifen«.

Weizsäcker nimmt es auf sich, seine bisherigen Erfahrungen in Frage zu stellen und umzulernen und sich dabei auf ein Feld zu begeben, das dem, welches bisher das seine war, ganz fremd ist oder zu sein scheint. Es ist für einen Naturwissenschaftler doch ungemein schwierig, ›mystische‹ Phänomene, die sich dem wissenschaftlichen Zugriff entziehen, überhaupt als der Beachtung wert zu sehen. Dazu gehört eine Aufgeschlossenheit, die schon Demut ist. »Man muß nicht verwerfen, sondern verstehen«, sagt er. Weizsäcker läßt sich von einem scheinbar oder wirklich ›naiv‹ sprechenden Inder belehren. Dazu gehört Größe – und nicht nur Neugier.

Geschichte von heute, Januar 1972. G., römischer Richter, erzählt mir: In einem Dorf bei Salerno (Serradarce) wurde eine sechzigjährige Frau erschossen, die ›Maga‹ (Hellseherin, Medium, Heilerin.) Man kennt den Täter und meint, das Tatmotiv zu kennen. Ein Fünfunddreißigjähriger hat die Maga erschossen, weil sie ihn betrogen hatte: sie weissagte ihm, er würde in der Lotterie Millionen gewinnen. Er gewann nichts, er rächte sich – aber an wem eigentlich? So einfach ist der Fall nicht, wie es scheint.

Die Vorgeschichte: Die Maga hatte einen Neffen, der Seminarist war und Priester werden wollte. Er wurde 1957 vom rückwärts fahrenden Lastwagen seines Onkels überfahren, ein Unglück, kein Verbrechen, aber der Vater des Toten sagte, der Onkel habe es absichtlich getan. Eine böse Familientragödie schien sich anzubahnen. Zwei Tage nach dem

Tod geschah seiner Tante dieses: sie fühlte plötzlich eine große innere Leere, dann einen Kälteschauer, dann fiel sie zu Boden und spürte, wie sich etwas Fremdes in sie eindrängte, durch den Mund, sagte sie, es erstickte sie fast, dann erreichte es ihr Herz, und nun sprach eine Stimme aus ihr, die zweifellos die des toten Neffen war, der einen Dialekt sprach, gemischt aus Arabisch, Latein und Vulgär-Italienisch, für ihn charakteristisch. Er (die Stimme) sagte, der Onkel sei unschuldig, es sei ein Unglücksfall gewesen, aber für ihn ein Glück, es war ein vom Schicksal bestimmter früher Tod, und er werde bald die Madonna und Gott schauen, das Reich Gottes erwarte ihn. Nun, ein böser Dämon war's nicht, der solches sagte. Die Tante verbreitete seine Worte, und augenblicklich begann ein Kult. Offenbar neigen Italiener dazu, immer dort Göttliches zu vermuten und zu verehren, wo ein Ermordeter dem Mörder vergibt oder ein Sterbender (oder Toter) für Verzeihung plädiert. Auch die kleine jungfräuliche Maria Goretti in Nettuno vergab ihrem Lustmörder, ehe sie starb, sie wird als Selige verehrt, und die Kirche begünstigt den Kult. Der Pfarrer von Serradarce war geneigt, den Kult zu verbieten, da er sich mit dem Okkulten und alsbald mit dem Kommerziellen verbündete. Die Zia, die Tante, die Maga wurde rasch zur Attraktion und zur ›Heiligen‹, durch Akklamation des Volkes beatifiziert. Die Leute kamen in Mengen und befragten sie und erbaten Hilfe. Die Maga sprach in Trance. Es wird erzählt, es seien einige Wunder geschehen, Heilungen, andre Hilfen. Das Volk, armes Volk, begann, nicht mehr in die Kirche (wo kein Wunder geschah), sondern ins Haus der Maga zu gehen und zu jenem Lastwagen, von dem der ›Heilige‹ getötet worden war und der jetzt neben dem Haus der Maga stand. Den Wagen zu berühren brachte zumindest Trost. Das Volk hatte im Sinne, einen Tempel zu bauen, in dem die Maga Priesterin (sacerdotessa) sein sollte. War sie es doch bereits in der Meinung der Leute. Und woher hatten die armen Leute das Geld für einen Bau?

Oh, sie hatten Geld für vieles: sie bauten Bars und Ristoranti und Läden mit Souvenirs, sie eröffneten Pensionen für Fremde, sie richteten einen Taxi- und einen Pullmandienst ein, und auch neue Häuser wurden gebaut. Die Wallfahrer, die Ratsucher, die Gläubigen, ganze Karawanen brachten das Geld ins Dorf. Zwar verlangte die Maga selbst nie etwas für ihre Dienste, aber die Verwandten wiesen diskret darauf hin, daß man etwas gab, mindestens zehntausend Lire für eine Beratung. Sie steckten vor den Augen der Ratsuchenden so einen Schein in eine Büchse. Den Mörder hatte das aufgebracht, er gab nur fünftausend, was jemanden später zu der Bemerkung brachte, sein Geiz habe verhindert, daß die Maga seinen Wunsch erfüllte: den Hauptgewinn bei der Lotterie zu machen. Vielleicht ärgerte ihn nachher das hinausgeworfene Geld. Vielleicht ärgerte ihn aber zu Recht, daß die Maga sich bezahlen ließ für menschliche Hilfe und fürs Gebet. Und außerdem war er in einer mißlichen Lage: er sollte fällige Wechsel zahlen, sein in Deutschland verdientes und gespartes Geld reichte nicht aus, das begonnene Haus fertigzubauen, er war ganz armer Leute Kind, früh verwaist und ein eifriger Arbeiter, bei allen beliebt. Als er sich getäuscht sah, ging er, ein Gewehr unter der Jacke, in einen der heidnischen Gottesdienste der Maga, wartete auf den Moment, indem die Maga in Trance und die Menge in Hysterie fiel, und schoß. Er entkam, war aber erkannt worden und stellte sich alsbald selbst. Was man ihm tut, weiß ich nicht. In seiner Heimat leben wird er nicht mehr können, das Volk würde ihn lynchen.

Die Polizei hat das Haus versperrt, in dem der Mord geschah. Schon ist es von Leuten umlagert, die auf Tür und Mauern schlagen, laut weinen, die Maga und den Heiligen anrufen, den Mörder verfluchen, Blumen streuen. Jetzt wird erst recht der Kult gedeihen. Mögen ihn die Behörden verbieten, mag der Pfarrer dagegen predigen, mögen ein paar Aufgeklärte darüber spotten: vergeblich. Zyniker sagen: das Dorf, das nun einmal den Segen des Geldes geschmeckt hat, wird sich sein Millionengeschäft nicht nehmen lassen. Ich meine aber, es würde sich seinen Kult nicht nehmen lassen, brächte er auch keine Lira mehr ein: die Armen leben von der Metaphysik. Ich meine das nicht ironisch, o nein, fern davon. Zwar skandalisiert es mich, bei Rilke zu lesen: »Armut ist ein großer Glanz von Innen«, und ich hab's auch nicht gern, wenn Papst Paul in einer armseligen Baracke Roms sagt, die Armen seien Gottes Lieblinge – so etwas darf nur sagen, wer selber arm ist und seine Armut begreift als geistiges Schicksal. Aber hier liegt ein Haken: wer seine Armut zu transzendieren vermag, der ist ja schon nicht mehr arm. Die echte, die ganz gemeine Armut ist ohne Geist, ich habe das an mir selbst erlebt: als ich im Gefängnis hungerte, lief ich, um als erste zum Abfalleimer der Gefängnisbeamten zu kommen, damit ich die Salatblätter und Kartoffelschalen bekam, ich, ich allein und ohne Zeugen, mit denen ich hätte teilen müssen. Fern von Metaphysik hat mich die nackte Not gedemütigt bis fast zum Verlust der Menschenwürde. Nicht immer, nicht für lang, aber doch an manchen finsteren Tagen. Wer arm ist, aber in seiner Armut etwas findet, was ihm hilft, die Armut zu begreifen, als Aufgabe, als von Gott verhängt, der ist gerettet, aber er weiß auch nicht, was Armut ist.

Der Glaube eines Armen und Leidenden, daß ihm ein abgeschiedener Freund, ein seliger Geist, ein Schutzengel nahe sei, ist eine echte Hilfe. Wer dem armen Volk zu einem solchen Trost verhilft (da er ihm einen materiellen nicht zu geben vermag), der hat viel getan. Der Mensch lebt nicht vom Brot, sondern vom Geist. Damit aber der Mensch vom Geist leben kann, muß er aus dem Gröbsten heraus sein: aus dem dumpfen Vegetieren, aus der dummen Passivität, aus der Gewohnheit. Er muß sich auflehnen gegen die Armut, die der Ungerechtigkeit entspringt. Er muß Abstand gewinnen von seiner Armut, er muß eine geistig freie Haltung zu ihr haben. Und dann erst kann er sich entscheiden – ob zur Revolution oder zur bewußten Entsagung, das ist seine Sache.

Wer nicht in der Armut steckt, der hat kein Recht, von Armen Ergebung ins Schicksal zu erwarten. Er muß ihnen mit aller Kraft dazu verhelfen, daß sie Stellung beziehen zu ihrer Armut.

Wenn die Maga den Armen von Serradarce dazu verhilft, daß sie ihre Armut transzendieren und sie in Beziehung setzen zu geistigen Führern im Jenseits, so hat sie etwas geleistet. Ich halte sie nicht für eine Betrügerin. Die Frage nach solchen Phänomenen beschäftigt mich seit zwanzig Jahren: seit ich in Konnersreuth und in Heroldsbach war. Vielleicht bedient sich ein göttlicher Helfer solcher Mittel, die vom einfachen Volk angenommen werden können: er spricht Dialekt.

Januar 1972. Auf der Suche nach Don Gerardo Lutte. Ich habe schon lange von ihm gehört, er ist der belgische Salesianerpater, der im römischen Barackenviertel Prato Rotondo lebte, selber in einer schlechten Baracke hauste, mit seinen Pfarrkindern einen Protestmarsch zum Kapitol, zum Bürgermeister von Rom, machte, in den Verruf des Kommunisten kam (natürlich!), von seinem Orden hinausgeworfen und seines Priesteramts enthoben, von Papst Paul jedoch wieder ins Amt eingesetzt, vielmehr im Amt gehalten wurde, so daß er weiterhin als Priester und Bruder der Obdachlosen arbeiten konnte. Ich sah schon einen Filmstreifen über ihn und will ihn endlich persönlich kennenlernen. Gestern hörte ich, er sei mit seiner ganzen Pfarrgemeinde übersiedelt in die neuen sozialen Wohnungsbauten in Magliana. So hatten seine Proteste also Erfolg.

Aber wo ist Magliana? Man sagt es mir: in der Nähe von EUR. Ich fahre mittags los und frage mich durch nach Magliana. Der Ort ist sechzehn Kilometer lang. Ich komme durch traurigste, in ödes Gelände gebaute Vorstadtquartiere, keine Baracken zwar, aber nicht minder Miserables: armselige einstöckige Häuschen neben sichtlich schlecht gebauten grauen

Mietskasernen. Auffallend viele Autowerkstätten, Benzin-
pumpen, geparkte Autos, die ›Cinquecento‹ überwiegen.
Man lebt hier in und mit dem Auto, denn man arbeitet in
Rom, man ist nicht eigentlich seßhaft in Magliana, diese Behausungen hier sind Nomadenzelte.

Ich frage nach Kirche und Pfarrhof. Das weiß niemand.
Schließlich finde ich selbst ein Kirchlein am Bahngelände und
dabei einen jungen Franziskaner, der weiß, wer Don Lutte
ist. Er zeigt mir den rechten Weg: wieder zurück in Richtung
Rom. Die Adresse ist nicht Magliana, sondern Via Magliana.
Ich bereue jedoch nicht, jenes Vorstadtquartier kennengelernt
zu haben, freiwillig fährt man sonst doch nicht dorthin, wo
nichts schön ist und alles hart an das eigene Gewissen
schlägt: man läßt sich nicht gern beunruhigen, man hat schon
mit sich selber genug zu tun . . . Am Stadtrand frage ich zwei
Halbwüchsige, die eine Benzinpumpe bedienen, wo Don Lutte
sei. Kennen sie nicht. Ich sage: »Das ist der Priester, der
mit einer ganzen Pfarrei aus den Baracken hierherkam.« Da
leuchten die Augen: »Oh, das ist Don Gerardo! Ja freilich
kennen wir den, den kennen doch alle hier. Fahren Sie geradeaus weiter, dann die dritte Straße rechts, da kommen Sie
auf einen Markt, und da fragen Sie weiter.«

Ich finde mich schließlich auf einem großen Platz zwischen
etwa achtstöckigen Häusern. Ein Karussell und sonstiges,
das an Jahrmarkt erinnert, ist dort aufgeschlagen, aber un-
bedient und unbenutzt. Irgendwer spricht ab und zu etwas
Unverständliches durchs Megaphon oder mit Lautsprecher.
Die Rufe widerhallen in dem steinernen Hof. Hier spielen
Kinder Ball, und Halbwüchsige stehen herum und reden. Mir
fällt auf, daß sie alle etwas ungemein Vernünftiges haben.
Keine Rowdies, keine Herumlümmler, sondern junge Menschen, die offenbar wissen, wofür sie leben. Sie sind sehr
höflich. Sie weisen mir den Weg zur Wohnung Don Gerardos. Er hat keine Kirche und keinen Pfarrhof, sondern eine
kleine Wohnung wie alle und inmitten aller. Ein Kind zeigt
sie mir und drückt für mich auf die Klingel. Aber, sagt es,

er ist sicher noch nicht von seiner Reise zurück. Es ist anscheinend so. Das Kind, ungemein hilfsbereit, sagt mir, ich könne ja mit Maria Grazia reden, die arbeite zusammen mit Don Gerardo, und sie wohne dort um die Ecke Scala B, Nr. 25. Ich finde das nicht. Wieder kommt ein Kind und hilft. Aber es hat die Nummer der Wohnung verwechselt. Mir öffnet eine junge Frau, sofort sehr höflich, bittet mich einzutreten, mich zu setzen, behandelt mich wie eine Bekannte, bietet mir Kaffee an; sie ist nicht Maria Grazia, die wohnt im siebten Stock. Im Treppenhaus ein sonderbarer Geruch wie nach verfaultem Kraut. Dieses Treppenhaus ist herzbeklemmend wie die ganze Siedlung. Aber es gibt richtige Wohnungen, es gibt Aufzüge, Bäder, Spülklosetts, fließendes Wasser, Zentralheizung, es ist trocken, und es sind richtige Mauern und abgeschlossene Wohnungen. Ein Paradies für ehemalige Barackenleute . . .

Im siebten Stock öffnet mir ein junges Mädchen. Sie ist nicht Maria Grazia, sie geht freundlich, diese zu holen, ohne zu fragen, was ich will. Ich erwarte, als Mitarbeiterin von Don Gerardo, eine ältere Frau. Es kommt ein junges Mädchen und bittet mich Platz zu nehmen. Ein Blick durch die offenen Türen: schmale Schlafcouches, Tischchen, ein paar Regale, das ist alles. Mönchszellen. Auf einem Tisch eine italienische Übersetzung von Kants ›Kritik der reinen Vernunft‹. Eines der Mädchen studiert Philosophie. Maria Grazia hat das Diplom für den Sozialdienst. Die andern sind Studentinnen und Theologen, die nicht Priester werden wollen. Sie alle waren Don Gerardos Mitarbeiter schon in den Baracken. Sie leben hier in einer Kommune. Ich frage, ob das gutgeht. »Oh ja, wir sind sehr glücklich.« Man sieht es ihnen an. Ich will sie nicht lange aufhalten. Ich frage, ob ich wiederkommen darf und ob sie mir von ihrer Arbeit erzählen wollen. »Gerne! Kommen Sie nur.« Wärme und Herzlichkeit einer völlig Fremden, einer Störenden, entgegengebracht, in aller Selbstverständlichkeit.

Zentrum, Brennpunkt all dieser Herzlichkeit muß Don Gerardo Lutte sein.

Jetzt habe ich die Adresse eines anderen Barackenpriesters, der haust wirklich noch in jenen Baracken, die von der Appia Nuova aus bei der Cinecittà zu sehen sind, eine sechs oder acht Kilometer lange Elendsfront, an die alte Stadtmauer geklebt, die Schande Roms, der Stadt, die in ihren Schulden und Mißwirtschaften erstickt.

Aber wer da sagt, »da ist halt nichts zu machen«, und wenn Staat und Stadt nichts tun, dann ist's eben deshalb, weil kein Geld da ist, der hat nicht recht, der ist feige, der entzieht sich der persönlichen Verantwortung. Es IST etwas zu machen, Don Lutte zeigt es. Er hat nicht nur erreicht, daß seine Barackenleute in angemessenere Wohnungen kamen, sondern er hat schon während der Barackenzeit erreicht, daß diese Leute, trotz miserabler Wohnverhältnisse, eine echte ›Gemeinde‹ wurden – ohne Asoziale, ohne Kriminelle, ohne existentielle Verzweiflung, sondern mit Hoffnung und Mut und gegenseitiger Hilfsbereitschaft, und das bei Christen UND sogenannten atheistischen Kommunisten. Auch Don Mazzi in Florenz hat das zuwege gebracht und viele andere Priester in Italien, sofern ihnen die offizielle Kirche nicht Knüppel zwischen die Füße wirft und sagt, solche Priester seien ja eigentlich Kommunisten ...

Als neulich im Goethe-Institut Alexander Mitscherlich in seinem Vortrag sagte, unerläßliche Vorbedingung für die Gesundung der modernen Stadtgesellschaft sei eine neue menschengerechte Bauweise, wagte ich es, ihm hernach zu widersprechen. Ich erzählte ihm von Don Lutte und sagte, daß ich bezweifle, die Gesundung der Städte hänge vor allem am Wohnungsbau. Ob das Insistieren auf einer neuen Bauweise (so wichtig es ist) nicht zu einem Ausweichen vor den eigentlichen Problemen führe? Ich erinnerte ihn an jene Pfarrer, die, wenn das religiöse Leben ihrer Gemeinde starb, fieberhaft neue Kirchen zu bauen begannen – als ob damit die Religiosität zu retten wäre! Mitscherlich war etwas unwillig und wies mich darauf hin, daß ich einen methodologischen Fehler begehe, wenn ich von ihm neue gemeindebildende Ideen verlange, während es seine Aufgabe sei, Analysen zu bringen. Akzeptiert. Aber: Steckt darin nicht doch eine Täuschung ganz profunder Art? Steckt nicht ein als solcher nicht erkannter Materialismus dahinter, wie er auch im Sozialismus steckt: daß die Veränderung äußerer Verhältnisse eine Besserung der Menschen, das heißt ihrer Beziehungen untereinander mit sich bringe? Mitscherlich spricht in seinen Büchern viel von der ›Freundlichkeit‹, die wir einander zuwenden sollen. Aber er sagte in diesem Vortrag, daß das Christentum zweifellos seinem Ende entgegengehe. (Er unterschied nicht Christentum und Kirche.)

Nicht als ob ich glaubte, das Christentum im heutigen Sinne (der heutigen Struktur) sei die einzige Möglichkeit der Rettung des Menschen. Aber es enthält noch immer starke Kräfte der Liebe, die aus tiefen Quellen kommen, während ein bloßes Bemühen, sich gegenseitig zu tolerieren und Freundlichkeit zu geben, mir eine unfundierte Form rein äußeren Verhaltens scheint, die im Ernstfall nicht standhält. Ich möchte mit Don Lutte über diese Frage sprechen. Ich meine, man müsse doch wissen, WARUM man einander lieben soll, und nicht, WOZU man's tun soll. Der Grund ist tiefer und wichtiger als der Zweck.

Februar 1972. Ende einer langen Krise. Ich habe begriffen, daß ich wieder einmal zu einer Verarmung gezwungen, nein: erzogen worden bin. Ich lege ein Theaterkostüm ab. Indem ich dieses Kostüm ablege, entkleide ich auch die andern, meine Mitmenschen. Sie merken es nur nicht. Ich entkleide sie nicht, um sie zu demütigen, sondern um unter den Kostümen die Menschen zu finden und zu erkennen. Sie tragen graue schmutzige oder doch zerrissene Unterwäsche, und ihre Körper sind voller Wunden, Narben,

Grind. Ein trauriger Anblick. Er weckt nicht Abscheu, sondern Liebe, mehr noch: ein Triumphgefühl wie beim Finden einer mathematischen Lösung: »Ja, so ist das! Wie schön ist die nackte Wahrheit.«

Wie gut steht den Menschen die Wahrheit ihrer Not und ihr Angewiesensein auf Liebe. Ich sage nicht: auf Mitleid, sondern: auf Liebe. Warum eigentlich hängen wir so an unserm Theaterkostüm? Warum plustern wir uns auf zu Imponierstellungen wie Tiere, die voreinander Angst haben und den andern (und sich selber) vormachen, sie seien stark und schön und unbesiegbar? Warum dieses atavistische Spiel? Warum zeigen wir nicht einander unsere Schwäche, unsere Läuse, unsere eitrigen Wunden, unsre Ängste, unsre Todesfurcht? Wie einfach wäre plötzlich alles. Wieviel Mühe (und Kapital auch, siehe Status-Symbol Auto, zum Beispiel), verwendet aufs bloße Imponierspiel, fiele weg, würde frei für Besseres! Wieviel Aggression bräche zusammen. Rasch würde das Böse einschrumpfen wie ein radiumbestrahlter Tumor. Ich, ein Mensch, du, ein Mensch, was ist das: eine Gefährtenschaft, ein Bündnis, ein Halt, ein Schutzwall gegen das Nichts. Aber wie verhalten wir uns? Wir lügen einander vor, wir seien tapfer, schön, stark, tugendhaft, ganz auf der Höhe. Ich vermag weder mich noch die andern so zu sehen. Ich sehe uns in unsrer Armut, und diese Armut ist schön und wahr. Um zu dieser Einsicht zu kommen, muß man einen Todesweg gehen. Jedoch: es lohnt. Im Älterwerden sieht man den Sand durchs Stundenglas rinnen, aber man darf auch sehen, wie das, was sich in der untern Hälfte sammelt, einen Glanz erhält, den es in der obern nicht hatte. Die Freude, die lang chiffriert gebliebene Botschaft endlich entschlüsselt zu haben, wiegt alle Mühe des Lebens auf.

8. Februar 1972, Bonn. Welche andre Regierung hat je Schriftsteller eingeladen, um mit ihnen ernsthaft politische Probleme zu erörtern? Brandt und Heinemann tun es. Worüber sprachen wir, was kritisierten wir an der SPD? Daß sie zwar eine echte Demokratie zuwege bringe, aber keine wirklich soziale, und daß sie die notwendigen Reformen verzögere. H. Fichte, der eben eine Reise durch Lateinamerika hinter sich hatte, stellte Chile als Modell für eine soziale Demokratie auf. Einige Kollegen tadelten, daß viele von uns sich nicht politisch betätigen, und wenn, dann doch vor dem Eintritt in die Partei zurückscheuen. Ich sagte, ich wolle mir die volle geistige und Gewissensfreiheit bewahren und mich nicht mit Haut und Haar einer Partei verschreiben, wodurch ich gezwungen wäre, auch das mitzuvollziehen, was mir nicht recht erschiene. Man belehrte mich, daß ich ja innerhalb der Partei protestieren könne. Heinemann, wie immer trocken realistisch, sagte, das sei ein müßiger Streit, und jeder solle das halten, wie er wolle, Hauptsache, er behielte die Richtung auf die soziale Demokratie bei.

10. 2. 1972. Ich habe etwas dagegen, wenn Leute selbstzufrieden und hämisch sagen: »Na, was hab' ich gesagt? Ich hab's ja gleich gewußt.« Aber in diesem einen Fall will ich es doch sagen – um der SACHE willen, nicht um des Rechthabens willen. Ich hatte das Urteil über die ›Frankfurter Warenhaus-Brandstifter‹ gelesen: drei Jahre Gefängnis für Gudrun Ensslin und Andreas Baader. Nun steht aber auf Gesinnungstat nur ein Jahr. Was war da geschehen? Das Gericht hatte die These des Verteidigers, es handle sich um eine politische Gesinnungstat, abgewiesen. Ich war empört. Bitte: was denn war es, wenn nicht politische Gesinnung, was die jungen Leute zu dieser Tat getrieben hatte? Wollten sie töten? Sie hatten eine Zeit gewählt, in der nach ihrer Meinung kein Mensch im Warenhaus war. Wollten sie sich berei-

chern? Wie denn? Haben sie etwas gestohlen? Nein. Nun
also: was bleibt als Motiv? Ich setzte einen Protest in die
Zeitung, die Liga für Menschenrechte und andere Gruppen
und Personen schlossen sich an. Vergeblich.

Ich schrieb an Gudrun Ensslin ins Gefängnis, daß ich zwar
nicht mit der Setzung von Terrorakten einverstanden sei,
aber mich für sie selbst bemühen wolle, zumindest in dem
Sinne, daß ich, falls sie nach der Haft an keiner deutschen
Universität mehr weiterstudieren könne, dies in Italien möglich machen wolle. Ich bekam einen sehr guten Brief der
Direktorin des Frankfurter Gefängnisses, die von der Per-
sönlichkeit dieses Mädchens stark beeindruckt war (natürlich
ohne den Terror selbst zu billigen). Ich schrieb auch an den
Vater Gudruns, der Pfarrer bei Stuttgart ist und während
der Hitlerzeit im politischen Widerstand war. (Von daher
Gudruns Bereitschaft zu äußerster Konsequenz in einer
Sache, die sie als richtig erkannt hat.) Der Vater schilderte
mir Gudrun als ein stilles und gutes Kind, das schon früh
auffiel durch seine Fähigkeit zu Hilfsbereitschaft, ja Auf-
opferung. Gudrun war ja auch in die Entwicklungshilfe gegangen (zwei Jahre Lateinamerika). Das alles paßt nicht in
das Erscheinungsbild einer Kriminellen. Damals war Gudrun
in einem Fernseh-Interview zu sehen. Sie sagte, sie bereue
die Tat und glaube nicht mehr daran, daß man durch Terror
die Lage verbessere. Das ernste Mädchen gefiel allgemein.

Damals schrieb ich Gesuche um Begnadigung. Zuerst an
Heinemann, der mir sagte, er sei verfassungsgemäß nicht zuständig für Begnadigungen. Ich schrieb an den hessischen
Justizminister und an den Bundesjustizminister. Beide lehn-
ten ab. Ich insistierte noch einmal und wies darauf hin, daß
diese jungen Leute nichts anderes wollten als Verbesserung
gewisser sozialer Mißstände. Sie hatten ja beispielsweise
schon die unter schlechten Bedingungen lebenden Lehrlinge
aus einem Kasseler Heim geholt und in kleinen Gruppen in
normalen Stadtwohnungen untergebracht und sie Selbstverwaltung gelehrt. Ich schrieb, man solle sie doch in diesem

Sinne weiterarbeiten lassen. Dabei habe man sie unter Kontrolle. Man müsse in einer Demokratie doch den Mut zu Experimenten haben. Man ließ mich wissen, daß diese jungen Leute ›Linksradikale‹ seien, die ihre Arbeit für die Lehrlinge nur als Vorwand für subversive kommunistische Tätigkeit benutzen wollten. Natürlich wollten sie die Lehrlinge nicht zum Faschismus oder Konservatismus erziehen, das ist klar. Sie wollten ihr politisches Bewußtsein im Sinne nötiger Reformen entwickeln. Ich sage mit voller Absicht nicht Revolution, sondern Reform. Denn damals war sich die kleine Gruppe politisch noch nicht völlig klar. Sie hatte keinen ›Kopf‹. Rudi Dutschke war außer Gefecht gesetzt worden, Baader war kein Kopf, Gudrun noch weniger, und Ulrike Meinhof hatte noch nicht die Führerstellung, die sie bald bekommen sollte. Ich schrieb in meinen diversen Gesuchen, daß, versuche man nicht, die Gruppe arbeiten zu lassen, sie in den Untergrund gedrängt würde und von dort aus vermutlich Terrorakte setzen würde.

Eines Tages wurde, nach eineinhalb Jahren Haftzeit, Gudrun Ensslin und Andreas Baader Haftunterbrechung gewährt. Weiß Gott warum. Mir will heute scheinen, das sei nicht ein freundlicher Akt gewesen, sondern eine gezielte Provokation: »Lassen wir sie frei, dann sehen wir, was sie tun, und man wird sehen, wie recht wir hatten, sie einzusperren. Geben wir ihnen die Gelegenheit, sich als Kriminelle zu erweisen! Und wie nützlich wird das politisch sein: wir können zeigen, daß links DIE Gefahr ist.«

Von dieser Haftunterbrechung wußte ich nichts, als eines Tages bei mir jemand anrief und sich bedankte für das, was ich für sie getan hatte, auch wenn ich nichts erreicht habe. Einen Tag später standen zwei junge Menschen vor meiner Tür. Gudrun und Andreas. Ich war der Meinung, sie seien begnadigt worden und also frei. Später bekam ich den Eindruck, es sei ein Urlaub auf Ehrenwort. Zunächst sah ich nur, daß die beiden schlecht gekleidet waren und völlig durchfroren, sehr mager und blaß und entsetzlich nervös, vor

allem Andreas Baader. Sie wollten nichts essen, sie tranken nur Unmengen schwarzen Kaffee. Gudrun saß ganz still da, sie war todmüde. Baader war manisch beredt: er sprach stundenlang. Was er sagte, war nicht alarmierend. Es war das normale Programm linker Gruppen, das er mir entwickelte. Vieles war vernünftig, wenn auch nicht neu. Von mir weg wollten sie nach Sizilien zu Danilo Dolci, um zu sehen, wie der mit seinem Haufen Schwererziehbarer (Waisen, Streuner, Vernachlässigter) zurechtkomme. Nichts von Gewalt. Indem ich Baader zuhörte, gewann ich den Eindruck, er sei ein Anarchist aus Emotion mit Neigung zum Märtyrer. (Neulich sagten mir Freunde, die mit ihm in einer Münchner Schauspielgruppe gearbeitet hatten vor vielen Jahren, daß sie ihn den GANZ-ANDERS genannt hatten, weil er nie mit andern einig war, worum immer es auch ging.) Mir taten die beiden übernervösen, überspannten Kinder leid. Aber ich ziehe dem unverbindlichen satten Bürger immer jene Menschen vor, die bereit sind, mit Haut und Haar sich einzusetzen für eine Sache, die sie zu der ihren machten. Ich versuchte freilich, ihnen zu sagen, daß sie bei ihrer Arbeit für die Lehrlinge nicht zu radikal vorgehen sollten, da, wie die Deutschen nun einmal seien, jede Spur von Radikalität sie erschrecke und in den konservativen Widerstand treibe. Als die beiden gegangen waren, hatte ich das Gefühl, daß sie Wirrköpfe seien und eines Tages Amok laufen würden. Hernach hörte ich nur mehr durch die Presseberichte über ihr Schicksal. Und das ist tragisch.
Aber genauso tragisch ist die Dummheit vieler Zeitgenossen. Es scheint mir ziemlich sicher, daß die jungen Radikalen auf der praktisch-politischen Ebene unrecht haben, denn nach der klassischen Revolutionstheorie ist eine Revolution nur dann gerechtfertigt, wenn sie nicht nur notwendig ist, sondern auch Aussicht auf Erfolg hat, und das hat sie nur, wenn sie im Namen der Mehrheit begonnen wird. All das trifft für die deutsche Lage von heute nicht zu. So wäre denn das Tun der Gruppe voll verwerflich?

Man muß immer auf mehreren Ebenen zugleich denken. Es gibt nämlich auch eine Revolution, die nichts mit dem Umverteilen von Besitz zu tun hat und bei der es auch nicht um das Ausspielen einer Macht gegen eine andere geht, sondern um eine völlige Veränderung des Bewußtseins, um die Umwertung der gängigen Werte Besitz und Macht. Was so jemand wie Gudrun Ensslin eigentlich wollte, ist das Ersetzen der Macht durch den gegenseitigen Dienst. Dieser Absicht steht die Mauer des bürgerlichen Unverständnisses gegenüber. Diese Mauer gilt es zu durchbrechen. Das Mittel scheint den Radikalen: das unaufhörliche Aufstören des Gewissens der Bürger. Tragisch ist, daß sie gerade das Gegenteil erreichen: je mehr sie stören, desto weniger ist der Bürger geneigt, sein eigenes Gewissen zu erforschen. Je weniger er geneigt wird, um so verzweifelter werden die Taten der Störer. Je stärker ihre Störmittel werden und je mehr sie sich dem nähern, was man ›kriminell‹ nennt, desto mehr Grund liefern sie dem Bürger, nicht nur ihre Mittel, sondern auch ihr Ziel für verbrecherisch zu betrachten. Und schon hat er sein Alibi dafür, daß er nichts zu verändern brauche, ja, daß Veränderung an sich schlecht sei. So liefern die Revolutionäre dem Legalisten selbst jene moralische Stütze, die sie ihm mit Gewalt nehmen wollen. Je revolutionärer die kleine Minderheit, desto legalistischer und gewissensruhiger die Mehrheit. Die ›Kriminalität‹ der Minderheit ist dem Spießer ganz recht. Die Hysterie der Bürger einer so kleinen Gruppe gegenüber ist nichts als die Angstneurose derer, die sich einer Aufgabe entziehen und das nicht wahrhaben wollen. Stemmte sich der Bürger nicht gegen soziale Reformen, gäbe es keine revolutionären Gruppen.

Ein sonst konservativer katholischer Geistlicher sagte mir dazu: »Wenn ich eine Relation herstelle zwischen den Bankeinbrüchen und der Tatsache, daß in diesen Banken jenes Geld gehortet wird, vielmehr nicht gehortet, sondern hohen Gewinn bringend verwendet wird, einen Gewinn, der nicht den Arbeitern zugute kommt und NICHT zum Bau von Schulen und Krankenhäusern verwendet wird, dann kann ich das Tun der jungen Leute zumindest vom moralischen Standpunkt aus verstehen.«

P. S. (16. Juni 1972). Mehr als zwei Jahre nach dem Besuch Gudrun Ensslins bei mir habe ich das Vergnügen, Kommentare zu lesen, die dem Grunde und dem Verlauf der Begegnung ganz und gar widersprechen. Korrekturfahnen dieses Buches sind vom Verlag mit denen anderer Bücher des Herbst-Programms an Redaktionen geschickt worden, um diese, wie das üblich ist, im voraus zu orientieren. Es überrascht mich kaum, daß einige Zeitungen, deren politische Linie festliegt, voreilig einen kleinen Abschnitt herausgegriffen und das Datum unseres Treffens in Rom entweder fahrlässig verschwiegen oder nicht deutlich genug gemacht haben. Wann und weshalb Gudrun Ensslin zu mir gekommen ist, habe ich erzählt. Es ist bestürzend, wie oberflächlich gewisse Journalisten lesen. Oder muß ich hier politisch bösen Willen unterstellen?
Entschieden böswillig und einer politischen Denunziation sehr nahekommend ist es, wenn ein Blatt am 11. Juni schreibt:
»Eine Überprüfung der Schriftstellerin Luise Rinser, die sich gegenwärtig im Stuttgarter Raum aufhält, konnte bisher nicht erfolgen« – zu einer Zeit, in der ich in München in der Wohnung meines jüngsten Sohnes war, keinerlei Anlaß hatte, diesen Aufenthalt zu verhehlen und gerade eine Fernsehaufzeichnung für den Norddeutschen Rundfunk (über die Emanzipation der Frau in der Kirche) machte.
Was mich bedrückt, ist die zunehmende demagogische Reaktion und die politische Polarisierung in diesem Lande, die dazu führen, daß die einfache Beschreibung eines Besuches politisch verzerrt wiedergeben wird, da niemand mehr wil-

lens ist, zwischen Analyse und Wertung zu unterscheiden,
sondern sogleich diffamiert. Ich habe schon damals, in dem
Gespräch mit Gudrun Ensslin, klargemacht, daß ich einige
Motive ihrer Rebellion verstünde, keineswegs aber Anwen-
dung von Gewalt billige, und habe meine Meinung seither
nicht geändert, wenn auch modifiziert.

2. Februar 1972. Endlich eine Revolte in Irland:
in Dublin haben sie die Englische Botschaft angezündet,
während in Belfast die vierzehn von englischen Fallschirm-
springern getöteten Nordirländer beerdigt werden. Jetzt wird
es ganz ernst dort, zumal auch in England selbst die Jugend
gegen das Fehlverhalten ihrer Regierung demonstriert. So
wird denn die IRA doch siegen? Wieder ein Beweis dafür,
daß Veränderungen schlechter Zustände oft (wenn auch nicht
grundsätzlich) nur durch den bewaffneten Aufstand der Unterdrückten erfolgt. Die Rechtfertigung der Revolte und Revolution können die katholischen Iren aus der katholischen
Soziallehre sich holen, aus den Enzykliken Leos XIII. Da
heißt es unter anderem, daß es zwar nicht erlaubt sei, auf
eigene Faust sich gegen die öffentliche Ordnung zu stellen,
daß aber der ›Legalismus‹ (der Konservatismus) unhistorisch
sei und daß es ›Veränderungen‹ geben müsse, und daß diese
Veränderungen im Anfang keineswegs immer gesetzmäßig
seien, ja daß ›ES SCHWERFALLE, DASS SIE ES SEIEN‹ (wörtlich!), aber daß das Chaos eine ›gesellschaftliche Notlage‹
sei, die in sich die ›Rechtfertigung neuer Regierungsformen
enthält‹.

3. Februar 1972. Ich suche in Guzmans Biographie des Camilo
Torres, ob Camilo sich ausdrücklich auf die katholische So-
ziallehre berufen hat. Ich schlage das Buch auf, und mein
Blick fällt auf ein Datum: 3. Februar – es ist der Geburtstag
Camilos (1929).

Immer stärker beschäftigt mich die Frage, ob die Zustände in Westeuropa so sind, daß eine Revolution gerechtfertigt wäre. Von der Antwort darauf hängt die Einstellung zu unseren Linksradikalen ab. Wenn sich die guten Bürger doch ein bißchen mit der Geschichte und der Theorie der Revolution beschäftigen wollten!

In Berdjajews philosophischer Autobiographie gefunden: »Wenn die Männer der Kirche zu jener Zeit, da die Christenheit an das Grauen der Höllenqualen glaubte, mit Bann, Exkommunikation, Untergang und ewigen Qualen jenen gedroht hätten, die vom Willen zur Macht, von Herrschsucht, von Gier nach Reichtum, von Ausbeutung des Nächsten besessen waren – die Geschichte hätte vermutlich ganz andere Wege eingeschlagen. Statt dessen hat man mit den Qualen der Hölle vor allem für Häresien, für Abweichungen von der Doktrin, für Ungehorsam der kirchlichen Hierarchie gegenüber und für beiläufige Sünden gedroht, die man als Todsünden bezeichnete.«
Das müßte man heute dem Papst Paul zu lesen und zu erwägen geben. Wie wäre es, wenn er die Reichen Südamerikas, die ja allesamt Katholiken sind, mit dem Bann belegte? Ob die sich was draus machen würden? Ich sage voraus, daß sie sich den Teufel drum kümmern würden. Woraus man sieht, was es Reichen bedeutet, katholisch zu sein. Und was es der Kirche bedeutet, daß Reiche die Armen ausbeuten. Woraus für einen Katholiken ein wahrhaft entsetzliches Problem wird. Es quält mich immer aufs neue. Wenn ich an die S.'s denke, die so ungemein katholisch sind und ganz ungeniert ihren Riesenbesitz in Südamerika haben und ihr Geld gewiß in der Schweiz und somit in Sicherheit, falls es in Südamerika zur Revolution kommt, das heißt, falls dort jene böse Ungerechtigkeit beseitigt wird, die Jesus, auf den die S.'s getauft sind, beseitigt haben will. Wahnsinnig könnte

man werden über diesen Dingen. Ich wäre nicht der erste
Mensch, den seine Hilflosigkeit gegenüber solchen Fragen in
den Wahnsinn trieb.

Februar 1972. Im Goethe-Institut der Vortrag des
Historikers Perotti über den politischen Widerstand gegen
den Faschismus in Italien und Deutschland. Für Italien ist
das Thema Faschismus etwas brisanter als für uns Deutsche,
denn in Italien wünscht man wieder einen ›starken Mann‹
statt der kleinen schwankenden Gestalten der christdemo-
kratisch-sozialistischen Regierungen, die das Volk von Krise
zu Krise treiben.
Es kamen aber doch viele Deutsche zu diesem Vortrag, aber
fast alle bekannten Gesichter fehlten, und es fehlte die Jugend, auch von der italienischen Jugend war fast niemand
da, und sonst füllt doch bei politischen Vorträgen die Jugend
den Saal. Anwesend war die Garde der Widerstandskämpfer,
darunter Terraccini, der KPI-Führer. Lauter Leute, die jahrelang in Mauthausen, Dachau, Buchenwald und andern
deutschen Lagern waren. Männer, denen die Sauberkeit der
Gesinnung aus den Augen leuchtet. Ich muß denken, wie
einfach wir es doch hatten unter Hitler: Rechts war Rechts
und war eindeutig böse, es war Terror, Krieg, Feindschaft
zum Christentum und überhaupt zum Geist. Widerstand gegen den Faschismus war Widerstand gegen den militanten
Nationalismus und war Wille zu Friede und sozialer Gerechtigkeit. Christlich sein hieß eindeutig: gegen den Faschismus
sein. Im Widerstand sein hieß: gegen den Antichrist kämpfen.
Kurt Huber, die Geschwister Scholl, Bonhoeffer, Gollwitzer,
der Vater der Gudrun Ensslin – alle hatten die Wurzeln ihrer
Widerstandskraft im religiösen Glauben. Damals brauchte
man nicht zu differenzieren, die Sachlage war allseits klar, man
konnte stoßkräftig in einer bestimmten Richtung handeln.
Heute ist alles sehr verworren. Schwarz ist nicht mehr

Schwarz, Weiß nicht mehr Weiß, das Richtige ist nirgendwo absolut, alles ist relativiert, im Politischen wie im Moralischen, und selbst jene, die das theoretisch nicht zugeben (Parteipolitiker und Klerus etwa), wissen es in praxi besser.

Daß zu diesem Abend die Jugend nicht kam, ist sehr verständlich: jene eindeutige Zeit liegt weit zurück. Jugend lebt immer ›nach vorne‹, anders ist sie keine Jugend. Auch für mich, die ich doch jene Zeit mit allem passiven und aktiven Widerstand gegen den Nationalsozialismus durchlebt habe, hatte der Abend etwas Museales. Es geht gegen meinen Geschmack, wenn eine Gruppe, gleich welcher Art, ihre Vergangenheit zelebriert. Darum sind mir alle Gruppenjubiläen zuwider, insbesondere Soldatentreffen. Wahrscheinlich kommt meine Abneigung daher, daß ich keine abgeschlossenen Verdienste anerkenne, daß mir jedes Zurückblicken (außer zum Zweck einer der Zukunft dienenden Analyse oder Gewissensforschung) gegen den Strich geht. Das Gefühl des ›Wie-haben-wir's-doch-gut-gemacht!‹ ist mir peinlich. Wer hat denn schon wirklich etwas GUT gemacht? Wir stürzen oder gleiten doch alle von Niederlage zu Niederlage. Ich muß an Rilke denken: »Wer spricht von Siegen? Überstehn ist alles.« Es kommt auch nicht auf die Siege an, es kommt darauf an, auf dem Weg zu sein. Und wer vorwärts geht, der schaue nicht zurück.

Darum nahm ich gestern abend die Einladung mit Perotti und einigen anderen zum Abendessen nicht an. Aus Abneigung gegen das Zurückblicken und das Solidaritätsgefühl derer, die DAMALS anständig waren. Freilich dachte ich auch, daß kein Mensch heute mehr wirklich weiß (und wissen will!), was das bedeutete, damals nein zu sagen zum Faschismus, zum Staat. Es bedeutete: Berufsverbot, Hunger für sich und die Kinder (letzteres ein unerträgliches Erlebnis: wenn die Kinder leiden, weil man aus Gewissensgründen nicht ja sagen kann zum Staat), Gestapo-Überwachung, Gefängnis, Prozesse mit schon von vornherein sicherem Ausgang: Lager oder Tod. Es ist sicher: Wir HABEN damals etwas geleistet, moralisch und politisch. Nur: ich mag's nicht zelebrieren.

Die liebe E. E. v. Y. schickte mir sozusagen mit Fragezeichen ein Büchlein mit dem Titel, der sich, in fünf Zeilen gesetzt, von oben nach unten so liest: ›Realitäten – Gottes Wirken – Realitäten – heute erlebt – Realitäten.‹ Geschrieben von der Oberin des Darmstädter Evangelischen Marienklosters, gedruckt dortselbst: die Schwestern haben eine eigene Druckerei.

Ich beginne zu lesen. Was ist das eigentlich? Es ist eine Sammlung der Erfahrungen, welche die Marienschwestern mit Gott gemacht haben, mit dem ›lieben Gott‹, dem Vater, der alle Wünsche erfüllt, wenn man sich ihm anvertraut und ihn stark genug bittet. Ich kenne solche Geschichten aus eigener Erfahrung im engeren und weiteren Bekanntenkreis. Ich weiß, daß es derlei gibt, was nicht ins Programm des rational verdorbenen Zeitgenossen paßt. Ich glaube daran. Was in diesem Büchlein steht, macht aber selbst mir einige Schwierigkeiten. Es liest sich wie eine Mischung aus Kindermärchen und Legende. Da steht zum Beispiel, daß die Schwestern Land brauchten, um ein Haus für die Kommunität zu bauen. Die Stadt gab das Stück nicht ab. Die Schwestern beteten und beteten. Auf einmal bekamen sie das Land doch. Oder: sie hatten kein Geld mehr, um Waschmittel zu kaufen. Sie beteten. Und es kam ein Paket mit Waschmitteln von irgendwoher, und seitdem haben die Schwestern nie mehr Waschmittel zu kaufen nötig gehabt, sie kamen von selbst. Ich lese derlei vielschichtig. Mein Alltagsverstand sagt ironisch-skeptisch: Aber geh, das sind doch Kindereien: ein Gott, der Waschpulver schickt . . ., ein Gott, der ein bißchen Schnee schickt in sonst schneeloser Zeit, weil eine kleine Karmelitin aus Lisieux sich zu ihrem Profeßtag Schnee gewünscht hatte. Ein Gott, der aber NICHT erhört das Gebet um Beendigung eines ungerechten Krieges, zum Beispiel, oder um das Nichteintreten einer Überschwemmung, bei der Millionen Menschen umkommen, oder um ein Einsehen der englischen Regierung, daß sie in Nordirland die Verhältnisse endlich ändere. Vielleicht, so sage ich zu Gott, ist es dir leichter, Schnee und Waschpulver zu schicken, als in Kriege einzugreifen ...

Mein theologischer Verstand sagt: Sich Gott vorzustellen als einen mächtigen Vater, einen ›lieben‹ Vater, widerspricht unserm heutigen Bewußtsein. Gott ist kein Vater und auch keine Mutter, er ist weder gut noch böse, er steht außerhalb dieser unsrer menschlichen Denk-Hilfs-Kategorien, vor allem außerhalb der moralischen. Wenn Gott ›die Liebe‹ ist, so müßte erst geklärt werden, was denn Liebe sei. Liebe ist vielleicht nichts anderes als der élan vital, der auch den Tod mit will, weil die Leben-Tod-Spannung die Entwicklungsdynamik garantiert.

Gut. Aber wenn in diesem unbegreiflichen Gott alle Widersprüche zu einem triumphalen Einen zusammenfallen, dann fällt auch der Unterschied zwischen groß und klein weg, und dann ist eine Bitte um Waschpulver genauso wichtig wie die um den Tod eines Tyrannen. Die Bitte um Waschpulver ist leichter zu erfüllen, da ihr kein menschlicher freier Wille entgegengesetzt wird, während dem Wunsch nach dem Tod eines Tyrannen sich starke Willenskräfte entgegenstellen. Jedoch: wer weiß, wie viele Kriege beendet, wie viele Diktatoren gestürzt worden sind, weil die Gebetskräfte schließlich stärker waren als die Widerkräfte? Ein Gott, der Sternen ihre Bahn vorrechnet, kann doch wohl auch dem Schnee befehlen zu fallen in ungewöhnlicher Zeit. Entzückt es einen nicht etwa bei einem berühmten, mit schwersten Problemen befaßten Mann, wenn er Zeit findet, ein Kind zu trösten? Warum sollte nicht auch Gott ...

Jetzt werfe ich mir selbst einen Prügel zwischen meine so zuversichtlich ausschreitenden Beine: na schön. Aber genauso, wie man Tieren unrecht tut, wenn man ihr Verhalten als dem menschlichen ähnlich sieht, so tut man Gott unrecht, wenn man ihn vermenschlicht.

Aber wieso? Stimmt da etwas nicht? In Tieren sind Anfänge menschlichen Bewußtseins. Warum sollte man in Gott nicht den Gipfel dieses Bewußtseins sehen? Und wieso sollte dieser Gott, der sich freiwillig in einem Menschen inkarnierte, nicht aus eigener Erfahrung Sinn haben für die kleinen Kalamitäten fehlenden Waschpulvers? Das Wagnis, ihn so zu denken, gleichzeitig unfaßbar fern und ganz nah, das macht die Welt zum bergenden Nest.

Aber, sagt B., mit der ich darüber rede, mir erfüllt Gott keinen Wunsch, mir hat er mein krankes Kind nicht geheilt, es blieb gelähmt, obwohl ein ganzes Kloster voll frommer Nonnen Novene um Novene dafür gehalten hat.

Aber, wage ich zu sagen, haben Sie nicht erst an diesem Kind gelernt zu lieben? Sagten Sie mir nicht selbst einmal, Ihre Familie sei erst wirklich eine Familie geworden in der gemeinsamen Liebe zu diesem Kind? Wenn Ihr Kind geheilt würde und all diese gemeinschaftliche Liebe wieder zerfiele, was doch leicht möglich wäre?

Tastende Versuche, Gott zu begreifen.

Manchmal, wenn ich etwas Schwieriges lese (Kierkegaard oder Berdjajew oder Marcel), und wenn ich es plötzlich begreife, durch und durch, so daß es mir zur Epiphanie wird, habe ich das deutliche Gefühl, der Verfasser ist neben mir und er WOLLTE, daß ich begreife, und er half mir dabei und ist jetzt zufrieden, weil ich endlich begriff. Ob er tot oder lebendig ist, das spielt dabei gar keine Rolle.

Es ist möglich, daß diese Empfindung auf einer konkreten Wirklichkeit beruht: indem ich etwas verstehe, was ein andrer sagte (es geht dabei immer um Wesentliches, um ›Letztes‹), trete ich in Verbindung zu ihm, und zwar in sehr enge, intime. Im konkreten Gespräch, Aug in Aug, geschieht das ja auch in glücklichen Momenten, daß man einander plötzlich betroffen anschaut: man ist ganz und gar einer Meinung, es kommt zu einer vollkommenen Einheit, man erkennt nicht nur die gemeinsame Wahrheit, sondern auch die Einheit mit dem Partner. Das ist immer ein erotischer Augenblick. Der perfekte Liebesakt auf geistiger Ebene. Wer diese Erfahrung kennt, weiß, daß der ›sexuelle‹ Akt nur unzulängliches Gleichnis, nur schwacher Versuch ist. Der Gesprächspartner muß nicht leibhaft gegenwärtig sein, es genügt vollauf, wenn er im Geiste da ist, und das ist er im Buch. Ich schließe beim Lesen große Freundschaften, ja Liebschaften – etwa mit Teilhard de Chardin. Das klingt mir jetzt überheblich, denn meine Partner sind alle viel viel größer als ich. Jedoch gibt es auch den pädagogischen Eros, und so mögen Teilhard und Berdjajew Freude an der leidenschaftlichen Schülerin haben. Ich glaube allen Ernstes, daß es Beziehungen zwischen Lebendigen und ›Geistern‹ gibt. (Der Plural ist irreführend, ich meine Geister nicht im Sinne der Spiritisten, ich meine ›Geist‹, wie er im Werk einzelner Personen lebendig ist. Man sollte den Plural ›die Geiste‹ einführen.) Daher kommt es ja auch, daß man durch Bücher geführt und getröstet werden kann. Nicht Buchstaben und Wörter trösten, sondern der Geist, der sie benutzt um sich verständlich zu machen auch dann, wenn seine Lippen, seine Zunge, seine Stimmbänder, seine Lunge, seine Hand längst zu Erde oder Asche geworden ist. Eigentlich eine Sache zum Erschrecken; ich male Zeichen, die nach allgemeiner Übereinkunft so oder so aneinandergereiht etwas bedeuten, und nach zehn oder hundert Jahren liest es einer und versteht mich – haßt oder liebt mich, und ändert sein Leben. Der Beweis dafür, daß wir Geist-Wesen sind.

Christoph hat mir zum Geburtstag eine ›Lichtmühle‹ geschenkt (ich hatte mich in das Wort verliebt, ohne zu wissen, was das ist, eine ›Lichtmühle‹). Es ist ein genial erfundenes Anschauspielzeug: ein Glas, so geblasen, daß unten ein zierlicher Ständer entstand, der sich weiter oben zu einer Kugel ausbaucht, sich oberhalb ihrer wieder verengt, dann zu einer zweiten Kugel erweitert und in eine Spitze ausläuft. In jeder Kugel ist, windrosenartig an einem feinen Glasstäbchen befestigt, eine Art Mühlrädchen mit vier aufgestellten rhombischen Schäufelchen aus dünnem Metall. Jedes dieser Plättchen ist an einer Seite dunkel beschichtet, an der andern hell, und das ist die Ursache der Bewegung des Rades: die dunkle Seite reagiert anders auf das einfallende Licht als die helle. Die helle reflektiert es, die dunkle absorbiert es. Die Ungleichheit schafft Unruhe und wird Bewegung. Die Plättchen sind höchst lichtempfindlich und sehr labil angebracht, sie antworten auf jeden Lichtstrahl, so wie die Windmühlenflügel jeden Lufthauch registrieren. Meine Lichtmühlenrädchen sind in beiden Kugeln verschieden, in der obern laufen sie nach rechts, in der untern nach links. Bei vollem Sonnenschein drehen sie sich rasend schnell, ich sehe sie nur mehr als dunkle Kreissegmente. Jetzt eben, an einem trüben Morgen, schläft das untere, und das obere dreht sich langsam wie im Schlaf. Diese Abhängigkeit der Materie vom Licht gibt mir zu denken.
Indem ich meine Lichtmühle anschaue, denke ich, daß jeder Gegenstand bemerkenswert ist und daß man durch Meditation einem jeden auf sein Wesen, seine Geistspur kommen kann. Nichts gibt es, das ungeeignet wäre, Erkenntnis daraus zu ziehen.

1972. Im TV läuft eine aufregende Serie: ›Sette domande per gli anni settanta‹ – sieben Fragen an die siebziger Jahre. Gestern eine beunruhigende, höchst pessimistische Betrachtung über die Ambivalenz der modernen Wissenschaft (es ging diesmal um Biologie und Psychologie). Eigentlich soll ich gar nicht von ›Ambivalenz‹ sprechen, sondern klipp und klar von Absurdität.

Im ersten Teil wurde ein berühmter japanischer Biologe interviewt, dem die Parthenogenese gelang: er entwickelte lebendige Frösche aus Froscheiern, die nicht mit männlichem Samen befruchtet, sondern durch irgendeine Injektion dazu stimuliert wurden, die Zahl ihrer Chromosomen erheblich zu erhöhen, was den Effekt hat, daß sich die Eier in einer bestimmten Wassertemperatur teilen und neue Lebewesen erzeugen. So hat der Japaner bereits drei Generationen von Fröschen nur aus Eiern erzeugt, unter absolutem Ausschluß männlichen Samens. (Das ist laienhaft ausgedrückt, aber in der Sache stimmt es.) Natürlich ist das aufregend. Es hat auch theologische Relevanz: Wie ist das mit der Parthenogenese? Athene entsprang dem Haupte des Zeus. Götter aller Religionen wurden aus intakten Jungfrauen geboren. »Ich erkenne keinen Mann.« Bedingt eine übernormale Anzahl von Chromosomen in einer Frau die Jungfrauengeburt? Man muß solche Fragen stellen dürfen, zumal die Antworten ja nie befriedigend sind. Das Wunder bleibt Wunder, und stünde es auch innerhalb dessen, was allein als ›Natur‹ von uns anerkannt wird in willkürlicher oder vorläufiger Grenzziehung zwischen ›Natur‹ und ›Übernatur‹.

Aber nicht davon wollte ich reden. Was mich beschäftigt, ist etwas anderes: der Japaner wurde gefragt, ob man die Ergebnisse dieser Tierversuche auf den Menschen anwenden könne. Er sagte: ja. Er wurde weiter gefragt, ob man bereits Möglichkeiten kenne, den Menschen zu verändern. O ja, sagt der Japaner, wir können theoretisch bereits, sagen wir, eine Kreuzung von Mensch und Affe machen. Der Reporter fragt, ob sich die Biologen ihrer ethischen Verantwortung bewußt seien. Der Japaner sagt mit fürchterlicher Freundlichkeit: »Wir treiben Wissenschaft, nicht Ethik. Ein echter Wissenschaftler DARF sich nicht um Ethik kümmern.« Der Reporter bemerkt dazu: Den Wissenschaftlern geht es nur mehr ums Entdecken, nicht um das Entdeckte und seine Folgen. Übrigens erfuhr man bei dieser Sendung so ganz unter der Hand, daß die japanischen Wissenschaftler vom Abwurf der Atombombe über Hiroshima VORHER wußten. Sie waren genau informiert. Der Biologe lebte damals, wie er sagte, selbst in Hiroshima. Er konnte sich retten, mit ihm retteten sich viele andere Wissenschaftler. Und warum warnten sie nicht die übrige Bevölkerung? Weil sie zu strengstem Stillschweigen verpflichtet waren. So etwas zu hören, bringt mich in maßlosen Zorn – bis zum Vergeltungswillen. Es gibt eine Grenze der Nicht-Aggressivität, so will es mir in solchen Augenblicken scheinen. Aus einer tiefen magischen Schicht in mir steigt dann mit einer unheimlichen elementaren Kraft ein Fluchpsalm auf die USA und alle kriegführenden Regierungen. Aber ach – welcher Fluch träfe nur ›die oben‹ und nicht zugleich ›die unten‹, die den Krieg nicht wollen und selber nur seine Opfer sind. O Gott, richte und räche DU! Aber: WER ist das, den ich da anrufe ...

Im zweiten Teil sah man das Studio eines berühmten New Yorker Psychotherapeuten, ein überaus elegantes Studio in Manhattan, zwischen der Vierten und Fünften Straße gelegen, da, wo nur die sehr reichen Leute wohnen. Das Studio ist ausgestattet mit Filmkameras, Vorführungsapparaten, Monitoren, Bandgeräten und was weiß ich. Der Mann ist Spezialist für kranke Ehen. Drei solche kranke Ehepaare sitzen auf dem Boden. Hier gibt es keine langwierige Einzelanalyse mehr, sondern Gruppentherapie. Jeder sagt alles von sich und über den andern, und alle beraten mit. Dabei werden nicht nur ihre Reden auf Band aufgenommen, sondern sie selbst während des Redens mit der Filmkamera. Hernach hören und sehen sie sich selber. Das gibt ihnen Aufschlüsse über sich selbst – so wie sie SIND, nicht wie sie zu sein meinen und vorgeben. Ihr Problem wird solcherart objektiviert. Anschaubar. So weit, so gut. Was mich stutzig macht, ist, daß sich vor allem Großindustrielle für die Gruppentherapie interessieren, das heißt, daß sie viel Geld investieren in die Sache. Sie schicken ihre schwierigen Mitarbeiter und Angestellten zur Behandlung. Aus Liebe zu ihnen? Gott behüte. Sondern: der ›schwierige‹ Mitarbeiter ist unbequem im Geschäft und im Staat. Beides aber, das heißt ›die Gesellschaft‹ muß (so der Fachausdruck, den auch der Therapeut gebrauchte) ›PAZIFIZIERT‹ werden. Was heißt das denn? Der Mensch muß angepaßt werden, er muß lenkbar sein, manipulierbar. Also ›befriedet‹ man ihn. Man zieht ihm den kritischen, den aufsässigen Giftzahn. Der Therapeut wird gefragt, AN WAS denn seine Patienten angepaßt werden sollen. Er sagt schlicht und einfach: »An das, was IST.« Der Reporter fragt: »Und wenn das, WAS IST, schlecht ist, so wie es ist?« Der Therapeut zuckt die Achsel. »Das ist meine Sache nicht. Meine Sache ist allein: zu pazifizieren.«

Friede – jetzt huren sie auch mit diesem Wort. Jesus sagte, er bringe Friede, aber sein Friede sei ein anderer als der, den wir meinen. Der Friede, den die Gesellschaft (nicht nur die der USA) will, ist nicht der Friede Jesu! Und auch das Ende der marxistischen Revolution ist nicht jener Friede, den wir brauchen. Was wir brauchen, ist: Dynamik. Jesus, der Christus, ist immer mit denen, welche die Welt verändern wollen. ER will es auch.

Wenn ich Zeitung lese, oder vor dem Bildschirm, befällt mich oft ein Zorn, der mir an Leib und Seele Schmerzen zufügt, so wenn ich, fern vom Tatort und ohnmächtig und selbst in relativer Sicherheit und relativem Wohlstand, zusehen muß, wie man in Belfast vierzehn junge Tote (von englischen Fallschirmjägern erschossen) zu Grabe trägt, wie man in den USA die hochbegabte Negerstudentin Angela Davis zur Gerichtsverhandlung führt, wie man in Afrika bei den Regierungswechseln kurzerhand zehn, dreißig, fünfzig Leute erschießt, wie man in der Sowjet-Union Intellektuelle zu Gefängnis und Lager verurteilt, wie die Amerikaner trotz allen ebenso echten wie vom Motiv her dubiosen Friedenswillens weiter Bomben auf Vietnam werfen, wie man in der Bundesrepublik junge Intellektuelle jagt (formaljuristisch zu Recht, geschichtlich vielleicht zu Unrecht) – dann schleudere ich allen legalistischen Gewalttätern scharfe Gerichtsreden entgegen, finde mich dabei lächerlich, leide aber dennoch so, als geschehe das Böse mir selbst (vielleicht litte ich weniger, geschähe es wirklich mir und wäre ich das direkte Opfer; ich meine, vor dreißig Jahren zwar realiter, konkret, mehr Not jeglicher Art gehabt zu haben, aber weniger tiefes Leid).

Jedoch: mitten im Leid fühle ich mich in einem Zustand, der wohl dem durch LSD erzeugten ähnlich ist. Ich erfahre eine Gespaltenheit oder vielmehr eine Verdoppelung: ich sehe auf alles Böse, das auf der Erde geschieht, als blickte ich von einem Punkt außerhalb ihrer auf sie, bin aber zugleich die Erde selbst, der das Böse geschieht. Ich leide, erfahre aber zugleich das Leiden als schon geschehen, als schon Geschichte geworden, weit zurückliegend. Ich bin also beteiligt, betroffen und auch unbeteiligt oder über-beteiligt, sozusagen.

Neulich sprachen René Hocke und ich über das mögliche Schicksal der Erde: Zerstörung durch Vergiftung oder durch Bomben. Plötzlich hielten wir beide zu gleicher Zeit bestürzt inne und schauten uns erschrocken an: wir hatten über unseren Planeten gesprochen wie Wesen, die nicht wirklich zu ihm gehören. So dürfen eigentlich nur Engel darüber sprechen, die schon viele Gestirne sterben und auferstehen sahen und die darum mitleiden, aber doch getrost sind, da sie wissen: alles Leben wird gerettet.

Mit argem Kopfweh und gegen eine schleichende Depression anschreibend, fühle ich mich plötzlich auf eine mystische Art glücklich. Dieses Glück, mühsam, völlig unzulänglich, in Worte gefaßt: Triumph des Geistes über die körperliche und seelische Misere, Offenbarung einer höheren Überwinderkraft, Erfahrung des Aufspringens der Ich-Kapsel (ich bin schwach, ich habe Schmerzen, ich kann nicht arbeiten . . .), Sich-Hineinstürzen in den Gnadenstrom, der den Erdball umfließt, Sturzflug, Blindflug, Mitgerissenwerden vom Wasser des Lebens. Und wäre das Ergebnis des Aufwands ein einziger gut gelungener Satz: Elend und Gnade haben ihn zuwege gebracht.

Eine Taube fliegt über den Garten und läßt eine Flaumfeder fallen. Sie schwebt bei völliger Windstille in unvollständigen Kreisen sanft hernieder. Ritzte ihr Weg Spuren in die Luft, so ergäbe es eine Silberspirale. Wie langsam, wie still diese Herabkunft vor sich geht. Unendliche Beruhigung. Die sanfteste Ablösung, die stillste Heimkehr, der flaumleichte Tod.

Drei Tage Winter, das heißt Sturm, Regenschauer, Hagel, Gewitter stundenlang, Schnee, wieder Regen, und Finsternis. Ich bin von der Welt abgeschnitten, unsere Straße ist nicht befahrbar. Macht nichts: ich arbeite. Ich bin nicht allein, mein guter kluger Hund ist bei mir. Am zweiten finstern Tag bekommen wir einen Gast: ich hatte die Tür einen Spalt weit geöffnet, und der Wind wehte etwas herein, wirbelte es herum und ließ es fallen, es lag benommen auf dem Tisch: eine kleine Fliege. Ich mag Fliegen nicht, sie können einen arg stören bei der Arbeit, wenn sie es sich in den Kopf gesetzt haben, hundertmal um die Schreibtischlampe zu fliegen. Erster Impuls also: weg mit der Fliege. Aber ich töte nur unter eigenen Qualen. Besser ist: die Fliege fangen und wieder aussetzen. Noch besser: sie unter die Plastikhülle des Orangenbäumchens auf der Terrasse legen. Aber ich tue keins davon. Denn: vielleicht ist für diese Fliege mein Zimmer eine Tempel-Freistatt, eine Zuflucht, in der nicht getötet und von der niemand verjagt werden darf. Mag sie bleiben. Ich überlege, ob ich ihr nicht etwas zu essen anbieten müßte: Wasser, ein Tröpfchen Honig oder ein Bröselchen Fleisch, Fliegen gehen doch an alles. Aber sie sucht sich, wie es scheint, selber einiges zusammen auf dem Tisch und darunter. Sie belästigt mich nie. Schließlich scheint die Sonne wieder. Ich öffne die Tür. Bitte, du kannst gehen, die Sintflut ist vorüber. Aber die Fliege will nicht. Eine Woche später kommt Stephan zu einem Blitzbesuch. Eine Fliege, sagt er und will nach ihr schlagen. Nein, rufe ich, als gelte es, einen Mord zu verhindern. Ich erkläre ihm, daß diese Fliege meine Gefährtin war in den drei dunklen Tagen. Er versteht. Am nächsten Tag sitzt sie auf meinem Schreibtisch. Ich will sie sanft verscheuchen, da höre ich, daß sie einen sirrenden Laut von sich gibt, und ich sehe, daß ihre beiden Hinterbeine von einem Spinnenfaden gefesselt sind. Ich befreie sie vorsichtig. Sie fliegt davon. Am nächsten Tag sitzt sie wieder da. Sie ist nicht gefesselt, aber müde. Sie läßt sich teilnahmslos von meinem Finger wegschieben und bleibt sitzen. Eine Weile später fliegt sie weg. Seither sah ich sie nicht mehr. Eines Tages werde ich beim Staubwischen etwas Kleines, Schwarzes finden: eine Fliegenmumie. Ich bin ein unsentimentaler Mensch, aber ich bin fähig, in einer winzigen Kreatur das Schicksal aller Kreaturen mitzuleiden. Der Tod eines Lebewesens, das nicht fähig ist, sein Schicksal zu transzendieren, tut mir weh. Ich versuche, mich und meine Fliege zu trösten mit Paulus: die ganze Schöpfung wird auferstehen, denn sie ist Geist, und Geist ist ewig unvergänglich. So werde ich denn ›drüben‹ von einer fröhlichen kleinen Fliege, mit der ich auf Erden befreundet war, empfangen werden.

1972. Aus dem Brief eines katholischen Verlegers an mich: »Das katholische Sortiment war einmal glücklich, eine weltanschaulich nahestehende Autorin verkaufen zu können, die etwas zu sagen hat und sich verständlich und trotzdem literarisch (?!) ausdrücken kann ... Werden Angehörige und Freunde der SPD absatzmäßig das einbringen, was Sie an treuer Leserschaft ständig verlieren können? ... An Manuskripten, die über allem Hader stehen, ist ... sehr interessiert.«

Als ich das las, mußte ich laut lachen. Welche Demaskierung! Es geht diesem guten katholischen Verleger um den Absatz. Na ja, dafür ist er Verleger. Aber daß er mir (*mir*!) nahelegt, abzuwägen, was mir mehr einbringe: der CDU/CSU nach dem Mund zu reden statt der SPD ... Als ob ich der SPD nach dem Mund redete! Ich rede nach meinem Gewissen! Ich bin frei, ich bin weder in der einen noch in der anderen Partei, *weil* ich niemand anderem verpflichtet sein kann als meinem eigenen Gewissen. Das Geschäft da hineinzumischen, ist ekelhaft und für mich undenkbar.

1941/42, nach dem Verbot meines ersten Buches, machte man mir verschiedene Angebote, wieder ins Geschäft zu kommen: ich brauchte doch nur den Nazis ein paar kleine Konzessionen zu machen ... Damals hatte ich zwei kleine Kinder zu ernähren. Ich zog es vor, kein Geld zu haben, zu hungern und mein Gewissen rein zu halten. Wie sollte ich jetzt, weder wirtschaftlich noch geistig aufs Geld angewiesen, auf den Absatz meiner Bücher Rücksicht nehmen und auf den Geschmack der katholischen Kleinbürger?

»Treue Leser«, sagt der Verleger. Das sind mir schöne treue Leser, die mich sofort fallenlassen, wenn ich sie zwinge, mit- und umzudenken! Sie mögen einen, solang man sie in Ruhe läßt und in der seligen verlogenen Innerlichkeit.

Sobald ein Autor, der Christ ist (so wie Böll ganz und gar einer ist) und selber tief aufgestört von sozialen und religiösen Fragen, das liebe Leservolk aufstört, zieht sich dieses beleidigt zurück. Gäbe es Scheiterhaufen: Böll und ich würden verbrannt von unseren Glaubensgenossen. (So war es immer.)

Und dieser Verleger verlangt von mir, um seines Geldes willen (denn *darum* geht es, um was sonst?) zu heucheln?

Was mich noch mehr empört: Als ich voriges Jahr im Wahlkampf Christentum und Sozialismus verknüpfte, gab es entsetzliches Geschrei, ich entfache einen Kulturkampf. *Wer* macht Kulturkampf? Dieser Verleger teilt das Volk auf in jene, die als Anhänger der CDU/CSU mich (und Böll) fallenlassen, und jene, die als Anhänger der SPD mich lesen. Er meint, ich führe schlecht dabei – womit er vielleicht sogar recht hat. Nun – und? Als ob ein Autor, wenn er in einigen Punkten mit einer Partei übereinstimmt, deshalb sich festlegte auf ein Programm, ein für alle Male! Und als ob Leser identisch seien mit Parteimitgliedern! Als ob es keine SELBST-DENKENDEN Leser gebe! Als ob ein Autor verpflichtet sei, nur das zu sagen, was einer Partei gefiele! Und vor allem: als ob CDU/CSU und katholisches Volk tatsächlich sich deckten! Als gäbe es nicht das, was man den Links-Katholizismus nennt! Als ob ein christlicher Autor nicht die Pflicht hätte, sich zu dem zu bekennen, was christlich ist, sei es in dieser oder in jener Partei.

Der Brief dieses Verlegers enthält die ganze Dummheit, derer parteigebundene und von daher manipulierte Katholiken fähig sind.

Fremd, fremd ist mir diese finstere Welt.

Februar 1972. In Italien streiten die Parteien und der Vatikan weiter ums Referendum zum Scheidungsgesetz. Dabei fällt mir ein, was ich vor vierzehn Jahren hier in Rom erlebte: ich stand anläßlich irgendeiner Zeremonie auf dem Petersplatz. Es dauerte lange. Neben mir ein Mann etwa meines Alters, in der Uniform eines hohen Marine-Offiziers. Er sprach mich an, und alsbald wußte ich, daß er führendes

Mitglied der ›Azione Cattolica‹ (Katholische Aktion) war, sich auf einer Gruppenwallfahrt nach Lourdes befand, in der Nacht dorthin weiterfahren würde, und daß er eine Frau und drei Kinder hatte, er zeigte mir die Fotos. Das alles hinderte ihn nicht daran, mir ganz unmißverständlich anzubieten, die Stunden bis zu seiner Abfahrt mit ihm in seinem Hotelzimmer zu verbringen. Als ich, damals noch nicht mit italienischen Verhältnissen vertraut, schockiert war und seinen entschiedenen Willen zum Ehebruch, besonders während einer Wallfahrt, unmoralisch, zumindest stillos fand, schaute er mich großäugig verständnislos an. »Ehebruch? Ich breche doch nicht meine Ehe, wenn ich mit einer andern Frau schlafe. Glauben Sie denn, ein italienischer Mann könne drei Nächte ohne Frau sein?« Ich: »Und Ihre Frau? Weiß sie das?« – Natürlich wissen alle italienischen Frauen, daß ihre Männer andere Frauen daneben haben, viele haben sogar ein festes Verhältnis daneben, aber das alles ist doch kein Ehebruch . . .

In den vielen Jahren meines Lebens unter Italienern aller Stände erfuhr ich, daß das wirklich die allgemeine Moral ist – in Theorie und Praxis. Ich kenne nur zwei Familien, in denen die Ehe so gut ist, daß ich's glaube, wenn die Männer sagen, sie hätten es nie nötig gehabt, fremdzugehen. Alle andern geben lächelnd, resigniert oder auftrumpfend zu, daß sie viele Male andere Frauen hatten.

Aber so sehr zum Lächeln ist das nicht. Unterhält man sich mit den betroffenen Frauen, so merkt man, wie sie leiden und wieviel Aggression sich in ihnen angestaut hat. Sie rächen sich für das, was man ihnen antut, damit, daß sie ihre Söhne und Schwiegersöhne geradezu fürchterlich beherrschen. Sie werden zu strafenden Urmüttern.

Frage: Ist das der Idealzustand, der durch das Verbot der Scheidung gerettet, konserviert, sanktioniert werden soll? Ist das Moral? Es ist ›Moral‹ im Sinne der Wortherkunft: mores, das heißt: Sitte, aber nicht Sittlichkeit. Die Anti-Scheidungsmoral stützt sich auf mores, nicht auf Moral.

Von der echten Ethik der Ich-Du-Beziehung her ist es besser (ehrlicher, sauberer, geistig nutzbringender), wenn eine schlecht gewordene Ehe gelöst wird, damit eine bessere eingegangen werden kann. Natürlich ist es auch unethisch, wenn mit unbeschränkter Scheidungsmöglichkeit den zu raschen Trennungen Tür und Tor geöffnet wird. Warum eigentlich macht man kein Gesetz, das gleicherweise für Staat und Kirche gälte: jedes Paar kann sich ein Mal, ein einziges Mal scheiden und wieder verheiraten? Das gäbe der Ehe und der Scheidung das richtige Schwergewicht. Auch die griechisch-orthodoxe Kirche erlaubt die Scheidung, ich glaube sogar die zweimalige.

Was unsre Italiener anlangt, so werden sie sich auch bei einem neuen Anti-Scheidungsgesetz zu helfen wissen. Und es gibt ja auch die Annullierung der Ehe durch die Kirche. Die kriegen meist die »VIP«, wie man in Amerika sagt: die »Very Important Persons« . . . Die Armen und Belanglosen haben entsprechende Beziehungen nicht.

1972. Velletri. Ich war, glaube ich, noch nie in der Stadt selbst, ich umfuhr sie immer. Ich lasse den Wagen auf einer piazza und gehe herum. Es scheint sich nicht zu lohnen. Die Stadt ist im Krieg lädiert worden. Was man an Neuem hinstellte, ist schlecht. Schon will ich wieder wegfahren, da denke ich, es müsse doch möglich sein, diesem Ort irgend etwas abzugewinnen. Ich mache sozusagen eine Wette mit mir selber, daß es Interessantes gebe. So gehe ich denn weiter.

Nun: auf einer kleinen piazza knallt eine Horde Kinder mit Spielzeuggewehren; sie spielen mit abscheulichem Ernst und bösen Gesichtern. Sie lauern sich auf hinter Torbögen, Hausecken, Brunnen, Stapeln leerer Obstkistchen und Abfalleimern, wie kleine Dämonen hocken sie da und schießen aus dem Hinterhalt; einer prügelt einen anderen, weil der nicht zugeben will, daß er ein bereits Erschossener ist. Von einem Gitterbalkönchen im ersten Stock schaut ein sehr fetter Mann im Schlafrock, die dicken Arme auf die Brüstung gelegt, reglos und sturen Gesichts dem Treiben der Kinder zu. Am Haus daneben ein Schild: ›Carabinieri‹.

Weiter. Melancholische Lädchen, Schaufenster mit einem sonderbaren verstaubten Durcheinander von Nützlichem und Unnützlichem: elektrische Drähte, Stoffmuster, billiges Porzellan, Glühbirnen, bemalte Schächtelchen, Bügeleisen, Gipsengel . . . Häßliches, Armseliges.

Auch die älteren Gebäude haben etwas Tristes; nicht das schön und traurig Verwahrloste, das an die Natur Zurückfallende verlassener Bauten, sondern etwas Ödes, Abschreckendes. Auf einem großen Platz im Zentrum ein Palazzo, vielleicht Ende 18. Jahrhundert. Man kann ungehindert eintreten. Ein Tor, ein Durchgang, links die Wendung zur Treppe, hier an der Wand einige eiserne Briefkästen, halb aufgerissen, wie Blätter mit Eselsohren; keine Namensschilder mehr. Aus einer Wand hängen abgeschnittene elektrische Kabel, an einer anderen steht, völlig surreal, ein großer altmodischer, ausgedienter, weißgestrichener Eisschrank, vermutlich aus einem Restaurant stammend. Ich gehe die Travertin-Treppe hinauf. Eine schöne Treppe. Die gewölbte Decke darüber sogar sehr schön mit ihren Stuckrippen und Einfassungen und leeren Medaillons und ihrer Perspektive nach oben und nach unten. Der ganze Bau scheint unbewohnt. Ein Geisterhaus. Aber die Geister, die es bewohnen, waren einmal Beamte, keine Fürsten. Es riecht trocken und langweilig nach nichts.

Weiter, höher hinauf im Ort: da liegt ein schöner freier Platz, und da steht das Rathaus. Rinascimento. Auch hier kann ich ungehindert eintreten.

Es ist Samstag. Ich finde mich in einem geräumigen Korridor mit hohen Fenstern, durch die man auf die weite Ebene zwischen den Sabinerbergen und dem Meer blickt. Im Korridor, die ganze Länge lang, stehen, aneinandergereiht, Pulte mit aufgeklappten Deckeln. Die Pulte sind voll vergilbter Papiere. Ich denke, man sei beim Großreinemachen und dies sei altes Papier zum Wegwerfen und Verbrennen. Ich schaue mir solches Papier näher an: es sind die Papiere des Einwohnermeldeamtes. Offen, unbewacht. Wenn ich jetzt einige herausziehe, einstecke, mitnehme? Was für Komplikationen ergäbe das: jemand ist plötzlich nicht mehr auffindbar, amtlich nicht mehr vorhanden. Eine Todesart. Schon erliege ich beinahe der Versuchung, wenigstens eine der Meldekarten zu stehlen, um eine Woche später ausgerechnet nach diesem Namen und Menschen zu fragen. Recht geschähe es den schlampigen Beamten, wenn sie Ärger bekämen.

Aber jetzt taucht eine Frau auf, mit Besen und Eimer. Ich sage, ich habe Papiere gestohlen. Sie lacht. »Das da stiehlt doch keiner.« Ich sage, es könne doch jemandem daran gelegen sein, derlei verschwinden zu lassen. Sie lacht bloß. Ich sage ernst: »Frau, das ist nicht zum Lachen. Solche Papiere müssen verschlossen sein.« Sie sagt: »Aber ich bin doch da!« Ja, sage ich, jetzt; ich hätte längst stehlen können. Sie wiederholt bloß, daß das keinem einfalle. Doch, mir, sage ich. Sie schaut mich ohne Mißtrauen und erheitert an. »Eine Signora wie Sie – nein.« Diese wüsten offenen Zettelkästen im Renaissance-Rathaus kommen meinem Geschmack an der Anarchie entgegen. Die Fahrt nach Velletri hat sich also doch gelohnt.

1972. Gestern auf dem Friedhof von Marino das frische Grab W. L. S.s gesucht und endlich, mit Hilfe des einäugigen Friedhofswärters, gefunden. Des Namens erinnert er sich zuerst nicht. Erst als ich sage, »der junge Mann, der in Deutschland starb«, weiß er es. »Der Arme«, sagt er, »im Ausland sterben! Er hatte eine deutsche Frau.« Er sagt es so, als habe das einen geheimen und unglücklichen Zusammenhang ursächlicher Natur. Ich sage: »Er war ein Dichter.« Das eine Auge füllt sich mit schwermütiger Begeisterung: »Un poeta! Und jetzt liegt er hier, so jung. 36 Jahre.« Ihm erscheint das als kein angemessenes Schicksal für einen Dichter, jung und im Ausland zu sterben, und hier zu liegen unter einem noch ziemlich frischen, jedoch schon eingesunkenen Erdhügel zwischen ähnlichen in einer Reihe, einem Erdhügelchen mit ein paar Blumen. Auf dem Hügelchen ein armes Kreuz, nicht ein hölzernes, mit Namenschild versehenes, diesem Toten gehörendes, sondern eines der rostigen Leih- und Wanderkreuzchen, die auf die frischen Gräber gestellt werden, ehe die Grabplatten gelegt oder die Steinmäler aufgerichtet werden dürfen. Ich muß dem Wärter glauben, daß W. L. S. unter diesem namenlosen Hügel liegt.

»Sind Sie eine Verwandte?« fragt mich der Einäugige teilnehmend. Ich sage nein und frage mich, was mich eigentlich dieser Tote angehe, ich habe ihn zweimal gesehen, ich habe einige Briefe von ihm bekommen, ich habe ihm zu helfen versucht, in Deutschland eine Stelle als Lehrer zu finden. Das ist alles. Es gibt jedoch Beziehungen, die man als solche erst erkennt, wenn sie zu Ende sind. W. L. S.s Schicksal ging und geht mich etwas an auf eine schwer erklärbare Art.

Eines Tages stand ein Italiener, ein noch junger Mann, vor meinem Gartentor und bat um eine Unterredung. Bisweilen kommen Leute, um Geld zu erbitten, direkt oder nach vielen Umschweifen und rührseligen, nicht immer erlogenen Geschichten. Diesem sah ich an, daß es um anderes ging.

Es ging um folgendes: er legt ein Heft mit Gedichten und kolorierten Zeichnungen vor mich hin. Es ist ein Buch für ein Kind, sehr hübsch und mit Eigenart in Wort und Bild. Während ich es anschaue, bemerke ich, einmal aufblickend, daß er weint. Er wischt die Tränen rasch ab. Ich tue, als hätte ich nichts gesehen und lese weiter. Auf einmal legt er ein Foto neben mich auf den Tisch: eine Frau mit einem Kind, einem kleinen Jungen. »Für dieses Kind schrieb ich das«, sagte er, »es ist mein Kind.« Die Frau war seine Frau. Eine Deutsche aus der DDR, Ärztin, er hat sie geheiratet, als er, radikaler

Marxist vor vielen Jahren, in die DDR emigrierte, nachdem er als Lehrer in Italien keine Stelle gefunden hatte. Seine Erfahrung mit dem DDR-Kommunismus war bitter: er wurde eines Tages verhaftet und kam in ein Lager. Ich weiß nicht mehr, warum. Eines Tages, nach Jahren, wurde er freigelassen, und er kehrte (abgeschoben oder freiwillig) nach Italien zurück. Er hoffte, jetzt eine Lehrerstelle zu erhalten. Vergeblich. Aber er ließ dennoch Frau und Kind nachkommen, er hatte Sehnsucht nach ihnen. Er dachte auch, die Frau als Ärztin würde doch wohl irgendeine entsprechende Arbeit finden. Weder er noch die Frau fanden Arbeit. Die Frau ertrug das nicht, und auch nicht das Leben mit Schwiegereltern und anderen Verwandten. Eines Tages fuhr sie kurzerhand weg mit dem Kind, in die Bundesrepublik, die DDR war ihr jetzt verschlossen. Sie fand rasch eine Stelle in einem Krankenhaus, und es war so gut wie sicher, daß sie nie mehr zurückkehren würde, weder nach Italien noch in die Ehe.

Das erzählt er mir mit leiser Stimme, während ich das Foto und weiterhin das Büchlein anschaue. Dann versiegt die Stimme, ich höre nichts mehr. Als ich schließlich aufblicke, sehe ich, daß er weint. Ich habe aber noch nie einen Menschen auf solche Art weinen sehen: wie eine Brunnenfigur, der aus bemoosten alten Augen still das Wasser rinnt, die Steinwangen wäscht, längs des Mundes in tief ausgefressenen Furchen sich wieder sammelt und halsabwärts rinnt. Das sind uralte Tränen, und nicht solche, wie sie ein augenblicklicher Schmerz erpreßt, sondern die einer unendlichen und gänzlich hoffnungslosen Trauer, die schon nicht mehr recht weh tut, weil sie einen beinahe süß narkotisiert.

Ich lasse ihn ungestört weinen, bis er mit dem plötzlichen Entschluß, wieder einmal aufzuhören, sich das Gesicht abwischt und sagt: »Verzeihen Sie, ich schäme mich, es sind die Nerven.« Ich sage, er brauche sich nicht zu schämen und seine Tränen nicht auf die Nerven zu schieben, Tränen seien etwas Gutes, und es sei gut, wenn man sie vor einem andern

Menschen weint und sie ihm also anvertraut. Jetzt zieht er ein zweites Heft heraus mit seltsamen kleinen Bildern, teils ausgeschnitten, teils nachgezeichnet aus alten Büchern, es sind alchimistische und astrologische Symbole. Die Gedichte dazu sind die seinen. Da sie in Italienisch geschrieben sind, kann ich ihre Qualität nicht sicher beurteilen, aber sie scheinen mir gut zu sein auf eine Art, die nicht zu den alten stillen Brunnentränen paßt: es sind hartgefügte Verse, Bilder von heute, mit modernem Kunstverstand gemacht, mit den Wurzeln in einer eher deutschen als lateinischen Tradition. Er ist flüchtig glücklich darüber, daß mir die Gedichte etwas sagen. Er meint zaghaft, ob wohl ein Verleger sich finde. Aber ehe ich darauf eingehen kann, packt er hastig alles zusammen und will gehen. Ich halte ihn zurück, denn ich fühle, daß er noch etwas anderes auf dem Herzen hat. So ist es. Noch einmal sich setzend, sagt er, schon mit der hoffnungslosen Verneinung beginnend: »Es hat keinen Sinn, ich weiß, und sie kommt doch nicht mehr, ich habe sie verloren für immer.« Ich verstehe: ich soll an seine Frau schreiben oder, falls ich nach Deutschland käme, mit ihr reden und sie davon überzeugen, daß er nicht leben könne ohne sie. Ich verspreche es. Aber schon sagt er: »Nein, ich fahre selber hin, wenn ich dort eine Stelle bekomme, wird sie vielleicht . . .« Wir besprechen also diese Stelle: ich werde an die bayerische Regierung schreiben, daß man ihn in einer Schule für italienische Gastarbeiter einsetze. Ich lasse ihn seine Lebensdaten und seinen Studiengang aufschreiben. Er geht ganz heiter fort. Ich schreibe den versprochenen Brief ans Kultusministerium.

Einige Wochen später kommt ein Brief von ihm, aus Deutschland, er ist Hals über Kopf abgereist, seiner Frau nach, und er habe Aussicht, in ihrer Nähe eine Stelle in einer Schule für Behinderte und Schwererziehbare zu bekommen. Wieder einige Wochen später: er hat die Stelle bekommen, jedoch nicht Frau und Kind, aber die Arbeit mit den fremden schwierigen traurigen Kindern tröste ihn. Kurz darauf meldet sich das Bayerische Kultusministerium bei mir, aber die Vermittlung ist jetzt überflüssig geworden.

Wieder eine Weile später steht W. L. S. vor meiner Tür. Er bringt neue Gedichte mit. Ich verspreche ihm, einen Verleger zu suchen. Er scheint rasch gealtert, ist viel gefaßter, weint nicht mehr, er sagt ganz nüchtern, seine Frau wolle die Scheidung, und er könne das verstehen. Seine Hände zittern. »Ich bin ein wenig überarbeitet«, sagt er, »aber es geht mir gut.« Es geht ihm gar nicht gut, er scheint jenseits der Schmerzgrenze angekommen zu sein, dort, wo das Leiden todesgefährlich wird. Er spricht nicht mehr über seine Ehe, wir haben ein langes Gespräch über Gott und Religion. Ich erinnere mich nicht mehr der Gedanken und Worte, wohl aber genau meines Gefühls dabei: wir bewegten uns auf einer sehr hohen, aber abschüssigen Ebene, immer an der Grenze zwischen Weisheit und Wahnsinn. Ich hatte auch das Gefühl, daß ich mich mit diesem überaus seltsamen Menschen befreunden könnte, aber dann war ich doch froh, als er ging, denn er, obgleich Italiener, war mir doch zu sehr in dem versponnen, was wir hier ›brume nordiche‹ nennen, nordische Nebel, ich war die lateinischere von uns beiden und wollte die Füße auf dem Boden behalten.

Einige Monate später schrieb er mir, er habe eine schöne Stelle an einer Schule in Berlin bekommen, seine Adresse lag bei. Das war vor Ostern. Ich wollte ihn besuchen, als ich im November zur Akademie-Sitzung nach Berlin kam, hatte aber keine Zeit, wirklich keine, ich muß mir das immer wieder vorsagen.

Im Dezember, keine vier Wochen später, kam eine kleine Nachricht von seiner Frau: W. ist tot. In einem zweiten Brief schrieb sie mir, er habe sich in seiner Krankheit gewünscht, sie solle mir die Todesnachricht zukommen lassen. Sie schrieb auch, daß sie ihren Mann sehr geliebt habe, aber daß es unmöglich gewesen sei, mit ihm zu leben. Ich glaube und verstehe das.

Während ich dies schreibe, ist mir seine Nähe derart fühlbar, daß es mich ein wenig ängstigt. Denn, noch einmal: Was für eine Beziehung ist das, wenn man sich nur zweimal sieht im Leben? Ich habe ein wenig Angst auch, zu seinen Eltern zu gehen. Als ich sie neulich besuchen wollte, war ich froh, sie nicht daheim zu finden. Ich werde es mir aber nicht erlassen, so oft hinzugehen, bis ich sie treffe. Ein nie gegebenes Treueversprechen. Tote können darin hartnäckig sein.

X., Studentin, lesbisch, sexbesessen, schreibt mir seit einigen Jahren, und ihre Briefe enthalten nichts, aber auch nichts anderes als Berichte von ihren lesbischen Erlebnissen, ihren Sehnsüchten und Enttäuschungen. Sie fühlt sich von mir verstanden, nicht zu Unrecht, obgleich sie weiß, daß ich eine ganz andere Einstellung zur Sexualität habe. Ich habe das Mädchen einmal gesehen, es macht nicht den Eindruck einer Psychopathin, sondern eines Menschen, der zuviel Vitalität hat, einen überstarken, aber noch nicht krankhaften Sexualtrieb, und vor allem: ungeheure Sehnsucht nach Zärtlichkeit. Sie erzählte mir, daß sie als kleines Mädchen sah, wie ihre Mutter mit einer Tante ›schlief‹. Statt daß sie für ihr Leben einen Schock davongetragen hätte, wurde sie selbst auf die Frau fixiert. (Die Analyse dürfte nicht schwierig sein.) Ihre Briefe lesend, befinde ich mich immer aufs neue in einem Konflikt zwischen Verstehen, Mitleid und instinktiver Ablehnung. (Die Ablehnung bezieht sich auf die Sache, nicht auf die Person.) Ich bin weit entfernt davon, Puritanerin zu sein, ich bin nicht einmal Moralistin. Aber mich stößt die Sexbesessenheit ab, weil mich jede Art von Besessenheit anwidert. Es ist der Verlust der Freiheit, der mir als schlimmstes aller Übel erscheint. Ich mag folgerichtig auch jene Leute nicht, die nicht mehr die Freiheit haben zu sündigen – die vor Angst eingetrockneten alten Jungfern beiderlei Geschlechts, die hartgesottenen Nicht-Sünder. ›Die Freiheit der Kinder

Gottes‹ besteht wohl darin, daß man ›sündigen‹ KANN, aber es nicht TUT. Was mich an der Sucht der Lesbierin abstößt, ist nicht etwa ›Unmoral‹, sondern das Nicht-anders-Können. Die Arme: sie glaubt, es gebe eine Stillung der menschlichen Sehnsucht durch ›sexuelles Ausleben‹, und eigentlich weiß sie doch schon lange, daß sie nach einem glücklichen ›Schub‹ wieder enttäuscht zurückbleibt.

Ich erinnere mich, daß ich als junges Mädchen beim Baden per Zufall einen nackten Mann sah, das erste Mal, und sein Geschlecht war betont. Ich mochte das nicht. Dann sah ich den ganzen Mann, an dem das Geschlecht nur ein kleiner Teil war, und jetzt, da ich den Mann ›ganz‹ sah, war auch sein Geschlecht nicht mehr schockierend. Seit damals weiß ich, daß das Geschlecht allein ›anzuschauen‹ (ich meine das figürlich) ›unkeusch‹ ist, daß es aber keusch wird, wenn man das Ganze des Menschen anschaut. Darum halte ich Beischlaf in Liebe für keusch, das Bordell aber für unkeusch (wenigstens grundsätzlich). Das alles schließt nicht aus, daß ich eine besonders große Liebe habe zu allen irgendeiner Sucht Verfallenen. Kein Mit-leid von oben her, sondern – wie soll ich sagen – vielleicht so: die brüderliche Liebe zum Geschlagenen, zum Sündenbock. Das alles rührt an tiefe Geheimnisse.

C. macht eine Kur mit Psychopharmaka und ist seither ziemlich heiter. Sie sagt: Da sieht man, daß das, was ich für die Versuchung des Teufels der Verzweiflung hielt, nicht mit Geist und Seele zu tun hat, sondern mit Chemie und Physik; ein bißchen Faulheit der Schilddrüse, ein bißchen Durcheinander im Hormonhaushalt, und schon versinkst du in Melancholie und willst dich umbringen; ein bißchen Chemie, und du bist wieder ausgeglichen.

Ich war voriges Jahr auch einmal bei Dr. S. und sagte: Ich kann nicht mehr, gib mir eine Pille. Er verschrieb mir dreierlei und war sicher, daß mir das helfen würde. Es half rein gar nichts. Das eine Mittel ließ mich einschlafen, die andern machten .mich überwach, und meine Depression nahm die Medikamente einfach nicht zur Kenntnis.

Ich beobachte C.: sie ist tatsächlich ganz ausgeglichen seither. Aber hat sie etwas dabei gewonnen? Ich meine: für ihre geistige Entwicklung gewonnen? Diese chemisch erzeugte Heiterkeit ist Betrug. Wenn jemand inmitten einer Welt von Weh heiter sein will, dann muß er auf legalem Weg dazu kommen: durch Erkenntnis, vielmehr durch Glauben (ich verstehe unter Glauben intuitiv-intellektuelle Erfahrung). Er muß glauben (wie ein Pilot im Blindflug, radargeleitet, den Ort kennt, den er überfliegt, und den, den er anpeilt), daß ›alles einen Sinn hat‹. Wenn er durch viele Krisen hindurch die Sicherheit im Blindflug erlangt hat, dann kann er meinetwegen heiter sein. Ich wünsche diese Heiterkeit für mich noch nicht, und ich kann sie auch andern nicht wünschen. Der Schmerz am Leben (Leben IST Schmerz, auch wenn es herrlich ist zu leben) ist der Stachel, der mich dazu treibt, die Banalität des ›Bloß-Lebens‹ zu übersteigen, Fragen zu stellen und mich zu bewegen, statt still zu stehen. C., ohne eigene Entwicklung durch Psychopharmaka befriedet (vorzeitig, illegal befriedet), bleibt stehen. Sie wird nicht mehr durch ihren Schmerz an der Welt vorwärts getrieben. Da sitzt sie jetzt, nimmt ihre Pille und versteht nicht mehr, warum ich Tränen des Zornes weine über Englands Haltung zu Nordirland und über die Dummheit der Reaktionäre aller Länder in West und Ost. Sie versteht gar nicht mehr, sagt sie, wie sie sich früher so hatte bedrücken lassen von Dingen, die doch nicht zu ändern sind: Kriege, Verbrechen, Armut. Sie sagt, sie habe sich jetzt häuslich eingerichtet in dieser Welt und danke Gott für ihr kleines Glück. Sie meint damit ihr Schicksal zu erfüllen, und zwar besser als früher, denn, so sagt sie, ihre Heiterkeit wirke sich wohltuend aus auf ihren Mann. Was für ein bestechendes Argument. Und wie ist's in Wahrheit? Ihr Mann, geneigt dazu, problemlos zu leben und im Banalen zu versinken, war bisher allein durch ihre geistige Unruhe ›gestört‹, das heißt geistig in Trab gehalten worden. Wenn C. in ihren Depressionen mit ihm über Vietnam redete, über Irland, über Südamerika, so sah er sich gezwungen, ebenfalls darüber nachzudenken. Jetzt hat er seine Ruhe, der Glückliche. C. beginnt sogar dicker zu werden. Triumph des Psychiaters, Triumph der Pharmakologie. Tatsächlich wird sie einfach dümmer. In dem Maß, in dem sie glücklicher wird, wird sie platter. An ihr lerne ich noch schärfer verstehen, daß das Leiden an der Welt (die man liebt – man litte weniger, liebte man sie weniger) eine Gnade ist. In einem Blitz des Erkennens begreife ich in diesem Augenblick, was jene Schlangenplage bedeutete, die Jahwe seinem geliebten Volk schickte, als es von ihm abzufallen im Begriffe war: der Schmerz, der es dazu brachte ›aufzublicken‹, heilte es, indem er es zum Geist zurückbrachte. Das Leiden an der Welt läßt uns aufblicken. Wohin? Zur erhöhten Schlange, zum Kreuz. Das Kreuz als ›das Absurde‹ ist das Zeichen des Geistes. Wer das Kreuz (Sinnbild des äußersten Leidens an der Welt) nicht mehr sehen will, der hat aufgehört, sich geistig zu entwickeln, der geht den Krebsgang. Aber man muß vorwärts gehen. Das ist man nicht nur einfach sich selber schuldig, sondern der Menschheit. Eben fällt mir ein Satz von Meister Eckehart ein: »Das schnellste Pferd, das einen zur Vollkommenheit trägt, ist der Schmerz.«

Auch I. B., sonst so gescheit, versteht mich hierin nicht. Sie findet es schlecht, daß ich an der Welt leide. Sie meint, man müsse Zuversicht und Heiterkeit ausstrahlen. Das dürfte sie nur dann sagen, wenn sie wirklich litte. Ich meine, man könne Zuversicht glaubhafter ausstrahlen, wenn man das bewußt leidet, was die meisten dumpf und unwissend leiden.

Keine Psychopharmaka also. Keine Ausflucht. Keine vorzeitige private Rettung. Ich wünsche mir, erst ›drüben‹ gestillt zu werden, so sehr ich möchte, es hier und jetzt schon zu sein.

Irmgard Z. hat mir ein seltsames Büchlein geschickt: Berichte und halbtheologische Reflexionen über das Leben nach dem Tod und über das Sterben, so wie es von Abgeschiedenen durch den Mund eines Züricher Mediums berichtet wird. Die Berichte werden verglichen mit Berichten anderer, auch früherer Medien. Über den Vorgang des Sterbens besteht Übereinstimmung. Ein jeder erinnert sich, auf dem Sterbebett gelegen und plötzlich gesehen zu haben, daß sich menschenähnliche Gestalten nahten und mit ihren Händen über den kranken Körper strichen, was sehr wohltätig war und zugleich den Eindruck erweckte, als wollten sie helfen, Hüllen abzustreifen. Dann kommt eine Erinnerungslücke, und sie sehen sich mit einemmal selber liegen, sonderbar bleich und starr, es dauert eine Weile, bis sie sich selbst erkennen in dieser Gestalt, aber sie begreifen noch nicht, was geschehen ist. Sie wenden sich fragend an die Umstehenden, aber die sehen und hören sie nicht. Dann kommen menschenähnliche Gestalten und begleiten den Erstaunten irgendwohin, wo es ihm so vorkommt, als sei es ihm bekannt und auch wieder nicht.

Vor mir liegen vier verschiedene Ikonen-Abbildungen vom Tode der Mutter Jesu. Im Russischen heißt der Titel immer ›Entschlafen der Gottesmutter‹. Eine (Novgoroder Schule) kenne ich aus dem Recklinghauser Museum, die andern aus der Tretjakow-Galerie in Moskau. Eine davon wird Rubljow zugeschrieben, eine Feofan dem Griechen und eine andere ist anonym. Sie stellen alle vier die bereits ›entschlafene‹ Frau dar, an deren Seite Jesus steht in einer blauen großen ovalen Aureole, über seinem Haupt ein rotes Flügelwesen ohne Antlitz, ein Seraph, daneben und darüber Engel, und Jesus hält in seinen verhüllten Händen aufrecht ein Wickelkind mit Aureole: die Seele Mariens. Auf zweien der Ikonen sieht man außerdem über der Sterbeszene einen Kreis (eigentlich eine Kugel, aber Ikonen kennen keine Perspektive) und darin die Mutter Jesu, und zwar auf einem Stühlchen sitzend, bei einer Ikone auch noch die Füße auf ein Schemelchen stützend, also ganz bequem, ganz entspannt, ›verwöhnt‹ sozusagen. Das ist der Leib, der in den Himmel aufgenommen wird.

Diese Darstellungen sind ›rechtgläubig‹ und wurden auch von der römischen Kirche nie beanstandet in ihrem Dogmen-Gehalt. (Gewisse Trinitäts-Darstellungen hat sie sehr wohl moniert und auf dem Konzil von Trient als häretisch streng verboten.) Die Darstellung der von überirdischen Wesen abgeholten Seele ist also akzeptiert, auch die leibliche Aufnahme, wenn auch, wie es scheint, nur wenigen vorbehalten, ehe nicht alle die sämtlichen Stadien des Reinigungsortes durchlitten haben.

Wenn wir die Aussagen des Züricher Mediums und ähnliche mit biblischen Lehren vergleichen, so muß uns die Übereinstimmung bemerkenswert erscheinen. Auch Ingeborgs Erzählungen über das Sterben ihres guten Onkels stimmen dazu: er habe, obwohl von langer Krankheit völlig entkräftet, sich plötzlich hoch aufgerichtet, seine Arme ausgebreitet und strahlend gelächelt. Einen Augenblick später war er tot. Solche Berichte kenne ich mehrere. Nur ein platter Materialist, ein Dummkopf, kann es für puren Unsinn halten.

Nur: was die Medien über den ›Himmel‹ erzählen, will mir nicht so recht gefallen. Die Abgeschiedenen sagen, es sehe dort nicht so anders aus als hier. Es gebe Häuser, Straßen, Möbel, auch Essen und Trinken. (Das ist zu akzeptieren: auch der gestorbene und wiedergekehrte verklärte Jesus aß und trank in Emmaus mit den Jüngern.) Was mich anlangt, so lege ich keinen Wert darauf, mein irdisches Milieu dort wiederzufinden, obgleich ich manches davon sehr liebe: meinen Hund, oder Rosen, oder ein Wasserbecken. Höchstens meine Lieben will ich gerne wiederfinden. Aber ganz wichtig ist das auch nicht. Was ich möchte, ist: einen Augenblick SEHEN. Was denn sehen? ALLES. Wie alles wirklich ist und wie es zusammenhängt und was es bedeutet. Das wäre wohl: Gott schauen. Vielleicht. Es ist denkbar, daß die Abgeschiedenen, welche durch Medien von erdenähnlichen Zuständen berichten, entweder in einem erdenähnlichen, das heißt unteren Himmelskreis sind (Dantes Kreise!) oder daß sie ihre Schilderung dem Begriffsstand der Medien anpassen oder daß die Medien das Berichtete falsch, das heißt wörtlich verstehen. Aber es ist ganz gut, wenn man sich immer wieder einmal mit solchen Dingen beschäftigt. Es führt zu eigenen Gedanken und eigenen Bildern.

Mühsamer Tag. Verzweiflung über meine Arbeit. Ich mag sie nicht mehr. Dieses Ausarbeiten spontaner Tagebuchnotizen ist mir zur Fleißarbeit geworden. Der selbstauferlegte Zwang zur wahrheitsgetreuen Berichterstattung tötet mir die Phantasie, schon habe ich Angst vor jeder kleinen Übertreibung, schon scheint mir jedes Fabulieren überhaupt der Lüge verwandt. (Und dabei habe ich doch einen neuen Roman im Sinne; etwas ›Erfundenes‹!) Aber ich bin doch keine Kriegsberichterin, keine Gerichtsreporterin! Habe ich schon die Informationspflicht, so doch nicht die Pflicht zur nachprüfbaren Reportage! Himmel, ich ersticke in lauter Ehrlichkeit, Genauigkeit, ›Objektivität‹! Ich will nicht mehr. Ich werfe die letztbeschriebenen Blätter in den Papierkorb. Aber was hilft's, wenn ich nicht alle dreihundert schon beschriebenen Seiten verbrenne? Nein, so geht es nicht. Aufhören mit dieser Arbeit bedeutet: desertieren. Überdruß gilt nicht. Ich habe mich nun einmal eingelassen mit dieser Art von Arbeit, mit der Welt- und Zeit-Inspektion und deren Notierung. Ich muß durchhalten. Der Roman muß warten.
Das schrieb ich heute morgen. Eben rief mich Sigrid an, sie sagt, sie habe es satt, Krankenpflegerin zu sein. Und ich habe es satt, Schriftstellerin zu sein, sage ich zu ihr. Jedermann hat es von Zeit zu Zeit so unsäglich satt, das zu tun, was er tut, und zu sein, der er ist. Aber, fragt mich Sigrid, wer sagt einem denn, daß man weiter und weiter das tun und sein muß, was man ist und tut?
Ja, wer. Derjenige (dasjenige), der (das) von einem Apfelkern fordert, ein Apfelbaum zu werden, von einem Gras-

samen ein Grasbüschel … Lauter kleine Rollen sind zugeteilt (auch die vermeintlichen Hauptrollen der großen Politiker, der großen Künstler, der Superwissenschaftler sind nur
kleine Rollen, im ganzen gesehen und im Hinblick auf die
unbeträchtliche Zeit des Agierens auf der Bühne), aber die
kleinen Rollen sind alle wichtig. Das muß man lernen: zu
verstehen, daß es unendlich wichtig ist, die kleine Rolle gut
zu spielen, aber daß die Rolle nur eine relative Wichtigkeit
hat. Das ist einer der scheinbaren Widersprüche, die es aus-
zuhalten gilt.

7. Februar 1972. Gespräch mit einem deutschen
Mittelstandsbürger im Zug München–Rosenheim: am Ost-
bahnhof steigt eine kleine Gruppe ›Langhaariger‹ ein, geht
Platz suchend durch unseren Wagen, findet keinen und geht
zum nächsten Wagen weiter, alles ganz still und manierlich.
Nette junge Leute.
Der Mann mir gegenüber hat sie mißtrauischen Blicks ver-
folgt. Jetzt sagt er zu mir: Die hab ich schon so dick, die
Gammler oder was es ist. Sind lauter Kommunisten.
Ich: Woher wissen Sie das?
Er: Was sollen die sonst sein? Wer sich so anzieht wie die,
der will doch sagen, daß er zu einer Bande gehört.
Ich: Bande?
Er: Na, Gruppe halt oder wie man's nennen will. Ordentliche
junge Leut ziehen sich nicht so an, daß es einen anständigen
Menschen graust. Solche sind immer gegen alles.
Ich: Gegen was?
Er: Gegen alles, gegen den Staat.
Ich: Gegen alles ist nicht das gleiche wie gegen den Staat.
Er: Ich mein mit alles einfach alles, was unsereinem richtig
ist.
Ich: Wer ist ›unsereiner‹?
Er: Die anständigen Leut, die in Ruhe arbeiten wollen und

für den Staat sind und für die Ordnung, also keine Revoluzzer.

Ich: Und Sie meinen, daß diese jungen Leut gegen den Staat sind? Vielleicht sind's Studenten, die in ein paar Jahren im Gesundheitswesen, in der Schule oder in der Fürsorge für den Staat arbeiten.

Er: Gehns zu, die doch nicht, das sind Revoluzzer, das sieht man denen doch an.

Ich: Da sind Sie ganz sicher?

Er: Was heißt sicher. Denken kann man's sich. Wer weiß denn, ob die nicht zu der Baader-Meinhof-Bande gehören?

Ich: Gruppe, nicht Bande.

Er: Bande sag ich, Verbrecherbande sag ich, Mörder, Bankräuber, ganz gemeine.

Ich: Wissen möcht ich, was die mit dem aus Banken geraubten Geld tun.

Er: Waffen kaufen natürlich.

Ich: Sie meinen, daß sie für sich selber nichts rauben?

Er: Wird schon was abfallen für sie selber.

Ich: Das sind doch die, die damals in Frankfurt das Warenhaus angezündet haben. Haben sie da nichts geraubt?

Er: Davon weiß man nichts.

Ich: Warum rauben die denn nichts aus Geschäften und Privathäusern reicher Leute?

Er: Weil in den Banken mehr Geld ist.

Ich: Ach ja, natürlich, da haben Sie recht. Aber ich versteh nicht, wozu diese jungen Leute so viele Waffen brauchen, wer soll denn damit schießen, sie sind ja gar nicht viele in der Gruppe.

Er: Die meinen halt, sie werden immer mehr und mehr. Und dann können sie eine Revolution machen.

Ich: Ach so. Sie, sagen Sie mir, wem gehört denn das Geld in den Banken?

Er: Uns.

Ich: Haben Sie Geld auf der Bank?

Er: Ich? Bei mir langt's grad immer fürs Leben.

Ich: Ja, wem gehört denn dann das Geld?

Er: Den Industriellen, den großen Kaufhäusern und solchen Leuten.

Ich: Ah so, die jungen Leut rauben aus den Banken das Geld der reichen Leut. Und mit dem Geld kaufen sie Waffen, um eine Revolution zu machen. Klar.

Er: Ja, Verbrecher sind das.

Ich: Sie sind kein Kommunist?

Er: Ich? Ja, was denken denn Sie von mir?

Ich: Ich hab ja bloß gefragt. Also Sie sind GEGEN die Kommunisten?

Er: Freilich bin ich dagegen.

Ich: Wenn es jetzt die jungen Leut in der Sowjet-Union satt haben, kommunistisch regiert zu werden, und wenn sie gegen die Partei zu kämpfen anfangen würden – wär das recht?

Er: Ja freilich wär das recht.

Ich: Und wie müßten die das anfangen?

Er: Die haben ja schon einmal eine Revolution gemacht, da weiß man ja, wie das gemacht wird.

Ich: Ja, da haben ein paar Leut angefangen damit. Weil es nicht ohne Gewalt gehen wollte, haben sie Gewalt gebraucht, nämlich Gewehre und Bomben, und um die kaufen zu können, mußten sie Geld haben, und um Geld zu haben, mußten sie Überfälle machen. Und wenn sie jetzt, heut, wieder so eine Revolution machen sollten, müßten sie es wieder genauso machen, oder wissen Sie einen andern Weg?

Er: Für Rußland nicht. Gegen so eine Parteidiktatur muß man Gewalt anwenden.

Ich: Dafür wären Sie also?

Er: Ja, die Weltpest Kommunismus muß man ausrotten.

Ich: Woher haben Sie denn den Ausdruck ›Weltpest‹? Den hat der Hitler selig immer gebraucht.

Er: Da hat er recht gehabt.

Ich: Also, die jungen Russen sollen mit Gewalt vorgehen gegen die Weltpest, damit sie ausgerottet wird. Die wären also dann Befreier und keine Verbrecher?

Er: Nein, in der Notwehr darf man ja schießen, so ist das da auch.

Ich: Aber wenn die jungen Radikalen in Deutschland das tun, dann sind sie Verbrecher. Das versteh ich nicht, erklären Sie mir's doch, ich versteh nichts von solchen Sachen.

Er: In Deutschland ist das doch ganz anders, wir haben ja keine kommunistische Diktatur.

Ich: Sie sind also ganz zufrieden mit unsern Verhältnissen?

Er: Das nicht, aber eine Revolution brauchen wir nicht.

Ich: Wenn es aber Leut gibt, die finden, daß in Deutschland zwar keine Parteidiktatur ist, aber eine Gelddiktatur, und daß die Reichen die Mächtigen sind?

Er: Gehns zu, so arg ist das doch nicht.

Ich: Aber nehmen wir einmal an, den jungen Leuten ist es arg genug, und sie möchten, daß die Arbeiter mehr Rechte haben zum Beispiel, und sie setzen sich friedlich nicht durch mit ihrer Meinung, und sie fangen schließlich an, dran zu denken, sich mit Gewalt Gehör zu verschaffen?

Er: Ja Sie, Sie machen da ja eine direkte Propaganda für die Bande!

Ich: Gruppe. Beruhigen Sie sich, ich bin gegen die Gewalt.

Er: Ja, was reden Sie dann so FÜR die Bande?

Ich: Ich rede nicht für Gewalt und Banden. Ich will ja nur sagen, daß man versuchen muß, diese jungen Leute zu verstehen. Hören Sie: VERSTEHEN, NICHT BILLIGEN!

Er: Da ist nichts zu verstehen. Verbrecher sind's, und wer sie versteht, gibt zu, daß er nicht gegen sie ist, und das heißt doch, daß er dafür ist. Sie, Sie gehören angezeigt, direkt.

Ich muß lachen über die schauderhaft perverse Logik, aber zugleich packt mich ein Grauen über die Dummheit, die so einen Mann blind und taub macht für einfache Vernunft, unfähig zum Nachdenken. Aber solche Leute verwechseln Nachdenken immer mit Bekenntnis und Urteil. Bisweilen habe ich eine wahre Todesangst vor der teuflischen Dummheit vieler Leute.

Besuch einer Frau, Mitte sechzig. Sie war schon einmal hier vor zwei Jahren, sie blieb mir im Gedächtnis als eine ungemein zerstreute, wirre Frau, der ich nicht hatte helfen können. Heute verlief ihr Besuch ganz anders, vermutlich weil ich inzwischen gelernt habe, mich geduldig zu ›identifizieren‹, bis ich schließlich an meinem eigenen Leib und meiner eigenen Seele fühle, woran der andere krank ist.

Auch heute begann die Frau mit wirren Erzählungen, sprang von einer zu andern, warf dazwischen Erklärungen ein für ihre Zerstreutheit und Unordentlichkeit, wußte aus gelegentlichen Gesprächen mit Psychologen, daß sie als Kind ihren kleinen Bruder gehaßt hat, daß sie einen Penisneid hatte, daß sie immer noch lieber ein Mann wäre, daß sie ihren Vater vergöttere, der Pfarrer war, und daß ihre Unfähigkeit zu sexueller Erfüllung durch diese Erlebnisse bedingt war. Da ich eben das Buch der Constance Newland ›Abenteuer im Unbewußten‹ (Das Experiment einer Frau mit der Droge) gelesen habe, empfehle ich der Besucherin, sich einer psychotherapeutischen Behandlung zu unterziehen. Eine Stunde später rate ich ihr davon dringend ab, denn da weiß ich, daß ihr Problem kein sexuelles und die Analyse leicht ist: die Frau ist lebenslang unterdrückt worden: von den Eltern, vom Bruder, vom Ehemann. Aber es ist nicht die Unterdrückung als solche, es ist die Welt, aus der diese Unterdrücker ihr Recht beziehen zu unterdrücken. Ich komme darauf, als sie mir erzählt, wie tüchtig ihr Vater war, wie tüchtig ihre Mutter, wie tüchtig ihr Ehemann ist. Ganz augenscheinlich bewundert sie diese Tüchtigen. Aber etwas in ihr weiß es besser: die bewunderte Tüchtigkeit, die zählt ja nicht in jener geistigen Welt, in der sie sich zu Hause fühlt. Aber es gibt keinen Menschen auf der Welt, der ihr recht gibt. So muß sie irgendwie doch glauben, daß die Tüchtigen recht haben. Und so gleitet sie in die Entmutigung tiefer und tiefer hinein. Sie empfindet ihren Mangel an Sinn für Geld, Erfolg, für Leistung schließlich als ›Sünde‹ und zieht aus diesem Gefühl eine Art perverser Demut: »Mit mir ist nichts zu machen, ich leiste nichts, bin unnütz . . .« Immer häufiger passiert es ihr, daß sie Geschirr fallen läßt und andere Dinge verdirbt. Damit bestätigt sie sich selbst, daß sie nur Schaden anrichte. Sie spricht so oft von ihren ›Sünden‹, bis ich sie frage, was für Sünden das seien. Sie sagt: »Nun, daß ich alles fallen lasse, daß ich so gräßlich unordentlich bin.« Absurd, derlei als ›Sünde‹ zu betrachten. Aber ich komme darauf, daß sie da einen regelrechten Masochismus entwickelt hat: »Wenn ich schon so untüchtig bin, gut, so will ich glauben, daß ich noch mehr als untüchtig bin, nämlich eine wirkliche Sünderin.« Indem sie sich ganz hinunterfallen läßt, meint sie, sich außerhalb der Verantwortung für ›Tüchtigkeit und Leistung‹ zu befinden.

Jetzt fällt mir auf, daß sie ja gar nicht so unglücklich aussieht, wie sie aussehen müßte, wenn sie sich wirklich für so eine ›Sünderin‹ hielte. Ich sage ihr das. Da sagt sie: »Ja, wissen Sie, alle meine Sünden hat Jesus auf sich genommen.« Das Wort ist ihr spontan gekommen, sie geniert sich sofort. Ich bitte, daß sie weiterrede. Sie sagt schließlich, daß sie mit Jesus lebe, mit ihm spreche, von ihm gehalten sei. Und jetzt habe ich den Schlüssel zu ihrer Neurose. Ich frage sie (ich weiß nicht, wie mir der Einfall kam), ob sie die Bibelstelle kenne, die von den Kindern dieser Welt redet, die soviel klüger seien als die Kinder des Lichts. Sie begreift augenblicklich. Sie hat immer die Welt eingeteilt in die Welt der Leistung, der ›irdischen‹ Erfolge, der materiellen Güter, und in die Welt ›des Geistes‹, die ganz andere Maße und Gesetze hat. Sie weiß, daß die geistige Welt die wichtigere ist und die materielle nur Schein. Aber sie wollte dennoch ›von dieser Welt‹ sein, um den Eltern, dem Ehemann, den Kindern zu gefallen und von ihnen geliebt zu werden, statt als die etwas Verrückte betrachtet zu sein. So wurde sie sozusagen (nicht im streng klinischen Sinne) schizophren. Ich sage ihr, daß sie sich jetzt entscheiden, oder vielmehr, da die Entscheidung ja schon gefallen sei, wirklich sich zu ihrer geistigen Welt bekennen müsse. Sie gehöre zu den Kindern des Lichts, und sie habe sich zuerst bewußt, dann nur mehr unbewußt geweigert, sich zu den Kindern dieser Welt zu gesellen; daher ihre Unordentlichkeit, ihr Zerbrechen von Geschirr usw. Lauter Demonstrationen ihres Wissens davon, daß die materielle Welt und die ›Leistungsgesellschaft‹ im Irrtum sind und zu nichts anderem da, als daß man sie für nichts erachte und ›wegwerfe‹, zerstöre.

Ich sage ihr damit nichts, was sie nicht selber wüßte, nur hatte ihr nie jemand gesagt, daß sie recht habe. Jetzt, auf mein Wort hin (das ja nicht das meine ist), sieht sie plötzlich ihre Situation ganz klar: ihre Unordentlichkeit ist nicht mehr ›Sünde‹, sondern im Gegenteil, die Weigerung, sich durch Anpassung an die materialistische Welt an deren Sünden mitschuldig zu machen. Sie sei, sage ich ihr, sicher fähig, Leistungen hervorzubringen, aber wozu, da sie ja über diese Grenze längst hinausgeschritten sei! Ich sage ihr auch, daß sie keine psychotherapeutische Behandlung brauche – sie nicht, aber die Leistungsgesellschaft rings um sie, von der ihr eine Neurose angehängt wurde. Sie geht glücklich fort. Mich kostet ein solch tiefer Einstieg in das Leib-Seele-Gefüge eines andern so viel Kraft, daß ich danach erschöpft liegenbleibe, für Stunden unfähig zur Arbeit, und für Tage geradezu ›besetzt‹ von dem fremden Wesen, das sich mit mir verbunden hat.

Heute traf ich endlich die Eltern des toten W. L. S. Beinahe wäre es wieder nicht geglückt. Ich klingelte, jemand öffnete zögernd: ein etwa fünfzehnjähriges Mädchen, mongoloid. W.s jüngste Schwester, wie ich nachher erfahre, ein spätgeborenes Kind. Es sagt: »Niemand zu Haus«, und drückt die Tür zu. Ich stehe ratlos im Treppenhaus. Da kommen Leute von oben, Mitbewohner des Hauses, sie wissen nichts von den L. S.'s, sie reden von ihnen wie von ganz Fremden. Schließlich aber kommt W.s Mutter, führt mich in das Familienwohnzimmer, das aber jetzt ganz das Zimmer W.s ist: »Hier hat er gearbeitet«, sagt die Mutter und weint. Einen Teil des Raumes nimmt eine Art Bahre ein, mit einem Tuch bedeckt. Es ist keine Bahre, es ist ein Aufbau aus Koffern und verschnürten Kartons: die Bücher W.s.

Die Mutter ist eine zarte, schöne, aber verbrauchte und sehr nervöse Frau. Sehr interessant der Vater: etwa Ende sechzig, mit einem Gesicht, das in der oberen Hälfte ganz jung ist, in der unteren aber alt, von hundert feinen Falten gefurcht, die alle auf den Mund zulaufen oder vom Mund weglaufen, und zwar je nachdem, ob er schweigt oder ob er spricht. Wenn er spricht, scheinen die Worte in diesen Furchen wie in Rillen wegzugleiten. Ich muß diesen Mund unentwegt anschauen. Der Mann spricht bestes Italienisch, er gebraucht, was man sonst hier nicht tut, genauestens den Konjunktiv und den Konditionalis und das passato remoto (die abgeschlossene Vergangenheit), er hat Freude an schöner Sprache, es stellt sich heraus, daß er Gedichte schreibt. Also daher hat W. es! Er hat es aus der ganzen Ahnenreihe des Vaters, in der es viele ›Gebildete‹ gibt, Ärzte, Apotheker und ähnliche Berufe, nur der Vater blieb einfacher Angestellter. W.s jüngerer Bruder ist, so jung er auch ist, schon Professor für Philosophie an einer großen Universität. Ich habe jetzt den Eindruck, daß W. in dieser Ahnenreihe von langer Hand her vorbereitet worden ist. Als er dann geboren war, erwies es sich, daß er zwar genial, aber fürs alltägliche Leben unbrauchbar war. Er war ein sehr guter Schüler, erklärte aber mit· fünfzehn, er wolle nicht mehr zur Schule gehen. Er saß ein Jahr zu Hause herum, hörte Schallplatten, las viel, schrieb Gedichte und war traurig. (Schon die frühesten Fotos zeigen ihn als uferlos trauriges Kind.) Plötzlich erklärte er, er wolle einen Beruf erlernen. Er machte brav eine zweijährige Lehre als Elektrotechniker und erhielt sein Diplom. Seine Mutter sagt: »Er hatte Goldhände, was er anfaßte, wurde gut, er reparierte die schwierigsten Sachen, als wäre es das einfachste von der Welt.« Dann machte er den Rest der Schulzeit statt in zwei Jahren in einem einzigen, wieder mit einem Diplom. Dann besuchte er irgendwelche Kurse an der Universität und hatte schließlich das Diplom als Lehrer für – wir würden in Deutschland sagen – Grund- und Mittelschule. Aber er fand keine Stelle. Da erlernte er den Beruf des Keramikers. Wieder ein Diplom. Eine Ausstellung in Rom brachte ihm eine Goldmedaille, aber keine Anstellung an einer staatlichen Schule. Da machte er eine Privatschule für Keramik auf. Die Eltern kauften ihm mit großen Opfern einen elektrischen Brennofen. Zuerst hatte W. dreißig Schüler, aber wie das so geht, wurden es immer weniger, und schließlich mußte er aufgeben. Da kam ihm der Gedanke, nach Deutschland zu gehen; er lernte dort rasch Deutsch und beherrschte es bald mit allen Finessen. Er glaubte damals, Kommunist zu sein, und ging in die DDR. Da lernte er eine Medizinstudentin kennen, die er heiratete. Sie hatten ein Kind. Aber nach einiger Zeit ertrug er die Verhältnisse dort nicht mehr, er sagte es und kam in ein Lager, ich weiß nicht mehr für wie lange. Er wurde dort offenbar sehr schlecht behandelt, er trug ein nicht mehr heilendes Trauma davon. Schließlich war er frei und ging nach Italien heim. Seine Frau kam nach. Den Rest der Geschichte hatte mir W. selbst erzählt. Seltsam ist, daß seine Eltern über seine Haft fast nichts wissen und auch nichts über seine Ehe. Die Mutter hat das Bedürfnis zu glauben, daß die Ehe ideal war. Der Vater ist eher realistisch. Aber sie wissen nichts oder wenig von W.s Ängsten, die Frau wolle sich scheiden lassen. Ich sage ihnen darüber nichts. Es tat den Eltern wohl, mit mir über W. reden zu können. Die Mutter nimmt mich in die Arme und küßt mich, der Vater bittet mich, wiederzukommen. Ich bin fasziniert von dieser Familie. Aber trösten konnte ich nicht. Jedem meiner Versuche setzte die Mutter den Satz entgegen: »Aber er ist nicht mehr da.« Sie ist gläubige Katholikin, aber jetzt ist ihr alles zerbrochen, was sie sonst glaubte über das Fortleben nach dem Tod. »W. ist fort, ganz und gar und für immer.«

Eine Krankheitsgeschichte: ein Besucher, Akademiker, gebürtiger Franzose, aus bester Familie, mittleren Alters, beruflich in angesehener Stellung, verheiratet, ein Kind, jedoch homoerotisch, auf Knaben fixiert, schon einmal vom Gericht verurteilt (›Unzucht mit Minderjährigen‹), das Gefängnis völlig ungebessert verlassend, sofort rückfällig, in wahrer ›Besessenheit‹ wahllos Knaben nehmend, auch wenn es ihn, wie er sagt, vor vielen grauste, nach langer und ganz erfolgloser psychotherapeutischer Behandlung endlich durch einen Psychiater auf die Möglichkeit einer Behebung der Zwangssexualität durch eine Gehirnoperation hingewiesen, sofort dazu entschlossen, inzwischen aber wiederum angezeigt, in Untersuchungshaft, aus ihr entlassen der Operation wegen. Die sehr riskante Operation (Öffnung der Schädeldecke, Einführung einer Sonde, dabei – laienhaft ausgedrückt – partielle Stillegung oder Lähmung des für die Sexualität zuständigen Gehirnzentrums) gelang, eine starke Triebminderung trat ein, aber keine Änderung der Triebrichtung, jedoch eine weitgehende ›Sublimierung‹ ins Geistig-Erotische: der sexuellen Betätigung wird die Freundschaft vorgezogen. Die Operation liegt vier Jahre zurück, es trat kein Rückfall ein (sagt der Mann), und die Potenz-Minderung hatte keine Intelligenz-Minderung und keine Charakter-Änderung zur Folge.

So wäre denn alles gut? Nichts ist gut: obgleich der Mann sich freiwillig der sehr riskanten Operation unterzog und damit seinen festen Willen, sich der Gesellschaft wieder normal einzugliedern, bewiesen hat, und obgleich die Heilung durch den operativen Eingriff zeigte, daß vorher ein krankhafter Zustand vorlag (Zwangssexualität), wird das Gerichtsverfahren gegen ihn nicht eingestellt. Der Mann hat sich ihm durch Flucht ins Ausland entzogen, da er absolut pessimistisch ist im Hinblick auf das Urteil. Aber die Flucht machte nichts besser: er kann seinen Beruf nicht ausüben, er ist von seiner Familie, die er liebt, getrennt, er ist fast mittellos und sehr oft dem Selbstmord nahe. Obgleich sein Beruf zu den Mangelberufen in unterentwickelten Ländern gehört, hatte er bisher keinen Erfolg mit seinen Gesuchen, aus diesem oder jenem Grund, vor allem fehlen ihm wirksame Empfehlungen. Wie ihm helfen?

Ich frage ihn, ob er nicht doch den Prozeß riskieren wolle, er könne immerhin freigesprochen werden. Er sagt: »Und wenn auch! Kennen Sie die Gesellschaft nicht? Man wird mit Fingern auf mich zeigen.« (Das erste Verfahren blieb ziemlich unbekannt, dieses zweite, so meint er, wird bekannt werden.) Die Gesellschaft duldet keine Abweichung von der Norm. Selbst wenn sie sich theoretisch zur Homosexualität tolerant verhält, so tut sie es in der Praxis nicht: der ›Normale‹ fühlt sich dem Andersartigen immer überlegen. Frage: Ist die gesellschaftliche Norm denn der einzige, der absolut richtige Maßstab für das sexuelle Verhalten eines Menschen? Ich habe in den letzten Tagen einen Stoß medizinischer (neurologisch-psychiatrischer) Schriften neuesten Datums zu diesem Thema gelesen und ihnen entnommen, was ich bisher für nicht bewiesen hielt: daß es eine ANGEBORENE Homosexualität gibt. Sie entsteht im dritten Monat des Embryos, in der Phase der Geschlechts-Differenzierung, wenn der Körper der Schwangeren einen Überschuß an Androgen oder Östrogen produziert – was meist zum Abortus führt, und wenn nicht, dann eben zur Homosexualität des Kindes. Meine Frage: Wie kann man erkennen, ob es sich um eine solche angeborene Homosexualität handelt? Antwort: Mit größter Wahrscheinlichkeit dadurch, daß die Triebrichtung unverändert bleibt, wenn der Patient sich einer psychotherapeutischen Behandlung unterzieht, oder, wie im Falle meines Besuchers, wenn die Triebrichtung sogar nach der Gehirnoperation bleibt. Frage: Wie kann man dann einen solchen Menschen bestrafen? Man sagt, er werde in vielen Ländern, auch in Deutschland, nicht mehr für die Homosexualität an sich bestraft, sondern nur für sexuelle Beziehung zu Minderjährigen und Abhängigen. Frage: Wenn aber die Triebrichtung gerade auf Knaben zielt? Wenn zur angeborenen Homosexualität eine später erworbene Fixierung auf Knaben kommt? Kann man einen Kranken wie einen Verbrecher behandeln?

Ich habe gestern den ganzen Abend mit G. B., Richter am obersten Gerichtshof (Kassationshof) Rom, darüber gesprochen. Er sagt, er sei an sich meiner Meinung: Zwangssexualität gehört nicht vors Gericht. Aber: Wer kann entscheiden, ob eine Zwangssexualität so absolut ist, daß sie keine freie moralische Entscheidung zuläßt? Philosophisch gesehen, sagt G., ist kein Mensch ›frei‹, jeder ist bestimmt von hundert körperlichen, seelischen und Umweltkräften. Jedoch das bißchen Spielraum, das eben entscheidet. Aber zu finden, ob so ein Spielraum blieb oder nicht, das ist das Problem für den Richter. Er ist dabei auf das Urteil medizinischer Sachverständiger angewiesen und, wie G. sagt, auf seinen eigenen Verstand und seine Erfahrung. Ja – aber der Betroffene ist damit doch ein an die Willkür Ausgelieferter, wenn auch an eine unabsichtliche. Die Gesellschaft mit ihrer ›Moral‹ bestimmt letztlich das Urteil. Und dabei wird nicht berücksichtigt, daß homosexuelle Verhaltensbereitschaft des Menschen (wie aller höhern Säugetiere) bereits vor mehr als dreißig Millionen Jahren entstanden sei durch Mutation und Selektion, so daß es falsch ist, angesichts so langer Entwicklungen kurzlebige moralische Auffassungen als ›Normen‹ zu bewerten. Es sei, sagt der Sexualforscher Schlegel, gar nicht wünschenswert, daß man in diesen Werdegang durch absolute Ausschaltung der homosexuellen Komponente eingreife.

Ich habe schon oft Leute (Bekannte und Fremde, zum Beispiel Taxifahrer, die für mich in allen Ländern, soweit ich mich verständigen kann, die ›Stimme des Volks‹ darstellen) gefragt, was sie von Homosexuellen hielten. Ich bekam fast immer die Antwort: »Diese Schweine«, bestenfalls: »Diese armen Luder«, und einige Male (Deutschland 1971): »Der Hitler hatte schon recht, sie zu vergasen.«

Angesichts dieser Dummheit und Unmenschlichkeit kostet

es mich viel, zu glauben, daß die Menschheit je sich höher entwickle.

Wie aber helfe ich meinem Besucher, daß er die Ächtung durch die Gesellschaft nicht als Anlaß zum Selbstmord nimmt, und was kann ich tun, damit er wieder in seinen Beruf zurückkommt? Ich bin ganz verzweifelt darüber, daß man in vielen Fällen, trotz tausend Beziehungen, die man hat, zur Ohnmacht verdammt ist.

Im TV einen ganz außerordentlichen Film gesehen: ›Les parapluies de Cherbourg‹. Ich hielt ihn für neu und für ein gewagtes Experiment, aber Stephan belehrte mich lächelnd, er sei schon zehn Jahre alt. Macht nichts, er ist immer noch ›neu‹. Ein Dialogstück, in dem nicht gesprochen, sondern gesungen wird, aber nicht wie in der Oper, sondern nur psalmodierend. Dieser Sing-Sang entrückt das banale Geschehen ins Surrealistische. Bei Richard Strauss geht es mir auf die Nerven, wenn Arabella etwa singt: »Die Mutter hat Migräne. Kommen Sie später. Es ist wieder eine Rechnung.« Auch in diesem Film mag ich zuerst nicht singsangen hören: »Geneviève, zeig dem Herrn unsre Regenschirme.« Ich will ausschalten, kann es aber schon nicht mehr. Der Singsang, der an das leise monotone Sprechen Träumender erinnert, hat mich unversehens mit Spinnweben eingefangen. Die Story ist blöde, langweilig, sentimental, ›romantisch‹, kitschig. Ein Mädchen aus gutem, aber finanziell wackeligem Hause (einzige Tochter einer alleinstehenden Mutter mit einem Geschäft) ist so gut wie verlobt mit einem jungen Tankwart. Er muß zum Militär, in der Abschiedsnacht schlafen sie miteinander, sie wird schwanger. Während der Verlobte fort ist, erscheint ein blasierter, sehr reicher junger Mann und freit um das Mädchen, obgleich er weiß, daß sie schwanger ist; er ist nämlich edel und das Mädchen sehr schön. Die Tochter, wissend, daß die Mutter in Geldnöten ist, nimmt den reichen Freier. Natürlich kommt der Tankwart zurück, will sein Mädchen haben und findet es verheiratet. Er will sich selbstmorden, aber ein anderes, ein braves treues Mädchen, rettet und heiratet ihn und macht ihn glücklich. Der Tankwart hat alsbald Frau, Kind, Geld und eine Tankstelle. Aber natürlich kommt eines Tages die ehemalige Verlobte im Luxusauto vorgefahren zum Tanken und hat ein Kind dabei, das Kind des Tankwarts, der seinerseits auch ein Kind hat, das nach der ehemaligen Geliebten Geneviève heißt, so gut wie das Kind der reichen Geneviève nach dem Tankwart genannt ist. In einer kurzen Szene erfahren wir, daß der Tankwart glücklich wurde, nicht aber Geneviève, die Treulose. Es gibt eine Gerechtigkeit. Die Szene des Wiedersehens ist delikat: nichts Dramatisches, nur die Frage (gegenseitig): »Geht's dir gut?« Dann fährt Geneviève, was soll sie sonst tun, wieder ab. In diesem Augenblick kommt die kleine Geneviève gelaufen, der Tankwart schließt sie in seine Vaterarme und ist glücklich darüber, daß alles so anders gekommen ist.

Purer Kitsch, wirklich. Wie die berühmte USA-Love-Story. Wieso aber ist der Film kein Kitsch, sondern exemplarisch Kunst? Weil der Stoff an sich und für sich nichts ist und man aus jedem Stoff Kunst machen kann, wenn man's kann. Der Stoff, das ist immer nur Sand, Lehm, Draht, Wasser. Der religiöse Mystiker sieht in einem Grashalm Gott. Der Regisseur Demy sah in jedem Bilderrahmen, jeder fleckigen Mauer, jedem Regenschirm die ganze Welt und ihre Traurigkeit. Das keusche Unterspielen, die zärtliche Unterkühltheit, die sanfte Monotonie der eingeregneten Kleinstadt, die liebevoll ausgewählte Banalität der Motive, das alles zusammen macht den Film zu einem einzigen langen Seufzer aller Menschen, die um ihren Traum betrogen worden sind und die aus dem, was ihnen dafür angeboten wird, doch noch ein wenig, wenn auch leicht vergifteten Honig saugen. Und so etwas machen kann nur ein Mensch, der den Menschen liebt. Ich finde mich erstaunt, ja bestürzt dabei, daß ich diesen

Märchenfilm, der ohne jede Gesellschaftskritik ist und nichts und niemanden beschuldigt, niemanden angreift, keine These aufstellt, nichts analysiert und kein Rezept anbietet, kein politisches und kein moralisches – daß ich diesen scheinbar so harmlosen Film den gesellschaftskritischen vorziehe, nicht weil ich ihrer müde wäre oder sie für überflüssig hielte (o nein!) und auch nicht, weil ich der Flucht in die nicht-engagierte Literatur das Wort rede, sondern: weil dieser Film zu jenen Kunstwerken gehört, deren Wurzeln tiefer und deren Wirkungen weiter reichen, weil sie das unverändert und eigentlich Menschliche zeigen, aufgezeichnet in Grundfiguren, die, wie Primzahlen, nicht weiter zerlegbar sind und deren Fortdauer bewirkt, daß wir 1972 beispielsweise die zweitausend Jahre alte Antigone des Sophokles, die mittelalterlichen Mysterienspiele, die japanischen No-Spiele, die indischen Tempeltänze ›verstehen‹ können, wenn wir sie unreflektiert auf uns wirken lassen. Ich glaube nicht, daß das künftige Jahrtausend diese Grundfiguren des Menschlichen zerstören wird.

X. sagt: »Du bist kein politischer Mensch, sondern ein künstlerischer und religiöser. Misch dich nicht in die Politik!« Frage: Schließt das eine das andere aus – oder nicht vielmehr ein, wenigstens heute? Stimmt es übrigens, daß ich kein politischer Mensch sei? Schon meine Kindheitserinnerungen sind alle mit politischen Ereignissen verbunden. Allererste Erinnerung: Glockengeläut, ungeheure Aufregung unter den Erwachsenen, ›es ist Krieg‹ (der Erste Weltkrieg), nachts ein Mann an meinem Bettchen, er weint, er nimmt Abschied, er muß in den Krieg, am nächsten Tag derselbe Mann in sonderbar fremder Kleidung auf seinem ›Landauer‹ (in dem ich so oft mit ihm gefahren war), ich mit einem Blumenstrauß in Händen, viele Leute, die weinen, andre rufen etwas, der Wagen rollt hinweg, der Mann war der Freiherr Friedrich von der Tann, er fiel schon bald danach. Zweite Erinnerung: der Vater, aus der Stadt zurückgekehrt, am Tisch, finster brütend, vielleicht weinend, man hat ihn nicht genommen bei der Musterung, seines Rückgratschadens wegen, er ist verzweifelt. Dritte Erinnerung: wir Kinder auf den Feldern die langen weißen Wurzeln des Queckengrases sammelnd, eine mühsame Arbeit, aber nötig, sagt mein Vater, denn aus diesen Wurzeln macht man jetzt Kleiderstoff. Eines Tages verlangt mein Vater von mir, daß ich alles Kupfergeschirr aus meiner Puppenküche abliefere, weil alle anständigen Deutschen alles Metall abliefern, man brauche es zu Kanonen, ich weine und will es nicht hergeben, aber der Vater befiehlt es (Erziehung zum Patriotismus ...) Eines Nachts muß mein Vater fort mit vielen Bauern unseres Dorfes, weil ›Spione‹ kommen. Ich verwechsle Spione mit Skorpionen (die ich aus einem Band ›Orbis Pictus‹ kenne). Ich habe furchtbar Angst, daß sie meinen Vater beißen. Auch an Straßenbarrieren erinnere ich mich, man erwartete irgend etwas Feindliches von der italienischen Grenze her kommend.

Spätere Erinnerungen: Räte-Republik. Ein Mann namens Ebner (unvergessen!) bedroht meinen Vater, ich springe dem Mann an den Hals und schreie: »Lassen Sie meinen Papa in Ruh!!« Dann nach dem Krieg der Hunger, die Verteilung von (scheußlichem) amerikanischem Speck und einer roten Marmelade, die wir Kinder ›Finger-Marmelade‹ nannten, weil jemand angeblich einen abgeschnittenen Finger darin gefunden hatte ... Eine Kinderfreundschaft mit einem jüdischen Knaben bringt mir die erste Begegnung mit dem Antisemitismus. Und so fort. Ab 1930 dann die äußere und innere Auseinandersetzung mit dem Faschismus, die brüske Auflösung meiner Beziehung zu dem Mann, der mich heiraten wollte: er trat 1931 der Nazi-Partei bei. Immer intensivere Politisierung, die mir schließlich Publikationsverbot und Gefängnis einbringt.

Nach dem Krieg sofort politische Tätigkeit in der ›Lessing-

Gesellschaft für Friede und Toleranz‹, im ›Süddeutschen Frauenring‹; in Zeitungen Reportagen über Reform der Jugendgefängnisse und gegen Wiedereinführung der Todesstrafe; eine Vortragsreise, Thema ›Hitler in uns selbst‹ (Versuch einer Analyse des Nachkriegs-Deutschen), Einladung der Württembergischen Regierung, in Ludwigsburg im Lager 96 bei den gefangenen SS-Männern (lauter Intellektuellen wie Redakteuren und Universitätsprofessoren) zu sprechen, das war 1947, man lieferte mich am Lagereingang ab und ließ mich allein mit vierhundert SS-Leuten, das Lager hatte Selbstverwaltung, niemand beschützte mich, und ich sprach zu jenen, die zwei Jahre zuvor noch mich verhörten, beschimpften und, wäre das Urteil noch vollstreckt worden, meine KZ-Quäler oder Henker geworden wären. Nach einiger Zeit verließ eine Gruppe den Saal, aber die meisten blieben, am Schluß, bei der Diskussion, weinten viele. Lagerpsychose, gewiß, aber auch Einsicht und Reue. Danach schrieb ich viele Gesuche an die Regierungen, man möge jetzt sofort all diese Männer freilassen, denn sie seien bereit, mitzuarbeiten am Aufbau eines ›andern Deutschland‹; ließe man sie nicht frei jetzt, so fielen sie in Verbitterung und in Abneigung gegen die ›re-education‹. Man ließ sie nicht frei. Ich blieb einige Jahre in Briefwechsel mit einigen der ehemaligen SS-Männer. Einer wurde alsbald wieder Faschist.

Ich – KEIN politischer Mensch?

Aber freilich: Wenn ich so politisch bin, warum trete ich dann nicht verbindlich einer Partei bei? Weil ich eben auf eine andere Art politisch bin. Ich mag keine Parteien als Parteien. Partei kommt von pars, der Teil. Der Begriff Partei enthält den der Teilung, der Abtrennung, der Entzweiung. Wenn ich in einem bestimmten geschichtlichen Augenblick für eine bestimmte Richtung der Arbeit einer Partei eintrete, so nur, weil mir das, was diese Partei jetzt und hier will, jetzt und hier gut scheint. Deshalb billige ich nicht auch anderes oder gar alles, was diese Partei tut. Das wiederum neh-

men mir die auf eine Partei Eingeschworenen übel. Sie halten es für einen Mangel an Verbindlichkeit und Mut. Aber gerade daran fehlt es mir nicht. Ich habe meine Verbindlichkeit der katholischen Kirche gegenüber nie aufgegeben. Zum Beispiel. Aber was ist denn Politik für mich? Ganz einfach die Sorge um die ›POLIS‹, die Stadt, das Gemeinwesen, und zwar nicht nur für die eigene Nation, sondern für alle Menschen, und vor allem für die Minderheiten, die von mächtigen einzelnen oder der mächtigen Mehrheit unterdrückt werden. »Wer ist dein Nächster?« Das ist die Frage, die ich mir jeweils stelle, wenn es mich drängt, irgend etwas Politisches zu tun. Wenn ich dem Nächsten nur durch eine politische Handlung helfen kann, dann bin ich vom Gewissen her verpflichtet, sie zu tun. »Liebe deinen Nächsten«, das heißt für mich: die Politik benutzen, um ihm und der Wahrheit zum Recht zu verhelfen. Da Liebe das oberste Gebot für den Christen ist, und da Liebe auch Friede heißt, bin ich auf der Seite derer, die diesen Frieden nicht nur wollen, sondern ihn mit den rechten Mitteln anpeilen. Ich schaue nicht so sehr auf die Ziele (alle Parteien reden vom Frieden und von großen Verbesserungen) als auf die konkreten Mittel, derer sie sich dabei bedienen. Wer den Frieden mit Aggression erreichen will, den lehne ich ab. (Es sei denn, daß es sich um eine notwendige Revolution handelte, die Aussicht auf Erfolg hat – und dies im Sinne der Enzykliken Leos XIII.)
Ich wollte dieses Jahr keine Wahlreden mehr halten, nicht weil es mir unbequem wäre, die bösen Angriffe der Opposition zu ertragen, sondern weil ich der Politik dieser Art entwachsen bin und weil mich spirituelle Fragen weit mehr interessieren. Aber zugleich fühle ich die strenge Verpflichtung, gerade im Hinblick auf dieses ›Spirituelle‹ in die Tagespolitik einzusteigen. Eigentlich eine rechte Donquichotterie: im Wahlkampf Ideen einzusetzen, die einer ganz anderen Ebene angehören, nämlich der religiösen, und die von jenen nicht verstanden werden, die sich zu einer Partei bekennen, die mit Religion arbeitet. Welche Idee zum Beispiel? Nun,

zum Beispiel jene, daß man begangenes Unrecht wiedergutmachen müsse, daß man anderen eine großmütige Vorgabe lassen sollte, daß man Politik nicht mit Krämergeist machen dürfe (was zahlst du mir dafür, wenn ich dich nicht niederschlage oder wenn ich dir dein Land lasse?), daß man auch einmal einen Verlust ertragen müsse um eines höheren Wertes willen, daß man für den Frieden einen hohen Preis zahle, daß man auf kleine oder auch große Vorteile verzichte zugunsten anderer – kurz: daß man die Grundsätze der individuellen Ethik (oder Moral) auch auf die Politik (das Verhalten der Völker zueinander) übertrage. Daß ich mir dabei vorkomme wie einer, dem man einen Knebel in den Mund steckte und der deshalb nur undeutlich reden kann und darum nicht gut verstanden wird, das ist mein Leiden dabei. Wirklich ein seltsames Unterfangen: mit eschatologischen Ideen (vom Reich Gottes auf Erden) Tagespolitik machen wollen! Aber welch unendliche Spirale: je leidenschaftlicher ich das ›Reich Gottes auf Erden‹ wünsche, desto entschiedener muß ich mich in die politische Arena begeben, denn die Veränderung irdischer Verhältnisse erreicht man nun einmal nur auf politischem Wege. Je entschiedener ich mich in die Arena begebe, um so klarer sehe ich die fast aussichtslose Lage, echte Veränderungen herbeizuführen. Je klarer ich das sehe, desto heftiger wird der Wunsch, wenigstens ein ganz klein bißchen beizutragen zur Veränderung. So verläuft mein Leben in der Spirale des folgerichtigen Leidens. Aber das ist gut so, es ist der Anteil des Christen am Kreuz. Das Wort von der ›Nachfolge‹ hat sehr harte Konsequenzen im täglichen Leben innerhalb einer politischen Gesellschaft.

Im Autobus Rom–Grottaferrata. Neben mir eine dicke Frau in Schwarz, die immerzu seufzt, aufschnupft und vor sich hin murmelt, ich denke, sie bete einen Rosenkranz nach dem andern, aber einmal höre ich, was sie sagt: »Che vita, maledetta vita, maledette assassine ...« (Was für ein Leben, verdammtes Leben, verdammte Mörderinnen.) Ich denke, sie sei nicht recht im Kopf. Auch ist es mir auf die Dauer lästig, daß sie bei jeder Kurve wie ein Kleiesack gegen mich fällt und sich bei mir anklammert, daß mir der Arm weh tut. Ich versuche sie wegzuschieben, aber sie klammert sich noch fester und sagt: »Signora mia, was für ein Leben ...« Mehr aus Neugierde denn aus Anteilnahme frage ich sie nach ihrem Kummer. Auf diese Frage hat sie gewartet. Sie öffnet die Schleuse, und ihre Geschichte stürzt über mich herein. Sie scheint mir zuerst recht verworren, zumal sie nicht chronologisch berichtet wird, sondern mit allerlei Rückblenden, unterbrochen von vielen Ausrufen, aber allmählich verstehe ich. Das ist ja eine wahre Kriminalgeschichte.

Ihr Mann ist gestorben, ja, aber wie! Umgebracht haben sie ihn. Wer? Signora mia, einen solchen Verdacht spricht man nicht aus, ich sage nur soviel: anzeigen kann ich sie nicht. Warum nicht? Ach Signora, das Leben ist ganz verworren, wer kennt sich noch aus, wer ist schuld an was, niemand ist schuld, das Schicksal ist so und so. Aber alles, was wahr ist: man soll nichts Böses sagen über Tote, aber ein böser Mann war er, mein Mann, keinen Freund im ganzen Ort hat er gehabt, mich hat er behandelt wie einen Putzlumpen, die Kinder hat er geschlagen, vier sind ganz früh fort, nach Turin und in die Schweiz, nur die älteste Tochter hat es ausgehalten, die ist ganz nach ihm geraten, zu mir ist sie nicht schlecht, aber er hat sich vor ihr gefürchtet. Ich hab meine Schwester ins Haus genommen, damit ich auch wen hab zum Schutz. Einmal, was sag ich, ein dutzendmal hat mein Mann gesagt zu uns: Wenn ich euch nur totschlagen dürft, schad, daß ich nicht darf. Merken Sie sich das, Signora! Und eines Tages bringt er was mit, er sagt vom Markt, aber das war gelogen, auf dem Markt hat es diese Pilze gar nie noch gegeben, bei uns am Monte Cavo wachsen die nicht, und er war ganz freundlich und hat gesagt, wir sollen sie kochen zu Mittag, er muß weg, wir sollen ihm was aufbewahren für abends. Wie er fort ist, schaut meine Schwester die Pilze an. Sie sagt: die sind giftig, so wahr ich Anna heiße. Meine Tochter schaut sie auch an und sagt gar nichts. Ich sag, werfen wir sie weg. Nein, sagt meine Tochter, ich koch sie. Und wer ißt sie? frag ich. Sie sagt: wir nicht. Heilige Madonna, sag ich, wenn sie doch giftig sind? Na, sagt sie, das wird sich zeigen. Sie kocht die Pilze und stellt sie weg. Dann geht sie auf den Markt und kauft andere, solche, die sie kennt. Die koch ich für uns, sagt sie, für den Abend. Es wird Abend, und mein Mann kommt und kommt nicht heim. Das Essen ist fertig. Endlich hör ich ihn von weitem, er redet laut mit allen Nachbarn, das tut er sonst nie, er sagt allen, daß er den ganzen Tag in Rocca war. Wart, sagt Anna, dem machen wir einen Schrecken, er soll haben, was er will, legt euch alle hin und spielt tot. Gesagt, getan. Schließlich kommt er herein und sagt: he ihr! Aber wir rühren uns nicht. Er schleicht zu mir her, ich halt den Atem an, er traut sich nicht, mich anzurühren, er geht zu meiner Schwester, ganz vorsichtig schleicht er, und dann zu unsrer Tochter, und wie er sich über sie beugt, schreit sie: Diebe, Mörder, Hilfe! Er sagt, was schreist du, ich bin's, bist du verrückt? Nein, sagt sie, wir haben geschlafen, aber jetzt essen wir, lang haben wir gewartet auf dich. Sie stellt die Pilze auf den Tisch, einen Teller für jede von uns, zwei für ihn, warum zwei, fragt er. Weil du ein Vielfraß bist, sagt sie. Mich stößt sie unterm Tisch mit dem Fuß an, ich weiß gar nicht, welcher Teller die giftigen Pilze hat und welcher die richtigen. Habt ihr denn die Pilze nicht zu Mittag gegessen, fragt er. Nein, sagt Anna, wir haben damit auf dich gewartet, da, iß nur. Er sagt, er hat keinen Hunger. Aber die Tochter sagt: ach was, der Appetit kommt mit dem Essen, iß jetzt, los! Er ißt. Ich geh nachher mit der Tochter hinaus und frag, was sie denn getan hat. Sie sagt: Nichts, das war ein Gottesgericht; ich hab ja selber nicht mehr gewußt, in welchem Teller die giftigen waren. In den unsern waren die richtigen, keine Angst. Wenn er die richtigen gegessen hat, gut. Wenn er die giftigen gegessen hat, auch gut, noch besser. Wir sind dann ins Bett gegangen, ich hab die ganze Nacht kein Auge zugetan, ich hab immer gehorcht, ob er noch lebt, aber der, was meinen Sie, der hat geschnarcht bis zum Morgen. Aber gegen Morgen kommt die Tochter herein und schaut ganz leise nach. Wie sie sieht, daß er friedlich schläft, schreit sie: Hilfe, mir verbrennt mein Inneres, ich hab giftige Pilze gegessen! Er wacht auf. Was für giftige Pilze, schreit er. Die du gebracht hast, du hast sie auch gegessen, gleich stirbst du, und wenn du nicht stirbst, holen dich die Carabinieri, ich hab schon telefoniert, gleich kommen sie und holen dich, weil du uns nämlich hast vergiften wollen! Was! schreit er und springt aus dem Bett. Und was glauben Sie, Signora: er fällt tot um. Herzschlag. Er war nie fest auf dem Herzen. Da schau, sagt meine Tochter, das Gottesgericht! Madonna mia, sag ich, dann hast du ihn ja nicht vergiftet? Nein, sagt sie, ich nicht. Wir alle habens getan, du auch ... Die Alte schluchzt. Ich sage: Aber dann ist ja alles in Ordnung, er ist eines natürlichen Todes gestorben.

Nein, sagt sie, nein, sie hat ihn doch vergiften wollen. Und ich hab die Pilze untersuchen lassen, die, die er uns gebracht hat und die er nicht gegessen hat, und was meinen Sie: die waren gar nicht giftig!

Ich sage tröstend: Aber vielleicht hat er doch die giftigen gegessen, und sie haben ihm einfach nicht geschadet?

Sie stutzt, aber das ist eine Lösung, die ihr nicht paßt, eine viel zu undramatische Lösung ist das. Nein nein, sagt sie, sie hat ihn vergiften wollen, und er wäre sicher gestorben, wenn ihn nicht vorher der Herzschlag getroffen hätte.

Dagegen ist nichts mehr zu sagen.

Sie steigt auch bald aus. Da dreht sich der Fahrer zu mir um: Signora, sagt er, glauben Sie ihr kein Wort, die Geschichte erzählt sie oft und jedesmal anders, sie ist nicht richtig im Kopf. Aber was Wahres ist an der Geschichte, nur wir reden nicht mehr drüber.

März 1972. Bei Don Lutte. Ich treffe ihn diesmal zu Hause, habe ihn aber aus einem kurzen Mittagsschlaf geweckt, er sieht überarbeitet aus und wie einer der hier wohnenden Arbeiter. Ein rundes, eigensinniges, ernstes, vom Schlaf gerötetes Gesicht, zerzaustes Haar, lila Pullover, strumpfsockig. Seine Wohnung ist wie alle Wohnungen hier, um nichts besser. Von seinem armseligen Schreibtisch aus sieht er einen nackten Hof zwischen hohen nackten Häusern. In der Wohnung nebenan schimpft ein Mann mit Frau und Kindern, er ist arbeitslos wie so viele hier. Man hört jedes Wort durch die dünnen Wände. Die Häuser sind ›Sozialbauten‹, aber die Bauherren sind nicht sozial, sie bauen nur für ihren eigenen Profit, nicht für die Menschen, die hier wohnen. Ich gehe nachher in dem Quartier herum: kein Fleckchen Grün, kein Spielplatz, kein Kindergarten, keine Schule, kein Sportplatz, keine Straßenbeleuchtung, die Straßen nicht asphaltiert, viel zu eng, mit tiefen Schlaglöchern, es gibt kein Kino, keinen Versammlungsraum, keinen Arzt (natürlich: welcher möchte hier wohnen?), kein Krankenhaus. Nichts als profitbringende, billig gebaute Wohnungen. Ein Teil der Siedlung ist nah am Tiber, bei Überschwemmungen ist Gefahr, vom Ufer her kommen Ratten und Mäuse und Schwärme von Schnaken. Ist ja gleichgültig, ist ja nur für die Arbeiter, die sollen froh sein, nicht mehr in den Baracken zu wohnen, ist doch schön hier . . . Regierung und Vatikan schweigen.

Ich frage Don Lutte, ob er hier Pfarrer sei. Nein, es gibt in der Nähe eine Kirche und einen Pfarrer. – Was er denn statusmäßig hier sei. Das weiß er selber nicht. Vom Orden und vom Vatikan geduldet. Noch geduldet, aber als Kommunist verdächtigt . . . Ich frage, ob es wahr sei, daß Papst Paul selbst sich für ihn eingesetzt habe, als Orden und Kurie ihn absetzen wollten. Er sagt, er wisse es nicht, derlei bleibe immer Vatikan-Geheimnis. (Hier lächelt er zum ersten und einzigen Mal.) Ich frage, ob er Gottesdienst halte mit seinen Leuten. Wohl, es gebe im ersten Stock einen Raum, den sie sich selbst für Versammlungen aller Art eingerichtet haben. Aber zum Gottesdienst kommen nicht viele. Die Arbeiter, bislang von der Kirche im Stich gelassen, behielten ihr altes Mißtrauen bei. Später sagt mir ein Mann der Siedlung: »Don Gerardo ist eine Ausnahme, er ist nicht die Kirche, und die Kirche mißtraut solchen, die mit uns Arbeitern sympathisieren.«

Ich frage Don Lutte, ob sich unter verbesserten Wohnverhältnissen die gesamte Situation der Menschen verbessere. Er versteht nicht. Ich sage: »Sie haben doch aus Ihren Leuten schon eine Gemeinde gemacht, als Sie alle noch in den Baracken lebten.« Er sagt nüchtern: »Eine Interessengemeinschaft, eine Aktionsgemeinschaft, ja.« Ich meine, das sei schon etwas. Da ich den Film über seine Barackengemeinde sah und da ich schon beim ersten Besuch erlebte, wie freundlich die Leute hier sind, scheint mir, Don Lutte untertreibe sehr. Er ist überhaupt ein Mann des understatement; er ist realistisch, bescheiden, nüchtern und mag keine großen Worte. Ich frage ihn, ob nicht er als Geistlicher, ich meine als echt religiöser Mensch (er ist ja sogar Ordensmann), die Leute über die Sorge ums Materielle hinausführe. Er sagt: »Ich versuche ihnen beizubringen, daß sie einander respektieren und Rücksicht nehmen.«

Wirklich: er macht sich und seine Arbeit viel zu klein. Ich sehe doch an den jungen Menschen, die mit ihm arbeiten und in einer Kommune leben, daß er ihr geistig-religiöses Zentrum ist und eine mächtige Strahlung hat.

Er hat ein klares nüchternes Programm: Alle Arbeiter der Siedlung sollen die Partei-Unterschiede überwinden (die italienische Linke ist zu ihrem Unheil vielfach gespalten), sie sollen zeigen, daß man sich sein Menschenrecht gewaltlos, aber unnachgiebig erringen kann: Schulen, Ganztagsschulen, Kindergärten, Abendschulen für Arbeiter, medizinische Beratungszentren (auch Beratung bei der Geburtenkontrolle), Mitspracherecht der Arbeiter in den Schulen, Lehrmittelfreiheit, und so fort. Einiges davon hat Don Lutte im Lauf eines

Jahres schon erreicht: die Abendschule, die Diskussions-Abende und ein Heim für 80 Mittelschüler, die dort tagsüber sein können, wenn ihr Zuhause abträglich ist. Die Jugend des Quartiers ist ganz auf seiner Seite. Sie ist (wie könnte es anders sein?) sehr ›links‹. Sollte sie rechts oder christdemokratisch sein, wenn von dieser Seite keinerlei Hilfe kommt? Sie dichtet ›rote Lieder‹ und singt sie bei den Versammlungen. Aber ›linke Randalierer‹ finden sich hier nicht. Es geht also auch so!

Leute, mit denen ich auf der Straße rede, sagen, sie seien zwar den Baracken entronnen, aber in den Schulen gelten die Kinder immer noch als die ›Barackenkinder‹, und das heißt soviel wie: minderwertig, dumm, kriminell, jedenfalls verdächtig. Die meisten Lehrer verstärken das Vorurteil noch, sie vergleichen die Leistungen der Arbeiterkinder mit denen der Kinder von Beamten und Angestellten, die anständige Wohnungen haben und ungestört zu Hause arbeiten können. »Sie lassen unsere Kinder ganz leicht durchfallen, sie sagen, unsre sind faul und dumm, und wenn unsre durchfallen, haben sie natürlich das Gefühl, daß sie wirklich dümmer sind als die andern, und je mehr man sie demütigt, um so unsicherer werden sie, und so scheinen sie wirklich dumm. Wir brauchen Nachhilfelehrer für unsere Kinder, wir brauchen Ganztagsschulen, und wir brauchen Lehrer, die nicht von ›Proletarierkindern‹ reden und zu den Privilegierten halten, und das tun die meisten noch.«

Ich höre hier so oft das Wort ›Proletarier‹. Eigentlich, so dachte ich, sei dies ein Wort aus dem Vokabular eines überholten Klassenkampfes. Hier werde ich belehrt, daß die Leute der Siedlung sich für Proletarier halten, für Unterprivilegierte, und bei Gott, sie sind es.

Ein Arbeiter fragt, ob es bei uns in Deutschland so etwas auch noch gebe, er meint: nein. Ich erzähle ihm von dem Film, den Stephan gedreht hat in einer Obdachlosen-Siedlung im Rheinland, und ich erzähle von der Münchner ›Hasenbergl-Siedlung‹. Auch dort sind Kinder, die man, selbst wenn sie nie stehlen, für Diebe und potentielle Raubmörder hält. Und das in ›christlichen‹ Ländern. Berdjajew (Antimarxist!!!) schreibt in ›Das Reich des Geistes und das Reich des Cäsar‹: »Kapitalismus ist praktischer Atheismus.«

April 1972. Belehrung. Besuch zweier junger Männer, Buchhändler. Sie waren schon einmal hier und kennen den Weg, darum bat ich sie, einen dritten, mir fremden Besucher auch gleich mitzubringen, der ohne sie mein Haus bestimmt nicht finden konnte. Der neue Besucher ist ein Leser meiner Bücher, ein älterer freundlicher Herr, der nur mühsam formulieren kann und der darum die beiden wortgewandten, lebhaften Jungen ungeduldig macht. Mich auch, aber ich zeige es nicht, und außerdem habe ich das Gefühl, der Herr könne nur nicht sagen, was alles er weiß, und es stecke viel mehr in ihm, als er sagen kann. Schließlich bat ich ihn, sich in den Garten zu setzen, weil die Jungen ein schweres Problem unter vier oder vielmehr sechs Augen mit mir besprechen wollten. Er ging freundlich mit einem Buch hinaus. Erst nach zwei Stunden konnte ich ihn wieder hereinholen, er war unverändert milde und beteiligte sich ungezwungen, wenn auch schwerfällig, an unserm weiteren Gespräch. Nach einer Weile zog er ein Foto aus der Tasche, ein Farbfoto. Er sagte, das Bild habe er gemalt, er male viel, aber nur für sich selber. Das Bild ist ungegenständlich, die Farben sind verblüffend schön: zugleich sanft und intensiv. Ich schaue es lange an und erkenne, daß es ein Mandala ist: in einem kaum angedeuteten Kreis, der einer nur zu ahnenden Kugeloberfläche angehört und der an einer Stelle nach außen aber offen ist, so daß das im Kreis Dargestellte ihn sprengt und überquillt, befinden sich die Grundformen der sichtbaren Schöpfung in Symbolen und abstrakten Zeichen: Mond und Sonne, Fisch- und Blätterformen, Vogel- und Säugetierformen, Embryos und menschliche Organe, aber so, daß ein jedes auch etwas anderes sein kann, und so oder so deutbar. Es gibt auch die Elemente Wasser, Luft, Feuer, Erde, durch Farbe und Dichtigkeitsgrade erkennbar, ohne darauf zu bestehen, gerade dies und nichts anderes zu sein. Kurzum, hier hat ein Mensch wortlos den Kosmos angeschaut und ihn ›durchschaut‹, ihn ›erkannt‹, dies im biblischen Sinne, denn hier war Liebe am Werk. Ich sage das alles dem Maler, der es sich still anhört. Er sagt dann nur, er male so, als führe ihm jemand den Pinsel.

Die beiden Jungen waren bestürzt, als ich sagte, dieser Mann, der sich nicht im Wort ausdrücken kann, wisse mehr als wir Intellektuellen, und er sei bereits auf dem Weg, den wir alle einschlagen müssen, wenn wir nicht an unserm Rationalismus ersticken wollen.

Vor Monaten schrieb mir der Sohn Martin Bubers, er wolle einen meiner Briefe an seinen Vater in einem Band mit andern veröffentlichen. Jetzt, im April 1972, erscheint der Briefband, und ich finde mich inmitten großer Namen wie Kafka, Camus, Else Lasker-Schüler, Thomas Mann, Albert Einstein ... Ich bin ganz beschämt, denn mein Brief scheint mir recht belanglos, dies an sich und noch dazu im Vergleich zu jenem langen Gespräch, das ich mit Buber selbst 1962 in seinem Haus in Jerusalem geführt hatte.

Damals sagte ich zu meinen israelischen Freunden Alfred und Esther Frankenstein, es würde mich freuen, Buber wiederzusehen (ich kannte ihn von einem seiner Besuche in München). Alfred ging sofort ans Telefon. Ich rief: Nein, nein, ich mein's nicht ernst, ich will ihn nicht stören. Aber schon hatte Alfred gewählt, und gleich darauf rief er mich ans Telefon. Buber sagte, er erinnere sich meiner sehr wohl, und er freue sich, mich am übernächsten Tag in seinem Haus zu sehen. Ich ging mit Herzklopfen hin. Das Haus, wenn ich mich recht erinnere, ein Bungalow, liegt in einem dichten

Garten nahe der ehemaligen ›Todeszone‹ zwischen Jordanien und Israel.

Eine Frau öffnete und sagte, der Professor sei krank und wolle keine Besuche. Ich sagte, er habe mich eingeladen, und bat, sie möge ihn doch fragen, ob auch ich nicht eintreten dürfe. Sie ging und kam wieder und ließ mich schweigend und zornig ein. »Zehn Minuten!« rief sie mir streng nach. Ich trat ein.

Buber lag im Bett oder auf einen Diwan gebettet, sein langer weißer Prophetenbart ausgebreitet auf der Decke. Buber streckte mir beide Hände entgegen. Ich sagte »Schalom«, und er erwiderte mein Grußwort. Er rief der Frau nach: »Kaffee und Kuchen, bitte.« Sie murmelte etwas Aufsässiges zurück.

Ich mußte mich nahe zu ihm setzen. Das Gespräch begann mit seinen Fragen nach Deutschland und meinen israelischen Erfahrungen. Ich sagte, mir gefielen die uniformierten marschierenden waffentragenden Frauen und Mädchen nicht, obschon ich verstünde, daß Israel, so wie die Lage nun einmal sei, verteidigungsbereit sein müsse, aber . . .

Aber? fragte Buber.

Ich sagte, ich wünschte, Israel hätte nicht den Ehrgeiz, zu werden, wie andre Völker sind: kapitalistisch und nationalistisch und militaristisch, und es sei auf dem Wege, dies zu werden. Ich ahnte nicht, wie Buber meine freimütige kritische Rede aufnehmen würde, aber mir schien, ich könne ihn nicht belügen.

Er sagte, er halte den Zeitpunkt der Gründung des Israeli-Staates für verfrüht, nicht Jahwe habe die Juden heimgeholt, sondern Hitler und Stalin haben sie hergetrieben, gegen die Heilsgeschichte. Er sagte, er habe keinen festen Glauben in den Bestand dieses Staates.

Als ich dies nachher andern israelischen Freunden erzählte, wurden einige nachdenklich, andere zornig, und wieder andere sagten: »Wer ist denn dieser Buber?«

Die Frau brachte Kaffee und Kuchen, und Buber aß sein

Stück langsam auf, dabei fielen ihm die Krümel in den langen Bart, das machte ihn zu einem einfachen alten Mann und rührte mich. Ich würgte den Kuchen hinunter und wartete ungeduldig darauf, daß Buber wieder spreche. Erst als die Frau das leere Geschirr abgeholt hatte, begann das eigentliche Gespräch. Zuerst aber schaute mich Buber an. Jetzt erst schaute er mich wirklich an. Ich weiß nicht, welche Farbe seine Augen hatten. Mir schienen sie strahlend blau. Sein unausgesetzter Blick verwirrte mich nicht, er war mir vielmehr angenehm, so wie ich mich auch im überhellen Licht der Jupiterlampen ausgesprochen wohl fühle, während viele andere darunter leiden.

In Bubers Blick war Strenge und Güte. Auch er ließ sich von mir anschauen. Plötzlich fragte er: »Warum sind Sie Christin?«

Weil ich keine Philosophie und keine Religion finde, die mir bessere Antworten gäbe auf existentielle Fragen.

»Was ist für Sie das Wesentliche am Christentum?«

Daß sein Gründer und immerwährender Leiter Gott ist, der Mensch wurde, ohne aufzuhören, Gott zu sein – ein einmaliges Ereignis, und daß diese Menschwerdung geschah aus Liebe zum Menschen und damit der Mensch über sich selbst erhoben würde.

Hier wurde ich verlegen, weil mir schien, als redete ich theologisches Klischee und Buber könne es dafür nehmen, während es für mich doch tief erfahrene Wirklichkeit war. Auch dachte ich mir, es sei sehr anmaßend und auch unhöflich, dies einem Juden zu sagen, der ja ausdrücklich nicht an diese historisch geschehene Menschwerdung des ewigen Wortes glaubte. Aber was sonst sollte ich antworten?

Buber sah mich lange an und dachte nach. Dann fragte er mit Prophetenstrenge (so könnte einen der Weltenrichter fragen am Ende der Zeiten): »Lieben Sie die Menschheit?«

Ich sagte: Ja.

Er: »Nein, Sie irren. Sie können nicht die Menschheit lieben. Man kann nur einzelne Menschen lieben, wenige: die Eltern allenfalls, die Ehepartner, die eigenen Kinder, einige Freunde. Die übrigen erträgt und duldet man, oder man mag sie ganz und gar nicht. (Hier erklärte er mir aus dem Hebräischen den Unterschied zwischen Lieben und Tolerieren, aber die Erklärung verstand ich nicht und vergaß sie darum.)

Ich: Aber ich liebe wirklich DIE Menschen. Ich liebe meine Freunde, weil sie Menschen sind. In ihnen liebe ich die Menschheit. Ich liebe DEN Menschen. Ich liebe immer den, den ich vor mir habe und der etwas von mir will, der also mein Nächster ist. Ich mag wirklich alle, weil alle mich interessieren.

Er: »Aha, als Schriftstellerin mögen Sie die Menschen!«

Ich: Als was auch immer, ich bin ja nicht von meiner Arbeit zu trennen.

Er: »Gut. Aber ich vermute, daß Ihre Menschenliebe, soweit sie nicht pure Neugier auf immer neue Spielarten Mensch ist, einfach anerzogen ist. Man hat Sie gelehrt, daß es Sünde sei, jemanden nicht zu lieben, und das Verbot leitet Sie weiterhin.«

Ich: Nicht das Verbot, sondern das Gebot: Du sollst lieben.

Er: Deinen Nächsten!

Ich: Meinen Nächsten ›mag‹ ich nicht immer, aber ich liebe DEN Menschen.

Er (nach einer langen Pause des Nachdenkens, seinen Blick in meinen Augen): »Ich glaube Ihnen. Ja, Ihnen glaube ich das.«

Diese Szene hat eine Parallele: Ich traf Buber ein Jahr später in der Schweiz, er war zu einer Kur in einem Sanatorium (oder einem Hotel) überm Luzerner See. Wir machten einen Spaziergang zusammen. Es war ein schöner Sommertag. Auf dem höchsten Punkt eines Hügels blieb Buber eine Weile stehen. Wir sprachen über Gott. Das Gespräch bewegte sich an jener Grenze, an der die Ratio zerstiebt und anderen Kräften des Erkennens Raum gibt. Ich erinnere mich an meine Frage: Was ist Ihnen Gott, Herr Buber?

Buber, nach kurzem Nachdenken: Gott? Ich liebe ihn.

In diesem Augenblick kam ein leichter Windstoß und hob Bubers weißen Bart, so daß er wie eine silberne Flamme aufsprang. Und Buber, beide Arme ausbreitend, den Spazierstock wie den Mosesstab hochhebend, rief laut: Ja, ich liebe ihn!

Es hätte mich nicht gewundert, wäre er wie Elias in einem feurigen Wagen in den Himmel gefahren.

Nach diesem Augenblick waren wir zu keinem Gespräch mehr fähig.

Als ich mich bei meinem Besuch in Jerusalem von ihm verabschiedete, zog er mich an sich, legte mir seine Hand auf den Kopf und sagte etwas Hebräisches und übersetzte es nicht, das war auch nicht nötig.

Ich ging benommen fort mit dem Gefühl, die Bedeutung der Begegnung erst in sehr fernen Zeiten zu verstehen.

Juni 1972. Mit K. F. B. und dem Neurologen K. in F., wo ein indischer ›Weiser‹ für Jugendliche Meditationskurse gibt. Die beiden Männer gehen hin im Auftrag der »Forschungsgesellschaft für östliche Weisheit und westliche Wissenschaft«, die C. F. v. Weizsäcker leitet, der zugleich auch Leiter des Max-Planck-Instituts Starnberg ist. Meine Begleiter haben wissenschaftliche Absichten. Mich interessiert, welche Art von Jugend da ist. Ich kann's mir eigentlich denken.

Ich habe ein Gespräch mit drei Mädchen, die am Kurs teilnehmen als schon ›Eingeweihte‹; sie werden nun als Lehrer für andere ausgebildet. Der Kurs für die übrigen Schüler dauert mehrere Monate und kostet Geld, nicht eben viel, und scheint denen, die Nutzen daraus ziehen, gar nichts. Aber: Wer kann es sich leisten, monatelang nichts zu arbeiten und doch Geld auszugeben? Was für eine ungeistige Frage, sagen die Jünger des Meisters. Derselbe Meister sagt, daß die Arbeiter in den Fabriken glücklich werden, wenn sie meditieren lernen. Wohl, wohl, das kann so sein. Aber die Mädchen, mit denen ich rede, sind reicher Leute Kinder. Wer zahlt den Armen die Teilnahme? Ich weiß es nicht. Die Mädchen haben einen sympathischen Stil entwickelt, sie sagen sanft, aber mit der unerschütterlichen Gläubigkeit derer, die eine für sie sensationell neue Art zu leben entdeckt haben, was der ›Meister‹ ihnen vorsagt. Ich entbehre ein eigenständiges Wort und habe das gleiche Gefühl, wie wenn ich mit ganz altmodischen Priestern oder Nonnen rede. Da gibt's keinen Zweifel am Heilsweg. Ich wage zu sagen, daß ›Mystik‹ kein indisches Privileg ist und daß auch im christlich-abendländischen und im jüdischen und im islamischen Geistraum sich eine große mystische Spiritualität entwickelt hat. Davon wissen die jungen Leute nichts. Nur eines der Mädchen hat ein kleines Buch mit Sprüchen Meister Ekkeharts gelesen, ohne Gewinn, wie sie sagt, aber sie sei sicher, es jetzt, nach diesem Kurs, zu verstehen, und das mag stimmen. Allgemein wird von den jungen Leuten angenommen, daß diese Art Spiritualität nur in Indien zu finden sei. Sagt man ihnen etwas über christliche Mystik, lehnen sie es ab als epigonal oder als weniger tief. Das verstehe ich; auch daß ein Mädchen, von B. nach mir befragt, höchst abschätzig sagt: »Die ist doch katholisch« (als sei das ein Gegensatz, unüberbrückbar und ein für allemal festgelegt und der Sache immanent). Nun: Sie haben schon recht, subjektiv, mit ihrer Meinung, denn: Was tun die christlichen Kirchen von heute, der Jugend das zu geben, was sie braucht, nämlich eine praktische Anweisung zum ›Gebet‹, zur Erlangung der Rückverbindung mit ›Gott‹? Wir haben ungeheuer viel versäumt. Und die paar Leute im Katholizismus, die sich für eine neue Spiritualität einsetzen (P. Lasalle zum Beispiel), haben es nicht leicht. Eines der Mädchen sagt: »Hätte meine Kirche, die reformierte, irgend etwas getan in dieser Richtung, hätte ich Indien nicht gebraucht. Aber hat man uns gelehrt zu beten, zu meditieren? Wir brauchen Techniken fürs geistige Leben.« Schon, das ist wohl richtig, aber ich kenne Leute, die von niemandem unterwiesen worden sind und dennoch jene hohe Stufe des mystischen Bewußtseins erreichten, die man in Indien ›Samadhi‹ nennt. Vielleicht gibt es die direkte Unterweisung durch jene Kraft, die wir den Heiligen Geist nennen. Oder es gibt ›Fernlehrer‹ – aus Raum- und Zeitferne; wir wissen so wenig von diesen Erscheinungen.

Wie aber war der ›Meister‹, wie der Abend bei ihm?

Wir fahren einen steilen Berg hinauf. Da steht vor einer Villa eine Anzahl Autos, meist Mercedes, erstaunlich viele mit der deutschen Nummer ›F‹; dort nämlich ist das deutsche Zentrum der Bewegung, die der ›Meister‹ nennt ›Bewegung für kreative Intelligenz‹. So sagte man mir. Was in der Bewegung geschieht, nennt er ›TM‹, das heißt: ›Transzendentale Meditation.‹

Vor der Tür zum Empfangsraum stehen viele Schuhe, man zieht sie aus, hier ist heiliger Boden. Und dann steht man so herum. Es ist zehn Uhr abends. Der Meister hat noch zu tun. Noch wartet das Ende einer langen Schlange vor seiner Tür und hofft auf sein helfendes Wort. Meditieren ist nämlich gefährlich; wie in der Psychoanalyse werden dabei auch dunkle, zerstörerische Kräfte geweckt, zusammen mit den hellen und heilenden.

Die Anwesenden: junge sanfte Mädchen mit verklärtem Lächeln, einige auf Indisch gekleidet, darunter eine junge Medizinerin aus den USA, die mit viel Geld eines Forschungsinstituts hierher geschickt wurde, um das Phänomen der Meditation zu untersuchen. Unter den Männern ein junger deutscher Neurologe, der während der Meditation der einzelnen ihre Gehirnströme mißt (ich sehe am nächsten Tag die Enzephalogramme und bekomme sie ein wenig erklärt von K.).

Ein Mädchen, blaß, blond, brillentragend, bringt eilfertigsanft zwei Schalen mit Blumen in den Nebenraum. Eine Lilie duftet stark. Schließlich werden wir alle in dieses Zimmer gebeten. Wir Gäste sitzen auf Stühlen, die meisten der

Jünger kauern auf dem Boden. An einer Wand eine Art Thron: eine Couch mit einem Rückenpolster, das Ganze bedeckt mit einem feinen weißen Tuch. Vor der Couch ein Tischchen mit einem großen Zeichenblock und einem Bleistift und den zwei Blumenschalen. Das junge Mädchen richtet lange an einer ganz gewöhnlichen Schreibtischlampe herum, stellt sie bald hierhin, bald dorthin und schließlich unter die durchscheinende weiße Couchdecke. Kerzen brennen nicht, aber nachher kommen Räucherstäbchen.

Jetzt entsteht leichte Bewegung im Raum, etwas huscht herein, es scheint fast ein geflügeltes Wesen, so leicht und hell weht es einher und läßt sich lautlos auf dem bereiteten Thron nieder. Da sitzt es im Lotossitz, nehme ich an, sehen kann ich's nicht. Wir sind aufgestanden und haben uns auf Indisch verbeugt, die Spitzen der gefalteten Hände an der Nasenwurzel. Man setzt sich. K. F. B. sagt wohltuend ungeniert zum Meister: »Aber so sieht man ja Ihr Gesicht gar nicht. Mehr Licht, bitte!« Der Meister gibt ein kleines Zeichen, jemand zieht die Stehlampe unterm Tuch hervor und hebt sie für zwei Sekunden hoch, so daß das Licht den Kopf des Meisters aus dem Dunkel holt. Ich sehe hauptsächlich Haare: langes, an der Seite gescheiteltes, leicht gewelltes Haupthaar, und, ein großes helles Dreieck vom Mund an abwärts, den schon silbergrauen Bart; ich sehe ferner zwei runde Bäckchen und blitzende Augen. Schon ist die Lampe wieder unter dem Tuch und das Gesicht im Dämmer.

Der Neurologe K. beginnt Fragen zu stellen, das ist verabredet. Das blasse eifrige Mädchen bringt fünf Räucherstäbchen und steckt sie in die Schale rings um die Lilie. Der Meister muß husten, er hustet viele Male; ich denke, der Husten kommt vom Rauch, aber am nächsten Tag sagt mir ein Jünger, der Meister huste immer, wenn er im Gespräch in die Enge getrieben wird. Ich finde, er wurde nicht in die Enge getrieben, denn K., obgleich scharf denkend und formulierend, bleibt immer behutsam und scheint ohne Kritik; er will ja nicht seine Meinung anbringen, sondern vom Meister Informationen bekommen. Er bekommt sie, aber sie sind nicht sehr bedeutend. Das weiß man alles schon.

Das Mädchen, das den Husten des Meisters weder auf den Rauch noch auf Psychologisches zurückführt, sondern ganz simpel auf die Zugluft, die der Meister will, bringt lautlos einen Wollschal und legt ihn demütig auf die Couch; der Meister beliebt nicht, davon Kenntnis zu nehmen und Gebrauch zu machen. Er redet, sagt häufig ›right, right‹ (das Gespräch wird in Englisch geführt) und fühlt sich verstanden. Oft erklärt er etwas mit Hilfe von Zeichnungen. Hernach huschen Jüngerinnen herbei und raffen die Blätter an sich, wie auch die Blumen, die sie zuerst auf den Tisch oder in die achtlose Hand des Meisters gelegt hatten und die jetzt, durch die Berührung des Meisters, zu Reliquien wurden. Nichts dagegen zu sagen. Nur wird es unsereinem ein bißchen komisch zumute angesichts von soviel Personenkult. Der Neurologe K. will wissen, was denn jener Zustand, in den der Meditierende gerät, physiologisch eigentlich sei und ob man ihn messen könne. Ihn interessiert das Phänomen hinsichtlich der klinischen Behandlung Geistes- oder Gemütskranker mit Hilfe der Meditation.

Ich lasse inzwischen den Meister auf mich wirken. Aber leider, er wirkt gar nicht auf mich. Liegt's an mir? Die Jünger sagen, sie lieben ihn, auch wenn er Fehler hat. Daß sie ihn lieben, ist begreiflich. So wie nach der Tierverhaltens-Forschung der aus dem Ei ausschlüpfenden Gans jene Person zur ›Bezugsperson‹ wird, die sie als erste wahrnimmt, so wird jener Mann, der jungen Menschen das innere Auge als erster öffnet und der auch der erste ist, den sie mit diesem neuen Auge sehen, ihre Bezugsperson. Aber ich meine, diese Beziehung gleicht auch jener des Patienten zum Analytiker: die starke Bindung ist unumgänglich nötig, aber wehe, wenn die Ablösung nicht gelingt. Viele dieser jungen Leute haben vorher Drogen genommen. Die ›TM‹ hat sie davon befreit, das ist eine gute Sache. Aber: Wer sagt mit Sicherheit, daß nicht für viele die ›TM‹ eine neue Droge ist. Der Meister zieht eine große Schar Abhängiger hinter sich her. Aus den USA folgten ihm mehr als tausend. Sie folgen ihm wie einem neuen Rattenfänger von Hameln. Wie geht das weiter mit ihnen? Leben diese Menschen denn WIRKLICH, oder ist das, was sie für das einzig wirkliche Leben halten, doch nur Flucht vor der ganzen Wirklichkeit des Lebens?

Der Meister liest nie Zeitung. Ich bin sicher, daß all diese jungen Leute nicht wissen, daß die USA und die UdSSR in diesen Tagen ein Abkommen über die Beschränkung der nuklearen Waffen getroffen haben, ein Abkommen, von dem das Leben der Menschheit abhängt. Zum Beispiel. Wie wenig wirklich der Meister in unsrer Zeit lebt, wird an diesem Abend klar: Er behauptet, daß der Mensch, der durch ›TM‹ seine volle geistige Freiheit erlangt hat, in jedem Falle über diese Freiheit verfügen könne, und nichts in der Welt vermöge ihn zu beirren.

K. behauptet (als erfahrener Neurologe), daß das nicht stimme, er erinnert an das brain washing. K. setzt voraus, daß der Meister wisse, was das ist. Aber der Meister redet darüber in einer Art, die zeigt, daß er überhaupt nie gehört hat, daß es derlei gebe in kommunistischen Ländern. Er weiß nichts von den Methoden, die den Menschen völlig unfrei machen auf eine physiologisch-psychologische Weise. Es wäre wichtig zu erfahren, wie denn ein ›TM‹-Erfahrener auf die Gehirnwäsche reagiert. Man hat kein Beispiel.

Aber es scheint doch Jünger dieses Meisters zu geben, die sehr wohl ›TM‹ und weltliches Geschäft zusammenkriegen. Eines der Mädchen sagt, sie habe ihren Vater (Ex- und Import) dazu gebracht zu meditieren. Ich versuche mir vorzustellen, wie jemand, der eben noch ›Samadhi‹ erlebt hat (die hohe Vereinigung mit dem All-Einen), gleich darauf sich ums Geschäft kümmern kann, das heißt um Profit, um Geld, um schlauen Wettlauf mit der Konkurrenz usw. Muß sich denn nicht das gesamte Leben eines Meditierenden ändern? Muß er sich nicht abkehren vom Mammon? Der Meister kümmert sich nicht um Geld, aber seine Manager tun es für

ihn, und die sind clever. Ist das nicht auf andrer Ebene so
wie im Kapitalismus: die (geistig) Reichen lassen die (geistig) Unterprivilegierten für sich arbeiten? Ich frage das nur,
ich weiß es nicht genau. Auch die Apostel Jesu hatten einen,
der das (bißchen) Geld verwaltete. Und der erhängte sich
nachher. Nun, der Abend ging zu Ende, ein sanftes Mädchen
kam und bedeutete dem Meister, es sei spät; uns aber sagte
man, der Meister müsse mit Amerika telefonieren. Nun gut,
es ist spät, ich habe das dringende Bedürfnis zu gehen.
K. F. B. und ich sind gleicherweise unbeeindruckt.

Wochen später. Juni 1972.
Diese Begegnung, die ich zunächst als unwichtig betrachtet
hatte, zwingt mich, Überlegungen wieder aufzunehmen, die
mich seit langem bedrängen. Sie lassen sich auf eine einfache
Frageformel bringen: Was ist von uns hier und heute gefordert: die spirituelle Entwicklung des Menschen oder die politische Lösung sozialer Probleme?
Für die Jünger des Maharishi in F. und andernorts ist es
klar, daß alle Fragen sich von selber lösen, wenn erst einmal
alle Menschen (oder starke Führungsgruppen) zum Spirituellen hin erzogen sind. Für unsere aktiv und radikal politischen
Gruppen unter Studenten und Arbeitern ist das geradezu
lächerlich utopisch und unerlaubter Luxus.
Für jemanden, der spirituell und politisch erfahren ist,
scheint das kein echtes Entweder-Oder zu sein; es steht im
Evangelium, daß man Gott UND den Nächsten lieben müsse.
Gott lieben bedeutet die Hinwendung zum Spirituellen,
und Nächstenliebe verwirklicht sich im Politisch-Sozialen
in der tätigen Hinwendung zu unterdrückten Menschen-
gruppen.
Das stimmt. Das stimmt so glatt, daß ich es erst einmal in
Frage stellen muß. Dazu eben hat mich die Begegnung in F.
provoziert. Ich frage also zunächst simple Fragen.
Ist die Wendung zum Spirituellen das (nicht einmal bewuß-
te) Eingeständnis unserer verzweifelten Hilflosigkeit vor den

347

angehäuften menschheitlichen Problemen, die wir offenbar weder in Diktaturen noch in Demokratien, weder mit kapitalistischen noch marxistischen, noch moderiert sozialistischen Systemen lösen können? Wird jetzt aus der Not eine Tugend, aus der Hilflosigkeit eine neue religiöse Philosophie gemacht? Oder ist die radikale Krise nötig, damit wir auf den rechten Weg gedrängt werden? Sollen wir keine politische Lösung mehr anstreben? Sollten wir die Materialisten hüben wie drüben ihr Werk vollführen und die Toten ihre Toten begraben lassen, bis das Zeitpendel von selbst umschwingt? Sollen wir uns entschieden nur mehr um »DAS EINE« kümmern: um die Verbindung mit dem Göttlichen? Sollen wir uns an Jesu Satz halten, zu Martha und Maria gesprochen: »Eines nur ist notwendig«, oder sollen wir uns an jenen andern Satz halten, in dem wir aufgefordert werden, die Hungrigen zu speisen, die Nackten zu bekleiden, die Gefangenen zu befreien? Was für Gefangene übrigens? Seltsames Wort, wenn es nicht, wie der ganze Satz, nur Gleichnissprache ist und nicht handfest Konkretes meint (was ich nicht glaube).

Man kann dieser Fragenreihe eine andere gegenüberstellen: Wer sagt denn, daß man nur je das eine oder das andere tun soll? Wer erlaubt denn, die Welt zu zerschneiden in Materie und Geist? Wer besteht denn da auf einem Dualismus, den es gar nicht gibt, wie es uns die neue Physik lehrt? Und wer konserviert da die Meinung, der Mensch zerfalle wirklich in Leib und Geist, und man könne dem Leib helfen, ohne den Geist ins rechte Lot zu bringen? Wer meint, er könne der menschlichen Not abhelfen, wenn man genügend Brot beschaffe? Freilich auch: wer meint, er könne den Menschen zur Spiritualität hinaufbilden, wenn dieser Mensch physisch Hunger leidet?

Am Ende dieser Fragen kehre ich zu der Antwort zurück, von der ich ausging, die ich jetzt aber anders formuliere. Die praktisch-politische Sorge für die Menschheit ändert nichts an ihren Nöten, wenn nicht zugleich mit den fünf Broten und den zwei Fischen auch jener Geist ausgeteilt wird, der zuerst da und mächtig war, Brot und Fische so zu vermehren, daß alle satt und glücklich werden.

Ja, gut: aber wie geht das zu, daß der Geist mächtig wird, Brot und Freiheit und Glück zu schaffen?
Es geht so zu, daß jeder einzelne die Metanoia vollzieht: die Umkehr, die Abkehr von den gängigen Werten Geld, Besitz, Prestige, Gewalt, und die enschiedene Hinkehr zum EINEN, das Geist heißt und Liebe ist.
Es gibt keinen individuellen Heilsweg unter Ausschluß aller andern, aber es gibt kein konkretes Heil für die Menschheit, ohne daß erst der einzelne zum Geist findet. Indien und das christliche Abendland, sie müssen zusammenfinden.
Es erscheint mir von starker Symbolkraft, daß C. F. von Weizsäcker, zugleich Physiker und Philosoph, sowohl das Max-Planck-Institut (zur Erforschung der Lebensbedingungen der wissenschaftlich-technischen Welt) leitet wie auch der »Forschungsgesellschaft für östliche Weisheit und westliche Wissenschaft« vorsteht. Das also ist die Antwort.
So hat mich denn das Verkehrte auf den richtigen Weg gebracht.

Luise Rinser

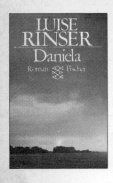

Fischer Taschenbuch Verlag

Luise Rinser

Den Wolf umarmen
414 Seiten, 8 Seiten Abb., Leinen

Der schwarze Esel
Roman. 271 Seiten, Leinen
Fischer Bibliothek. 271 Seiten, geb.

Die Erzählungen
264 Seiten, geb.

Die rote Katze
Erzählungen. Fischer Bibliothek. 128 Seiten, geb.

Geh fort wenn du kannst
Novelle. Mit einem Nachwort von Hans Bender
Fischer Bibliothek. 149 Seiten, geb.

Geschichten aus der Löwengrube
Erzählungen. 165 Seiten, Leinen

Jan Lobel aus Warschau
Erzählungen. 80 Seiten, Leinen

Mirjam
Roman. 323 Seiten, Leinen

Nina
Mitte des Lebens. Abenteuer der Tugend
Zwei Romane. 475 Seiten, geb.

Septembertag
Fischer Bibliothek. 144 Seiten, geb.

Silberschuld
Roman. 232 Seiten, Leinen

Winterfrühling
Aufzeichnungen 1979–1982. 239 Seiten, Leinen

Luise Rinser und Isang Yun
Der verwundete Drache
Dialog über Leben und Werk des Komponisten
247 Seiten mit 25 Schwarzweiß-Abb., Leinen

S. Fischer